国家社科基金
后期资助项目
GUOJIA SHEKE JIJIN HOUQI ZIZHU XIANGMU

结构变迁与经济增长：天津近代工业化的历史逻辑与路径选择(1860—1949)

董智勇　著

中国财经出版传媒集团

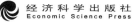

经济科学出版社
Economic Science Press
·北　京·

国家社科基金后期资助项目
出版说明

后期资助项目是国家社科基金设立的一类重要项目，旨在鼓励广大社科研究者潜心治学，支持基础研究多出优秀成果。它是经过严格评审，从接近完成的科研成果中遴选立项的。为扩大后期资助项目的影响，更好地推动学术发展，促进成果转化，全国哲学社会科学工作办公室按照"统一设计、统一标识、统一版式、形成系列"的总体要求，组织出版国家社科基金后期资助项目成果。

全国哲学社会科学工作办公室

前言　解读天津近代经济繁荣之路

近代以来，工业化已成为全球范围内的主要趋势，通过机械化生产和技术创新大幅提升了生产力，推动了产业结构转型升级和经济总量快速增长，推动了城市化进程与社会制度变革，并呈现出阶段性发展特征。对于一个国家或地区而言，如何从传统走向现代，既要遵循工业化一般规律，也要立足本国国情，成为研究者关注的重点。

天津自古是京师门户，畿辅重镇。自19世纪60年代第一批工业企业建立至新中国成立，"天子渡津之地"的工业化经历了近一个世纪，逐渐确立了中国北方经济中心的地位，创造了众多"中国第一"。相比国内其他城市，天津在地理区位、资源禀赋、产业特色等方面均具有鲜明的地域特点，也具有工业化发展的共性规律。工业是国民经济的基础，是经济增长的重要引擎。回顾学界关于天津经济史的相关研究，深入探讨天津近代工业发展路径与产业结构演进，有助于进一步揭示经济增长的内在机制，为社会发展提供理论支持和实践指导。本书从"一个背景、两个维度、三个层面"深入探讨天津近代工业的产生、发展与演变过程，以历史为脉络，以理论搭框架，以数据做支撑，点面结合易于深入和展开。

"一个背景"指贸易逐渐走向全球化，工业革命加速世界市场形成，商业贸易日益扩大，殖民活动疯狂扩张，中国被动融入全球工业化进程。近代的天津，进入世界市场的过程虽然艰难曲折，但工业迅速发展壮大，商业和贸易不断繁荣，腹地市场越发广阔，多国资本竞相投资，民间投资热情日益高涨。

"两个维度"指时间维度和横向维度。时间维度包括七个阶段，即开埠前期、洋务运动、清末新政、北洋新政、国民革命、全面抗战、解放战争等时期，天津工业结构动态演进。横向维度包括影响工业化进程中结构变化的五个因素，即人口、资本、贸易、技术、地理禀赋。鸦片战争前的中国商贸活动非常活跃，国内生产总值（GDP）约占世界1/3，但受技术、资本、人才、制度等因素制约，工业化进程开启受阻。后发劣势下的清政府主导洋务运动，优先选择具有区位优势、商贸发达、腹地广阔的京师门户——天津——成为必然。

"三个层面"包括宏观、中观、微观。从宏观纵览天津经济发展整体概况，自汉唐到明清，现代经济萌芽逐渐形成，进而分析 1860 年后天津工业发展历程、结构变迁与波动原因。从中观产业层面深入分析不同时期各产业发展情况与特点，比较分析产业资本与就业的结构特征。微观层面选取开滦集团、周学熙企业集团分析近代企业经营、融资等情况。

本书努力从多个维度对天津近代工业化问题展开深入研究，全面了解和洞悉产业结构演变过程，以本土化视角观察中国近代经济增长的时代变迁，帮助我们更好地理解和把握经济脉搏。

董智勇

2025 年 2 月

目　　录

第一章 绪 论

近代工业的兴起源于英国①，其工业革命经历了从 18 世纪 60 年代到 19 世纪三四十年代近一个世纪时间，在英国的影响下，法国、德国、美国等国都先后完成了工业革命。② 19 世纪六七十年代，中国和日本先后开启了洋务运动和明治维新，走上了各自的工业化道路，实现了经济较快增长。经济增长表现为一种结构变迁的过程③，与产业结构动态迭代升级有着密切关系。从生产技术方面看，机器逐渐替代手工劳动，工厂大生产逐渐取代手工作坊小生产，资源从农业部门向工业部门流动，产业结构转型升级。从社会关系方面看，农业部门与工业部门的工资差距逐渐扩大，劳动力由农村向城市转移，使依附于落后生产方式的自耕农阶级逐渐消失，工业资产阶级和工业无产阶级加速形成，城市化进程加速，社会结构随之变迁。各国工业化实践表明，经济增长总是与适时调整的产业结构步伐一致。因此，着力推动产业结构向合理化高级化演进，保持经济持续稳定增长，成为各国尤其是发展中国家普遍追求的目标。

第一节 研究思路与框架

一、研究思路

经济增长是人类社会发展中普遍的一种经济现象，相关研究早已成为经济学界乃至社会各界所关注的核心问题之一。纵观世界各国的工业化进

---

① "这是人类史上一次具有划时代意义的巨大变革，也是人类历史的一个分界点。"参见：杨豫，舒小昀. 新经济史学派对工业革命的研究 [J]. 世界历史，1994（4）：5。

② 王荣声. 19 世纪欧洲大陆工业革命的特点及其社会后果 [J]. 晋阳学刊，1999（1）：93.

③ 霍利斯·钱纳里. 结构变化与发展政策 [M]. 朱东海，黄钟，译. 北京：经济科学出版社，1991.

程，很难找到这样一个经济体，它在经历着经济增长的同时而没有发生结构的调整。那么，经济增长与结构调整之间存在着一种怎样的关系？围绕二者关系的判断对研究中国近代工业化进程的诸多方面都会产生重大影响。

（一）选择天津作为研究对象的历史实践逻辑

自 1840 年鸦片战争开始，中国社会经济结构在外国武装侵略和资本掠夺下发生了巨大变化，自给自足的封建经济受到严重冲击并逐步瓦解，传统的经济发展方式被动转型。相比国内其他城市，作为京师门户的天津，商贸发达、腹地广阔，洋务运动首当其冲。天津逐渐成为近代中国北方工业产生最早、企业分布最密集、发展水平最高的地区，在地理区位、资源禀赋、产业特色等方面均具有鲜明的地域特征，也具有工业化发展的共性规律，研究其经济增长过程中的结构变迁问题极具代表性。

1860 年，天津诞生了第一家使用机器的打包厂①。1867 年，天津机器制造局在洋务运动初期设立。② 自此，天津工业开始逐渐发展壮大，由最初的机械工业逐步拓展到面粉、纺织、化工等产业。尤其在民国初期，工业发展迅速，企业设立数量众多。到抗日战争全面爆发前夕，天津基本形成了以纺织、化工、面粉、地毯等为主的工业体系，手工工业逐步蜕化成机器工业，由家庭生产走向机器生产，天津成为沿海地区仅次于上海且比腹地发达的北方工业中心，其工业资本、产值和工人数在北方均处于绝对优势。③ 加之地理区位、资源禀赋、军事地位等相对优势，工业发展又进一步促进了商业和贸易的繁荣，巩固了天津在华北地区的经济中心地位。

（二）选择从产业结构变迁角度研究经济增长的理论逻辑

影响工业化进程的因素既有经济方面也有制度层面，有数量的变化也有结构的变迁。亚当·斯密（Adam Smith）、大卫·李嘉图（David Ricardo）认为，劳动、资本、土地、技术、制度等多种因素影响经济增长，并认识到资本积累的重要性。法国重农学派弗朗斯瓦·魁奈（François

---

① 隆茂商洋行建立的棉花包装业的打包厂，参见：徐景星《天津近代工业的早期概况》、纪广智《旧中国时期的天津工业概况》和《近代以来天津城市化进程实录》文献，该厂由英商于 1860 年设立，是天津第一家使用机器的工厂。

② 存在争议。有些著作认为天津机器制造局是 1866 年成立的，如中国近代史资料丛刊《洋务运动（四）》第 261 页和《解放前的天津工业概况》等著作和论文；有些著作认为是 1867 年成立的，如孙德常等的《天津近代经济史》（第 90 页）、来新夏的《天津近代史》（第 102 页），还有纪广智的《旧中国时期的天津工业概况》等大量文献。因此，笔者认为，1860 年清政府商议建厂，到 1867 年才正式筹备，并于该年正式建厂，所以本书采用 1867 年。

③ 李洛之，聂汤谷. 天津的经济地位 [M]. 天津：南开大学出版社，1994：52.

Quesnay）主张资本积累是经济增长的决定因素，哈罗德 – 多马模型（Harrod-Domar model）同样强调投资对经济增长的主导作用，但相对弱化了劳动力增加、技术进步以及结构性因素对经济增长的贡献。

经济增长与经济结构关系密切，二者相互依赖、相互促进。一方面，经济发展到一定程度，必然导致经济结构相应改变，保持与经济发展水平相适应，库兹涅茨（Kuznets）认为，"如果不去理解和衡量生产结构中的变化，经济增长难以理解"①，经济增长的总量变动能够引起产业结构变化，人均国民收入的提高会拉动经济结构迭代转型升级。另一方面，经济结构从原有均衡逐渐转型到新的平衡，促使经济向更高水平发展。钱纳里（Chenery）提出产出结构效应，认为经济增长是经济结构的一种调整变迁过程，这种结构转变对经济增长的作用随经济发展水平的不同而不同，即"把发展中国家的增长进程理解为经济结构全面转变的一个组成部分最恰如其分"②。而罗斯托（Rostow）并不赞同库兹涅茨把经济增长看成一个总量过程的说法，他认为"现代经济增长本质上是一个部门的过程"③。现代经济增长从产业经济部门的角度加以分析和解释，通过吸收技术创新的产业部门逐渐成为主导产业部门，并依次迭代，结果表现为现代经济的持续增长。

经济增长是产业结构不断转型升级的结果，并不是脱离产业结构而单独发生的总量过程，即经济增长不仅仅取决于劳动力、资本等要素的投入。产业结构均衡状态较大程度上决定了资源合理配置程度，资源配置效果决定了经济效率，进而决定了经济增长。在产业结构转型升级过程中，连续性的技术进步成为决定性因素。索洛模型（Solow model）认为长期经济增长除资本外，更为重要的是依靠技术进步。在产业结构合理状态下，即使技术创新在各部门、各环节上的非均衡性发生，也会逐渐发展形成主导产业，再通过技术扩散的结构关联产生波及与放大效应，进而带来新的增长。相反，技术创新也会扭曲结构关联，使得波及与放大效应无法更好地作用于经济增长。

总的来说，较快的经济增长总是与产业结构适时转型升级相伴，即在一定条件下产业结构转型升级越快，经济总量增长就越迅速，进而再引起经济结构的迭代升级。因此，本书以天津近代工业化过程中工业总量与结

---

① 西蒙·库兹涅茨. 各国的经济增长 [M]. 常勋，等译. 北京：商务印书馆，1985：107.

② H. 钱纳里，S. 鲁宾逊，M. 赛尔奎因. 工业化和经济增长的比较研究 [M]. 上海：上海三联书店，1989：56.

③ W. W. 罗斯托. 从起飞进入持续增长的经济学 [M]. 贺力平，等译. 成都：四川人民出版社，1988：2 – 5.

构特征为研究视角，以影响结构变化的因素为切入点，利用可以找到的历史数据资料，采用定量分析与定性分析相结合的方法，深入探究1860—1949年天津经济增长过程中的结构演变规律。

二、研究框架

虽然现代经济增长的大量现象与实践表明，资本积累和劳动投入是经济增长的必然条件，技术进步是经济持续增长的主要动力，但不能忽视自然禀赋与制度等非经济因素的影响。17—18世纪世界工业化的兴起有三大因素：一是国际贸易的扩大；二是生产技术创新；三是产权等制度变革。速水佑次郎认为，经济发展"是一个涉及数量扩展并包括制度、组织和文化等非数量因素变化的过程"[①]。资本积累和人口增长是工业增长的必要条件，但由于受到资源禀赋的制约，需要制度和组织提高配置效率。希克斯的《经济史理论》对工业革命也有独到的见解，认为"工业革命是现代工业的兴起而不是工业本身的兴起"[②]，即海外市场的扩大和对外贸易的增长才是原始动力[③]。机器大生产离不开市场规模的不断扩大，地理大发现与新航路的开辟拓展了国际贸易地域空间，世界市场的形成必然引起生产的扩大，进而促进各种要素的加速流动，大规模、集中化的手工工场开始出现。随着一系列变革和创新，机器大生产逐步取代手工工场，工业化进程开始加速。因此，本书试图从多维视角和多元层面对天津近代工业化进程展开深入探究，即通过"一个背景、两个维度、三个层面"全面探讨天津近代工业的兴起、发展与结构演变过程。

第一部分，界定研究范围及涉及的相关概念、理论，进而对天津近代工业经济发展特点与结构演进作出总体判断。

第二部分，探究天津近代化的历史背景。从全球新航路的开辟到两次工业革命，从世界市场的形成到全球商品贸易扩大，阐述西方资本主义殖民活动的疯狂扩张和明清时期经济的保守内敛，分析第二次鸦片战争后天津被迫开埠并逐渐进入世界市场。

第三部分，从时间维度展开分析，包括第三章至第六章。六个发展阶段分别是洋务运动、清末新政、北洋新政、国民革命、全面抗战、解放战

---

① 速水佑次郎. 发展经济学：从贫困到富裕 [M]. 李周，译. 北京：社会科学文献出版社，2003：3.

② 约翰·希克斯. 经济史理论 [M]. 厉以平，译. 北京：商务印书馆，1999：128.

③ 樊卫国. 激活与增长：上海现代经济兴起之若干分析：1870—1941 [M]. 上海：上海人民出版社，2002：7.

争，系统分析了天津近代工业化的历史进程。同时，通过对厂家、投资、工人的总量分析及典型企业个案探讨，从宏观、中观、微观三个层面对工业化的发展特征、结构演化作出判断。

第四部分，从横向维度展开分析，包括第七章至第十一章。分析影响产业结构变化的五个因素，即人口、资本、贸易、技术、地理禀赋。通过分析人口总量变化与结构、产业资本来源与积累、对外贸易总量与结构、工业技术水平与结构、区位优势与资源禀赋结构，以期不同于传统历史学研究，也有别于一般工业史著述，力求为近代经济增长研究提供一个新的视角和思考。

第二节 核心概念与研究边界

一、核心概念

（一）工业

《汉语大词典》把工业解释为："采掘自然资源并对工业品原料和农产品原料进行加工的社会生产部门。"① 而西方对应工业的英文为"industry"，其包含的内容比较广泛，可译作"工业"，又可译作"产业"，大到农业、商业、制造业或采矿业，小到食品、养殖、建筑安装业，都可以称为"industry"。但其狭义上仅指加工制造业，并不包括采掘业。清末，清政府明确提出重工兴商的国家战略，"实业"逐步演变成"工业"，实业救国成为"工业救国"。本书采用《汉语大词典》对工业定义的经济范畴。

（二）工业化

工业化、近代化、现代化是学术界使用频率较高的术语，但时常混用，对此的理解大致可以概括为两大类。一种属于对工业化的狭义观点，在经济学界比较流行②，工业化是指一个国家建立并发展自己的机器工业

---

① 罗竹风. 汉语大词典：第 2 卷［M］. 上海：汉语大词典出版社，1988：956.
② 《辞海（经济分册）》的解释是："工业化是机器大工业发展并在国民经济中占统治地位的过程。"许涤新主编的《政治经济学词典》对"资本主义工业化"的注释为："资本主义生产方式建立自己的物质技术基础，使大工业在国民经济中取得优势地位的发展过程。"《经济发展词典》认为："工业化是在经济发展中机器大工业占据统治地位的发展过程，或产业结构从以农业为中心向以工业为中心的转变过程。"

体系，使工业在国民经济中所占的比重不断增大并逐渐占据主导地位，由落后的农业国变为先进的工业国的发展过程。另一种是"现代化理论"，即广义观点，认为工业化作为经济现代化乃至整个社会现代化的核心，它的内容是人类从农业社会向工业社会转变的世界性大趋势和长期的历史过程。近代化和现代化可以看成工业化的不同发展阶段，本书研究天津近代工业发展，因此工业化内涵可以理解为近代化。

（三）经济结构

从经济发展角度看，广义结构概念包括资源结构、产业结构、分配结构、需求结构等。本书所研究的经济结构主要包括天津产业部门结构、产业资本结构、轻重工业结构，以及资源禀赋结构、资本来源结构、人口结构、技术结构和贸易结构等。

（四）产业结构

产业结构是指有关国民经济全部活动或者部分活动的分类方法，包括对经济活动进行分解和组合这两个方面，并形成多层次的产业概念，其目的是要表明经济发展过程中的产业结构的变迁。英国经济学家费希尔（Ronald Fisher）提出三次产业的概念，即第一产业农业、第二产业工业、第三产业服务业。本书主要研究第二产业，即工业产业。霍夫曼分类法又细分为消费资料产业、生产资料产业和其他产业，也有轻工业和重化工业之分。

（五）天津腹地

天津腹地一般包括华北、西北、东北和内蒙古等地区。严格地说，铁路出现前，天津腹地是海河、蓟运河、滦河等水系及部分黄河水系所能到达的地方，即河北全部、山西、山东、河南一部及辽宁南部地区。铁路和公路出现后，凡能到达的北方地区都可视为天津腹地。本书认为，与天津商贸联系紧密的地区为其经济腹地，主要包括河北、山东、河南、山西及内蒙古等地。

（六）中心城市

中心城市是指在经济区域中居于中心或核心地位，能够带动区域经济发展的城市。这一概念来源于中心地学说（central place theory）和增长极理论（growth pole theory），前者由克里斯塔勒（W. Christaller）于20世纪30年代提出，认为不同等级的中心地和影响范围，构成了地域经济的完整系统，后者由法国经济学家佩鲁（F. Perroux）于20世纪60年代提出，他发现经济增长在一些增长点或增长极的核心区域上以不同强度首先出现，然后围绕着极点沿着不同渠道向外扩散，并对整个经济产生不同的最终影响。①

二、研究边界

(一) 研究地域

天津从近代最初的天津县发展到天津特别市，这期间天津行政区域划分多次变更。因此，需要对天津工业发展的地区范围作出界定。本书认为，以天津的经济区域作为研究对象更加合理，所以塘沽、宝坻、武清等地区的工业或企业，以及总部在天津而工厂在外地的企业（如开滦煤矿、启新水泥）也属于本书研究的范畴。

(二) 研究时期

学界对于天津近代经济的起点与发展阶段的界定有着不同看法。来新夏将天津近代分为四个阶段，以 1840 年为起点，到 1919 年结束②。林原文子将清末经济发展阶段分为四个时期，军需工业时期（1862—1882年）、官督商办时期（1882—1895 年）、外国企业入侵时期（1895—1903年或 1905 年）、民间企业萌芽时期（1903 年或 1905—1912 年）。③ 关利信在《近代天津经济概括》一文中，认为 1870—1894 年和 1895—1911 年这两个阶段是天津近代工业的起步阶段，1912—1937 年是天津近代工业的发展阶段。④ 宋美云等将天津近代工业发展划分为四个阶段⑤，分别是1866—1900 年的工业发端期、1901—1927 年的发展蓬勃期、1928—1936年的波折期和 1937—1949 年的非常时期。罗澍伟分析近代天津工业时，将时期划分为 1860—1900 年的工业兴起期、1902—1913 年的重新兴起期、1914—1928 年的迅速腾飞期、1929—1936 年的曲折发展期、1937—1945年的沦陷发展期和 1945—1949 年的衰退停滞期。⑥ 徐苏斌、赖世贤、刘静和青木信夫等建立 GIS 数据库对历史分期的结果进行验证和调整，确定了中国近代工业史第一阶段（1840—1894 年）为萌芽期，包括（1840—1860年）起步期与（1861—1894 年）发展期；第二阶段（1895—1936 年）为快

---

① Perroux F. Economic Space: Theory and Application [J]. Economic Quarterly, 1950 (1): 13 – 14.
② 这四个时期分别是 1840—1860 年，天津屡遭侵犯期；1861—1894 年，天津洋务运动期；1895—1911 年，天津起伏波动期；1912—1919 年，北洋军阀统治期。参见：来新夏. 天津近代史 [M]. 天津：南开大学出版社，1987（前言）：2.
③ 林原文子. 清末天津工商业者的觉醒及夺回国内洋布市场的斗争 [C]//天津文史资料选辑：第 41 辑. 天津：天津人民出版社，1987：99.
④ 关立信. 近代天津经济概况 [J]. 天津历史资料，1980 (5)：5.
⑤ 宋美云，张环. 近代天津工业与企业制度 [M]. 天津：天津社会科学院出版社，2005.
⑥ 罗澍伟. 近代天津城市史 [M]. 北京：中国社会科学出版社，1993.

速发展期，包括开始加速期（1895—1901 年）、首次快速发展期（1902—1914 年）、稳速增长期（1914—1936 年）；第三阶段（1937—1948 年）为发展停滞期，包括二次快速发展期（1937—1945 年）、停滞期（1946—1948 年）。关于中国近代工业史发展分期的看法，仁者见仁、智者见智。

在前人研究基础上，本书认为以 1860 年天津开埠为起点，到 1949 年天津解放为终点，作为研究天津近代工业化的时间区段，并划分为三个大阶段。1860—1894 年为第一阶段，即天津近代工业化的发端时期。1894—1936 年为第二阶段，即天津近代工业化的起步与兴盛，其中包含三个子阶段：一是 1895—1911 年的兴起期；二是 1912—1927 年的迅速发展期；三是 1928—1936 年的波折起伏期。1936—1949 年为第三阶段，即战争期间的起伏发展，包含两个分阶段：一是 1937—1945 年的沦陷发展期；二是 1945—1949 年的衰退停滞期。

（三）数据与货币

经济增长作为一个复杂的系统性问题，犹如一个看不透的“黑匣子”，研究过程自然面临诸多困难，特别是如何获得准确的历史经济数据资料。很多历史学家和经济史学家关于近代天津经济发展的研究成果，为本书提供了丰富的数据资料参考。但由于全面、连续和准确的数据资料十分有限，量化分析所需的数据缺乏时间上的连续性和完整性，以致研究中的推测和估计不可避免。此外，近代中国的金融秩序紊乱，货币单位不同时期出现了银两、海关两、银圆（银元）、法币等。1890 年官方开始正式铸造银圆，民国时期建立银本位货币制度以后银圆作为主要流通货币。1935 年，国民政府公布“币制改革”命令发行纸币为“法币”，禁止白银流通。同时，银两、银圆、法币之间的兑换比例也不尽相同，清末时期银两与银圆并用，且有固定的兑换比例，一两银子等于 1.388 个银圆，但后来的一个袁大头只有 0.64 两左右。民国初期 1 法币可以相当于 1 块大洋，但最低时 1 块大洋等于 3 亿元。在天津沦陷时期，“联银券”、法币都有流通。

（四）工业或企业性质

天津近代工业企业主要包括外资企业、官办和官督商办企业、民族资本企业[①]等。这个时期的清政府被迫签署了诸多不平等条约，天津被辟为通商口岸，西方资本主义国家可以自由进入和贸易，并可以根据它们的法律和行政体制管理其在华居民和商贸事务，且拥有在租界内建立领事区和

---

① “民族资本企业”，也称为“私人资本企业”，现在称为“民营企业”。但由于绝大多数文献称这种民间私人投资的企业为民族资本企业，所以本书也沿用这一称呼。

投资设立企业等权利，大量洋行及附属机器打包厂成为进行殖民侵略的产物和肆行经济掠夺的据点。官办企业是指由清政府指派官员，筹拨创办费和常年经费，雇用工人使用机器或机械动力进行生产的企业，包括官办军事企业和官办民用企业。官督商办企业是由清政府洋务派官僚委派商人招徕民间资金，雇用工人使用机器或机械动力经营的民营企业，体现了封建主义和资本主义在一定历史条件下的特殊结合。官督商办企业其承办人有商人、买办及退职的官员，具备半官半商身份，具体业务由商人经营，又可以依靠官的庇护享有减免税等优惠或特权，但要交出企业用人权及理财权给官府掌握。还有官商合办企业，一般商股只是按年分红，其他一切事务无权过问。民族资本企业是指由中小地主、官僚、买办、商人、华侨等投资创办的近代工矿企业，也包括原来的部分手工工场采用机器生产后，转变为近代工矿企业。

第三节 基础理论与方法

经济史研究的最基本方法包括经济学和历史学的方法，但更加侧重经济学相关理论的应用，特别是将统计分析方法和计量经济学理论引入经济史学，在大量数据及图表分析的基础上，建立数学模型并进行定量检验。因而，本书研究中需要用到的经济学相关理论和方法主要包括经济增长理论、产业结构理论、计量经济方法、经济周期理论、区域经济理论等。

一、经济增长理论

经济增长，即总产出的增加，一国在一定时期内国内生产总值的增长。20 世纪后半叶的经济增长理论发展经历了 50 年代的各种经济增长模型、60 年代的各种定量分析、70 年代的经济增长极限研究和 80 年代中期以来的以技术进步为主要特征的经济内生增长研究。

（一）哈罗德－多马模型

哈罗德和多马将长期化、动态化引入经济增长模型，完善了凯恩斯理论。该模型基于 7 个假设条件[①]建立了增长模型的基本方程：

---

① 假定整个社会只生产一种产品；生产者使用劳动（L）和资本（K）两种要素进行生产，并且按固定比例投入，两种投入不存在替代性；技术水平不变；规模报酬不变；人口（或劳动）的增长率为常数 n；储蓄是国民收入的函数，储蓄总额等于储蓄率与国民收入的乘积；没有资本折旧或者说资本增量等于投资。

$$G = \Delta Y / Y = s/v$$

其中，Y 为产出，ΔY 为产出变化量，G 为经济增长率，s 为储蓄率，v 为资本/产出比。从式中可以看出：一国的经济增长率与该国的储蓄率成正比，与该国的资本/产出比率成反比。v 如果不变，s 越高，G 越高，即一国可以通过提高投资（储蓄率）来促进经济增长；s 如果不变，v 越高，G 越高，即可以通过技术进步提高资本/产出比率来促进经济增长。

（二）新古典增长模型

索罗（R. M. Solow）提出的索罗模型奠定了现代经济增长理论的基础。该模型基于 7 个假设①，建立的基本方程如下：

$$\Delta k = sf(k) - (n + g + \delta)k$$

其中，k 为投入的资本，Δk 为资本存量变动，s 为储蓄率，n 为人口的增长率，g 为技术进步率，δ 为资本折旧率。该模型解释了经济稳定增长的原因，说明经济、资本和劳动投入的增长会引起产出的增长。如果在经济平衡增长状态下，总产出与资本存量按同一速率（$n + g$）增长，反映了单位有效劳动所占用的资本量变化的规律。

（三）经济增长因素分析

经济增长是一种复杂的社会经济现象，受多方面因素影响。索罗、丹尼森（Edward Denison）、库兹涅茨（Simon Kuznets）等人所作的实证研究和定量分析大大加深了人们对经济增长源泉和动力的认识。索罗指出，影响经济增长的主要因素有技术、资本存量和劳动力数量，各因素对经济增长的贡献不同，他通过估算美国 GDP 增长情况，发现技术进步对人均产出增长的贡献占到 82.3%，技术进步对经济增长的贡献最大，是经济长期增长的主要源泉和动力，在现代经济增长中起着决定性作用。丹尼森把影响经济增长的因素进行了细化，并基于美国数据进行了实证分析，验证了索罗的结论。他认为就业者的受教育年限、知识进步等构成了技术进步的主要因素，后者成为技术进步作用的主要来源，而资本积累对美国经济增长的贡献不到 20%。只有大力发展教育、开发新技术才能有利于促进知识进步，进而促进经济持续增长。库兹涅茨对各国经济长期增长及其影响因素进行了比较分析，认为当不断积累的技术知识、社会知识的存量被充分

---

① 整个社会使用劳动和资本进行生产，并且两种生产要素可以相互替代；k 为投入的资本，Δk 为资本存量变动，人口的增长率 n 为常数，g 为技术进步率。为了使问题简化，假设劳动人口与总人口同步增长；社会总量生产函数为齐次型柯布-道格拉斯生产函数；总量生产函数为齐次型，规模报酬不变，总产出与生产要素等比例增长；劳动和资本的边际产量递减，且大于零；储蓄率 s 和资本折旧率 δ 均为常数；生产技术为外生变量，技术进步率为常数。

利用时，经济会出现高增长，经济结构会转型升级。其实证结果表明，投入生产要素生产率的提升为经济增长贡献了75%，而效率提升的关键在于技术的不断进步，这与索罗、丹尼森等人的结论基本一致，即现代经济增长的主要源泉是科学技术进步。他同时指出，经济结构的转型在于农业向非农业，再向工业和服务业的转型，就业结构的变动充分反映了这一演化过程。

二、产业结构理论

产业结构一般是指一个地区或者国家宏观经济各产业之间、各产业内部各行业之间和各行业内经济产品之间的生产要素及其成果的数量比例关系和质量分布状态，即资本存量、从业人数和增加值的比例关系，一般按照三次产业的分类方法对产业结构进行划分，即包括第一产业、第二产业、第三产业。

（一）配第 - 克拉克定理

威廉·配第认为产业间收入存在相对差异，即制造业相比农业、商业相比制造业，能够得到更多的收入。克拉克在配第的理论基础上，认为各产业间收入的相对差异造成了就业人口在三次产业中分布结构的变动，随着经济增长，农业从业人数相对于制造业人数趋于下降，制造业人数相对于服务业人数趋于下降。

（二）库兹涅茨法则

随着经济发展，农业部门的相对比重，无论是产值结构方面还是劳动力结构方面，都呈不断下降的趋势。工业部门的产值结构和劳动力结构均呈上升趋势，但两者上升的速度不一致。与产值结构相比，劳动力结构呈基本稳定或者上升非常缓慢的状态。在服务业行业，无论是产值结构还是劳动力结构都与工业部门一样，具有上升的趋势。但在上升的速度上却与工业部门不同，劳动力结构要大于产值结构。在服务业内部，各产业部门的发展速度也不一样。

（三）霍夫曼定律

霍夫曼利用近20个国家的时间序列数据，分析消费工业和资本资料工业的比例关系，得出结论：如果将消费资料工业与资本资料工业之间的比值称为霍夫曼系数，那么随着工业化进程，霍夫曼系数是不断下降的。他把工业化的过程分为四个阶段，在第一阶段，消费资料工业的生产占据着统治地位；在第二阶段，虽然消费资料工业生产的规模远远大于资本资料工业，但资本资料工业已开始加速发展；在工业化的第三阶段，资本资料工业在规模上已与消费资料工业相当；到了第四阶段，资本资料工业的规模已经超过消费资料工业。

（四）产业结构优化

从结构上看，产业结构高度化表现为以下三个方面：首先是产业重点依次转移。在整个产业结构演进过程中，由第一产业占优势比重逐级向第二产业占优势比重、第二产业占大比重向第三产业占优势比重演进。其次是要素密集度依次转移。在产业发展中劳动密集型占优势比重逐级向资金密集型占优势比重演进，资金密集型占优势比重向技术密集型占优势比重的演进。最后是产品形态依次转移。具体来看，产业结构中由制造初级产品的产业占优势比重向制造中间产品占优势比重演进，由制造中间产品占优势比重向最终产品的产业占优势比重的演进。

三、计量经济方法

研究经济问题很多时候需要用到计量经济学的方法来构建模型，常用的是回归分析方法。回归分析是描述和评估一个给定变量（通常称为因变量）与一个或多个其他变量（通常称为自变量）之间数量变动关系的分析方法，通过构造回归模型，通常使用最小二乘法求解回归系数，从而得到估计的回归方程用来预测。回归模型的一般形式描述了因变量与多个自变量之间具有如下关系：

$$Y = \beta_0 + \beta_1 X_1 + \beta_2 X_2 + \cdots + \beta_m X_m + \varepsilon_i$$

其中，Y 为因变量，X_1，X_2，$\cdots$，X_m 为自变量，β_0 为常数项，β_1，β_2，$\cdots$，β_m 为回归系数，反映了自变量对因变量的影响强度，ε_i 为随机误差变量。对估计的回归方程及回归系数需要进行统计检验，包括可能存在的异方差性、自相关、多重共线性等问题，以及检验样本对总体的代表性、影响关系是否显著等问题。例如，通过可决系数检验回归方程对样本数据的拟合程度，通过 t 统计量假设检验回归系数显著性，来保证模型在统计意义上的可靠性。

四、经济周期理论

经济总量周期性波动是现代经济发展过程中的重要经济现象，每一次周期性波动对经济增长、就业状况、通货膨胀和国际贸易都会产生深刻影响。经济周期是指以市场经济为主的国家总体经济活动存在的循环出现的上下波动现象。一个周期一般由多种经济指标几乎同时扩张，继之以普遍的衰退、收缩与复苏所组成的，这种变动会重复地出现。[1] 即经历四个阶段：繁荣，经济活动不断扩张和达到新的高峰；衰退，由繁荣转为萧条的一个过渡过程；萧条，经济活动的收缩或向下的阶段；复苏，由萧条转为繁荣的过渡阶段。在不同的经济发展时期，两个阶段都会表现出不同的性质和特点。

五、区域经济理论

空间作为人类社会经济活动的场所，各种经济行为都会在其中反映出来。区域非均衡增长理论认为，经济活动在多种区位因素影响下的集中与扩散，会构成并推动着区域经济的非均衡增长，而区域经济的非均衡增长，又会使一定空间范围内原有的各种社会经济客体和现象的位置、相互结合关系、聚集规模及其形态发生相应的变化。增长极理论认为空间结构在经济发展进程中表现为在一定地域上的极化与扩散，从而引导区域经济从均衡向非均衡、再向更高层次的均衡发展的螺旋式上升。按照"增长极理论"，"增长极"发展初期依赖于区域优势资源的集聚，"增长极"达到一定规模后会对周围地区产生产业、资本、技术以及信息的辐射，从而带动区域经济的发展，这些"增长极"一般会演变成区域中心城市。[2]

第四节 天津近代工业发展特征

学术界关于天津经济发展的研究由来已久。天津解放前，南开大学经济研究所对近代天津工业发展进行了大量调查研究，形成了纺织业等多个产业的调研报告和统计资料（已在参考文献中列出）。李洛之、聂汤谷编著的《天津的经济地位》分析了天津近代经济整体发展情况，充分肯定了天津作为北方经济中心的地位和作用。新中国成立后，相关研究日益深入丰富，其中罗澍伟的《近代天津城市史》详尽研究了近代天津的农、工、商、贸易、金融等经济状况，揭示了天津城市经济发展的特点与深层次原因。宋美云等编著的《近代天津工业与企业制度》对近代天津工业发展进

① Mitchell W C. Economic Cycle：Issues and Their Background [M]. National Bureau of Economic Research，1927：468.

② 陈秀山，张可云. 区域经济理论 [M]. 北京：商务印书馆，2003：12.

行了阶段性分析，并把工业发展与企业制度联系起来进行深入探讨。孙德常和周祖常主编的《天津近代经济史》介绍了天津从古至新中国成立前的经济发展，论述了天津封建经济的解体及近代工业的产生与发展。来新夏主编的《天津近代史》介绍了 1840—1919 年天津在经济、社会、政治等方面的发展情况。本书基于前人丰富且深入的研究成果，试图从结构变迁视角对天津近代工业化展开深入研究，既不同于传统史学的研究，也有别于一般工业史著述；既想体现不同时期背景下的历史源流，又要对结构变迁现象进行经济理论上的解释，力求为近代经济增长提供一个新的视角和思考。

一、天津近代工业发展整体特征

开埠前的天津商业资本雄厚，现代经济萌芽逐渐形成，但由于技术、资本、人才、制度等方面的后发劣势，未能及时自主开启工业化进程，只能在被迫开埠背景下成为西方殖民主义的商品市场和原料产地。清政府主导洋务运动"自强求富"，激发了民间投资热情。天津依托优越的地理区位、便利的交通、宽松的口岸政策和广阔的腹地市场等资源禀赋，发展工业、繁荣商贸，逐渐成为北方最大的工业中心、金融中心和商贸中心。总体来看，近代天津经济增长特别是工业发展呈现阶段性起伏特征，产业体系逐步健全，产业结构以轻工业为主，重化工业为辅。

（一）工业化开启的被动与主动特征

开埠前的天津已经具备了走向现代经济的诸多条件，但开启工业化进程阻碍重重。而此时的西方国家早已先后走上了工业化道路，殖民贸易在全球范围内推进，通过战争迫使中国进入国际分工体系，天津成为外资掠夺资源和销售产品的"桥头堡"，也成为"自强""求富"洋务运动的首选地。天津兴办现代化军事工业和民用企业，引进新式机器设备，学习西方科学技术与管理经验，民族资本企业也随之逐渐发展壮大，在一定程度上抵制了外国资本主义的经济入侵。

（二）工业化呈现出阶段性发展特点

基于本书对天津近代工业数据的整理，如表 1.1 所示，发现工业发展呈阶段性起伏趋势。但天津沦陷期间前后数值波动幅度过大，造成这一现象最主要的原因可能是这一时期的货币非常混乱，币值异常不稳定。虽然用物价进行了修正，但高估的可能性依然很大，需要进一步修正。沦陷时期华北工业就业量变动趋势比较平稳，并没有出现沦陷前后的剧烈波动，而且天津工人占华北比重变化也没有出现剧烈波动①，同时，天津工业资本在华北的比重从 1939 年到 1942 年仅提高了 5%，但表 1.1 中显示天津工业资本总额提高 26 倍多。这些均说明 1941 年和 1942 年资本数据存在高估的可能性。本书将用表 1.2 的就业量数据对 1941 年和 1942 年数据进行修正，因为就业量平稳变化一定程度上能够反映工业发展趋势。因此，用 1933 年华北工业就业量为基期进行推算，修正后的资本数据 1941 年为 14898.9 万元、1942 年为 10823.1 万元②。整体来看，近代初期的外资为便于掠夺原材料开始投资设厂，企业数量不多，投资规模较小。洋务运动期间，清政府以天津机器局为主开始大规模投资，民族资本企业也逐渐兴起，1927 年发展到第一个峰值后逐渐回落。1936 年出现短暂的恢复后又继续衰退，1941 年达到第二个峰值后又迅速走向衰退，整体发展过程呈现出阶段性起伏变化。

表 1.1　　　　　　　　　天津近代工业发展总体趋势　　　　　单位：万元

年份	官办等	外资	民族	合计
1894	1946	583.1	8.4	2537.5
1911	3836.9	3328.8	825.6	7991.3
1927	4740.6	5087.1	9647.2	19474.9
1933	—	7107.2	3005.3	10112.5
1936	—	9127.3	4266.7	13394
1938	—	8512.6	1223.2	9735.8
1939	—	4983.4	1463.5	6446.9
1941	—	131461.5	11052.9	142514.4
1942	—	85079.7	18447.8	103527.5
1945	—	2584.2	—	2584.2
1947	31168	—	19229	50397

说明：1947 年数据为产值，其他年份均为资本值；1945 年只有日本资本数据。

① 1939 年占比为 31.9%，1942 年占比为 30.6%。
② 修正后的数据，1941 年的外国资本为 13743.4 万元，民族资本为 1155.5 万元；1942 年分别为 8894.5 万元和 1928.6 万元。

表 1.2　　　　　　　　　　1933—1941 年华北工业就业量

项目	1933 年	1939 年	1940 年	1941 年
华北（人）	138707	147887	179339	204359
指数	100	106.6	129.3	147.3

资料来源：汪敬虞. 近代中国资本主义的总体考察和个案辨析［M］. 北京：中国社会科学出版社，2004：197。

（三）结构呈现出多元性特点

一是产业资本的多元性。天津近代工业企业主要包括官办类资本、民族资本和外国资本，而且不同类型企业在一定时期出现了相互转化的现象。如官督商办的开平煤矿被英国骗取矿权后变为外资企业，官办的滦州煤矿与开平煤矿合并后变为了合资企业，官办的大沽船坞变为了民族资本。二是产业结构的多元化。天津近代工业基本形成了以轻工业为主、重化工业为辅的产业格局。三是融资方式的多元性。早期军工企业资本来自官方拨款，大型民用企业依靠招商股筹资，后来军阀、官僚资本大量投资新式企业，企业也可以从银行贷款或发行股票债券融资，甚至能够自建储蓄所吸纳存款。

二、天津近代工业结构演化变迁

（一）工业资本结构的变化

在 1927 年前，官办类资本一直是天津工业的一个重要组成部分，1894 年几乎占到了总资本的 2/3，1911 年几乎占到 1/2，1927 年下降到 1/4 左右。但此后，天津工业中鲜有官营资本了。直到 1945 年，国民政府由于接收了日伪资产，官营类资本又开始占据了主要部分。

天津近代民族工业从无到有，1860—1927 年迅速发展，并达到发展高峰，其资本几乎占到了总资本的 1/2。但九一八事变和七七事变后，天津民族资本工业受到较大冲击，1941 年的资本比重降到谷底，仅为 7.8%，后来逐渐回升，1947 年达到 38.2%（据表 1.1 数据计算）。

根据表 1.1，整个近代时期，外资始终占据了天津经济发展的重要位置。外资占比由 1894 年的 23% 增长到 1933 年的 70.3%。投资国别由最初的英国占据首位逐渐变成了日本占据首位，因为太平洋战争爆发后，日本加强了对各类企业的掠夺，几乎控制了天津所有的中外企业。

（二）轻工业与重化工业的结构变化

近代的天津，基本形成了以纺织等轻工业为主的工业体系，在洋务运动期间和沦陷时期，重化工业得到了一定程度的发展。如表1.3所示，开埠初期，重化工业比重达到了74.2%，因为洋务运动期间设立了天津机器局等大量军工企业，而此时民族工业尚未兴起。后来随着民族工业特别是纺织工业的发展，轻工业比重一直保留在55%以上。直到沦陷时期，由于日资加大重化工业投资，产业比重达46.7%。到解放战争时期，轻工业比重又快速上升，达到84.9%。①

表1.3　　1894—1947年天津近代轻工业与重化工业的结构变化　　单位：%

部门	1894年	1911年	1927年	1936年	1945年	1947年
轻工业	25.8	88	77.1	76.2	53.3	84.9
重化工业	74.2	12	22.9	23.8	46.7	15.1

注：不包括矿业、公用事业和运输业。

第五节　天津近代工业发展动因

天津近代经济增长在90余年的历史过程中，经济规模波动起伏，产业结构演化变迁，有外部原因也有内在因素，主要包括政治环境与制度的变迁、外部市场与竞争的变化和经济增长内在要素的波动。

一、阶段性波动与时局变化

近代中国一直处于动荡状态，经济发展面临的社会政治环境随不同时局的变化而改变。明朝以前天津没有设卫，但金元已定都北京，天津地位有所上升，经济逐渐发展。进入明清时期，天津的地位迅速上升，经济快速发展，但仍以传统经济模式为主，现代经济成分不高。进入近代以后，社会政治环境起伏波动，天津工业呈现出阶段性发展。洋务运动时期，邻近北京的社会政治优势促进了天津早期工业的发端，天津成为北方洋务运动的中心。到了北洋时期，再次得益于邻近政治中心北京的优势，天津成为北洋新政的中心，工业发展迅速。然而，1927年南京国民政府成立后，政治中心南迁，天津的地位相对下降，工业发展也呈现出下降的趋势，因

① 重工业一般包括钢铁、冶金、金属加工和机械等工业，与化工业一起称为重化工业，除重化工业以外的都称为轻工业。

为这个时期天津很多官员、公司企业大量南迁，有的迁入上海，有的迁入南京等地。沦陷时期，天津成为日本掠夺华北资源的中心和经济开发的中心，日资企业迅速崛起，重化工业较快发展。解放战争时期，天津的地位有所下降，工业发展呈现出下降趋势，例如当时国民政府严格控制原料进入天津，即使是天津官营企业也因为没有原料而陷入停顿状态。

二、外部性因素与竞争变化

（一）区位因素

天津特有的地理禀赋，如得天独厚的地理位置、丰富的鱼盐资源、广阔的腹地、发达的河海交通，以及"为畿辅之门户"的政治军事重要性，这些都成为影响天津近代工业兴起和发展的区位优势。区位理论认为，进行投资的区位选择因素会随着区位主次因子的不断交替演进。天津近代工业化发展实践，是一个由资源特征逐步转向市场特征，再进一步升级为产业集聚特征的动态过程，产业结构由出口加工业向纺织、面粉等轻工业，再到化工、钢铁等重化工业的不断升级，并且带动了腹地外向型经济发展与近代化进程，也使得天津成为中国北方工业中心城市。

（二）国际市场与对外贸易因素

第二次鸦片战争以后，西方列强一方面从天津及其腹地掠夺原材料，另一方面不断输入工业产品和产业资本，天津被迫进入充斥着殖民性质的世界市场。20世纪初，由于西方各国忙于战争，天津民族资本企业获得了发展空间和拓展国内市场的机会，经济增长进入"黄金十年"。20世纪30年代，世界经济危机爆发，处在开放前沿的天津成为他国转嫁危机的场所。总的来看，在天津近代化过程中，一是对外经济交往日益频繁，开放程度不断加深，为工业发展提供了广阔市场空间；二是对外贸易规模变动能够反映工业发展的变化；三是贸易结构在一定程度上影响着产业结构的演变，即天津逐渐形成以进口替代工业为主的纺织、面粉等轻工业的发展构架；四是贸易结构在一定程度上制约了工业结构的升级。

（三）竞争的不平等与民企进入市场

带有殖民与掠夺性质的外国资本，一定程度上弥补了天津经济发展的资本不足问题，也带来了机器设备和先进技术。然而，战后不平等条约的签订，注定了天津民族资本企业无法享受外资企业所拥有的种种特权，只能面临严重的不平等竞争。很多民族企业只能委身于外资企业的华丽包装下，以便获得同样的特权。但这种不平等的竞争环境也激发了民族企业图生存、图发展的活力与动力，如20世纪初的天津永利化学公司碱厂，突破了国外技术垄断，成功地解决了制碱过程中一系列化学工艺与工程技术问题。

三、内在因素与结构性变迁

（一）资本因素

天津近代工业的发展普遍存在着对资金的迫切需求，但就其资金来源与积累来看，存在着自身特点。一是天津近代工业的资本最初并非同西方发达国家一样来自商业资本或对外掠夺，而是主要来自封建政府的官款。随着国内私人资本和外国资本投资工业逐渐增多，企业逐渐转向通过直接和间接融资方式获得资金为主。二是在工业化初期，企业主要靠自身资本积累扩大规模；进入快速发展期后，企业以对外资本需求为主进行规模扩大。同时，天津近代民族企业的规模差异也导致资本积累的不同路径，中小企业轻积累或无积累，大型企业相对要好很多。三是在天津近代工业化阶段，资本集聚趋势已经出现，诞生了大型企业集团。四是金融业的发展和现代银行的出现，促使银企关系不断加深，新型融资方式不断涌现，对企业发展壮大、应对危机发挥了重要作用。

（二）人口因素

在技术水平一定的情况下，劳动力是拉动经济增长的根本要素之一，而经济的增长又会促进人口增加。例如，天津近代工业化加速了城市化进程，带来了城市人口高增长，主要以人口转移为主，二元经济理论给予了充分解释。人口迁入对工业发展的贡献不单单是自然体力的供给者，也是资本与人力资本的携带者，进一步促进了城市消费市场的扩大。同时，城市人口区域分布与工业区域分布关系密切，但工人分布具有一定的资本规模偏好，即人口迁入对小规模企业的贡献要高于规模大的企业。

（三）技术因素

通过对技术进步的特点、阶段、层次进行系统深入的探讨，发现天津近代技术进步与工业结构变动有着密切的联系：一是技术进步与工业化同步发展；二是技术进步与企业规模的相关性很强，几乎均发生在大型企业；三是天津近代工业技术水平虽然有所提高，但整体依然较低；四是企业能够通过自主创新掌握核心技术，成为提高竞争力的关键；五是技术进步确实给企业带来了经济效益；六是技术进步对不同工业部门的贡献不同，劳动密集型企业的技术贡献比较低，而化工业的情况正好相反，反映出技术进步的不平衡性与工业结构的不平衡性发展呈现一致性；七是技术进步表现为"产品引进、设备引进、消化吸收、模仿、创新"的技术变迁过程。

第二章　大扩张与大积蓄：天津 工业化历史背景

第一节　西方资本扩张与明清经济内卷

16 世纪上半叶至 19 世纪上半叶，是中国明清时期，也是资本主义全球扩张的发轫阶段。工业化首先在英国兴起，西方其他国家相继完成工业革命，开始加速扩张开拓世界市场，而此时的中国传统社会依旧保守与内卷，阻滞了工业化发端。

一、西方资本主义经济的疯狂扩张

（一）拓展市场倾销商品

经济内在的效率要求，分工与市场的扩大成为必然。西方资本注定全球扩张，最早表现为消费品的全球化。16—18 世纪，欧洲与亚洲的贸易日益扩大。1665 年，英国东印度公司从孟买、马德拉斯、孟加拉和东南亚等地区进口丝、茶、陶瓷器、日本铜、棉织品、棉纱小豆蔻等总额 15.88 万英镑，1720 年增至 58.05 万英镑，增长近 3 倍。1660 年向亚洲出口金银、一般商品和宽幅毛织品总额 6.84 万英镑，1710 年增至 50.89 万英镑，增长 7 倍多，其中宽幅毛织品出口额增长近 10 倍。[①] 贸易的扩张刺激了技术上的创新，技术的创新加速了工业革命的兴起，工业革命极大提高了生产效率，对市场规模有了更大要求，西欧工业品加速销往世界各地。正如表 2.1 所示，世界贸易的增长是世界生产增长的近 2 倍。全球各大洲和地区几乎都充斥着资本主义国家的先进工业品，但这种市场的拓展几乎无

---

① 宫崎犀一，等. 近代国际经济要览：16 世纪以来［M］. 北京：中国财政经济出版社，1990：90.

一例外是西方列强依靠坚船利炮进行殖民实现的。

表 2.1   世界生产和贸易的增长比较

时期	世界生产	世界贸易	贸易与生产之比率
1720—1780 年	1.5	1.1	0.73
1840—1860 年	3.5	4.84	1.38
1860—1870 年	2.9	5.53	1.91

资料来源：宫崎犀一，等.近代国际经济要览：16世纪以来［M］.北京：中国财政经济出版社，1990：21。

（二）西方国家对中国市场不断侵入

16 世纪初，欧洲的葡萄牙、西班牙与荷兰殖民主义者竞相进入亚洲，并以武力侵夺了中国侨民在南洋各地的经济势力。之后，葡萄牙于1535年占领了澳门，荷兰分别于1604年和1624年占领了澎湖和台湾。继西班牙、葡萄牙、荷兰各国之后，英国于1637年来到中国，并倚仗武力强行进入广州进行贸易。英国的东印度公司则于1715年在广州设立商馆。法国商船于1698年来到广州，于1728年设立商馆。美国商船来华最晚，直至1784年才到达广州。当时，西方资本主义国家的工业化运动正在兴起，通过向外扩张力图把全世界作为本国工业的原料供给地和产品市场。西方国家进入亚洲以后，中国的沿海城市被认为是进行殖民统治或掠夺贸易的理想场所。在中国闭关保守情况下，英国人认为摆在面前的只有三条路可走：一是以武力强迫中国根据合理的条件管理贸易；二是绝对服从中国所可能制定的一切规章；三是根本放弃贸易。[①] 而英国最终选择对中国诉诸武力，使用坚船利炮打开了中国市场大门。

二、保守的明清传统经济日趋内卷

路径依赖与内卷化发展模式，成为中国传统社会农业、手工业和商业的发展常态，14世纪中叶至19世纪中叶的500年间更为显著。虽然中国长期处于自给自足的自然经济发展模式，但麦迪森的研究充分说明中国当时的经济不管是总量、增长率还是人口增长等方面都处于世界前列。1820年，中国的 GDP 占世界 GDP 总量的28.7%，居世界第一位，而此时英国只占5.2%。在此之前的数个世纪里，中国的经济总量一直占世界 GDP 总

---

① 马士.中华帝国对外关系史［M］.北京：商务印书馆，1963：64.

量的绝大部分。从生产总值增长率看，中国与世界在 1700—1820 年的年复合增长率分别为 0.85% 和 0.57%，中国高于世界平均水平，但之后中国经济出现了停滞甚至衰退。[①]

　　这种保守的传统经济当与消极防守的对外政策及人口增长相互结合、制约、互动时，逐渐得到了强化。特别是自清朝中后期开始，中国政府和社会与西方资本主义国家的扩张正好相反，采取保守政策，甚至拒绝开放，对内反对技术创新，导致经济创新缓慢，无法扩大的国内外市场阻碍着市场经济萌芽的生长。正如麦迪森所述，从 17 世纪末或 18 世纪初开始，中国人均 GDP 水平就已经落后于欧洲等其他国家了。[②] 如表 2.2 所示，中国工业生产量占世界的比重也从这个时期开始逐渐下降。但面对中国长期作为一个农业社会这个不争的事实，显然贝罗克对中国工业生产总体水平估计过高。同时贝罗克认为，中国人均工业化水平在这个时期也处于不断下降阶段。自鸦片战争以后，中国人口在很长时期里出现了负增长。

表 2.2　　　　　　　世界工业生产的相对份额（1750—1900 年）　　　　单位：%

年份	中国	英国	美国	法国	德国	日本
1750	32.8	1.9	0.1	4.0	2.9	3.8
1800	33.3	4.3	0.8	4.2	3.5	3.5
1830	29.8	9.5	2.4	5.2	3.5	2.8
1860	19.7	19.9	7.2	7.9	4.9	2.6
1880	12.5	22.9	14.7	7.8	8.5	2.4
1900	6.2	18.5	23.6	6.8	13.2	2.4

资料来源：保罗·贝罗克：《1750—1980 年的国际工业化水平》，转引自：保罗·肯尼迪. 大国的兴衰 [M]. 北京：中国经济出版社，1989：186。

　　种种迹象说明，直到鸦片战争前，明清时期的这种保守经济倾向和消极保守的外贸政策使得商品市场关系难以向深层扩展，工农业生产力水平长期没有突破性发展。由此可见，明清时期的经济虽然在增长，但主要归

---

　　① 安格斯·麦迪森. 世界经济二百年回顾 [M]. 李德伟，盖建玲，译. 北京：改革出版社，1997：11，58。
　　② 1280 年，中国人均 GDP 为 600 美元，欧洲为 500 美元，到了 1700 年，中国为 600 美元，而欧洲增长到了 870 美元。参见：安格斯·麦迪森. 中国经济的长远未来 [M]. 楚席平，吴湘松，译. 北京：新华出版社，1999：35。

于人口的扩张，而不是技术的进步。技术由于没有需求动力及保守的闭关政策，既不能自发快速发展，也不能从国外引进。造成这种内敛趋势的原因可以从意识形态与制度层面来解释。首先，中国传统社会在儒家思想的影响下，造成了封建王朝长期对"利"的轻视和对"商"的打压，而反观西方从重商主义到斯密的追逐私利最大化，为市场经济的自由竞争提供了伦理准则。同时，中国在这种伦理思想和传统文化中，创新思想被不断扼杀和阻止，有利于现代工业发展的发明创造的缺乏阻碍了中国的技术进步，而欧洲在"科学革命"之后，机器大工业逐渐代替以手工技术为基础的工场手工业，欧洲各国相继进入工业化进程。其次，从制度方面看，朝贡体系和官僚体制阻碍了中国经济的现代化发展。一方面，清政府依然以"天朝上国"心态自居，加之不重视创新和闭关锁国的对外政策，割裂了与世界的联系，以中国为核心的东亚、东南亚和中亚地区的朝贡体系，把西方先进的科学与技术排斥在外，以致中国同西方的发展差距逐渐拉大。另一方面，中国传统社会的官僚体制由于对地租的追求而更加重视农业的发展，从而阻碍了工商业的发展。而欧洲庄园经济与贵族体制则有利于商人阶层的产生，同时新教也促进了科技兴起。重农抑商的制度安排使得中国陷入了小农经济陷阱的路径依赖，失去了发展商品经济的外部环境。

第二节　工业化前夜的机遇与阻碍

天津自秦汉至唐宋，历经挖渠开河，设官定制，发展盐业，至金元两朝建都北京，设寨建镇，城市地位日显重要。漕运和盐业发展迅速，天津由聚落逐步走向都市。明清时期，天津设卫建城，成为一个完整意义上的都市，商贸日益繁荣，现代经济开始出现萌芽，但工业化的产生受到诸多因素制约。

一、经济环境持续改善

城市拥有现代工业最初产生与发展所需的市场环境与基本要素，成为工业化最基本的载体。例如，15 世纪西欧各国兴起了很多工商业城市，手工工场的规模不断扩大，技术、资本、劳动力等不断向城市聚集，为现代工业的产生创造了条件。

（一）都市聚落的形成

汉初，天津周边设置了泉州、雍奴、章武、东平舒和文安五县。从东汉末年平虏、泉州与新河三渠的开凿，到唐朝新辟平虏渠的开凿，运输系统的不断改善，逐渐确定了天津地区的河海冲要地位。隋代修建京杭大运河，实现中国南北通航、天津"三会海口"，唐代天津成为南方粮、绸北运的水陆码头，漕运的咽喉要道。① 自金元以后，地处海河与南、北运河交汇处的三岔河口，很快发展成为漕粮运输的中转枢纽和通往京师的军事要地。金王朝从此设置了直沽寨，奠定了天津城市发展的雏形基础。至元九年（1272 年），元王朝决定改金中都为大都，定为京城。为保证大都军需民食，延祐三年（1316 年）直沽寨被升置为海津镇，天津由此前的一个军事据点演化为兼军事与经济功能的京畿重镇。② 从此兵民杂居，人口大量增加，商业贸易逐渐兴盛。明永乐二年（1404 年）筑城建卫，一个完整意义上的天津城市基本形成。天津卫在清初已被纳入地方行政体制，实现三卫合一，雍正三年（1725 年）、九年（1731 年）逐步升卫为天津州、天津府，辖六县一州。

（二）漕运和盐业日益繁荣

1. 漕运不仅供应了大量粮食，也提供了大量税收

天津漕运自东汉末年已出现，唐宋时期南北漕运有了进一步发展，金元时期漕运业逐渐繁荣，运输性质发生了根本变化③，使得天津的地域范围随之扩大。元代有船户 8000 余户，海船 900 余只。④ 1290 年，漕运年运量突破百万石，繁盛时期竟达二三百万石。⑤ 1404—1406 年，明政府先后设立天津三卫，其用于漕运的浅船仅有 37 只，年运粮食 11191 石。到 1415 年，经天津输送到北京的粮食达 6460990 石。⑥ 直到清代，漕运规模大致保持在这个水平。清代康熙年间造船 7964 艘，1811 年已有实用船只 6331 艘，来往于天津港口，漕船和商船每年至少可把 100 万石的南方粮货运到北方。

---

① 万新平，濮文起. 天津史话 [M]. 上海：上海人民出版社，1986：13.
② 徐永志. 明清政府与天津社会经济变迁 [J]. 中国社会经济史研究，1998 (4)：5.
③ 唐代时期漕运主要是为边防服务的军运，金以后的漕运主要从运输军粮转为运输皇粮。参见：万新平，濮文起. 天津史话 [M]. 上海：上海人民出版社，1986：5 – 6。
④ 《元史》卷八十五，转引自：李华彬. 天津港史（古、近代部分）[M]. 北京：人民交通出版社，1986：26。
⑤ 张绍祖. 先有大直沽后有天津卫 [J]. 城市，1994 (3)：28 – 29.
⑥ 李华彬. 天津港史：古、近代部分 [M]. 北京：人民交通出版社，1986：33.

2. 天津成为长芦盐业产运销中心，盐商手握大量财富

天津濒临渤海，原为盐碱荒地，有着丰富的盐业资源。早在西汉时期，天津盐业发展已有一定基础。明代长芦盐区①，范围北起秦皇岛、南至河北与山东交界之间，成为贡盐产区，是全国最大盐区之一。元代有盐场22个，明初增设2个，到清朝裁减到了10个，但规模依然较大，拥有灶户443户、灶丁2475人、灶地1266顷13亩。明末以后，随着晒盐技术的快速推广和生产技术的改进②，长芦各盐场已出现半煎半晒的局面。明代长芦盐的总产量为63100余大引③，弘治（1488—1505年）时为180800余小引，盐课为12万两④，约占全国总盐税的1/10，长芦盐业为政府提供了丰厚的财政收入。由于长芦盐实行引岸专商制度，盐商因此获得巨额利润，天津富甲巨商多来源于此。

（三）商贸日益发达

漕运和盐业的发展，加之便利的交通和周边地区的消费需求，天津商业日益繁荣。漕运给天津带来了源源不断的货物和南来北往的客商，使天津不仅成为粮食转运和贸易的中心，更成为南北各地土特产品的集散地。"广帮""宁波帮"等商帮商会相继出现，来天津开业的商号逐渐增加，手工业工人也随之增多。康熙年间，广帮的船队由大船30多艘组成，每船载重货物200吨，至乾隆初年，商船数量又有所增加。宁波帮的船队有时船达60—70只之多，每船载重70—80吨。⑤ 贸易的扩大，不仅将大量南方洋货运到天津，也将北方的土特产带回南方销售，天津南北商贸日益发达。这一时期，所有在天津的商业经营者，主要分为盐商、铺商、负贩、船户四类，城乡合计21546户，占天津人户总数的51.2%。与商业经营有确定关系者，有绅衿、烟户、佣作、捕鱼、种园五类，城乡合计17043户，占天津人户总数的40.51%；与商业经营可能有关系者，有应

---

① 长芦原是一条河的名称，宋代在这里设长芦镇，明代盐运使驻长芦，以后就把这一带沿海产盐地区统称长芦盐区。参见：徐景星. 长芦盐务与天津盐商 [J]. 天津社会科学，1983（1）：52－58。

② 晒盐是盐业生产上的一项重大技术改革，因为晒盐不用柴薪，成本低，产量高。元代已经出现晒盐，只是推广速度没有明朝快。参见：万新平，濮文起. 天津史话 [M]. 上海：上海人民出版社，1986：10。

③ 宋代每张盐引为盐116.5斤，明清时期盐引分为大引和小引，明代的大引为400斤，清代的大引重量则从数百斤至一千斤不等，有的地区甚至达两千余斤。

④ 《明史·食货志》卷八十，转引自：徐永志. 明清政府与天津社会经济变迁 [J]. 中国社会经济史研究，1998（4）：5。

⑤ 高艳林. 天津人口研究：1404—1949 [M]. 天津：天津人民出版社，2002：77－78.

役一类，城乡合计 2407 户，占天津人户总数的 5.72%。至道光年间，如表 2.3 所示，天津全县商户为 31929 户，占总户数的 37.8%；天津城内商户为 5245 户，占总户数的 52.9%。从事商业活动的人口和商户达到如此高的比例，说明天津业已成为一个发达的商贸大城市。

表 2.3   **道光年间天津全县和城内职业户数**

项目		户数（户）	百分比（%）
全县职业	铺户、店户、生意户	15614	18.5
	负贩、商人	10390	12.3
	船户	5465	6.5
	盐商盐户、盐行户	460	0.5
	共计	31929	37.8
全县户数		84556 户	
城内职业	铺户	3132	31.6
	负贩	1935	19.5
	盐商	159	1.6
	船户	19	0.2
	共计	5245	52.9
城内户数		9914 户	

资料来源：《津门保甲图说（道光二十六年）》，转引自：郭蕴静. 清代天津商业城市的形成初探［J］. 天津社会科学，1987（4）：77-82。

（四）人口不断增长

从西汉开始，天津人口呈现出起伏增长趋势。明清以前，天津人口总量大多处于 10 万人以下，规模较小。到了明清时期，天津人口飞速增长，1578 年已突破 10 万人，到 1820 年接近百万人。进入近代以后，天津人口增长加速，到民国时期已突破 300 万人（见表 2.4）。

表 2.4   **天津市历代人口**

朝代	年份	户数（户）	人口数（人）
西汉	2	15635	64082
东汉	140	17505	110269
西晋	280	7050	46319

续表

朝代	年份	户数（户）	人口数（人）
东晋	543—550	2328	9894
隋	609	13265	68579
唐	742	14948	82485
辽、北宋	1012	14000	30660
金	1223	62845	—
元	1270	23572	62083
明	1578	13738	101935
清	1820	194147	946453
民国	1928	607646	3306735
	1949	840869	3994834

资料来源：李竞能. 中国人口（天津分册）[M]. 北京：中国财政经济出版社，1987：35。

　　盐业和漕运不仅带来了商贸的繁荣，也为天津带来了大量人口。元时制盐全为煎造，用夫不止 3000 之数，合之眷口，一场总应有万人上下。[1]大规模的制盐成为直沽大量城居人口的主要原因，且相当集中。元代南北运输大规模进行，直沽人口加速聚集。大批漕粮需要在三岔河口交货卸货转运，从而聚集了大量商贾与船工。加之民政、盐运、税收等一批行政和军事机构在津设立，为城市带来了巨大的消费市场，进一步繁荣了商业与贸易。近代以前的天津人口有两次大规模的聚集过程，一次是在明永乐初年天津设卫之后，1491 年天津境内约有 13532 户、95421 人，与元至元七年（1270 年）相比，人口增长 53.7%。到 1578 年，天津约有 13738 户、101935 人，比 1270 年增长 64.2%。[2] 曹树基的《中国人口史：明时期》中估计，当时天津城市常住人口至少有 10 万人。[3] 明代人口增加较快，且以军队移民为主。另一次是在清代康雍年间。清初，运河共有漕船万余只，每船以 10 丁配运，共有运丁 10 余万人。[4] 乾隆年间的《天津县志》记载，1731 年，天津县有 2497 丁。至道光二十六年（1846 年），《津门保甲图说》统计认为，天津地区总户数为 81223 户，人口为 442343 人，其中城厢地区有 32761 户、198715 人，分别占全县的 40.3% 和 44.9%，人

① 罗澍伟. 近代天津城市史 [M]. 北京：中国社会科学出版社，1993：49.
② 李竞能. 中国人口：天津分册 [M]. 北京：中国财政经济出版社，1987：35.
③ 来新夏. 天津近代人口变迁 [M]. 天津：天津古籍出版社，2004：27.
④ 罗澍伟. 近代天津城市史 [M]. 北京：中国社会科学出版社，1993：81.

口增多的主要原因是非军队移民的大量迁入。

(五)海运、金融业相继发展

1. 海运规模不断扩大

清初的天津海运,始于奉天贩运粮食。此后,贩运粮食者越来越多,从开始的几十只船发展到乾隆时期 300 余只,道光年间达到了 600 余只,从事此业的人员达数万人。随着海禁大开,南方各地的商船也纷纷载货泛海而至,广东潮州、福建厦门和上海的大量商船来往于天津之间,互通有无。天津的海船大户不断出现,如东大沽的乔岱,拥有海船 19 只;西大沽"海下高家",拥有海船 90 余只,且建设了船坞。

2. 早期金融业的兴旺

天津最早的金融业以银钱业为主,有以兑换制钱、银锭及国家发行的钱贴为主业的兑钱摊、换钱铺,也有以制造、销售首饰而兼营银钱兑换的首饰楼。虽然最初单户规模都不大,但随着经营发展,一些商户成长为钱铺、钱局或钱号。乾隆四十年(1775 年)前后,在天津东门外、北门外相继出现了这类银钱业店铺。① 此外,票号这种利用汇兑方式为两地调拨货款银两的金融组织,也随着贸易与商业的繁荣在天津逐渐增多,如"山西票号"。除汇兑外,票号的业务有所扩张,衍生出存款与放款活动。金融业的兴旺进一步推动了天津商贸业繁荣发展。

二、现代经济萌芽初现

(一)天津繁荣的商贸业孕育了现代经济萌芽

随着天津商业和贸易的日益繁荣,现代经济萌芽首先在河海航运中萌生,大量商户和船主已开始使用雇工,雇佣关系非常普遍。一种是佣作,一种是应役,前者雇佣关系比较稳定,后者主要是临时性受雇。据《津门保甲图说》描述,天津当时拥有应役 2928 人,其中城厢 2338 人、乡区 590 人;有佣作 7115 人,其中城厢 707 人、乡区 6408 人。② 此外,从事漕运为生的劳动力数量经常保持在万人以上。③ 传统经济不断积蓄着向现代经济转型的力量,如发达的商业贸易,众多的人口,繁荣的金融业,以及拥有众多资本的巨商——"天津八大家"④,他们的财富少则数百万两,

---

① 林纯业. 清代前期天津商品经济的发展 [J]. 天津社会科学,1987 (4):4.

② 高艳林. 天津人口研究:1404—1949 [M]. 天津:天津人民出版社,2002:48.

③ 孙德常,周祖常. 天津近代经济史 [M]. 天津:天津社会科学院出版社,1990:10.

④ 天津八大家:"韩高石刘穆,黄杨益照临",原来还有权、董两家,称为"十大家",后来这两家衰落。

多达千万两①，逐渐形成了别具特色的"盐商派"文化，这也预示着传统"重农抑商"政策正在遭遇重大改变的社会进步②。

（二）工业化进程在明清时期遇到的阻碍

当西方国家相继完成工业革命的时候，中国依然在小农经济中内卷式发展，虽然包括天津在内的中国很多地方已经出现了资本主义萌芽，但却未正式开启工业化进程，主要原因有以下几个方面。

1. 工业资本的初始积累受到了阻碍

商业资本没有和制造业结合起来。天津的许多盐商聚敛了大量财富③，但未把资本投向扩大再生产，以改进盐业的生产方式和技术创新，而是将资本投向典当、钱铺、商业和土地，这些还算比较好的去向④。清初天津大盐商张霖，在京津两地建有豪华宅邸和园林。"天津八大家"中的韩家，拥有皇宫般的深宅大院，家里男女仆人多达二三百人。⑤ 足可以见，虽然天津商业资本获得了大量积累，却乐于把商业收益投向有着稳定土地租佃收益的土地，而没有投资相关产业进行扩大再生产。

2. 生产社会化的发展受到了狭小市场的阻碍

市场的扩大可以引起生产的扩大和生产方式的进化，生产方式的进化进而引起生产社会化的变革和生产资源市场化配置的转变。明清时期的保守政策，限制了与海外联系及海外市场的拓展，导致商品经济得不到一个新的市场发展空间。对于沿海城市，海外贸易提供的市场机会必然大于内地贸易。如果当时积极主动从事海外贸易并融入世界市场，极有可能使天津的资本主义萌芽向大生产进化。

3. 战争破坏了社会经济的正常秩序

明清时期随着人口规模越来越大，人口与资源关系变得紧张，社会矛盾日益突出，农民起义的频率不断增加、规模不断增大。第一次鸦片战争后的太平天国运动，涉及的人数和地区范围都是空前的，沉重地打击了清朝的封建统治的同时，也造成了较大的社会经济损失。1853 年，太平军攻

①　姜铎. 调查散记：旧中国民族资本史料集锦 [J]. 近代史研究，1983（2）：299 – 300.

②　徐永志. 明清政府与天津社会经济变迁 [J]. 中国社会经济史研究，1998（4）：5.

③　盐商专卖制确定后，盐商势力迅速膨胀，勾结官府，通过低价购买、高价卖出聚敛了大量财富，少则几百万两，多则上千万两。

④　与投资其他产业相比，盐商常用大量金钱贿赂各级官员，并向皇帝"报效"，长芦盐商"报效"额达 280 多万两。参见：万新平，濮文起. 天津史话 [M]. 上海：上海人民出版社，1986：11.

⑤　姜铎. 调查散记：旧中国民族资本史料集锦 [J]. 近代史研究，1983（2）：300.

占天津静海、独流等地，在清军镇压太平军的过程中当地的盐业和漕运受到了严重威胁。①

4. 技术自我创新的困难和引进的障碍

18 世纪中叶至 19 世纪初叶的中国，科学技术长期受到政府及文化约束，并且缺乏市场经济利益激励，创新道路阻塞严重。而此时的西方国家纷纷进行了生产技术革命，生产效率大大提高，西方先进技术由于中国的保守政策未能受到重视和扩散到中国。

在封建小农经济内卷化的大背景下，前期已有充实积累的天津也难以主动开启工业化。当西方列强依靠坚船利炮攻陷大沽口炮台进入津京后，清政府被迫签订《北京条约》，天津命运的齿轮开始转动。

---

① 来新夏. 天津近代人口变迁 [M]. 天津：天津古籍出版社，2004：33 - 34.

第三章　大变革与初兴起：天津近代
工业化之发端（1860—1894）

在西方发达国家，近代工业的产生一般都经历了三个历史阶段，即从手工业的简单协作开始，经过工场手工业时期，最后发展为大机器工业，生产方式的迭代升级通过由小生产者转化为小资本家，再转化为大资本家这样一条途径实现。马克思指出，这是一条"真正革命化的道路"。另外一条途径，则是由高利贷者和商人直接支配生产，并由此转化为大机器工业的资本家。马克思说，这条途径在历史上也"起过巨大的过渡作用"。

第一节　大变革：天津被动走上工业化之路

一、帝国主义掠夺性入侵

马克思指出，"掠夺是一切资产阶级的生存原则"①。完成工业革命的资本主义国家加紧向外扩展，鸦片战争中失败的中国，其传统经济模式在掠夺性入侵中被逐渐打破，开始走进社会化大生产的世界市场交换关系中。在这次历史性变革中，作为京师门户、畿辅重镇的天津首当其冲。

一方面，第一次鸦片战争结束后，西方资本势力加紧向中国输出。虽然《南京条约》开辟了五口通商口岸，但资本主义国家为进一步打开中国市场，发动了第二次鸦片战争，迫使清政府签订《北京条约》，天津于1860年被迫开埠。这些国家在天津拥有众多特权，建立了多个租界，为其

---

① 马克思恩格斯选集：第4卷［M］. 北京：人民出版社，1995：390.

设立新式工厂与使用先进技术提供了便利。另一方面，天津成为中国北方联系国内自然经济与现代世界市场的重要窗口，在原来广阔腹地市场的基础上开辟了商品交流的新网络，成为资本主义列强获取原材料和销售进口商品的重要枢纽。

随着外国工业产品不断侵入，天津本地商品与进口商品市场也迅速扩大，销售网络和功能市场逐渐形成。腹地小农经济受到严重冲击，部分以传统手工业为主的农村自给自足的自然经济开始分解衰退，破产的手工业者、农民以及战乱、灾荒中的难民组成的无产者队伍日益壮大，并不断流向城市。与此同时，西方的科技、文化随着西方人员与商品的到来而涌入天津，除了带来先进的机器设备外，也诱发着天津居民消费习惯的改变。天津原有的经济发展方式、生产力状况、政治体制、社会结构、传统文化、生活习俗等方面都受到了不同程度的影响。来自外部的现代化冲击加速了市场扩张，传统经济快速解体，经济要素的市场流动空间不断扩大，都在促使着天津经济发展模式发生转变。

二、危机中变革与洋务运动兴起

工业品的大量侵入加剧了中国传统自然经济的解体，很多农民家庭走向破产；连年自然灾害及清政府的各项赋税加剧了国内阶级矛盾，各地农民起义风起云涌，清朝的统治基石开始动摇。晚清工业化开启的另一个契机出现，以奕䜣集团为首的改革开放派开始崛起。[①] 1861 年辛酉政变后，奕䜣集团显示出由传统统治者向近代化推进者转化的倾向。此外，以曾国藩、李鸿章、左宗棠、张之洞等为首的地方改革进取势力的形成，为晚清工业化的实施创造了可能，洋务运动得以实施。天津作为直隶首府成为北方洋务运动的试验场和实施地，在工业化进程当中扮演了一个非常重要的角色，成为中国近代工业发祥地之一。

第二节 初兴起：天津早期工业特点与结构

传统社会的生产力倾向于个体化劳动，机器生产更加重视分工协作，形成生产的集合力，使得商品生产能够获得强劲的生命力。天津工业化早

---

① 杨丽英. 关于晚清近代工业的几个问题 [J]. 历史教学，1999（9）：54–56.

期的生产力"技术内核"来自西方国家，与自身市场的繁荣发育相结合，在本土制度与西方资本的双重影响下，产生了外国资本、民族资本和官僚资本等三种产业类型。

一、早期外国资本的掠夺

19 世纪 70 年代，"欧洲银价的跌落及银两对英镑逐年贬值的结果，使商人觉得以进口货款购买中国土产运回比购买银行汇票汇回本国更加有利"①。中国三北地区，尤其是华北的农产品、经济作物以及畜产品丰富，如棉花、毛类、麻类、猪鬃、皮张、药材、肉类、蛋类等农副土特产品，主要运至天津再出口。② 天津的区位优势吸引了众多外国资本掠夺势力投资办厂，一批出口加工型企业随之出现。因为这些原材料不是体大、量轻就是易于损坏腐烂或含杂物太多，需要加工处理后便于出口。

（一）总体概况

通过整理 1860—1894 年天津外国资本设立企业情况相关研究得到表 3.1。本书进一步整理研究得到附表 A1，认为这个时期共有 3 个国家在天津设立了 17 家外资工厂③，总资本约为 64.09 万两银④。英国的企业数量与资本总量占绝对优势，德法两国占比很小。从开设年份看，主要集中在 1887 年和 1890 年，分别设立了 3 家和 4 家。美商老晋隆洋行卷烟厂是中国最早的卷烟厂，但规模在当时来说还比较小，资本只有 1 万两，工人50 名。此外，"1886 年，天津广隆洋行主人欲在紫竹林开设织布机器局一所，因资本太重，遂邀集华洋富商，招集公司，每股派出纹银一百两，共集一万股。当即制定章程，广为颁发，不到三个月，已集有一千余股，大局可以望成"⑤。

---

① 1876 年海关贸易报告，转引自：庞玉洁. 天津开埠初期的洋行与买办 [J]. 天津师大学报，1998（2）：48 - 52.

② 姚洪卓. 近代天津对外贸易：1861—1948 [M]. 天津：天津社会科学院出版社，1993：183.

③ 宋美云等认为，这个时期共有 15 家外资企业，但本书认为，其书中的大沽驳船公司（英国，1874 年）和大北电报公司（丹麦等，1881 年）不属于工业。近代天津工业与企业制度 [M]. 天津：天津社会科学院出版社，2005：17。

④ 由于相关资料里对很多企业未标注资本，这个时期外资企业总资本很难估计，本书这里引用罗澍伟的数据仅做参考。

⑤ 孙毓棠. 中国近代工业史资料：第一辑：1840—1895 年：上册 [M]. 北京：科学出版社，1957：102, 158.

表 3.1　　　　　　　　　1860—1894 年天津外资企业设立情况

作者	企业（家）	资本（万两）	工人（名）	资料来源
宋美云 张环	15	64.09	800	近代天津工业与企业制度 [M]. 天津：天津社会科学院出版社，2005：17，表 1 - 1。其中大沽驳船公司的资本是 50 万两银
罗澍伟	12	64.09	650	近代天津城市史 [M]. 北京：中国社会科学出版社，1993：255
来新夏	16	424.73	1300	天津近代史 [M]. 天津：南开大学出版社，1987：122
孙德常 周祖常	14	—	—	天津近代经济史 [M]. 天津：天津社会科学院出版社，1990：120
姚洪卓	8	—	—	近代天津对外贸易：1861—1948 [M]. 天津：天津社会科学院出版社，1993：183，184
孙毓堂	5	3.09	—	中国近代工业史资料：第一辑：1840—1895 年：上册 [M]. 北京：科学出版社，1957：234 - 241
严中平	4	—	—	中国近代经济史统计资料选辑 [M]. 北京：科学出版社，1955：116 - 122，表 13
王学海	8	82.84	—	旧中国时期外商在天津设厂行名录 [J]. 天津历史资料，1984（19）：51
纪广智	10	—	—	旧中国时期的天津工业概况 [J]. 北国春秋，1960（2）：20 - 28
徐景星	12	13.9	—	天津近代工业的早期概况 [C]//天津文史资料选辑：第 1 辑. 天津：天津人民出版社，1978：134

（二）发展特点

一是打包出口加工业占绝对优势。从行业分布情况看，主要集中在打包业、公用事业、印刷业等行业，其中洋行打包厂有 12 家，英商占 9 家。1860 年，英商隆茂商洋行建立的棉花包装业打包厂，有三台压榨机，是天津第一个现代性质的企业。英商高林洋行打包厂是天津第一家机器羊毛打包厂，当时几乎承包所有外国出口商的羊毛打包业务。

二是城市公用事业获得垄断利润。英国投资的天津煤气公司成为天津近代公用事业的开端，虽然投资额仅有 3 万多两，主要为租界内居民提供服务，但人们的生活习惯开始发生改变。外资企业能够获得较高的垄断利润，特别是公用事业。天津煤气公司，1909 年资本 3.09 万两银，盈利达25.58%。天津自来水公司资本为 27.8 万元，1911—1913 年盈利率在10%以上。比商电车电灯公司资本为 255.6 万元，1913 年盈利 35.8 万元，盈利率达 14.1%。[①]

三是印刷出版业和轻工业改变着人们的生活。1886 年英商成立的天津印刷公司于 1894 年扩建，并更名为天津印字馆，资本约 10 万两，阅读报纸不断走进人们的日常生活，成为人们获取信息的主要途径之一，但它并不是天津最早的近代印刷厂。[②] 老晋隆洋行卷烟厂和祥茂肥皂公司的出现，使得人们在消费观念和生活习惯上发生了改变，开始转向消费机器制造的卷烟和肥皂。

四是天津外企规模远小于上海。截至 1900 年，天津外资工业企业雇用工人数不过 1310 人[③]，除怡和洋行外，其他打包厂平均雇工 30 人，外企基本是企业规模不大的加工性工业和轻工业。即使是规模较大的天津煤气公司，与同时期的上海相比差距也甚大。例如上海煤气公司在 1896 年时资本规模为 30 万两，上海自来水公司在甲午战争前夕资本规模为 144000 英镑；上海两家最大的船厂，祥生和耶松在 1900 年合并后资本达 557 万两。

五是天津成为外国在中国投资的主要城市之一。如表 3.2 所示，同外国资本在全国工业投资的情况比较，天津的工业外资占全国的 29.87%，其中出口加工业的投资比重远远高于全国水平，而公用事业投资要比全国水平低很多，船舶修造业的全国投资水平也远远高于天津。从产业结构看，天津外资产业结构均衡度要低于全国水平。

表 3.2　　　　1894 年外国资本在中国和天津经营的近代工业资本

项目		船舶修造	砖茶制造	机器缫丝	出口加工	其他轻工业	公用事业	合计
全国	资本（万元）	494.3	400	397.2	149.3	379.3	152.3	1972.4
	比重（%）	25.1	20.3	20.1	7.6	19.2	7.7	100

---

① 汪敬虞. 中国近代工业史资料：第二辑：1895—1914 年：上册 [M]. 北京：科学出版社，1957：386.

② 天津机器局"印字房"是天津最早的近代印刷厂，比 1886 年设立的天津印字馆要早很多年。因为在 1867 年开始建立天津机器局不久，该局即引进了当时新发明的铅印设备，后来1885 年武备学堂成立，又引进了"西洋印字机"。参见：窦学魁. 天津最早的近代印刷厂 [J]. 广州印刷，2000（2）：60－61.

③ 罗澍伟. 近代天津城市史 [M]. 北京：中国社会科学出版社，1993：256.

续表

项目		船舶修造	砖茶制造	机器缫丝	出口加工	其他轻工业	公用事业	合计
天津	资本（万元）	—	0	0	513.8	65	4.3	583.1
	比重（%）	—	0	0	88.11	11.15	0.74	100

资料来源：孙毓堂. 中国近代工业史资料：第一辑：1840—1895 年：上册［M］. 北京：科学出版社，1957：247，附表 1. 笔者整理得到。

值得注意的是，这些外国资本企业，特别是洋行打包厂成了资本主义对华进行经济侵略的重要工具。

西方列强依据《中英天津条约》可以深入腹地掠夺廉价土特产和倾销洋货①，他们垂涎天津腹地丰富的羊毛资源，但由于交通不便难以获得，洋行成为重要载体，通过欺骗、讹诈、掠夺等方式获取当地土特产。例如高林洋行，在天津建起第一家洗毛打包厂，几乎垄断了所有外国出口商的羊毛包装业务。葛姓职员被派往甘、宁、青等地收购羊毛，他利用老百姓朴实憨厚特点，施展欺骗手段指空买空，使存毛户"上洋当"，而自己"发洋财"。②

虽然天津出口加工贸易日益繁荣，城市面貌日新月异，但这种影响是在先进的工业化经济与落后的封建小农经济的"位差"中进行的，处在半殖民地境遇下的天津被迫融入世界市场，只能从属于资本世界的国际分工体系，只能处在操纵中国经济命脉的国际资本主义的剥削之下。12 家打包厂占了天津外资工厂的较大比重，虽然具有一定机器设备及生产规模③，但无法掩盖其对原材料的掠夺本质。与此同时，随着西方机器制造的产品大量涌入，天津及周边农村众多分散的小个体手工业者在与机器的竞争中逐渐没落，加速了耕织的分离，动摇了整个社会的经济基础。

---

① 条约规定，凡缴纳 5% 的海关税的洋货运销中国内地，或英商在中国内地收购土特产缴纳 2.5% 的子口税后，便可在中国内地通行无阻地倾销，免交一切地方关卡码头的厘捐杂税。中国商人的货物除缴纳清朝政府统一规定的各种税金外，还要逢关纳税，遇卡交捐。由于地方关卡多如牛毛，税捐无穷尽，致使中国商人寸步难行，无法与洋商抗争。

② 最初葛某以百两酬银恳请当地许老板为他出面担保，向远近牧民赊购牧民以为世代弃之无用的宁毛，答应来年夏天以每百斤羊毛付银 2 两计价，葛某再转售给高林洋行，扣除各项开支后得暴利。葛某依靠当地镖局和哥老会的帮助，以百斤青毛 15 两白银的收购价购约 20 万斤青毛，在天津以每百斤青毛 30 两白银之价交高林洋行，扣除全部开支后，获纯利 2 万两白银。

③ 每家打包厂都以蒸汽机为动力，并各设压力机 1—2 台，有的还附有羊毛洁净场，用机器洗毛。参见：徐景星. 天津近代工业的早期概括［C］//天津文史资料选辑：第 1 辑. 天津：天津人民出版社，1978：136。

二、早期民族资本工业发展

近代民族资本工业，主要指那些与外国资本工业和本国官僚资本工业相矛盾，并受它们的排斥和打击，但又无法同它们割断联系的一类工业。[①] 因此，中国民族资本的近代机器工业，是中国机器工业中与洋务派主办的官僚资本工业性质和作用均不同的工业。它产生于 19 世纪 70 年代，80 年代略有增加。据不完全统计，到甲午战争前夕，全国新开设的万元以上民族工矿企业仅 50 家，投资合计 470 万元。[②]

（一）近代民族资本工业产生路径

创办现代性质企业有两条路径，一是创办新式工业，二是工场手工业的转型升级。随着洋务派对民族工商业的限制放松，并看到外资工厂获利颇丰，一部分商人、地主、买办和官僚等，开始仿照外国商人做法，投资试办新式工业。天津最早的民族资本近代工厂是 1878 年由招商局总办朱其昂创办的贻来牟机器磨坊，"以蒸汽机磨面粉"，"用机器司务两人外，又需小工十余人……事半功倍，出面极多，且面色纯白"。[③] 1894 年，贻来牟机器磨坊雇员达 30 人。[④] 上海买办徐润提到"天津贻来牟机器磨坊，每年获利六七千两"。[⑤] 此外，还有大来生机器磨坊、天利和机器磨坊以及南门外瑞和成机器磨坊等三家。[⑥] 尽管这些面粉厂的规模较小，但与当时并存的石磨相比，毕竟代表了先进的生产力。1882 年创办的同顺和记染织厂是天津近代第一家染织工厂。1884 年，广东人罗三右创办了专门修理轮船、机器的天津第一家铁工厂；由于他会说英语，手艺很好，因而业务扩展很快，一直延伸到关外，十余年间赚了三十多万银圆。[⑦] 万顺铁厂于 1886 年开办，"专做造酒铁锅、钱铺贮银铁柜，时式器具、中西马车、轮船铜制机器"。[⑧] 这两家铁厂均设在毗邻租界的海河大道（今大沽路）一带，业务与洋行关系密切。

---

① 孙德常，周祖常．天津近代经济史［M］．天津：天津社会科学院出版社，1990：120.

② 祝慈寿．中国近代工业史［M］．重庆．重庆出版社，1989：414.

③ 孙德常，周祖常．天津近代经济史［M］．天津：天津社会科学院出版社，1990：121.

④ 孙毓棠．中国近代工业史资料：第一辑：1840—1895 年：下册［M］．北京：科学出版社，1957：1200.

⑤ 徐润．徐愚斋自叙年谱［M］．南昌：江西人民出版社，2012：90.

⑥ 天津社会科学院历史研究所．天津史研究［Z］．1987（2）：29.

⑦ 姜铎．调查散记：旧中国民族资本史料集锦［J］．近代史研究，1983（2）：301.

⑧ 1886 年 5 月 22 日《时报》，转引自：孙德常，周祖常．天津近代经济史［M］．天津：天津社会科学院出版社，1990：123。

　　近代天津民族资本企业的产生比外资工业晚 11 年，比清政府洋务派创办的军事工业晚 11 年①，与洋务派创办的民用工业几乎同步。这种现象不仅与天津开埠的时间有关，也与洋务官僚和大买办不无关联。洋务派朱其昂、杨宗濂、吴懋鼎等官僚均由李鸿章一手提拔操办洋务，握有一定特权，这成为创设企业的直接原因。当时英国、德国、美国、日本等国抓住天津开埠商机，纷纷出口火柴到我国市场，天津口岸每年进口火柴额达 130 多万两白银。1886 年，李鸿章看到火柴价格昂贵，利润丰厚，于是借办洋务名义出资入股，委托天津武备学堂总办杨宗濂和汇丰银行买办吴懋鼎等人创办了天津自来火公司（火柴厂），初始投资18000 两。但 1891 年失火被焚，又由吴调卿发起公开集股，资本为45000 两，成为中外合资企业。同时受到外资企业影响，这一时期民族资本企业重视引进机器设备、请洋教习监督生产和学习西方的管理规章等。合资后的天津自来火公司很快重建，并使用了较先进的机器设备，雇工达 2400 人②，具有了较大规模和竞争力。

　　（二）民族工业发展概况

　　相关研究由于统计来源不同，导致不同学者在厂家、资本和工人等方面的数据存在很大差异，如表 3.3 所示。本书梳理相关资料得到表 3.4，认为有 8 家民族资本企业设立，投资规模都比较小，总投资不会超过 35 万两，工人总数不会超过 900 名③，行业主要是机制面粉业、轮船修造业和公用事业。总体而言，同外资工业相比，天津民族工业呈现资金少、规模小、技术力量薄弱等特点，由于投资不足，导致设备陈旧，手工操作、生产效率低下。这个时期的民族资本工业发展并不顺利，一些企业常常因受到官僚打压、外资冲击，开办不久又被迫闭歇或易主经营，导致基础十分脆弱的民族资本工业经常处于动荡不定的状态之中。但无论如何，它毕竟是天津民办企业的开始，在机器修造业、机制面粉业、造纸业等行业，可视为天津早期私人资本企业的始发阶段。④

---

　　① 比外资晚 4 年，比军事工业晚 10 年。参见：宋美云，张环. 近代天津工业与企业制度[M]. 天津：天津社会科学院出版社，2005：22.

　　② 王培. 晚清企业纪事 [M]. 北京：中国文史出版社，1997：155.

　　③ 根据罗澍伟的估算结果，减去北洋织绒厂的资本和工人数得到。参见：罗澍伟. 近代天津城市史 [M]. 北京：中国社会科学出版社，1993：259。

　　④ 宋美云，张环. 近代天津工业与企业制度 [M]. 天津：天津社会科学院出版社，2005：25.

表 3.3   1860—1894 年天津民族工业发展情况

作者	企业（家）	资本（万两）	工人（名）	数据来源	备注
宋美云 张环	8	4.5	430	近代天津工业与企业制度［M］．天津：天津社会科学院出版社，2005：21，表 1-2	只有 1 家有资本额数据，2 家有工人数据
罗澍伟	7	4.5	—	近代天津城市史［M］．北京：中国社会科学出版社，1993：255	无工人数据
来新夏	4	4.5	12	天津近代史［M］．天津：南开大学出版社，1987：121-123	只有 1 家有资本额数据，1 家有工人数据
孙德常 周祖常	10	29.5	1300	天津近代经济史［M］．天津：天津社会科学院出版社，1990：120	数据时期为 1900 年以前
姚洪卓	4	—	—	近代天津对外贸易：1861—1948［M］．天津：天津社会科学院出版社，1993：184	无资本和工人数据
徐景星	2	4.5	12	天津近代工业的早期概况［C］//天津文史资料选辑：第 1 辑．天津：天津人民出版社，1978：124-161	—

表 3.4   1860—1894 年天津民族工业企业概况

年份	工厂	资本（两）	工人（名）
1878	贻来牟机器磨坊	15000	30
	大来生机器磨坊	—	—
	天利和机器磨坊	—	—
	瑞和成机器磨坊	—	—
1882	同顺和记染织厂	—	—
1884	德泰机器厂	500	150
1886	万顺铁厂	—	—
	天津自来火公司	45000	400

资料来源：罗澍伟．近代天津城市史［M］．北京：中国社会科学出版社，1993：259，表 7-7；姚洪卓．近代天津对外贸易：1861—1948［M］．天津：天津社会科学院出版社，1993：184；许涤新，吴承明．中国资本主义发展史：第二卷［M］．2 版．北京：人民出版社，2003：479。

（三）三条石铸铁业和机械修理工业逐渐兴起

三条石街正处于水陆交通要塞和物资交流的集散地，南北运河往来船只所需的各种铁制器件，多半要在三条石更换。同时因为临近河北大街，一些农村铁匠为了多赚钱也纷纷来到三条石，便于将华北地区的生、熟料运到这里，而且打制出来的各种铁器又可以就近拿到河北大街去出售。1860 年，三条石已经有一些铸造家用器皿和农具的小型工厂，如泰记①、郭天成和郭天祥等铜铁铺。其中天津的德泰机器厂，由打铁作坊发展而来，在 1870 年开始使用车床，业务为修理船舶，制造压榨机、抽水机，但 1900 年前已停业。② 后来随着外国洋行到河南、河北、山东等地收购棉花等原料，从水路运往天津在三条石集中，这里又产生了打包机、轧花机、织布机和零件的机械制造业，但在生产设备上多半是手工操作。③ 因此，三条石大街被称为天津机械工业的发祥地。

（四）天津民族工业在全国占比不高

这个时期天津民族资本在全国的比重不到 5%，厂家数占近 5%，工人数占 1.4%，发展相对比较缓慢。从行业分布看，天津机器磨坊的资本和工人均占全国的 37.5%，火柴业比重相对小很多，资本占 7.2%，工人占 11.8%。④ 甲午战争前全国民族资本设立企业情况见表 3.5。

表 3.5 　　　　　　　甲午战争前全国民族资本设立企业情况

项目	数量（家）	投资（万两）	工人（名）
工厂	145	539	54740
矿厂	22	280	7800
小火轮公司	3	60	100
合计	170	879	62640

资料来源：许涤新，吴承明. 中国资本主义发展史：第二卷 [M]. 2 版. 北京：人民出版社，2003：460。

---

① 1860 年，直隶交河县人秦玉清带领子侄在三条石开设了第一家铸铁作坊，主要生产大小铁锅。

② 陈真，姚洛. 中国近代工业史资料：第一辑 [M]. 北京：生活·读书·新知三联书店，1957：852.

③ 纪广智. 旧中国时期的天津工业概况 [J]. 北国春秋，1960（2）：17.

④ 甲午战争前，全国机器磨坊的资本为 4 万两，工人 80 名；火柴业资本为 41.5 万元，工人 3390 名。参见：许涤新，吴承明. 中国资本主义发展史：第二卷 [M]. 2 版. 北京：人民出版社，2003：486。

三、洋务官办和官督商办企业

西方资本主义国家的机器工业一般是在私人工场手工业基础上逐渐发展起来，中国工场手工业受到西方资本入侵而自身发展受阻，只能依托"官办"并从外国机器工业移植。19 世纪 60 年代，清政府中部分官僚观念率先转变，认识到外国"利器"对自强有益，纷纷着手办理"洋务"。"洋务"涉及的范围始于军用，渐次推及民用，北方、南方均有洋务企业相继创办，并形成一定规模。"洋务运动"可以说是一场清政府"自强""求富"的自救运动，具有与外国争衡的因素，也有维护其统治的意愿，那些办"洋务"的人还夹着和顽固守旧势力争夺权势的动机，但举办"洋务"所建立的若干新式企业在客观上对推动工业化具有一定的积极作用。

（一）整体发展概况

如表 3.6 所示，这个时期天津的官办和官督商办企业主要是军事工业和民用企业，共有 7 家，总资本约为 2500 万两，包括机器与制造、运输、采矿、通信 4 个行业，其中工矿业规模占到 1/2 以上。

表 3.6　　　　　　　洋务运动中天津官办和官督商办企业概况

企业	年份	资本（万两）	工人（名）	业务	性质
天津机器局	1867	1000	2600	制造军火	官办
大沽船坞	1880	200	600	造船修船	官办
开平矿务局	1878	200	10000	采煤	官督商办
天津电报总局	1879	—	—	通信	官督商办
拨驷达信局	1878	—	—	邮政	官督商办
天津铁路公司	1887	1100	—	运输	官督商办
天津机器铸钱局	1887	—	—	铸钱	官办

说明：拨驷达信局前身为华洋书信馆。开平煤矿当时雇用工人约 3000 名，但加上其附属工矿、杂工、临时工等大约 10000 名，参见：来新夏. 天津近代史 [M]. 天津：南开大学出版社，1987：116。许涤新和吴承明在《中国资本主义发展史》第二卷中认为，开平煤矿工人数为 3500—4500 名。

资料来源：孙德常，周祖常. 天津近代经济史 [M]. 天津：天津社会科学院出版社，1990；来新夏. 天津近代史 [M]. 天津：南开大学出版社，1987。

（二）军事工业的本质与影响

面对鸦片战争的失利和太平天国等农民运动的此起彼伏，清政府优先

重视现代军用工业的发展，着手在天津创办机械工业。[①] 19 世纪 60—90
年代，全国各地兴办了大约 20 个军事工厂，制造枪炮、舰船和弹药，天
津机器局（1867 年）和大沽船坞（1980 年）成为北方兴办最早、规模最
大的军用工业。[②]

第一，采用机械化程度相当高的机器设备和技术，并仿照西方工业化
国家机器大工业的生产方式设立。1867 年天津机器局设立火药局，除建有
洋匠住房和机器局办公处外，建起了机器房 42 座、大烟囱 10 座，内部安
置了从国外购进的制造火药与铜帽的机器。[③] 设立西局枪炮厂时，从上
海、香港采购了一部分修造枪并仿制炸子、开花弹等机器。[④] 这些标志着
生产制造技术的根本变化，意味着天津社会生产力已经进入工业化的
范畴。

第二，官办投资，非市场化运作。这些工厂的创办者和所有者不是私
人资本而是清政府及其官僚军阀，创办经费不是私人积累起来的资本，而
是清政府国库开支，产品直接保证封建军队的需要，而不是市场交易的商
品生产。天津机器局的大量军火，主要用于北洋防务和淮军使用，同时还
供应河南、吉林、热河、察哈尔、黑龙江等北方各省的军事需要。大沽船
坞的建立，目的是便于北洋水师舰船就近修理。由于这些军事企业的经营
目的不是获得利润，导致自身难以积累资本来扩大再生产。

第三，设备、原料与管理严重依赖于西方国家。创建这些工厂的机
器，一直依于西方工业化国家的供给。直到 19 世纪 90 年代，生产枪炮
舰船的主要机器仍然不能自制，需从国外购买。各种原料如钢、铝、煤等
也均来自国外，甚至只相信外国货，木材也要进口运来。1891 年，机器局
建了一座炼钢厂，并从英国购进了成套的炼钢设备以及铸钢炉、轧钢厂、
起重机等大型机械、用具等。1893 年为铸新式炮弹建成了我国北方第一座
炼钢厂，所有炼钢设备从英国西门子公司进口。[⑤] 1880 年，兴建大沽船
坞，向外国购买机床 20 部，动力机、抽水机、卧式锅炉各 1 台。1882 年
添置汽锤、汽剪各 1 部。自 1880 年建坞，英国人葛兰德、安德森、斯德
良分别掌握船体、轮机和财政大权，建成后管理大权交给了德璀琳，因而

---

① 王翁如. 天津早期工业的起步 [J]. 天津科技，1994（1）：19.

② 1866 年 10 月筹划建设天津机器局，1867 年建成天津机器局东局，1867 年 9 月兴建
西局。

③ 王培. 晚清企业纪事 [M]. 北京：中国文史出版社，1997：86.

④ 王翁如. 天津机器局 [J]. 天津科技，1994（3）：14.

⑤ 缪志明《洋务运动》（讲座），转引自天津图书馆自建资源中的文化讲座（2003 年）。

船坞的财政管理和生产大权都被英国人所控制。船坞生产的主要原料也都从外国进口，而且机床是清政府高价从英国进口的废旧设备。从用人、购料、设备等方面，这些企业完全依赖外国，并成为外国残旧机器和原料的销售市场，或者是外国军事工厂的装配间。

第四，现代产业工人的形成。这些工厂的工人多数已经基本具备自由工人的身份，除了少部分由士兵充任外，大部分是招募而来。这已不同于官营手工业工场的工匠，不是征调而是实行工资制，按月发给工资，与厂方无直接的人身依附关系，是具有一定现代性质的雇佣关系，一定程度上可以来去自由。机器局东局每年雇用 1000—1200 个中国小工和泥瓦匠、木匠①，1886 年"西局匠徒七百人，东局工徒千余人"②，也有学者认为当时局内员工约 2600 名，其中东局 2000 名、西局 600 名③，工人数最高达 2700 名④。大沽船坞有工人 600 余名、工匠 300 余名，多数来自福建、广东、宁波等地，每月支出经费 5000 两。⑤

第五，积极影响。机器局需用大量的原料、燃料以及交通运输，刺激了清政府的洋务官僚集团和新兴的民族资产阶级，积极筹划使用机器大规模开采煤、铁、铜、铅等矿和修筑铁路。同时，在机器局和大沽船坞的创建中诞生了北方第一代产业工人，后来北方较大的工矿企业如启新、开滦等在开办时都雇用了原机器局、大沽船坞的技工，天津机器制造业和造船业的技术工人有不少是从机器局、大沽船坞培养出来的。同时，机器局各厂及附设的电报学校、水雷学校培养出最早的一批技术人员。机器局包括机器制造、基本化学、金属冶炼、铸造、热加工，以及小规模修造船舶等部门，可见，天津近代工业体系初具雏形。

（三）民用企业的性质、特点与意义

1. 民用企业多为官督商办

生产活动的规律往往不以人的主观意志为转移，尽管洋务派最初的本意只在乎武器是否先进，但最终却引发了原料、能源、动力、交通、通信等早期民用企业的连锁反应。随着国内外局势逐渐缓和，军事工业又亟须资金和燃料原料供给，以"求富""富强于国"为目标发展民用工业成为

---

① 英国驻天津总领事摩尔根《1866—1868 年份商务报告》，第 173 页；来新夏. 天津近代史 [M]. 天津：南开大学出版社，1987：104。

② 周馥. 醇亲王巡阅北洋海防日记 [J]. 近代史资料，1978（47）：13 - 14.

③ 王培. 晚清企业纪事 [M]. 北京：中国文史出版社，1997：86.

④ 天津市机械工业局史志编修组. 机械工业 [J]. 天津史志，1988（1）：15.

⑤ 天津社会科学院历史研究所. 天津历史资料 [Z]. 1980（9）：2.

重点。外资在华工厂的高额利润刺激着官僚、买办和商人群体，激发了他们投资现代企业的兴趣。19世纪70年代他们开始转向民用工业，着手兴办采矿、冶炼、纺织等工矿业以及航运、铁路、电信等企业。洋务运动期间，天津民用企业主要包括采矿业、运输业和通信业等，其中采矿业以开平矿务局为主、运输业以天津铁路公司为主，还有我国近代邮政事业发展的起点——天津"华洋书信馆"和天津电报总局。设立民用企业不仅可以增加国库收入、解决军火工厂经费困难，也能够生产煤炭满足军火工业燃料的需要，还可以应付列强一再提出铺设电报线、修铁路等不合理要求。民用企业主要有三种形式：一是官办，全部由清政府出资，生产目的或多或少为了赚取利润，雇用工人，带有一定市场化性质，但由于资金来自官款，管理权掌握在封建官僚手中，企业没有核算制度，一般难以扩大再生产，具有浓厚的封建性。二是官商合办，虽然表面称为合并，但商人股东无权过问企业一切事务，只能以商股按年分红。三是官督商办，企业资金主要由官僚、商人、买办等私人以集股形式凑集，生产的产品向市场销售，追求一定的利润，但由政府官僚来管理，人事管理大权仍在官僚和买办手中。

2. 发展特点

第一，具备部分现代性。民用企业生产的产品可以在市场上销售、流通，劳动力以雇佣为主，使用的机器和应用的技术从西方工业化国家引进。例如开平矿务局，1878年从英国购买机器，并由英国矿师巴赖主持，雇用工人约3000名，若加上附属工矿，杂工、临时工等大约10000名，到1895年已有职工17000人，开平煤矿成为中国第一家实行机械采煤的近代化煤矿。民用企业可以获得政府的一定特权和订单，使企业有机会快速扩张市场。1881年，开平煤矿开始出煤，日产量在300吨左右，1899年达到75万吨以上，短短18年规模扩大了2500倍。

第二，受到官僚排斥打压。封建官僚任意打击官督商办企业，民族资本受到排斥。人事制度带有明显封建性，企业大权由清政府委派的总办、会办、帮办和提督等所把持，封建衙门的官僚作风与腐朽作风被带到企业中，民用企业的产品和利润遭到掠夺。开平煤矿生产的煤，"照市价，先听招商局，机器局取用"①。天津铁路公司的路线和全部设备均被官办的北洋铁路公司吞并。电报局发报一律"先官后商"，官报所需电费从电报局所欠官款内扣除，官款还清后亦不收费。最后，这些民用工业一旦有盈

---

① 孙毓棠. 中国近代工业史资料：第一辑：1840—1895年：下册［M］. 北京：科学出版社，1957：630.

利，要向封建统治者进贡报效，受到政府不同程度的勒索，这样必然使资金积累、扩大再生产受到严重影响。电报局在1884—1902年被官方勒索总额至少达到124万元，也可能高达143.8万元。[①]

第三，在生产技术、管理、金融等方面缺乏独立自主性。生产技术对外国依赖严重。从外国购买机器，聘请外国人当技师或经理，生产管理大权完全操控在外国人手中。金融上受到外国银行控制。这些民用企业虽然已经成为使用机器的新式工业性质，但由于带有浓厚的封建性和半殖民地性，决定了它们不可能顺利地积累资金、扩大再生产，只能依赖外国银行贷款，有的企业被外国资本侵占、有的停办、有的归私人经营。[②] 例如，开平煤矿的机器均购自英国，并由英国矿师巴赖主持，重资聘用外国技师。1899年矿务局内资金缺乏，总办张翼请矿务局顾问德璀琳向英国墨林公司借款20万英镑，并以所有财产作为抵押，最后在1901年英商用欺骗手段骗取了矿权。

洋务派采用官督商办等经营形式兴办近代民用工矿业，突破了根深蒂固的封建传统势力和观念的禁锢，从经济政策上为创办新式企业准备了条件，促使投资由土地转向工业部门，建立了民间资本单独无力开办的大型工矿企业，打破了由外国资本把控的商品市场与运输市场。正如开平煤的出现，使中国摆脱了完全依赖洋煤的局面，为军工业、机器业发展提供了能源保证。

第三节　大趋势：天津早期工业地位初步形成

一、天津早期工业化发展特点

第一，多种所有制企业并存。本书整理得到这段时期天津工业整体概况（见附表A2），共有29家工矿企业建立，工人有14850名，资本总额达2537.53万元，其中外资17家，民族资本8家，官办类企业4家。如图3.1所示，产业以机器业、出口加工业和矿业为主，三个产业共占总资本的98.5%。其中官办企业在机器和矿业中占绝对优势，外资在出口加

---

① 费维恺. 中国早期工业化：盛宣怀（1844—1916）和官督商办企业 [M]. 虞和平，译. 北京：中国社会科学出版社，1988：279.

② 孙德常，周祖常. 天津近代经济史 [M]. 天津：天津社会科学院出版社，1990：119.

工、印刷和公用事业方面占绝对优势。民族企业虽然仅在化学业中占一席之地①，但已经改变了过去只有官办的单一国家所有制形式，出现了官督商办、官商合办、商办等多种所有制形式，发挥了抵制外国资本入侵的作用。

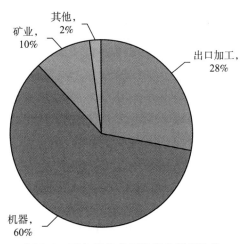

图3.1　甲午战争前天津产业部门结构

第二，官办企业发展最快、规模最大，资本占总资本的77%。从数量上看外资企业最多，但多以出口加工打包厂为主，规模虽然比民办企业大很多，但要远小于官办企业。洋务运动期间，官办的军用工业和民用工业发展顺利，天津机器局、开平煤矿等企业规模大、实力强，在华北地区占优势地位。民族资本工业虽然数量多，但规模小、实力弱，资本仅占总额的0.33%。官办、官督商办和官商合办企业的资本总数占总资本的77%，是外资企业的3倍多，是民族企业资本总额的百倍多。近代天津官办与官商合办企业的工人数，占当时天津近代产业工人总数的89%，是外资企业工人数的17.6倍，是民族资本企业工人数的14.7倍。同时，官办洋务企业地位远高于民企，民企处处受到排斥打击，始终未能获得独立合法的经营地位。②

第三，军事工业促进了技术进步。技术进步是工业化不断前进的动力，清政府建立军事工业以期实现"师夷长技以制夷"，从进口西方国家武器装备向自己能够生产转型。天津机器局的军工产品在国内有着比较广

① 梁丽. 洋务派兴办近代工业的经验教训［J］. 辽宁大学学报（哲学社会科学版），1997（4）：2.

② 杨丽英. 关于晚清近代工业的几个问题［J］. 历史教学，1999（9）：54 - 56.

阔的市场，通过调拨分配到全国各地，实现了部分武器装备的进口替代。天津机器局除了引进国外先进机器设备，也培养了天津第一批技术人员，诞生了北方第一代产业工人，启新、开滦最初的机器工匠多来自于此。

然而，由于甲午战争的失败和《马关条约》签订，洋务运动以失败告终。天津机器局在1900年八国联军侵略战争中遭到毁灭性破坏，开滦煤矿矿权被英国骗取，铁路和航运也均被外国资本控制等。①

二、天津早期工业化在全国占重要地位

截至1894年，天津企业数量占全国的13.88%，资本占10.75%，工人占12.52%。其中，天津官办类和外资工业在全国的资本比重均在10%以上，远高于民族工业的1.16%（见表3.7）。

表3.7　　　　　　　　　1894年天津与全国近代产业总量比较

项目	天津						全国		
	厂家（个）	比重（%）	工人（名）	比重（%）	资本（万元）	比重（%）	厂家（个）	工人（名）	资本（万元）
官办等	4	12.90	13200	27.84	1946	11.1	31	47421	17531.2
外资	17	16.83	750	2.21	583.1	11.03	101	34000	5340
民族	8	10.39	900	2.42	8.43	1.16	77	37150	729.1
合计	29	13.88	14850	12.52	2537.53	10.75	209	118571	23600.3

说明：比重一项为天津占全国的比重。

资料来源：陈真，姚洛. 中国近代工业史资料：第一辑 [M]. 北京：生活·读书·新知三联书店，1957：54. 全国官办类资本为2850万元，民族资本700万元，参见：唐传泗. 民族资本主义的初步发展 [M]. 油印版，1980：55. 严中平的数据比唐传泗还要小很多，官办类资本为1180万元，民族资本580万元。参见：严中平，等. 中国近代经济史统计资料选辑：第一种 [M]. 北京：科学出版社，1955：93，表1. 全国外资工人数字引自：孙毓棠. 中国近代工业史资料：第一辑：1840—1895年：下册 [M]. 北京：科学出版社，1957：1201，表28。

天津与上海工业化发展异同分析。上海是近代中国经济中心城市，工业发展排名始终居全国第一，天津是北方工业中心城市，排名仅次于上海。一是两大城市发展路径有很多相似之处，两个城市都是港口型城市，地理位置优越，交通便利，都是区域的中心城市，均拥有广阔腹地。上海

---

① 中国近代洋务企业失败有很多原因，如官商不分、缺乏自主经营权和官僚主义严重，同时洋务企业内部管理混乱、腐败盛行，这些因素均导致企业发展缓慢或者消亡。参见：张静，邢战国. 中国近代洋务企业失败的历史教训分析 [J]. 辽宁教育行政学院学报，2004，21（9）：2。

是第一次鸦片战争后 1842 年开埠，天津是在第二次鸦片战争后 1860 年开埠，上海 1843 年已有机器印刷厂墨海书馆，天津机器局（1867 年）比江南制造局（1865 年）晚两年。二是两个城市工业化发展水平存在差异。截至 1894 年，上海外资工业企业有 45 家，是天津的 2 倍多，总资本为 975.2 万元，是天津的近 2 倍。民族资本企业上海有 31 家，资本总额达 605.7 万元，是天津的近 100 倍，其中上海民族棉纺织业已占到全国的 3/4 以上，布机占全国 1/2 以上。而且上海已经形成了机器制造、船舶修理、缫丝、纺织、面粉、火柴、印刷、造纸、食品、卷烟、公用事业等比较齐全的工业门类。① 但天津官办、官督商办和官商合办的企业规模大于上海，天津官办类工矿企业工人达 13200 名，比上海这个时期高峰人数 6000—7000 名② 多近 1 倍。因为天津与首都毗邻，是洋务运动的北方中心。

三、天津早期工业化的阻碍因素

天津现代经济萌芽自明清时期已经出现，但由于路径依赖与发展惯性影响，如果没有外部强制干涉，原有社会发展的正常进程很难被瞬间打破，依靠自身演化无法在短期内实现原生工业化道路。以掠夺为目的的西方列强在天津投资设厂、从事商贸，带来了机器设备和先进技术，促使原有生产力发生变革与升级，迫使洋务运动自强求富，激发了原有工商业活力与腹地商贸流通，自然经济开始解体。但工业化进程依然面临两大障碍因素，主要是缺乏资本积累和时局环境不稳定。一方面，西方工业化实践表明，资本积累是工业化开始的一个必要过程和前提。但传统社会缺乏社会剩余向资本积累转化的意识和机制，虽然天津在近代以前早已成为漕运与商贸中心，"天津八大家"财富巨贾一方，社会剩余可见一斑，但更多的社会剩余没有转化为工商业发展的资本，而是成为购买土地、建筑豪宅与享乐的金钱后盾。另一方面，稳定的政局和有为的政府是经济发展与繁荣的前提条件，但近代中国一直处在战乱与动荡之中，第二次鸦片战争与太平天国运动对天津的影响最为直接，加剧了经济活动的成本和风险。历次战争的失败导致清政府担负了大量战争赔款，政府无力大规模动用社会剩余保证工业化所需资本。

---

① 徐新吾，黄汉民. 上海近代工业史［M］. 上海：上海社会科学院出版社，1998：9-63.
② 江南制造局2000名，上海机器织布局4000名。参见：王培. 晚清企业纪事［M］. 北京：中国文史出版社，1997：84，117。

第四章 大进入与狂掠夺：天津近代外资工业发展（1895—1936）

第一节 外国资本入侵潮（1895—1911）

在中国近代史上，出现了一个被认为是外资大举入侵的时代，华北地区主要集中于天津。1896—1912 年，外资在天津共设立了 38 家企业，大多是为进出口贸易服务的机器打包厂，也有为租界居民服务的供水供电企业。1913 年，天津的外资企业资本总额约为 400 万元，同期外国资本在华企业资本总额约为 2800 万元，天津占 15% 左右。① 外资企业的大规模入侵，强烈震撼着中国社会各个阶层，"兴实业，挽权利"的呼声蔓延朝野，激发了天津民族资本的爱国投资热情。但西方列强办企业的本质是通过殖民侵略及不平等条约掠夺中国财富、榨取国人剩余劳动价值和大量倾销工业品，绝非"意味着和平、秩序、金融稳定和繁荣"，而是使中国遭受了巨大灾难。②

一、外国资本大规模入侵的历史背景

（一）《马关条约》为外资办厂提供了不平等条约依据

资本主义对华资本输出能够更便捷直接投资的关键，主要在于甲午战争后签订的《马关条约》。《马关条约》规定，日本臣民可在中国通商口岸城市任便从事各项工艺制造③，这是近代以来中国政府第一次以条约形式允许外国商人在通商口岸办工厂。虽然此前外商已在事实上开办了一些

---

① 中国人民政治协商会议天津市委员会文史资料研究委员会. 天津文史资料选辑：第 1 辑 [M]. 天津：天津人民出版社，1978：135 – 136.
② 李育民. 殖民主义、不平等条约与近代中国的灾难 [J]. 历史评论，2020（3）：29 – 37.
③ 牛创平，牛冀青. 近代中外条约选析 [M]. 北京：中国法制出版社，1998：50.

工厂，但终究没有条约依据。当外国资本力图挤进被洋务派视为禁区的棉纺织业时，清政府还能以"没有条约依据"为理由阻挡一阵。但是《马关条约》突破了这一约束，一是机器设备可以自由输入及对机器设备实行特惠税率；二是外企获得交通自由，使得外企与内陆原料产地、销售市场之间的运输畅通；三是进一步控制了中国关税，为外企获得廉价原料、提高工业产品在内地市场竞争能力创造了条件；四是为外资企业在天津自由雇用劳动力提供了保障。

（二）天津具备了外资大举入侵的基础条件

大规模、集中式的现代化大工业生存、发展需要的条件，远远超越了封建小生产条件下手工业生产之所需。除了自然的、社会的（政治、法律、社会心理等）条件之外，还要求一系列与之相适应的城市设施以及人文条件，包括现代化交通设施、金融机构、能源保障、劳动力市场等。一是19世纪末，天津现代交通网络逐渐形成，成为中国第一座拥有铁路"两干线三车站"的城市，确立了全国干线铁路交通枢纽的地位。① 二是帝国主义列强通过不平等条约强行在天津获取大量租借地，外资企业能够得到有效保护。三是外资银行大举入侵，能够满足企业发展需求。1881年，英国汇丰银行天津分行建立，成为最早进入天津的外资银行，代替了兼营金融业务的洋行，成为天津金融市场的主要力量。外国银行的经营范围相当广泛，通过国际汇兑、进出口押汇、打包贷款、信用透支、外汇结算等方式给予外商以资金周转便利和支持。四是天津是近代中国北方最发达的信息中心。五是天津已成为北方最集中的廉价劳动力市场。②

二、外国资本大举入侵津门

自日本强迫清政府签订《马关条约》之后，帝国主义列强对华资本直接输出迅速增加。据统计，1902年外国在华企业的资产额为47828万美元，其中俄国居首位，其次为英国、德国、法国、日本等国。1914年，英国取代俄国居首位，日本投资增速最大。从投资行业看，1914年外资主要集中在运输业、贸易和制造业，其中制造业和矿业分别居第3位和第4位，二者合计占总投资的17%。1895—1913年，外国在华设厂（资本额

---

① 1880—1911年由总部设在天津的中国铁路公司建成中国第一条铁路干线——京奉铁路（由北京经天津至沈阳），1909年中国第一条南北铁路干线——津浦铁路开工典礼在天津举行并于1912年全线通车，1888年在旺道庄建成天津火车站，1892年迁址后成为天津东站，1903年建天津北站，1908—1911年建天津西站。

② 本书已有论述。

在 10 万元以上）为 136 家，资本总额为 10315.3 万元。[①] 其中，矿业比重最高，占外资工矿业总投资的近 1/2，其次为食品、纺织和公用事业。

早期外国资本在天津开设的一些工厂，主要是为进出口贸易服务的机器打包厂、为租界居民服务的供水供电企业，都隶属于洋行和市政管理当局，还不具备完全独立的工业企业性质。到辛亥革命爆发时，资本主义对天津资本输出已有较大规模。徐景星认为，1860—1913 年，天津外国资本工业企业共有 20 余家，资本总额约为 400 万元[②]，同期外国资本在华工业企业的资本总额约为 2800 万元[③]，天津约占 15%[③]。李运华、卢景新认为，1861—1913 年，英国有 16 家企业设立，资本 606.2 万元，日本有 14 家企业，资本 298.7 万元。[④]

本书对这段时期天津外资工业发展情况进行了梳理，并根据相关资料得到附表 A3。如图 4.1 所示，在 1895—1911 年，共有 6 个国家在天津直接投资，分别是英国、德国、法国、日本、希腊和比利时等国；开设的工厂共有 44 家，除去 13 家没有标注资本的工厂，总资本为 2699.5 万元，其中 10 万元以上的企业 18 家，1 万元以上的企业有 29 家。

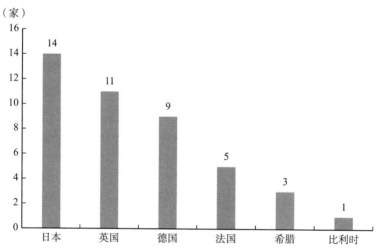

图 4.1   1896—1911 年各国在天津新设外资企业数量

资料来源：本书附表 A3。

---

① 汪敬虞. 中国近代工业史资料：第二辑：1895—1914 年：上册 [M]. 北京：科学出版社，1957：36.

② 本书认为这两个数字均偏小。

③ 徐景星. 天津近代工业的早期概况 [C]//天津文史资料选辑：第 1 辑. 天津：天津人民出版社，1978：135 – 136.

④ 李运华，卢景新. 试论天津近代民族工业发展的黄金时代 [J]. 南开史学，1987 (1)：30.

如图 4.2 所示，外资企业开设时间以 1902 年、1903 年为主，1908 年也比往年多一些。从行业分布看，机器打包厂 6 家、轧花 1 家、骨粉 1 家、榨油 2 家、蛋粉 2 家、汽水饮料 2 家、卷烟 2 家、船舶 2 家、糖果 1 家、车具 1 家、印刷 3 家、制造 2 家、玻璃器皿 2 家、炼铜 1 家、自来水 2 家、发电供电 10 家、矿业 2 家、服装业 1 家。如图 4.3 所示，英商和日商设厂数最多，英商资本也最多，德商次之，除法国外，其他 5 国资本均超过百万元。此外，也开设有合资企业，正昌糖果厂是中国和希腊的合资厂，资本折合为 150 万元，有工人 21 名，职员 5 名[①]，另一个是中英合办天津万国汽水厂。

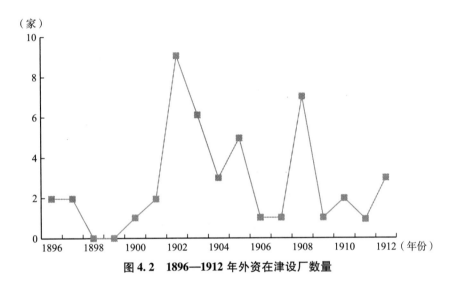

图 4.2　1896—1912 年外资在津设厂数量

自开埠至 1911 年，天津累计设立 60 家外资企业，总资本 3322.65 万元。如图 4.4 所示，有 6 个国家在天津有投资，厂家数、资本规模都是英商居首位；日商厂家数居第 2 位，资本规模居第 3 位。从产业结构看，如图 4.5 所示，主要集中在出口加工、公用事业和矿业，资本分别占总资本的 37%、31% 和 21%。同前一发展阶段相比，企业增加了 44 家，资本增加了 2699.5 万元；产业集中度下降，出口加工业由原来 80% 以上的资本规模占比下降为 20%。

---

① 天津市档案馆．近代以来天津城市化进程实录［M］．天津：天津人民出版社，2005：307.

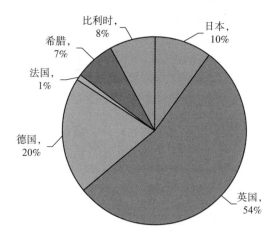

图 4.3 1896—1911 年天津外资企业国别资本

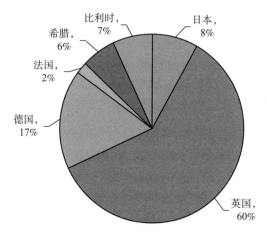

图 4.4 截至 1911 年天津外资企业国别

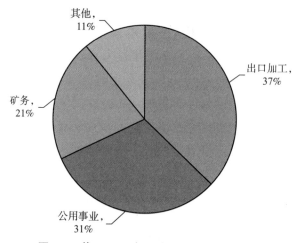

图 4.5 截至 1911 年天津外资企业产业结构

三、帝国主义在津投资企业发展特征

一是打包厂数量增多，投资额与上一阶段基本相当，总资本为 498.34 万元，占已知外资投资额的 20%，但比前一期 80% 的比重下降很多，表明以出口加工业为主的外资开始改变掠夺方向。打包厂数量的增多源于帝国主义对我国羊毛等原材料的掠夺需求增加，导致出口量持续增加，但出口羊毛需要运输方便和节省运费，缩小体积尤为必要。1885—1894 年平均年出口量为 76907 担，1895—1905 年为 149998 担。

二是公用事业的数量和规模进一步扩大。这个时期天津外资公用事业总资本为 869.9 万元，占外资总资本的 34.5%。其中，发电企业有 10 家，1903 年成立的比商天津电车电灯公司注册资本 25 万英镑，是当时天津外商投资中最大的企业，建设了多条有轨电车线路，并兴建了当时最大的发电厂，装有 5 座发电机，总发电量达 17300 千瓦，供电范围包括奥地利、意大利、俄国、比利时等四国租界以及全部华界。① 法商电力股份有限公司天津分公司资本为 15000 万法郎，职员 43 名，雇用工人 120 名。② 日租界电灯房投资 200 万元，投资规模也很大。从各租界发电厂发电能力看，法租界电灯房日发电量达 9000 千瓦，日租界仅有 110 伏变量站，英租界发电厂初期规模较小，1923 年才扩建至 5000 千瓦。1897 年开设于英租界的天津自来水公司，每天产水量为 48 万加仑，除供应英租界外，还可以向德租界和法租界供水。1902 年开办的天津济安自来水公司，水厂在天津城市西部，自 1903 年 4 月开始向天津城区及奥地利、意大利、俄国等租界供水，1905 年又扩展到日租界，并可以 24 小时供水 100 万加仑，③ 基本可以满足城市发展与企业需要。

三是食品行业开始起步，有 7 家工厂，总资本为 227.33 万元，其中糖果业的比重最大，烟草业次之。这类工厂的设立同外国侨民的增多有关，1906 年天津的外国侨民达 1436 户、6341 人，各租界居住的中国人也有 9433 户、61712 人。④ 人们的消费结构也在发生改变，例如，中英合办天津万国汽水厂和中希合资的正昌糖果厂的出现，使得居民开始转向休闲品质的消费。此外，帝国主义列强开始入侵出版业，仅日商就投资了 4 家印刷企业，投资额虽然不大，但方便了其传播信息。

① 孙德常. 天津近代经济史 [M]. 天津：天津社会科学院出版社，1989：139.
② 天津市档案馆. 近代以来天津城市化进程实录 [M]. 天津：天津人民出版社，2005：310.
③ 天津海关 1892—1901 年十年调查报告书 [J]. 天津历史资料，1965（4）：10.
④ 孙德常，周祖常. 天津近代经济史 [M]. 天津：天津社会科学院出版社，1989：139.

四是外资企业掠夺了高额利润。如表4.1所示，天津煤气电灯公司在1895—1913年共获利11.3万元，天津自来水公司1909—1913年共获利12.6万元。

表4.1　　　　　　　　　　天津早期外资企业利润情况

年份	天津煤气电灯公司			天津自来水公司		
	资本（万元）	利润（万元）	利润率（%）	资本（万元）	利润（万元）	利润率（%）
1895	4.3	0.4	9.3	—	—	—
1909	4.3	1.1	25.58	27.8	2.4	8.63
1910	14	1.9	13.57	27.8	1.7	6.12
1911	14	2.1	15	27.8	2.8	10.07
1912	14	3.1	22.14	27.8	2.9	10.43
1913	14	2.7	19.22	27.8	2.8	10.07

资料来源：徐景星. 天津近代工业的早期概况［C］//天津文史资料选辑：第1辑. 天津：天津人民出版社，1978：159 – 160。

五是外资工业总体规模大于民族工业，前者资本为2699.5万元，后者为844.2多万元，但与官办、官商合办及官督商办企业三类企业总资本量相比还有一定差距，不过外企在打包业和公用事业方面都处于优势垄断地位。

第二节　外国资本加速入侵（1912—1927）

一、“一战”后天津外企快速增加

第一次世界大战结束后，外国势力在中国的分布格局发生了较大变化。沙俄政权在十月革命中被推翻，德国成为战败国，英国和法国虽然成为战胜国但国力受到严重损害，美国在战争中发了大财，日本则是在中国得利最多的国家。1914—1930年，英国在中国的资本增加了近60%，美国资本增加了近2倍，日本的资本增加了4.5倍。如表4.2所示，天津外资企业从1915年的381家增加到1921年的623家。其中，日本企业增长最快，从1915年的150家增加到1921年的363家；英国企业数量变化不大，一直在八九十家徘徊；美国企业迅速增加，由1915年的19家增加到

1921 年的 41 家。在所有国家中，只有德国的企业数量减少了，从 1915 年的 64 家减少到 1921 年的 30 家。1926 年，天津外资企业发展到 900 多家，差不多是 1915 年的 1.5 倍。

表 4.2　　　　　　　天津的外资企业数量（1915—1921 年）　　　　单位：家

年份	美国	英国	法国	德国	日本	俄国	其他	共计
1915	19	86	25	64	150	13	24	381
1916	25	89	27	96	112	14	25	388
1917	27	81	28	32	140	8	24	340
1918	32	89	29	9	163	12	29	363
1921	41	93	34	30	363	33	29	623

资料来源：王怀远. 旧中国时期天津的对外贸易：续［J］. 北国春秋，1960（2）：29。

外国资本投资的主要部门包括银行业、贸易商行和工业企业。其中，比较大的银行有 7 个，日本 3 个、美国 2 个、意大利和法国各 1 个，均获利颇丰，日本正金银行每年红利利率为 12%，英国汇丰银行和美国花旗银行 1921 年、1922 年都能达到 24%。这些银行都是新式金融机构，经营范围相当广泛，能够为帝国主义贸易和工业提供多方面的金融服务。贸易商行设立也很多，包括日本的三菱等 5 家洋行，美国的德士古火油公司、公懋洋行，英国的洋碱公司和记洋行、安利洋行，德国的德孚洋行等，其中有些是国际性大托拉斯企业在天津扩展的势力。但随着外国商行的小洋行数量增加，打破了大洋行在进出口贸易中的垄断地位。

二、天津外资工业投资结构

李运华和卢景新认为，1914—1923 年，日本设立企业最多，为 12 家，资本为 642.3 万元；美国次之，为 8 家资本 56 万元，英国为 2 家资本 500 万元。① 宋美云和张环认为，1900—1928 年，外国资本在天津设厂约 76 家，是 1900 年前的近 5 倍，资本总额约 1770.55 万元。②

① 李运华，卢景新. 试论天津近代民族工业发展的黄金时代［J］. 南开史学，1987（1）：30.
② 宋美云，张环. 近代天津工业与企业制度［M］. 天津：天津社会科学院出版社，2005：69.

　　本书根据已有资料对本时期天津外资工业发展情况进行梳理，认为1900—1928 年共有 91 家外资工厂设立①，1912—1927 年共有 54 家外资企业设立（见附表 A5），总资本为 1798.6 万元，1895—1927 年外资总资本为 3456.95 万元。如图 4.6、图 4.7 所示，日本投资的工业企业最多，美国次之，英国、法国两国处于中间水平，比利时与中国合办 1 家。日本的投资规模已经超过英国，有 640 多万元，英国将近 600 万元，美国近 300 万元，德国由于战败投资不到万元。这段时期外国资本势力在天津此消彼长，日资和美资发展最快，日本取代了英国在天津投资的领先地位，并大量投资日用消费品行业。但英国仍然掌控中国的海关权，其在天津的优势基础依然存在。从时期上看，企业大部分集中在 1917—1922 年成立，1920 年建厂家数最多。②

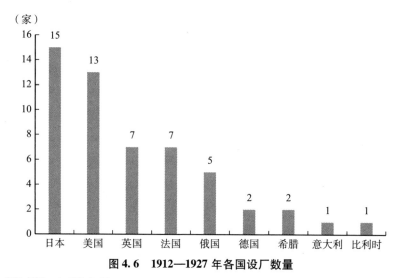

图 4.6　1912—1927 年各国设厂数量

资料来源：本书附表 A5。

---

　　① 《旧中国外商在天津设厂行名录》中有 90 家，再加上《近代以来天津城市化进程实录》中的 1 家。

　　② 1919 年设厂数最多，为 10 家，参见：罗澍伟. 近代天津城市史［M］. 北京：中国社会科学出版社，1993：417；本书观点与此相同，但数据略有不同。本书以表 4-4 的数据为准，数据来源于《旧中国外商在天津设厂行名录》，原载于《天津历史资料》第 19 期，此数据更加可信一些。

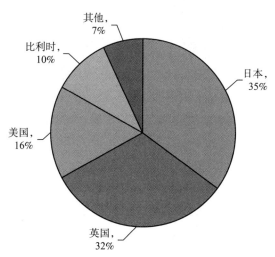

图 4.7　1912—1927 年天津外企资本国别结构

资料来源：本书附表 A5。

外国资本在天津工业的投资比上一阶段明显增多，投资门类更加广泛，生产规模也显著提高。如表 4.3 所示，从资本和设厂数量上看，排在前 5 位的行业分别是食品、纺织、化工、出口加工和机械制造修理等 5 个行业，占厂家总数的 75%，占资本总额的 96.2%。其中，食品行业发展迅速，规模增加近 5 倍；毛毯、化工和机械业均比上一阶段有较大发展。虽然这个时期外资工业整体规模没有超过民族资本工业，但规模效应远远大于民族企业。外资工厂平均资本为 34.43 万元，而同时期民族工厂的平均资本仅为 3.33 万元，存在 10 倍以上的差距。外资在烟草业上处于垄断地位，日本和英国的企业规模最大，资本均达 500 万元之多，其他工厂规模则较小。外资的地毯业、出口加工业与中国人开办的工厂相比有较大优势，两个行业共有 24 家工厂，除 7 家未计资本外，资本总额为 430 万元，其中 6 家地毯工厂平均每厂资本 40 余万元，全部采用机械化生产，是天津地毯工业的主要支柱。地毯业主要以美国投资为主，拥有 4 家地毯企业，总资本在 300 万元左右。天津成为中国最大的地毯出口商埠，除 1921 年外，其余年份均占全国第 1 位。英商开办的出口加工工厂最多，日商工厂总数最多。此外，外商开办的机械修造工厂 12 家，资本近 120 万元。

表 4.3　　　　　　　　1912—1927 年天津外资工业分行业统计

工业类型	工厂（家）	资本额（万元）	无资本额工厂数（家）	行业种类
食品	12	1035	4	卷烟、榨油、汽水、面包、制冰、面粉
纺织	5	288	—	毛线、毛毯、绒毡
出口加工	11	135.1	3	打包、制革、轧花、洗毛、蛋粉、骨粉
机械制造修理	10	98	5	机械、冶金、汽车等
日用品	8	64.6	4	火柴、造胰、搪瓷等
建材	1	—	1	砖瓦
化工	3	176	1	颜料、油漆、玻璃
印刷	3	1.4	—	—
服装	1	0.5	—	—
合计	54	1798.6	18	—

资料来源：天津海关十年报告：1922—1931 年 [J]．天津历史资料，1980（5）：26；王学海．旧中国外商在天津设厂行名录 [J]．天津历史资料，1984（19）：35－55；天津市档案馆．近代以来天津城市化进程实录 [M]．天津：天津人民出版社，2005：315。

　　与本时期的天津民族工业比较，外资工业企业在数量上始终没有占有优势。据罗澍伟的统计①，1914—1927 年，天津共有 1218 家企业，其中外资 47 家，仅占总数的 4%②。如表 4.4 所示，本书认为 1912—1927 年，天津共有 1298 家企业设立，其中外资 53 家，占 4.08%，与罗澍伟的统计基本相近，外资企业主要集中在 1920—1925 年设立，共有 33 家。

表 4.4　　　　　　　　1912—1927 年天津外资设立企业数量统计

年份	企业数量（家）	外资企业数量（家）	外资比重（%）
1912	97	3	3.09
1913	29	—	—
1914	46	1	2.17

---

① 罗澍伟．近代天津城市史 [M]．北京：中国社会科学出版社，1993：417.
② 本书认为，只是外资企业数量的比重小，其资本规模已经接近民族资本。

续表

年份	企业数量（家）	外资企业数量（家）	外资比重（%）
1915	215	1	0.47
1916	68	3	4.41
1917	51	3	5.88
1918	42	5	11.90
1919	36	2	5.56
1920	44	8	18.18
1921	54	6	11.11
1922	104	5	4.81
1923	79	4	5.06
1924	264	5	1.89
1925	51	5	9.80
1926	60	—	—
1927	58	2	3.45
合计	1298	53	4.08

资料来源：宋美云. 北洋军阀统治时期天津近代工业的发展［C］// 天津文史资料选辑：第41辑. 天津：天津人民出版社，1987：147。笔者整理得到。

三、截至 1927 年天津外资工业概况

根据附表 A6 作图 4.8 和图 4.9，截至 1927 年，天津外资工业企业累计 114 家，资本达 5087.1 万元。在天津有投资的国家为 9 个，英国在厂家数和资本规模上均居于首位，其次为日本、德国，均占到 10% 以上，美国居第 4 位。这 4 个国家的厂家共 87 家，占总数的 76.3%，资本为 3424.7 万元，占 91%。从行业分布看，主要集中在食品、出口加工和公用事业，合计资本为 3423.9 万元，占总资本的 54%。比利时主要在化工和公用事业领域投资，总规模也近 400 万元，而且单个厂的规模都很大，均约 200 万元。美国主要投资领域是纺织业，在地毯业中占绝对地位。希腊投资全部集中于食品行业，资本近 200 万元。俄国和意大利的投资相对较少，分别为 2.1 万元和 40 万元。与上一阶段相比，企业增加了 54 家，总资本增加了 1777.25 万元。从行业结构看，部门类别继续增多，出口加工业的比重继续下降，食品业的比重上升很快，纺织企业开始增多，并初具规模。

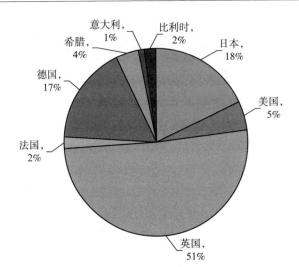

图 4.8　截至 1927 年天津外资工业企业国别资本规模结构

资料来源：本书附表 A6。

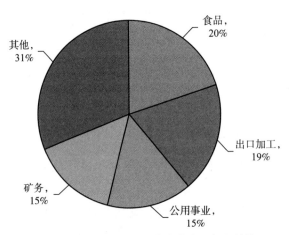

图 4.9　截至 1927 年天津外资产业部门结构

资料来源：本书附表 A6。

第三节　外国资本持续扩张（1928—1936）

一、资本主义加速经济扩张

1936 年，外商在津开设企业总数为 2686 家，是 1915 年的 7 倍多，在全国外资投资总额中占 7.5%①，居第 2 位。如表 4.5 所示，日本企业最多，为 1934 家，依次为英国 185 家、美国 158 家、俄国 112 家、德国 93 家、法国 57 家。② 其中，日本每年增幅最大，美国次之，英国和法国的变化不大，只有德国企业数量不断减少。如表 4.6 所示，在 1936 年外国资本投资的五大领域中，进出口、金融业和工业分别占总投资的 36.5%、36.4% 和 18%，航运业和公用事业合在一起也未到 10%；从国别投资规模看，英国居首位，占投资总额的 46.37%，日本居第 2 位，占 21.13%，美国居第 3 位，占 14.28%。

表 4.5　　　　　　外商在津开设企业数目统计（1915—1936 年）　　　　单位：家

年份	美国	英国	法国	德国	日本	俄国	其他	合计
1915	19	86	25	64	150	13	24	381
1916	25	89	27	96	112	14	25	388
1917	27	81	28	32	140	8	24	340
1918	32	89	29	9	163	12	29	363
1921	41	93	31	30	363	33	42	633
1936	158	185	57	93	1934	112	147	2686

资料来源：王怀远. 旧中国时期天津的对外贸易：续［J］. 北国春秋，1960（2）：29。

表 4.6　　　　　　　　　1936 年各国在天津投资概况　　　　　　　单位：万美元

国别	工业	金融业	公用事业	进出口业	航运业	其他	合计	占比（%）
英国	474	1888.6	300	2306.9	350	—	5319.5	46.37
日本	1361.4	311.9	—	450.5	300	—	2423.8	21.13
美国	115.2	769.5	—	730.6	22.8	—	1638.1	14.28
法国	93.1	750.7	7.5	190.1	20	—	1061.4	9.25
德国	17.3	176.9	—	513	—	—	707.2	6.16
意大利	—	202.5	—	—	—	—	202.5	1.77
比利时	—	75.3	37.5	—	—	—	112.8	0.98
挪威	—	—	—	—	7	—	7	0.06
共计	2061	4175.4	345	4191.1	729.8	450	11952.3	100

资料来源：李洛之，聂汤谷. 天津的经济地位［M］. 天津：南开大学出版社，1994：134。

---

① 李洛之，聂汤谷. 天津的经济地位［M］. 天津：南开大学出版社，1994：134.
② 王怀远. 旧中国时期天津的对外贸易：续［J］. 北国春秋，1960（2）：29.

在外国资本投资中，工业部门投资占比不大，但在当时的天津整体工业中仍占优势地位。[①] 1935—1936 年，天津工业产值为 380 万美元，而外国资本经营的纺织品和卷烟的产值已达 240 万美元，占天津工业总产值的63%。[②] 如表 4.7 所示，据不完全统计，华商资本中的约 50% 是代表英国、美国、德国、比利时、荷兰五国在中外合资企业中的投资额，因而全部外国资本有 5996.3 万元，约占资本总额的 75%。此时天津的民族资本工业主要是轻纺业，无论是机器设备、动力还是重要工业原料和技术，都严重依赖外国。

表 4.7　　　　　　　1937 年天津工业投资概括　　　　　单位：万元

国别	厂数	资本
日商	47	3656
华商	47	4218.2
其他	9	231.2
总计	111	8035.4

资料来源：孙德常，周祖常. 天津近代经济史 [M]. 天津：天津社会科学院出版社，1990：250。

二、1928—1936 年天津外资工业概况

第一次世界大战结束后，西方国家经济日渐恢复，急于找到资本与产品的输出市场，把投资重点又转向东方。作为华北最大商埠的天津，成为西方各国资本势力竞相扩张的城市。[③]

如表 4.8、表 4.9 所示，这一时期天津共有 55 家外资工业企业设立，总资本为 3843.2 万元。其中日本有 34 家居首位，俄国 6 家，美国和法国均为 5 家。从设厂时间看，1936 年最多，为 15 家，其次 1930 年 10 家，1934 年 9 家，这三年设厂数占总数的 62%。如附表 A7 所示，从资本额看，日本的投资继续增加，在天津占绝对优势，为 3676.3 万元，占比

① 20 世纪二三十年代，天津民族工业与外资工业的资本总额及相应的企业规模都相差甚远。截至 1930 年中期，天津工业资本的总体规模尚无精确的统计，但是估计应在 1.2 亿—1.4 亿元之间，其中大约 80% 为外国投资，其中日资占 1/2 以上，20 世纪 30 年代以后的天津外资的发展较民族工业处于优势地位。参见：宋美云，张环. 近代天津企业与企业制度 [M]. 天津：天津社会科学院出版社，2005：74。
② 李洛之，聂汤谷. 天津的经济地位 [M]. 天津：南开大学出版社，1994：40.
③ 罗澍伟. 近代天津城市史 [M]. 北京：中国社会科学出版社，1993：505.

95.68%；法国次之，为 80 万元，占比 2.08%；英国在天津的投资急剧下降，仅为 45 万元。20 世纪 30 年代，外资工业已逐步由最初的贸易附属和初级加工工业向基础工业等多门类产业转型，如图 4.10 所示，集中在化工、纺织、机械等行业，均占 10% 以上，其中化工业规模最大，橡胶、卷烟、面粉、电气等也成为外资投资热点。同上一阶段相比，各产业部门比重逐渐均衡，产业结构趋于合理，但工业投资中少了德国和希腊。

表 4.8　　　　　　1928—1936 年天津新设外资工业企业国别情况

项目	日本	俄国	美国	法国	英国	比利时	意大利	合计
厂数（家）	34	6	5	5	3	1	1	55
比重（%）	61.8	10.9	9.1	9.1	5.5	1.8	1.8	100

资料来源：王学海. 旧中国时期外商在天津设厂行名录［J］. 天津历史资料，1984（19）：35 – 55；天津市档案馆. 近代以来天津城市化进程实录［M］. 天津：天津人民出版社，2005：305 – 308。

表 4.9　　　　　　1928—1936 年天津新设外资工业企业数量

项目	1928 年	1929 年	1930 年	1931 年	1932 年	1933 年	1934 年	1935 年	1936 年
厂数（家）	3	3	10	4	3	3	9	5	15
比重（%）	5.5	5.5	18.2	7.3	5.5	5.5	16.4	9.1	27.3

资料来源：王学海. 旧中国时期外商在天津设厂行名录［J］. 天津历史资料，1984（19）：35 – 55；天津市档案馆. 近代以来天津城市化进程实录［M］. 天津：天津人民出版社，2005：305 – 308。

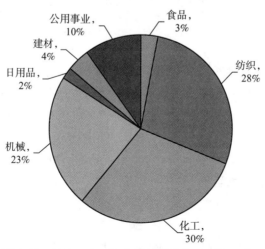

图 4.10　1928—1936 年各国新设外资工业部门分布

三、截至 1936 年天津外资工业概况

（一）结构特征

1936 年，日本在天津的投资最多，占到 1/2 以上，厂数也最多，其次为英国、美国、法国、德国等国。纺织、食品和化工三个部门的资本比重都大于 10%，其中纺织业超过了化工业，成为外资最多的行业（见表4.10）。外资在天津公用事业的投资，英国占第 1 位，投资额达 1000 万元，然后依次为比利时 125 万元、法国 25 万元等。[①]

本书整理得到附表 A8，做图 4.11 所示，截至 1936 年，天津累计有 9 个国家投资建厂，包括英国、日本、美国、法国、德国、俄国、希腊、比利时、意大利，共投资 169 家企业，总资本达 9127.3 万元，其中 113 家是 1912—1936 年建立，占总数的近 70%，这一时期天津外国资本扩张速度前所未有。与同时期的民族资本工业比较发现，外资工业不仅资本总额大大超过了民企，企业规模也远远大于民企。外企平均拥有资本额 54 万元以上，民企仅有两三万元。如图 4.12 所示，从部门资本构成看，占资本总额 10% 以上或相近的行业包括纺织、化工、食品、出口加工、机械、公用事业和矿业等，比民族资本均衡很多。其中，作为近代主要能源的电力工业，完全由英国、法国、比利时等国控制，自来水工业也是如此。[②] 从国别规模上看，日资企业的资本总额和厂数居首位，占绝对优势，其次为英国，两国共占 80% 左右。从行业国别看，日本在纺织、化工、机械、食品、公用事业等行业中均处于优势地位，英国在打包业中占绝对优势，食品业仅次于日本，德国的能源和自来水业仅次于日本。

（二）发展趋势

1. 数量与规模持续增大

外资企业数量逐年增加，其中 1895—1911 年增加最多。入侵资本逐年增长，1895—1911 年和 1928—1936 年增加最多，但 1912—1927 年的新增投资比 1895—1911 年相差近千万元。外资进入天津有两次热潮，第一次是 1895—1911 年，厂数和投资增长；第二次是 1928—1936 年，投资暴增。1936 年的企业数量是 1894 年 10 倍以上，资本约 15 倍。

---

① 李洛之，聂汤谷. 天津的经济地位［M］. 天津：南开大学出版社，1994：140 – 141.
② 罗澍伟. 近代天津城市史［M］. 北京：中国社会科学出版社，1993：507.

表 4.10

1936 年天津外资工业概况

类别	英国 厂数（家）	英国 资本（万元）	日本 厂数（家）	日本 资本（万元）	美国 厂数（家）	美国 资本（万元）	法国 厂数（家）	法国 资本（万元）	德国 厂数（家）	德国 资本（万元）	合计 厂数（家）	合计 资本（万元）	合计 资本比重（%）
纺织	—	—	5	2557	5	132	—	—	—	—	10	2689	39.53
化工	—	—	10	582	2	69.3	3	238	—	—	15	889.3	13.07
食品	5	763.3	4	1201.3	—	—	3	72.7	—	—	12	2037.3	29.95
窑业	1	131.7	—	—	—	—	—	—	—	—	1	131.7	1.94
机械	1	120	6	34.7	—	—	—	—	1	8.7	8	163.4	2.40
印刷	1	23.3	1	—	1	78	—	—	1	26	3	49.3	0.72
制材	1	150	2	100	—	—	—	—	—	—	4	328	4.82
其他	2	225	4	163	2	104.3	—	—	1	22.7	9	515	7.57
总计	11	1413.3	32	4638	10	383.6	6	310.7	3	57.4	62	6803	100
占比	17.7%	20.77%	51.6%	68.18%	16.1%	5.64%	9.7%	4.57%	4.8%	0.84%	—	—	—

说明：1 元＝0.3 美元，参见．戴建平．白银与近代中国经济：1890—1935 年 [M]．上海：复旦大学出版社，2005：382。

资料来源：李洛之，聂汤谷．天津的经济地位 [M]．天津：南开大学出版社，1994：138－140；孙德常，周租常．天津近代经济史 [M]．天津：天津社会科学院出版社，1990：220－224；以及本书表 4.14 整理得到。

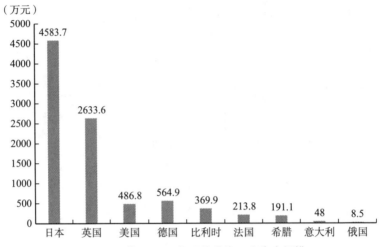

图 4.11　截至 1936 年天津外资工业资本规模

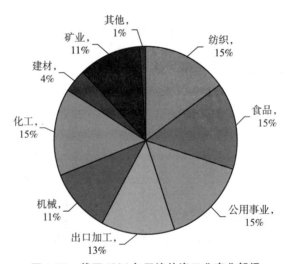

图 4.12　截至 1936 年天津外资工业产业部门

2. 国别结构变化此起彼伏

如表 4.11 所示，从投资厂家数量和资本规模看，英国的优势地位逐渐被日本取代，由第 1 位变为第 2 位，日本成为投资最多的国家。德国的地位被美国取代，而美国又被法国、俄国取代，这些变化与全国的变化情况基本相同。

表 4.11　　　　　　1860—1936 年天津外资工业的各时期比较

时期	厂数（家）	资本（万元）	国别（按投资额）			产业（按投资额）		
			国家1	国家2	国家3	产业1	产业2	产业3
1860—1894 年	16	589.2	英国	德国	法国	出口加工	印刷	公用事业
1895—1911 年	44	2699.5	英国	德国	日本	公用事业	矿务	出口加工
1912—1927 年	54	1798.6	日本	英国	美国	食品	纺织	化工
1928—1936 年	55	3843.2	日本	法国	英国	化工	纺织	机械

说明：厂数和资本为各期新增数量。

3. 产业结构不断优化

如表 4.12 所示，出口加工一直是外资集中的重要产业，公用事业经过 1860—1911 年的快速增长后，不再成为外资投资的重点，化工、纺织和机械业规模持续增长。1911 年前，主要以出口加工为主。截至 1927 年食品业居第 1 位，截至 1936 年纺织、化工、食品和公用事业并列第 1 位，出口加工居第 2 位，机械紧随其后居第 3 位。

表 4.12　　　　　　1860—1936 年天津外资的工业结构变化

时期	厂数（家）	资本（万元）	国别（按投资额）			产业（按投资额）		
			国家1	国家2	国家3	产业1	产业2	产业3
截至 1894 年	16	589.2	英国	德国	法国	出口加工	印刷	公用事业
截至 1911 年	60	3328.75	英国	德国	日本	出口加工	矿务	公用事业
截至 1927 年	114	5087.1	日本	英国	德国	食品	出口加工	矿务、公用事业
截至 1936 年	169	9127.25	日本	英国	德国	纺织、化工、食品、公用事业	出口加工	机械

第四节　外国资本扩张的周期波动分析

进行周期性问题研究，有利于进一步认识地区经济增长特点，投资正是能够反映这一规律的重要因素之一。当然，还需要对利润、就业、工资、价格等因素进行周期性考察，才能更准确地反映这一地区的经济增长规律。经济发展过程的曲折运动具有一定的周期性，特别是中长期波动更具有客观的规律性。① 受天津近代工业详细数据资料的约束，很多因素没有长期数据。因此，本书选取设厂数和投资额两个指标，对外国资本扩张的周期性进行实证分析。

测量经济变量周期性波动的两种方法。一是景气分析法，即选择一组代表周期波动性的指标并综合成指数。由于本书只分析 FDI（外国直接投资）这一个指标，所以这种方法不适用。二是时间序列方法，即将每一个经济指标变量都视为一个时间序列。一般来说，经济变量的时间序列主要包含长期趋势（T）和周期波动（C）的成分，即 $Y_t = Y_t^T + Y_t^C$。其中 Y_t 表示某个经济变量。时间序列分析方法测量周期波动的主要任务就是把经济变量中的确定性趋势从变量中分离出来，从而得到真正的周期性波动因素 Y_t^C。

一、外国资本扩张呈现周期性波动

根据现有数据对各年份的外资设厂数和投资额进行指数化处理（见表 4.13），分析发现设厂数量指数超过或等于 40 家的年份有 1890 年、1902—1903 年、1905 年、1908 年、1918 年、1920—1925 年、1930—1931 年、1934—1936 年。投资额指数超过 100 的年份有 1890 年、1902—1904 年、1906 年、1908 年、1917 年、1921—1922 年、1927—1928 年、1934 年和 1936 年，其中 1928 年的指数最大，为 1747.8，1936 年次之，为 1203.2。设厂数与资本数同时最多的年份有 1890 年、1902 年、1908 年、1921—1922 年和 1936 年。

表 4.13　　　　1860—1936 年天津外资企业历年设厂与投资指数　　　1930 年 = 100

年份	厂数（家）	资本
1860	10	26.1
1861	0	0.0
1862	0	0.0
1863	0	0.0
1864	0	0.0

① 刘佛丁，王玉茹，赵津. 中国近代经济发展史 [M]. 北京：高等教育出版社，1999：83.

续表

年份	厂数（家）	资本
1865	10	0.0
1866	0	0.0
1867	10	0.0
1868	0	0.0
1869	0	0.0
1870	0	0.0
1871	0	0.0
1872	0	0.0
1873	0	0.0
1874	10	5.3
1875	0	0.0
1876	0	0.0
1877	0	0.0
1878	0	0.0
1879	0	0.0
1880	0	0.0
1881	10	26.1
1882	0	0.0
1883	0	0.0
1884	10	12.1
1885	0	0.0
1886	0	0.0
1887	20	34.8
1888	10	3.7
1889	0	0.0
1890	40	394.6
1891	10	1.2
1892	10	0.0
1893	0	0.0
1894	10	8.4
1895	0	0.0

续表

年份	厂数（家）	资本
1896	20	17.4
1897	20	24.1
1898	0	0.0
1899	0	0.0
1900	10	17.4
1901	20	4.6
1902	90	504.3
1903	60	419.9
1904	30	197.3
1905	40	25.2
1906	20	776.9
1907	10	17.4
1908	80	303.7
1909	10	2.6
1910	20	34.8
1911	10	0.0
1912	30	3.1
1913	0	0.0
1914	10	0.0
1915	10	8.7
1916	30	33.0
1917	30	443.5
1918	50	41.1
1919	20	26.1
1920	80	91.3
1921	60	460.9
1922	50	155.2
1923	40	51.9
1924	40	35.0
1925	60	47.6
1926	10	0.0

续表

年份	厂数（家）	资本
1927	20	173.9
1928	30	1747.8
1929	30	9.1
1930	100	100.0
1931	40	13.5
1932	30	9.1
1933	30	4.9
1934	80	162.8
1935	50	78.3
1936	150	1203.2

从图 4.13 和图 4.14 可以看出，天津外国资本入侵大致呈现出四个发展阶段。第一阶段是 19 世纪 90 年代前后，建立现代企业的试探期；第二阶段是从 20 世纪初到 20 世纪第二个十年，是外国资本在天津的扩张期；第三阶段是从 20 世纪第二个十年到 20 世纪 20 年代，是外国资本在天津的恢复期；第四阶段是从 20 世纪 20 年代到 30 年代，是外国资本在天津的壮大期。但这种阶段划分比较粗略，因为科学的周期波动研究需要运用更为严谨的计量经济学方法来加以测量。

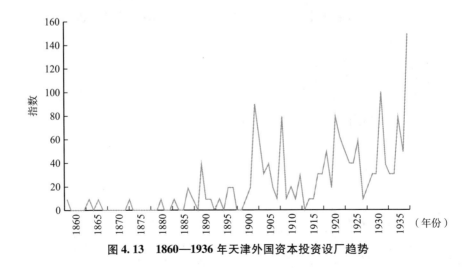

图 4.13 1860—1936 年天津外国资本投资设厂趋势

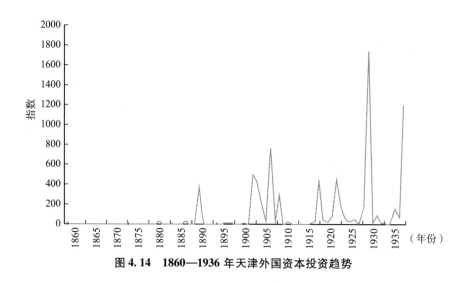

图4.14　1860—1936 年天津外国资本投资趋势

二、外国资本扩张周期实证分析

关于周期计算的方法有直接法、循环评价法、环比增长率法、残差法、滤波法等。其中残差法和滤波法①的原理相同，都是将长期趋势剔除，剩下周期性趋势。本书采用残差法。残差法首先要计算数列的长期趋势，然后从原数字数列中消除长期趋势，从而使数列只剩下周期性波动和不规则波动。然后，根据计量经济学理论对残差进行检验，如果没有通过检验，说明存在不规则波动，最后通过移动平均方法消除这一因素，剩下的就是周期性波动。

对数线性法计算长期趋势，其简化方程式有两个：$\sum \text{Log}Y = Na$ 和 $\sum X\text{Log}Y = b\sum x^2$，其中 a 和 b 是参数，X 和 Y 分别是时间项和指标项。

本书首先将两个时间序列作 5 年移动平均，然后取对数作趋势回归，去掉趋势项后，得到表4.14、图4.15 和图4.16。

---

① 霍德里克和普雷斯科特（Hodrick and Prescott，1980）首次使用 H-P 滤波法分析二战后美国经济的周期波动情况。参见：高铁梅. 计量经济分析方法与建模：EViews［M］. 北京：清华大学出版社，2006：55。

表 4. 14　　　　　　　　天津外资各年份设厂数和投资额指数的
　　　　　　　　　　　周期波动偏差计算(1860—1936 年)

年份	设厂	投资
1864	0. 29	1. 56
1865	0. 23	- 0. 17
1866	0. 18	- 0. 26
1867	0. 82	- 0. 34
1868	0. 76	- 2. 04
1869	0. 71	- 0. 52
1870	- 0. 04	- 0. 60
1871	- 0. 10	- 0. 69
1872	- 0. 84	- 0. 77
1873	- 0. 90	- 0. 86
1874	- 0. 26	- 0. 85
1875	- 0. 32	- 0. 94
1876	- 0. 37	- 2. 73
1877	- 0. 43	- 0. 94
1878	- 0. 48	- 1. 19
1879	- 1. 23	- 2. 58
1880	- 1. 28	- 3. 07
1881	- 0. 65	0. 12
1882	- 0. 70	0. 03
1883	- 0. 76	- 1. 62
1884	- 0. 12	0. 36
1885	- 0. 17	0. 16
1886	- 0. 92	- 1. 45
1887	0. 12	0. 33
1888	0. 36	0. 20
1889	0. 01	- 1. 17
1890	0. 81	2. 16
1891	0. 88	2. 06
1892	0. 70	0. 43
1893	0. 49	1. 99
1894	0. 59	1. 77
1895	- 0. 32	0. 30
1896	- 0. 08	0. 18

续表

年份	设厂	投资
1897	0.09	− 0.27
1898	0.03	− 0.65
1899	− 0.25	− 1.25
1900	− 0.08	− 0.55
1901	− 0.13	− 0.92
1902	0.69	1.30
1903	1.04	1.81
1904	1.14	1.48
1905	1.21	1.61
1906	1.16	2.23
1907	0.70	1.98
1908	0.76	1.34
1909	0.59	1.70
1910	0.40	1.27
1911	0.27	0.73
1912	0.36	0.42
1913	− 0.46	− 0.78
1914	− 0.51	− 1.07
1915	− 0.72	− 2.26
1916	− 0.49	− 1.88
1917	− 0.54	− 0.07
1918	− 0.11	− 0.11
1919	− 0.09	− 1.10
1920	0.26	0.03
1921	0.34	0.39
1922	0.36	0.03
1923	0.27	− 0.48
1924	0.29	− 0.17
1925	0.16	− 0.25
1926	− 0.12	− 1.00
1927	− 0.34	− 1.07
1928	− 0.45	0.9

续表

年份	设厂	投资
1929	-0.57	0.88
1930	-0.39	-0.44
1931	-0.30	0.92
1932	-0.31	0.64
1933	-0.37	-0.73
1934	-0.22	-0.81
1935	-0.48	-1.66
1936	-0.14	0.60

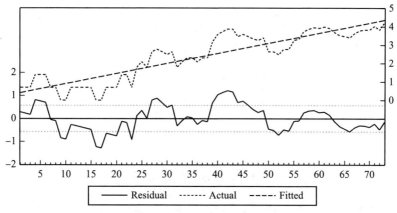

图 4.15　历年设厂的周期性变化

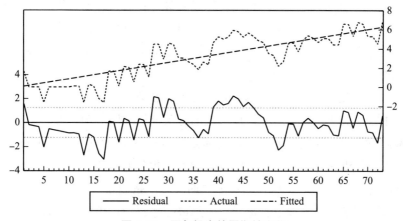

图 4.16　历年投资的周期性变化

经济从一个顶峰到另一个顶峰，或者从一个谷底到另一个谷底，是一个完整的经济周期。本书主要研究投资的波动，以两个最低点为一个完整周期，因此将整个过程分为四个周期，见表4.15。前三个周期的设厂与投资变化基本一致，第四个周期略有偏差。第一周期为1860—1880年，可以看作是外资在天津的试探性投资。因为1860年前天津尚无现代性质企业，1860年可以看成最低点，1864年达到这个周期的最高点，然后投资开始下滑至1880年的最低点。第二周期为1880—1901年，其中1890年为本期高点，这个周期可以看作是外资对天津的试探性投资的延续。第三周期为1901—1915年，其中1906年为本期高点，这个周期可以看成是外资对天津的扩大性投资；第四个周期为1915—1935年，其中1928年为本期高点，这个周期可以看成外资对天津的增强性投资。

表4.15　　　　　外国资本扩张的周期性波动（1860—1936年）

项目	第一周期		第二周期		第三周期		第四周期	
	低点	高点	低点	高点	低点	高点	低点	高点	低点
设厂数	1860年	1867年	1880年	1891年	1895年	1905年	1915年	1922年	1929年
投资额	1860年	1864年	1880年	1890年	1901年	1906年	1915年	1928年	1935年

三、天津外国资本扩张中长期波动因素分析

关于周期形成的原因，分为内在因素和外在因素两类。有的学者认为技术、利润、心理等因素对周期变化起决定性作用，外生因素只对周期发生重要作用，但不起决定性作用。另外一些学者认为政治、军事和政策等方面的变化起决定性作用。本书认为，周期的形成是多种因素综合作用的结果，这些因素在各个时期所起的作用程度不尽相同，主要包括技术、战争、政局、国内国际市场等。

1. 技术是影响资本扩张波动的一个重要因素

库兹涅茨认为，生产和价格呈现的有系统的周期波动，反映了一定的技术创新的生命周期。创新生命周期是指一种创新活动在经济中被采纳、推广、趋于成熟以及采用减少的动态过程。熊彼特在其《经济发展理论》中提出的"创新理论"认为，决定周期的关键是创新活动，某种"创新"的扩散会刺激大规模投资，进而引起经济高涨，一旦投资机会消失，经济便转入衰退。外国资本入侵天津，正是它们已经完成或正在进行工业革命

的时期，技术水平和管理方式都比我国先进，而且蒸汽机器等现代设备的生产率远远高于当时国内的手工工场。由于资本主义亟须扩大市场销售工业品和获取原材料，需要通过掠夺性贸易获得丰厚利润。因此，资本主义势力不惜动用武力打开中国大门，加快资本直接输入。当机器技术引进所产生的能量逐渐释放殆尽后，新的技术进步又开始出现，电力被普遍采用。大量工厂相继用电力马达代替了蒸汽引擎，同时新型工具器械也开始大量使用。设备和技术的改进增加了产量，大大提高了工人的劳动生产率，进一步激发了资本主义掠夺性投资热情。

2. 1860—1936 年爆发的战争对资本扩张产生了很大影响

19 世纪 60 年代第二次鸦片战争中，资本主义列强以胜利告终，清政府不得不开放天津通商口岸。虽然没有正式允许外商在天津设厂，但外商凭借其在军事和政治上的优势，在天津开辟大量租借地，并试探性投资设厂。甲午战争后《马关条约》的签订，使外商在天津直接投资获得了合法性，外国资本实现快速输入。但由于第一次世界大战的爆发，各国忙于战争，对天津投资在 1915 年前后出现下滑。一战结束后，资本主义资本输入又开始逐渐增多，1928 年到达最高点。

3. 政局稳定与否影响着外国资本扩张

巴斯（Barth）和阿哈罗尼（Aharony）从研究中得出结论，在影响投资流动的主要因素中，政局不稳定是仅次于市场规模和市场增长的影响因素。德格鲁特（DeGroot）和阿赫麦德（Ahmad）的研究发现，政局稳定是在统计上较重要的变量之一。莱维斯（Lewis）认为，尽管政局稳定不像经济因素那样是外国资本扩张的主要决定因素，但也是投资的一个重要决定因素。从洋务运动到北洋新政，从辛亥革命到国民政府，中国政局经历了一系列波动。在一战和二战期间，帝国主义对天津的资本扩张要远远高于前面几个时期，除了列强想更多掠夺中国经济利益外，这段时期的天津时局环境相对稳定也是不容忽视的。

4. 国际国内市场变化带来较大影响

东道国的市场需求水平和市场增长率与外国资本扩张之间存在一种统计关联。例如，约翰·H. 邓宁（John H. Dunning）认为，外资进入的一个最重要影响因素是东道国市场的增长和规模。鲁特（Root）、阿赫麦德（Ahmed）、施耐德（Schneider）和福雷（Frey）发现，外资和市场需求（按人均 GDP 或 GNP 计算）及市场增长（按 GDP 或 GNP 的增长率计算）在统计上存在较重要的关系。以英国为代表的西方资本主义国家工业产品在 19 世纪中叶逐渐进入国内市场，大量廉价的棉纺织品促使农村的自然经济分解，但人们对工业品的需求也不是一如既往的稳定，投资过程必定是曲折的。1915 年爆发的抵货运动，外国资本在这年下滑到最低点。1929 年爆发的世界性经济危机和 1931 年的九一八事变，对国内市场也造成了严重影响，各国除日本外对天津的资本扩张都开始收缩，1935 年达到最低点。

第五章 大兴起与民族风：天津近代民族工业壮大（1895—1936）

第一节 天津民族工业的迅速崛起（1895—1911）

马克思说：西方资产阶级在东方的经济活动"迫使一切民族——如果它们不想灭亡的话——采用资产阶级的生产方式"[①]。甲午战争的失败与西方资本的涌入，震撼着中国社会上下各个阶层，使中华民族进一步觉醒。"兴实业、挽权利"的呼声遍于朝野，清政府内部开始出现剧烈分化，促使推行"新政"。1898年颁布的《振兴工艺给奖章程》等一系列规章制度，对民族工业发展产生了积极影响，从而在全国"生出一般企业热之爆发也"[②]。《马关条约》的签订，清政府被迫全面允许外国资本在华设厂投资，当然也没有理由再继续禁阻华商办厂。

一、经济发展环境逐步改善

（一）政策鼓励商人投资兴业

清政府于1898年颁布了《振兴工艺给奖章程》，鼓励兴办机器工业、学堂等。1901年，清政府宣布推行"新政"，其中一项是兴办实业。从1902年起又先后颁布了各种奖励设厂的政策，甚至规定对兴办实业有功的人员，最高可以授予子爵或头品顶戴的职衔。1903年，清政府成立商部专门推动振兴实业。[③] 1903年，直隶工艺局成立，开设"工艺学堂""实习

---

① 马克思恩格斯选集：第1卷 [M]. 北京：人民出版社，1973：255.

② 《商务官报》1910年第23、24期，转引自：徐新吾，黄汉民. 上海近代工业史 [M]. 上海：上海社会科学院出版社，1988：95。

③ 王培. 晚清企业纪事 [M]. 北京：中国文史出版社，1997：359.

工厂""考工厂"，用来培养技术人员、工徒、实业家。1906 年，清政府颁布《奖给商勋章程》《华商办理农工商实业爵赏章程》，给那些办实业的大商人"一品封典""二品顶戴"等封赏。

（二）爱国运动支持民族产业

1903 年由民族资产阶级为核心发起的收回利权运动，于 1905 年从美国手中收回粤汉路修筑权后达到高潮，启新洋灰公司在爱国运动中顺势创立。开平煤矿虽然未能从英国人手中收回，但促使清政府推动"以滦制开"，兴办北洋滦州官矿公司。① 收回利权运动的意义并不局限于收回几条铁路或几处工矿，重点是极大提升了民族资产阶级觉悟，把兴办实业作为维护中国主权的一个重要标志，这一时期开办的工厂企业在章程中都列出不准洋人入股的条款。在 1905 年抵制美货运动中，天津商务总会决定"从此不再购买美货，违者罚款五百元"。26 校、504 名学生与外援共计623 人投入抵制美货运动中②，壮大了提倡国货的声威，也迫使美货输入的减少，给民族工业发展创造了机会，例如南洋兄弟烟草公司、麟记烟草厂应势兴办，甚至天津及附近高阳等地织出的土布被称为"爱国布"，销量大增。

（三）产品与要素市场不断扩大

1860—1900 年，每年都有大量洋货输入天津市场，其中一些工业制品早已影响到千家万户，人们的消费习惯逐步改变，用肥皂代替皂荚洗衣服、用洋蜡代替豆油灯照明等，这些工业制品已经成为天津以及华北广大农村的生活必需品。1906 年，天津的城市人口达到 74341 户，其中中国人72905 户、外国人 1436 户，天津四乡 368 个村庄共有 75478 户、384263人③，已经超过 80 万人的天津形成了一个极大的消费市场。对于劳动力供给而言，天津早已培养了一大批熟练工人，仅官办的天津机器局就有 2000多名工人，虽然 1900 年天津机器局被八国联军毁坏，但其中大部分工人被后来新办的工厂企业所吸收。由于战争与赔款，清政府不断增加赋税，加之自然灾害，大量农民破产，外逃寻找出路，1903—1906 年每年从山东、河北、山西、陕西等地来津劳动的季节工约三四万人，使城市流动人口大量增加，为工业发展提供了庞大劳动力群体。

---

① 刘民山. 天津的近代早期民族工业 [J]. 天津社会科学，1983（5）：38 - 39.

② 林原文子. 清末天津工商业者的觉醒及夺回国内洋布市场的斗争 [C]//天津文史资料选辑：第 41 辑. 天津：天津人民出版社，1987：99.

③ 《天津史志丛刊（一）：二十世纪初的天津概况》（原名《天津志》），天津地方志编修委员会总编室 1989 年印刷，第 16—19 页。

（四）基础设施配套不断完善

基础设施是经济赖以发展的必要条件，是要素顺利流动的保障。近代天津城市供电、供水、消防、街道等基础设施日趋完善。首先，20 世纪 20 年代末，天津各发电厂、所的发电设备总容量约 30000 千瓦，11 家有发电设施的大型工厂发电容量约 33000 千瓦时，但整个城市尚没有大型发电厂和能够解决工厂动力的供电系统。[①] 其次，1901 年建成的济安自来水公司是当时天津最大的自来水厂，1935 年日产水能力增至 27272 立方米，供应除英、法租界以外的全部天津城区之用。[②] 再次，消防组织是在城市供水系统发展的基础上形成。1912 年，天津新旧城区共有 1 个消防总署、2 个分署、4 个消防站，有消防队员 120 名，有 3 台蒸汽消防泵、4 台人力消防泵、10 台水车；同时，有民间的水会或消防站 53 个，义务消防队员 5000 余名。[③] 最后，城市街道网络逐渐形成。天津新旧城区和租界区逐渐形成以大经路、东马路为中心和以海河为中轴的网状城区街道格局。

二、民族工业总量与结构特征

（一）民族工业发展整体概况

甲午战争前，天津只有少数几家民办企业，且规模很小。1902 年八国联军结束占领天津后，袁世凯接任直隶总督，天津政局趋于稳定，新式工业出现持续向好发展势头。《天津海关十年报告书（1902—1911）》认为，这个时期天津掀起振兴实业热潮，新建了许多工厂，包括 20 家纺织厂、20 家肥皂与蜡烛厂，20 家卷烟厂、玻璃器皿厂和火柴厂，以及 2 家制革厂等，还有许多小型的牙粉厂、香料厂、衬衣厂、袜子厂、罐头厂、炼乳厂、皮革制品厂与运动器械厂。[④] 徐景星认为，1900—1914 年，天津新设 38 家民族资本工厂，其中万元以上使用动力的有 16 家。[⑤] 孙德常、周祖常对这段时期投资 10 万元和 1 万元的企业做了统计，认为 10 万元以上的

---

　　① 罗澍伟. 近代天津城市史［M］. 北京：中国社会科学出版社，1993：343。这里需要探讨的是，雷穆森认为，该公司是中国当时最大的水厂，供应法、俄、意、日和前奥租界，以及整个城区及其附近地带用水，日运水量达 300 万加仑，这几处与罗澍伟的论述有些出入。参见：雷穆森. 天津的成长［J］. 许逸凡，译. 天津近代史资料，1981（10）：82。本书认为当时英国租界有自己的自来水厂，参见《天津的成长》第 64 页。

　　② 罗澍伟. 近代天津城市史［M］. 北京：中国社会科学出版社，1993：344.

　　③ 罗澍伟. 近代天津城市史［M］. 北京：中国社会科学出版社，1993：345 - 346.

　　④ 许逸凡，译. 天津海关十年报告书（1902—1911）［J］. 天津历史资料，1981（13）：43.

　　⑤ 徐景星. 天津近代工业的早期概况［C］//天津文史资料选辑：第 1 辑. 天津：天津人民出版社，1978：144.

有 9 家，1 万元以上的有 8 家。① 李运华、卢景新认为，1895—1913 年，有百万元企业 1 家、10 万元以上企业 14 家、万元企业 19 家，总资本在 560 万元左右。② 来新夏认为，1902—1913 年，共有 38 家民族资本工业企业设立，其中 22 家资本在 1 万元以上、11 家 5 万元以上，超过 100 万元的 2 家是属于周学熙资本集团的启新洋灰公司和北洋滦州煤矿。③ 刘民山认为，1902—1913 年，10 万元以上的大厂有 10 家，1 万元以上的有 11 家，5000 元以上的有 6 家，共 27 家。④ 罗澍伟认为，1903—1910 年，10 万元以上的企业有 12 家，总资本为 318.8 万元。⑤ 据宋美云统计，从天津开埠到 1911 年，天津民族资本工业厂家数有 107 家，涉及门类有 16 个，主要集中在纺织、面粉和机器三个类别，三类企业达 50 家；107 家中注有资本额的 53 家，资本总额为 670 多万元，其中资本在万元以上的有 28 家。⑥

　　本书根据《天津商会档案汇编（1903—1911）》统计估算了各行业的资本额，得到表 5.1⑦。天津民族工业行业包括 17 个门类，有注册资本的 52 家，资本总额约 650 万元，主要集中在矿业、纺织、交通、垦业、面粉和机器六个类别，占总资本的 75.2%；从厂家数看，纺织业最多，其次为烛皂业和面粉业，三类企业共 52 家，此外还有机器类 8 家、造纸类 2 家。这个时期，除煤矿、水泥企业的厂址在外地，天津已建立起由织呢、织绒、染织等行业组成的织染工业，形成了制革、烟草、玻璃、烛皂、火柴、造纸等行业组成的日用品工业，由面粉、汽水、啤酒、榨油等行业组成的食品工业，加上三条石的铸铁和机器行业，已初步奠定了天津以轻工业为主的产业结构格局。同上海、广州、武汉、杭州、无锡等城市相比，天津民族工业企业的资本额列在上海、武汉、广州之后，居第四位，厂矿数居第三位⑧，其中天津机制面粉业资本占全国的 18.8%⑨，但产量仅占

　　① 孙德常，周祖常. 天津近代经济史 [M]. 天津：天津社会科学院出版社，1989：141.

　　② 李运华，卢景新. 试论天津近代民族工业发展的黄金时代 [J]. 南开史学，1987（1）：25 – 26.

　　③ 来新夏. 天津近代史 [M]. 天津：南开大学出版社，1987：209.

　　④ 刘民山. 天津的近代早期民族工业 [J]. 天津史研究，1983（5）：36.

　　⑤ 罗澍伟. 近代天津城市史 [M]. 北京：中国社会科学出版社，1993：423.

　　⑥ 宋美云. 天津的洋务企业与社会环境 [J]. 史学月刊，1995（4）：87 – 93.

　　⑦ 与宋美云的数据基本相近.

　　⑧ 汪敬虞. 中国近代工业史资料：第二辑：1895—1914 年：下册 [M]. 北京：科学出版社，1957：654.

　　⑨ 甲午战争后至 1911 年，华商设立的面粉厂总资本为 246.4 万元，共 14 家工厂、110 部钢磨. 参见：许涤新，吴承明. 中国资本主义发展史：第 2 卷 [M]. 北京：人民出版社，1990：661.

全国的 6.8%①。火柴业在全国的比重非常小，资本仅占 1.6%。天津民资企业数量是官办、官商合办、督办及中外合办企业总量的近 3 倍，资本总额要多。

表 5.1　　　　　　　　　　1903—1911 年天津民族资本工业概况

类别	矿业	机器	纺织	面粉	榨油
厂数（家）	5	8	28	12	4
资本（万元）	142	42.8	109.6	45.78	1.58
类别	制碱	瓷器	玻璃	化妆品	交通
厂数（家）	3	1	1	2	1
资本（万元）	—	—	3	0.6	71.4
类别	烛皂	火柴	皮革	造纸	垦业
厂数（家）	12	4	5	2	1
资本（万元）	16.97	38.93	55	35.3	77.15
类别	烟酒	其他	合计	—	—
厂数（家）	7	11	52	—	—
资本（万元）	10.8	—	650	—	—

资料来源：天津市档案馆，等. 天津商会档案汇编：1903—1911 [M]. 天津：天津人民出版社，1987：1270-1278。

（二）规模民族企业发展概况

将资本在 5000 元（含 5000 元）以上的民族企业列表分析，整理得到附表 A9 和表 5.2。这个时期共有 57 家规模企业②，数量比 1894 年以前增加近 7 倍，资本年均增速和全国水平接近。如图 5.1 所示，建厂时间主要集中在 1906—1909 年，仅 1906 年就已成立 12 家，1897 年和 1903 年各只有 2 个工厂设立。从行业部门看，主要包括纺织、面粉、机器、化工、矿业、烟草、制铁、日用品等行业，其中纺织、化工、食品、矿业等 4 个部门的资本均超过了总资本的 10%；化工业企业最多，为 17 家；食品类 15 家，纺织类 9 家。从规模上看，缺乏百万元资本级别的超大型企业，10 万元（包括 10 万元）以上的家数为 23 个，资本为 768.6 万元，占总资本的

---

① 1912 年，全国有面粉厂 44 家，累计资本 675.9 万元，每昼夜产 51851 包。参见：祝寿慈. 中国近代工业史 [M]. 重庆：重庆出版社，1989：429。

② 企业数量与表 5.1 不一致，表 5.1 数据仅参考天津商会档案汇编进行统计，附表 A9 涉及多个资料汇总，二者没有优劣之分，仅做研究参考分析。

91.1%；1 万元以上 10 万元以下的企业为 18 家，资本为 67.5 万元，占总资本的 8%；1 万元以下为 13 家，资本 8.04 万元，占总资本的 1%。可见，这段时期的民族工业以大型和中型企业为主，其中大型企业如天津织呢厂，于 1898 年由汇丰银行天津分行的买办吴懋鼎筹办，1900 年竣工，共耗资 25 万两，厂内安装了新式机器和设备，生产上等毛布、毛毯及其他毛织品。[①] 还有吴懋鼎在 1898 年筹办的天津北洋硝皮厂，厂内机器设备购自英国[②]，聘请两名英国技师，采用较先进的制革技术，是我国最早的现代化制革厂，总资本为 76.9 万元；1908 年投产，雇工 500—600 人，多时达 1000 余人，投产后的大部分产品供应天津小站训练的新建陆军[③]；但 1927 年后一直停工闲置，直至 1937 年被日商强占。

表 5.2　　　　　　　1897—1911 年天津民族工业各部门状况

项目		纺织	食品	化工	机械	矿业	其他	合计
工厂	数量（家）	9	15	17	4	5	7	57
	比重（%）	15.8	26.3	29.8	7.0	8.8	12.3	100
资本	金额（万元）	127.9	106.3	216.6	43.7	141.9	208	844.4
	比重（%）	15.2	12.6	25.7	5.2	16.8	24.6	100

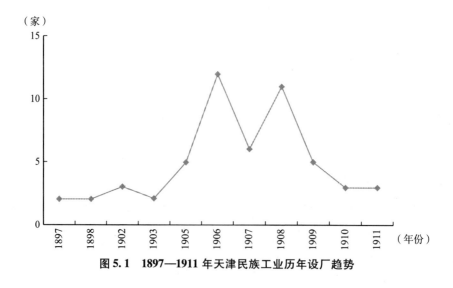

图 5.1　1897—1911 年天津民族工业历年设厂趋势

①　王培. 晚清企业纪事［M］. 北京：中国文史出版社，1997：140.
②　技术、设备、原料均从德国引进. 参见：周乃庚. 天津机器制革业及华北制革厂［C］//天津文史资料选辑：第 31 辑. 天津：天津人民出版社，1985：188，196。
③　王培. 晚清企业纪事［M］. 北京：中国文史出版社，1997：187.

（三）天津织布业初具规模

1905 年抵制美货运动开始后，知识分子、学生、工商业者等人士倡议爱国，提倡购用国货。在质量、价格方面能与洋货匹敌的要以"爱国布"为代表，甚至成为天津织布业发展的精神动力。最初开发爱国布的是宋则久[①]，他提倡实业救国、推广国货，在技术改革、降低成本方面获得了成功，爱国布销路不断扩大，生产量猛增，他以爱国精神来指导自己的创业之路，又以创业来贯彻自己的爱国精神。1904—1911 年，共设立 44 家织布企业，总资本为 110150 元，但规模都不大，只有公利织工厂规模最大，资本为 5 万元（见表 5.3）。

表 5.3　　　　　　　　1904—1911 年天津民族织布企业

年份	企业	资本
1904	半日学堂第一工艺厂	—
	民立第三半日蒙学堂工艺厂	三四千金
1906	民立第三工艺厂	—
	织染公司	—
	劝业织布有限公司	2000 元
	劝业织工厂	—
	第二艺徒学堂	—
	庆祥义织工厂	1000 元
	公利织工厂	5 万元
	宝华织布厂	1.4 万元
1907	天津民立第八织工厂[c]	—
	天津民立第二织工厂[b]	3000 元
1908	俗记女工厂[b]	—
	天津民立第五工厂[c]	—
	商业织工厂[a]	1000 元

[①]　宋则久（1867—1956），天津人，民族企业家，1899 年担任天津敦庆隆绸布庄经理，使该号营业畅旺，誉冠全津，每年贸易额达 300 万元以上。1906 年任工商研究会会长，1919 年五四运动中组建"抵制日货委员会"，1925 年任天津国民会议促成会主席，1928 年任冯玉祥出资设立的国货商店的总经理，1929 年任河南省政府委员兼工商厅厅长，1931 年回到天津先后任售品所监察人、董事长。

续表

年份	企业	资本
1909	福记织工厂	1000 元
	修业织工厂	600 元
	聚丰成织工厂	1500 元
	华兴织工厂	5000 元
	天津尚业织工厂[b]	1000 元
	善记织工厂	5000 元
	庆记织染工厂	5000 元
1910	天津实业工厂	5000 元
	成业工厂	—
	华兴永织工厂	
	天津明记织工厂[b]	500 元
	天津民立织布工厂[c]	—
	永坤和[c]	250 元
1911	长兴富织染工厂	—
	兴利织工厂	
	修业织工厂[b]	600 元
	民益织工厂	10000 元
	瑞生祥织布工厂[c]	300 元
	兴利织工厂[c]	—

说明：a. 1907 年设立。参见：天津文史资料选辑：第 1 辑 [M]．天津：天津人民出版社，1978：145。b. 天津市档案馆，等．天津商会档案汇编：1903—1911 [M]．天津：天津人民出版社，1987：1256 - 1273。c. 天津民立第二织工厂是 1909 年设立，资本 7500 元，参见：天津市档案馆，等．天津商会档案汇编：1912—1928 [M]．天津：天津人民出版社，1992：2707 - 2717。一些企业，只有名称，如天津民立第一织工厂、广益织布厂、益兴织布厂、协记织布厂、美术纹织工厂、同信织工厂、源记织工厂、民立第五织工厂、德记工厂、裕兴工厂等，参见：天津市档案馆，等．天津商会档案汇编：1903—1911 [M]．天津：天津人民出版社，1992：1257 - 1273。

资料来源：林原文子．清末天津工商业者的觉醒及夺回国内洋布市场的斗争 [C]//天津文史资料选辑：第 41 辑．天津：天津人民出版社，1987：132。

（四）铸铁和机器工业集聚三条石

三条石地理环境优越。三条石的范围通常指三条石大街及其两侧的所有胡同。如果作为一个统一的经济范畴，则指南、北运河和河北大街之间的三角地区，位于天津市西北部红桥区的东南部。由于地处南北运河交汇地区，三条石早已建有码头和渡口，水运交通方便。1908 年，津浦铁路建成后也经过于此。

三条石商业贸易繁荣。三条石北门外商业比较发达，从乡下来买卖东西的人大多从码头下船，在北门外交易。同时，南来北往与津城交易，货运多在北大关、河北大街左右附近停卸。河北大街很久以前是城乡交流的集中站，比较繁华。1900 年前，这里有四个长达百米的柴行、两家染坊、三家铁厂、多家铁铺、两家木炭行、多家货站和客栈。[①]

铸铁和机器工业初具规模。三条石是天津铸铁业和机器制造业集中的地区，这一时期一些作坊逐步开始向半机械化生产过渡。1889—1914 年，三条石共有 10 家机器厂、铸铁厂设立，晚于官办的天津机器局三四十年，晚于贻来牟机器磨坊二三十年；这些机械工厂资金少、规模小，早期主要以手工为主，后来逐渐使用动力。而同期官办的机器企业规模很大，如北洋劝业铁工厂有限公司，1906 年设立，资本 30 万元。[②] 三条石最大一家铸铁厂是金聚成铸铁厂，1897 年开办时只有 1 个不大的化铁炉和 1 个 4 人拉的大风箱，资本不到 500 元，1916 年有了动力设备，产品由过去的铁锅、犁、铧、秤砣等发展到能够铸造电灯灯座、小水管道以及为各机器厂铸造整套轧花和织布机毛坯。在铸造技术上由传统的泥土坯做铸模改进为翻砂制模。1908 年后，金聚成开始铸造供应各类机器厂加工的整套轧花机和纺织机毛坯，营业额从 1907 年的 1021 万文增加到 1910 年的 3910 多万文（合 14504.24 元），工人由 1908 年的 24 名增加到 1913 年的 39 名。[③] 三条石最早的一家机器厂是郭天成机器厂，后来成为三条石地区规模最大的机器厂，它的前身是郭庆年于 1898 年在天津东北角开设的天成铜铺，制造铜锣、铜壶、铜锅等铜器，1900 年后为日本田村洋行加工棉花机、织布机上的零件。1908 年仿制日本织布机成功后[④]，工人已近 30 名，并于 1909 年由天成铜铺改名为郭天成机器厂，于 1910 年在三条石开设天成北号，1912 年工人增加到六七十名，1913 年工人已达 200 多名。1910 年成立的春发泰机器厂于 1912 年开始使用电力，和郭天成机器厂一样，是拥

① 天津市档案馆. 近代以来天津城市化进程实录 [M]. 天津：天津人民出版社，2005：245-246.

② 天津市档案馆，等. 天津商会档案汇编：1903—1911 [M]. 天津：天津人民出版社，1987：1263.

③ 徐景星. 天津近代工业的早期概况 [C]//天津文史资料选辑：第 1 辑. 天津：天津人民出版社，1978：147.

④ 1905 年郭天成从旅顺船坞回天津带来了机器制造技术. 参见：宋美云，张环. 近代天津企业与企业制度 [M]. 天津：天津社会科学院出版社，2005：23。

有电力设备及机械化程度较高的机器工厂。

（五）官办企业数量比重下降

甲午战争前，中国官办工厂占总数的 29%，工人数占总数的 56%，资本额占总额的 96%。[1] 1895—1913 年设立的企业中，官办类厂数占比 17%，资本占比 23.7%[2]，官办类企业比重较上期下降很多，天津的情况也是如此。1902—1911 年，天津官办类企业共 31 家，包括 10 个门类，其中官办 12 家、官商合办 6 家、官督商办 3 家，中外合办 3 家。[3] 如表 5.4 所示，1899—1909 年，有资本额的企业 16 家，资本总额为 3019.1 万多元，其中商股 1824.6 万元，占比 60.34%；官办类企业有 28 家，总资本 2040.6 万元，资本比重从上一期的 81% 下降到 36.7%，企业数比重由 89% 下降到 22.2%。甲午战争前，天津官办类企业由洋务官僚集团创办，资本比较集中，时局相对稳定，工业得以发展。在北洋军阀统治时期，军方和官僚控制了很多工矿企业，军阀混战，政局不稳，官办类企业发展受到较大影响。

表 5.4   1899—1911 年天津官办、督办、合办企业概况

年份	企业	资本（万元）
1899	中兴煤矿[b]	750
1900	启新洋灰公司[c]	294.3
1902	北洋烟草公司[c]	5.7
1905	胜大草帽公司[d]	3
1906	开平矿务公司[d]	868.4
	北洋滦州矿务公司[b]	714
	滦州矿地有限公司[b]	142.9
	北洋劝业铁工厂有限公司[a]	30
1908	直隶井陉矿务局[d]	107.1
	陈家岭煤矿[b]	10

① 陈真，姚洛合. 中国近代工业史资料：第一辑：民族资本创办和经营的工业 [M]. 北京：生活·读书·新知三联书店，1957：54.
② 汪敬虞. 中国近代工业史资料：第二辑：1895—1914 年：下册 [M]. 北京：科学出版社，1957：869-919.
③ 有些企业没有注明其性质，所以本书只统计了注明性质的企业数量。但除去 3 家中外合办，与官有关的企业共 28 家。参见：天津市档案馆，等. 天津商会档案汇编：1903—1911 [M]. 天津：天津人民出版社，1987：1162-1267。

续表

年份	企业	资本（万元）
1909	磁州煤矿[c]	85.7
	工艺总局实习工厂[a]	0.3
	漂白粉厂[b]	0.3
	教育品制品厂[a]	1
	西河善后种植实业公司[a]	1.43
	工艺总局织染缝纫公司[a]	5

说明：a. 官办；b. 官督商办；c. 官商合办；d. 中外合办。

资料来源：天津市档案馆，等. 天津商会档案汇编：1903—1911 [M]. 天津：天津人民出版社，1987：1162 - 1267。

（六）天津工业结构特征

根据前文统计这一时期天津共有 126 家厂矿设立，资本共为 5584.3 万元，如表 5.5 所示。[①] 其中，外资最多，官办等性质企业规模仅次于外资，民族资本规模最小。民族工业在纺织和化工业中占绝对优势，机械业占到 1/2；官办工业几乎垄断了整个矿业，外资则完全控制了出口加工和公用事业。虽然民族企业厂家数量最多，但规模不及官办和外资的 1/2。

表 5.5　　　　　　　　　**1895—1911 年天津工业部门结构**　　　单位：万元

项目	官办资本	外资资本	民族资本	合计
纺织	5.3	0	127.9	133.2
食品	5.7	216.3	106.1	328.1
化工	0.3	3.2	216.6	220.1
机械	30	12.5	43.7	86.2
矿业	1702.6	975.5	141.9	2820
出口加工	—	551.5		551.5
公用事业		930.3		930.3

---

① 汪敬虞认为，1895—1911 年，天津共设立 17 家厂矿，资本总额为 421.9 万元。参见：汪敬虞. 中国近代工业史资料：第二辑：1895—1914 年：下册 [M]. 北京：科学出版社，1957：654。

续表

项目	官办资本	外资资本	民族资本	合计
其他	296.7	10.2	208	514.9
合计	2040.6	2699.5	844.4	5584.3

资料来源：笔者根据表5.2、表5.4、本书附表A3整理得到。

与前期比较，如表5.6所示，这一时期天津工业投资总额增长了3019.6万元，增长了119%。其中矿业增长额最多，为2542万元，官办系矿业的贡献最大；其次为公用事业，增长率达21534.9%，这个时期公用事业投资大爆发，但外资占绝对优势；再次为食品业，增长率达15523.8%，食品工业增长迅速，主要以外资和民族资本为主；但个别行业出现负增长，机械类行业比前期下降了94.8%，主要原因是天津机器局被八国联军毁坏，再也没有较大规模的机械类企业设立；出口加工业略有下降。这个时期，天津产业发展在全国中的整体地位有所下降，1911年产业资本占全国比重由1894年的9.95%下降到3.73%，其中外资占比下降最多，官办类和民族资本的占比有所上升。[1]

表5.6 　　　　　　　　　1894年与1911年天津工业投资比较

项目	1894年			1911年			增长额（万元）	增长率（%）
	官办（万元）	外资（万元）	民族（万元）	官办（万元）	外资（万元）	民族（万元）		
纺织	—	—	—	5.3	—	127.9	133.2	—
食品	—	—	2.1	5.7	216.3	106.1	326	15523.8
化工	—	—	6.26	0.3	3.2	189.6	186.84	2984.7
机械	1668	—	0.07	30	12.5	43.7	-1581.87	-94.8
矿业	278	—	—	1702.6	975.5	141.9	2542	914.4
出口加工	—	553.8	—	—	551.5	—	-2.3	-0.4
公用事业	—	4.3	—	—	930.3	—	926	21534.9

---

① 根据唐传泗《民族资本主义的初步发展》（油印本，1980年）第55页和本书表3.6整理得到。

续表

项目	1894 年			1911 年			增长额（万元）	增长率（%）
	官办（万元）	外资（万元）	民族（万元）	官办（万元）	外资（万元）	民族（万元）		
其他	—	23.6	—	296.7	10	208	481.1	2038.6
合计	1946	583.1	8.43	2040.6	2699.3	817.2	3019.57	119.0

资料来源：笔者根据本书附表 A2、附表 A3、表 5.5 整理得到。

天津与上海产业发展存在明显的结构性差异。如表 5.7 所示，这个时期上海工业特别是外资和民族资本企业发展迅速，官办类企业数量不断减少，新增投资中外资占的比重最大，与天津情况相近。天津工业年均增速高于上海，特别是民族企业。从规模上看，天津与上海的外资规模基本相当，而天津民族工业规模虽然增长迅速但也只有上海的 1/2。天津这段时期内仍有官办等类企业设立，而上海几乎不存在这种现象。上海外资主要集中在纺织业、机器业和卷烟业，三行业资本占外资总额的 96%，占总资本的 57%；民族工业主要集中在缫丝业、纺织业和面粉业，三行业资本占民族资本总额的 89%，占总资本的 36%。可见，天津产业结构与上海差异较大，缫丝业、面粉业、火柴业优于上海，但机器工业、卷烟业、制药业逊于上海。

表 5.7　　　　　　　　　1911 年上海工业资本概况　　　　　单位：万元

项目	纺织业	缫丝业	面粉业	卷烟业	造纸业	火柴业	制药业	机器工业	合计
外国资本	838.3	50	21	560	—	—	20.5	838.9	2328.7
民族资本	463.3	735.7	214.5	1	61.1	33.9	0.5	71.8	1581.8
合计	1301.6	785.7	235.5	561	61.1	33.9	21	910.7	3910.5

资料来源：徐新吾，黄汉民. 上海近代工业史 [M]. 上海：上海社会科学院出版社，1998：313–332，表 3–16。笔者整理得到。

三、民族企业兴起的原因与面临的困难

主要以北洋烟草公司为案例，分析天津近代民族企业发展的特点与遇到的困难。理由有二：一是该公司是中国最早的民族资本的机制卷烟工业企业，比较有代表性；二是作为当时官商合办企业，能够说明这个时期大多数此类企业兴起、衰落、市场竞争等情况。

1. 民族资本企业兴起的背景

甲午战争后，中国人民反帝反封建的群众运动和资产阶级民主革命空前高涨，民族企业产生和发展面临诸多有利形势。一方面，由于庞大的对外赔款和费饷开支，清政府以及北洋军阀集团在财政上遇到较大困难，虽然不断加征包括烟酒在内的各种税收，但始终入不敷出，北洋集团欣然拨官银兴办企业，力图开辟新财源。另一方面，外国资本加紧控制中国烟草市场和相关产业，输入大量卷烟到国内，引起国人特别是民族资产阶级的关注，甚至连官僚资产阶级中的一部分人士也开始酝酿抵制之策。

2. 民族资本企业经营状况

这个时期，民族企业生产经营情况大多不坏。北洋烟草公司先后出产"龙球""双龙地球"等牌号卷烟，最高日产量曾达 20 万支，有纸包装也有铁筒装，在京津一带销路甚畅。在公司开办的头两年，由于销路不畅，产量小，经营亏损。1904 年以后，生产、经营大有起色，出现"各处争购，目不暇给"的好形势。1904 年 2 月至 1905 年 1 月，一年内各牌号卷烟销售数量达 1083.85 箱，销售总金额为 42712.87 元（银圆），甚至产品畅销烟台、营口、锦州等地，在烟味上足以与"品海""孔雀"等洋烟抗争，而且在价格上具有明显的优势。1904 年除了清还以前的亏空外，还略有盈余。

3. 民族工业发展遇到的困难

第一，生产力落后，产品无法同洋货竞争。中国工业化不是本国生产力发展的结果，又长期处于半殖民地半封建社会环境，民族资本产业在技术上只能依赖外国，在工业品销售上又无法同洋货竞争。天津作为被西方用武力打开的通商口岸，是西方资本输出与产品倾销的重要目的地，民族资本工业一开始就处于外国工业品的压迫之下。例如，来自欧美的香烟逐渐在中国开拓市场，特别是日本烟草实行政府垄断专卖体制，其依托强大的资金和技术实力向中国大量输出卷烟，北洋烟草公司面临的竞争环境十分严峻。"孔雀"等外国品牌卷烟虽然价高，但对茶坊、酒肆等市场采取半卖半送的强有力推销手段，使资金微弱的北洋公司处于尴尬境地。1905 年爆发抵货运动，成为民资企业短暂的发展机会。在抵制美货运动中诞生的天津麟记烟草厂，是一家有 105 名职工的大厂，日产量 40 万支，因模仿美国制法一度呈现繁盛景况，但后来仍无法同洋烟竞争而陷于停顿。开办较早的北洋烟草公司，日产量达 15 万支，雇有日本技师，产品获得好评，但也因销路困难而停产。直隶工艺局在倡导兴办织布厂时，忽然出现洋布价格暴跌、销路停滞现象，民资织布工厂几乎全部夭折，只有少数企业生存下来。1907 年，实习工厂仿制日本新式织布机以及提花、弹棉、轧花等机器数百架，却卖不出去，只能强行卖于各县。

第二，资金不足导致民企创业困难，装备技术落后。天津是一个以商业为主的消费型城市，又是外国银行和洋行集中的地方，投资商业有利可图，投资外资企业做买办获利更多。这个时期天津市面银根奇缺，借款利息很高，资金很难投向周期较长的工业部门。北洋烟草公司是清政府官方批准设立，拟添置机器 10 台，将生产能力由月产 60 箱提高到 300 箱，并计划在烟台等地开设分厂，由于缺乏资金只能赴烟台、上海、湖北、广东等地招商，但收效甚微。天津胰皂公司开办之初仍是手工业操作，得到政府资助且拥有 200 名职工的劝业铁工厂也没有什么机器设备。企业技术装备程度低又导致产品无法与洋货竞争，处于劣势的民族企业往往生存能力不强，有的早期夭折，有的勉强维持几年，只有少数厂子因创办人本身掌握技术或善于经营，才由小到大逐步发展起来，例如三条石那些铸铁厂和机器厂。也有一些规模较大的工厂，例如北洋烟草厂、天津造胰公司、万益织呢厂、北洋火柴厂等几家工厂保存了下来并成为天津工业中的老厂，主要因为这些工厂的创办人大部分是官吏，资本比较雄厚。

第三，政府刁难和官僚腐败严重影响民企发展。辛亥革命以前，民间中小资本开办企业比大资本开办企业困难很多。他们在申请开办企业时会遇到官府的种种刁难，在获准开办后的税收与运费也比一些大企业重，加上资本薄弱和洋货的冲击，难以发展壮大。作为清代唯一的官商合办烟草工业企业，北洋烟草公司发展到后期，官商两方各怀鬼胎内讧迭起，官僚的腐败作风、官场投机钻营和相互倾轧之恶习渗透到公司内部，导致公司管理混乱，成为企业解体最主要和最直接的原因，虽然官商股本最后"均匀摊还"，但这对私人投资造成了一个不小的打击。但大型企业受到的影响较小，依靠政府的借款和特权还能取得快速发展，获得高额利润。这些大企业的资金主要来自封建官僚、大地主和大盐商，甚至企业开办时的投资全部或大部由政府官款拨借、代垫。①

①　刘民山．天津的近代早期民族工业［J］．天津社会科学，1983（5）：40.

第二节　天津民族工业发展的黄金时代（1912—1927）

1912—1927 年，全国私人资本企业进入快速发展期。1913 年中国民族工业投资总额为 4987.5 万元，1917 年为 12824.4 万元，1920 年为 15522.1 万元，1910—1914 年新设立私人资本企业数分别为 986 家、787 家、1504 家、1373 家和 1123 家，史称经济发展的"黄金时代"。天津同全国一样，1912—1927 年的工业发展进入了黄金时代。①

一、营商环境持续改善

1912—1927 年的天津民族企业生产经营获利颇丰，与所处的环境形势密不可分。天津紧邻北京，封建保守势力强大，辛亥革命的局部胜利给民族资本产业带来了巨大鼓舞和发展条件。同时，第一次世界大战的爆发，西方国家都忙于战争无暇东顾，为民族工业发展提供了喘息之机和发展之机。

（一）袁世凯新政出台中小企业扶持政策

民国政府对民间中小资本开办企业采取了鼓励态度，推动了中小工厂的大量开设。袁世凯执政期间先后制定和颁布了有关振兴实业的章程和条例，并于 1914 年施行。作为袁世凯新政率先实施的天津，一系列有利于民族资本产业发展的措施发挥了重要作用。1915—1922 年，天津连续举办国货产品陈列会、直隶省手工业品展览会、直隶省第一次工业观摩会等，起到了非常好的鼓励与宣传作用。1915—1917 年，天津遭遇大洪水，政府给 54 家商办小企业提供贷纱、贷款，帮它们渡过危机。同时，政府倡导企业采取股份公司组织形式，在经营管理上采取经理负责制度，不少熟悉业务或懂技术的内行、专家能够在创办企业时成为经理、负责人，使企业的发展更能适应市场客观发展需要。

（二）"一战"为民族企业发展提供了喘息之机

第一次世界大战爆发以后，英、德、法等列强被迫放松在远东，特别是在中国商品市场的竞争，对天津民族产业发展产生了一系列有利影响。首先，商品输入减少，减轻了民族企业在有限的国内市场上的竞争压力。

---

① 这个特殊时期介于"一战结束和五四运动爆发后的六七年或十余年间"。参见：李运华，卢景新. 试论天津近代民族工业发展的黄金时代 [J]. 南开史学，1987（1）：24。

1915—1918 年进入天津的外国船吨位，英国由 909989 吨降至 555972 吨，美国由 16596 吨减至 10390 吨。① 其次，输入中国的商品结构发生了较大变化。机器、设备等生产资料的输入有所增加，棉纱棉布、面粉、火柴等轻工业品的输入逐步减少，英、日、印（英）等国输入天津的棉纱数量从 1916 年的 620774 担剧降为 1923 年的 120718 担②，降低了 80.6%，为民族资本纺纱厂提供发展机遇，六大纱厂正是在这几年间建立的。此外，国货商品出口量有所增长，不仅欧洲市场对中国某些产品需求扩大，原先受西方列强控制的东南亚市场，也扩大了对中国产品的需求，形成了对天津民族产业发展有利的国际市场。最后，外资输入大量减少。1912—1927 年新增的投资比 1895—1911 年减少近千万元。

（三）抵制日货运动为国货创造市场空间

日本帝国主义野心勃勃，企图变中国为其殖民地，臭名昭著的"二十一条"激起了国人极大义愤，1919 年的五四运动、抵制日货爱国运动与国货运动相辅而行，为天津民族产业发展赢得了市场空间。1919 年，天津码头七千余搬运工人拒绝给日船卸货，数万人举行"国民大会"焚烧日货，一直占天津洋货市场优势地位的日货受到严重打击。③ 日本商品、美英等国物品输入量锐减，1913 年从外国进入天津港的棉布是 3385371 匹，1921 年下降到 1572233 匹。④

（四）国货运动带动振兴实业爱国运动

天津商会掀起提倡国货的热潮，各爱国团体纷纷组织国货公司和国货贩卖团。商会积极鼓励各界人士创办实业，并为提高国货产品的质量出谋划策，1916 年开办国货展览会，设立多种奖项以资奖励。在商会倡导下，各种实业团体纷纷出现，如"直隶国货维持会""直隶实业促进会""天津实业基金会""天津实业研究会"等，它们以"振兴实业""富强国家"为宗旨，发行"天津实业储备金券""爱国酬赠券"筹集资本投资民族工业。⑤

---

① 天津海关十年报告：1912—1921 [J]. 天津历史资料，1981（13）：53.

② 天津海关档案《中华民国十一年天津海关口岸华洋贸易情形略论》，转引自：宋美云. 北洋军阀统治时期天津近代工业的发展 [C]//天津文史资料选辑：第 41 辑. 天津：天津人民出版社，1987：113。

③ 李学智. 五四运动中天津商人罢市、抵制日货问题考察 [J]. 近代史研究，1995（2）：14.

④ 鲁荡平. 天津工商业 [Z].1930，转引自：宋美云. 北洋军阀统治时期天津近代工业的发展 [C]//天津文史资料选辑：第 41 辑. 天津：天津人民出版社，1987：113.

⑤ 宋美云. 北洋军阀统治时期天津近代工业的发展 [C]//天津文史资料选辑：第 41 辑. 天津：天津人民出版社，1987：149.

（五）军阀和官僚资金热衷投资工业部门

这个时期，军阀之间的内战持续不断。1913 年军阀混战波及 6 个省，1918 年波及 9 个省，造成全国税收与财政混乱，加之投资企业能够带来丰厚回报，促使一部分军阀、官僚、地主、富商将积蓄在城市的资金投向工业。1916—1922 年天津建立的华新、裕元、恒源、裕大等纱厂，都有军阀投资。

二、民族工业发展整体概况

据《天津商会档案汇编（1912—1928）》的统计①，截至 1914 年，天津工业部门种类不多，整体规模不大。1914 年前，天津尚无糖类、毛织物等行业，文具、线衫、蜡烛、烟卷工场和国外贸易公司均停办，麦粉、纸张、罐头、玻璃、熏竹、油墨等工场和九章公司、豆腐公司规模都很小，经营也比较困难，只有线袜业、棉织物、胰皂、硝皮等工场和火柴公司的规模和经营尚可。后来，天津工业生产开始更多地采用机器生产，城市新式工业逐步集中。

（一）天津民族工业总量与结构

一些专家学者对这一时期天津民族工业发展情况进行了相关研究与统计，数据有较大差异。祝淳夫的《北洋军阀对天津近代工业的投资》认为，1912—1920 年，天津万元以上的工厂达 23 家，资本总额 1211.5 万元。沈家五"北洋时期工商企业统计表"认为，1914—1926 年，天津新开设的资本额在万元以上的民族资本工业企业有 44 家。《解放前的天津工业概况》认为，1914—1925 年，天津万元以上工业企业有 20 余家。李运华、卢景新的《试论天津近代民族工业发展的黄金时代》认为，1914—1925 年，百万元以上的企业 8 家，资本为 2350 万元，10 万元以上的企业20 家，资本为 706 万元，万元以上的企业 32 家，资本 73 万元。② 罗澍伟在《近代天津城市史》一书中对 1914—1928 年的天津工业做了详细统计，认为共有 1286 家企业，其中外资 50 家，中资 1236 家，资本总量为 3300 多万元。③《天津商会档案汇编（1912—1928）》认为，在 1916—1919 年，共

---

① 天津市档案馆，等. 天津商会档案汇编：1912—1928 ［M］. 天津：天津人民出版社，1992：2508 - 2511.

② 李运华，卢景新. 试论天津近代民族工业发展的黄金时代 ［J］. 南开史学，1987（1）：26.

③ 罗澍伟. 近代天津城市史 ［M］. 北京：中国社会科学出版社，1993：417 - 418.

有 44 家企业设立。① 其中，以宋美云的研究最为全面和详细。宋美云的《北洋军阀统治时期天津近代工业的发展》详细介绍了北洋时期天津民族工业整体情况及各行业发展，同时分析了天津民族资本主义工业发展的特点及原因，认为这段时期共有 2471 家民族企业，资本总量达 8242.7 万元。

本书以《天津商会档案汇编（1912—1928）》为基础，同时参考宋美云"1912—1928 年天津民族工业发展概况统计表"，认为 1912—1928 年，天津民族资本厂家约有 2379 家，总资本额约为 8806.24 万元，涉及 66 个行业，工业人口有 35950 人。本章为前后时期连贯且便于分析，只列出 1912—1927 年天津民族工业整体概况（见表 5.8）。这段时期约有 2304 家，总资本额约为 8796.5 万元，与 1911 年前的天津民族工业比较，厂家数量增加了 23 倍，资本额增加了近 12 倍，行业增加了 4.4 倍。从资本规模看，纺织工业规模最大，为 2686.8 万元，占总资本的 30.5%；其次是矿业，为 2335.34 万元；后面依次为建筑与建材工业、食品工业、化工工业。从厂家数量看，纺织工业有 1352 家企业，占厂家总数的 58.8%，第二是化学工业，为 233 家，占 10.1%，第三是五金工业，为 180 家，占 7.6%，第四是机器工业，为 121 家，占 5.5%，然后是食品工业，为 92 家，占 4.1%。纺织、化工、食品等行业的资本总额是 4135.96 万元，占民族资本总额的 47%。可见，这段时期天津民族工业的部门类别逐渐齐全，但以轻工业为主。从生产规模看，纺织行业资本规模最大，到 1922 年共有纱锭 217000 余锭，占全国民族资本纺织厂纱锭的 10% 左右；面粉行业次之，到 1925 年每天生产面粉能力达到 39000 包，成为全国六大机制面粉工业城市之一。化学工业企业主要是久大精盐和永利制碱，它们是国内同类型工业的第一家，制碱厂在亚洲是首创。丹华火柴厂、振华造纸厂在国内同行中也属大规模企业。这一时期创建的面粉、纺织、化工等大厂，多数延续到天津解放。

表 5.8　　　　　　　　1912—1927 年天津民族工业设立概况

类别	厂数（家）	资本（万元）	资本比重（%）	厂数比重（%）
纺织工业	1352	2686.8	30.5	58.8
化工工业	233	652.154	7.4	10.1
食品工业	92	797.01	9.1	4.1

---

① 天津市档案馆，等. 天津商会档案汇编：1912—1928 [M]. 天津：天津人民出版社，1992：2015 - 2016.

续表

类别	厂数（家）	资本（万元）	资本比重（%）	厂数比重（%）
矿务	29	2335.34	26.5	1.2
机器	121	12.12	0.1	5.5
五金工业	180	4.32	0.05	7.6
日用品工业	54	10.78	0.1	2.4
瓦斯	2	200	2.3	0.1
水电工业	11	162.2	1.8	0.5
建筑与建材	8	1210.2	13.7	0.3
文具	72	0.9	0.01	3.0
服装工业	70	3.17	0.03	2.9
印刷工业	51	3.7	0.04	2.1
造纸工业	3	250	2.8	0.1
农垦与渔业	3	225	2.6	0.1
其他	24	243.9	2.8	1.0
总计	2304	8796.5	—	—

说明：本表主要根据《天津商会档案汇编（1912—1928）》整理得到，与宋美云的统计有微小差别，因为本书在统计过程中未将1912年以前和1928年以后的企业列入，并对资本项做了重新统计。

资料来源：天津市档案馆，等. 天津商会档案汇编：1912—1928［M］. 天津：天津人民出版社，1992：2683 - 3015；宋美云. 北洋军阀统治时期天津近代工业的发展［C］//天津文史资料选辑：第41辑. 天津：天津人民出版社，1987：140 - 142。

如表 5.9 所示，1912—1927 年天津共设厂 1240 家，出现了两次建厂高峰，第一次是 1915 年，设厂 213 家，第二次是 1924 年，设厂 259 家。[①] 其中，1915 年设厂高峰是在 "挽回权利，兴办实业" 社会舆论鼓舞激励下出现的，1924 年高峰是由于第一次世界大战爆发造成的空隙以及战后五四运动时的 "抵制外货，爱用国货"。据《天津商会档案汇编（1912—1928）》对业绩较好工厂的调查，截至 1915 年，天津有业绩较好工厂 26 家，资本为 20.66 万元，工人达 1191 名。[②]

---

① 宋美云. 北洋军阀统治时期天津近代工业的发展［C］//天津文史资料选辑：第41辑. 天津：天津人民出版社，1987：139 - 147.

② 天津市档案馆，等. 天津商会档案汇编：1912—1928［M］. 天津：天津人民出版社，1992：2514 - 2517.

表 5.9　　　　　　　　　1912—1927 年天津民族资本工业设厂情况

年份	厂数（家）	比重（%）
1912	91	7
1913	29	2
1914	44	3
1915	213	16
1916	65	5
1917	48	4
1918	37	3
1919	34	3
1920	36	3
1921	48	4
1922	99	8
1923	75	6
1924	259	19
1925	46	3
1926	60	4
1927	56	4
合计	1240	100

资料来源：天津市档案馆，等．天津商会档案汇编：1912—1928 ［M］．天津：天津人民出版社，1992；天津文史资料选辑：第 41 辑 ［C］．天津：天津人民出版社，1987：147。笔者整理得到。

（二）民族工业资本规模结构

天津绝大部分企业的规模都很小，有资本注册的 1153 家企业中，仅有 107 家的资本规模在万元以上，占工厂总数的 9.3%，而且主要集中在纺织工业、化学工业和食品工业。资本在万元以下的企业占工厂总数的 91.2%，机械化程度较低，很多处于手工生产水平。

大中型工厂①虽然起步晚，但发展迅速。20 世纪以前建立了三个大型企业，即天津机器局、大沽船坞和开平煤矿，前两个已于 1900 年被八国联军摧毁。1895—1911 年虽然建立了数十家工厂，但多是中小型企业，资本额超过 10 万元的工厂仅 19 家，在纺织、面粉和化工等具有工业化导向

———————————

①　本书将投资 10 万元以上的企业作为大中型企业进行探讨。

的行业中缺乏大型工厂。1912 年以后的天津工业发展趋向规模化，大型工厂逐渐设立，投资动辄数十万元，多则数百万元。罗澍伟认为，1915—1923 年，各行业里由中国人开办的大型工厂总投资为 2960 万元，其中纺织 2068 万元、面粉 367 万元、火柴 440 万元、化工 440 万元。[①] 如表 5.10 和表 5.11 所示，1912—1927 年共有 50 家资本 10 万元以上的企业设立，1912—1926 年大中型企业总资本达 3629.8 万元，占这段时期总投资的 41.22%。从行业看，纺织行业为 2621 万元，占大中型企业的 72.2%，其次为化工和面粉行业。

表 5.10　　　　1912—1927 年天津民族工业资本规模厂家数量结构　　　单位：家

规模	纺织	化工	食品	日用品	矿务与机器	其他	合计	百分比
≥100 万元	8	2	2	—	2	7	21	1.8%
≥10 万，＜100 万元	5	3	11	—	1	9	29	2.5%
≥1 万，＜10 万元	21	13	10	2	4	7	57	4.9%
≥0.1 万，＜1 万元	181	39	34	4	25	17	300	26.2%
≥0.01 万，＜0.1 万元	423	47	1	6	27	34	538	46.6%
≥0.001 万，＜0.01 万元	108	6	—	21	2	25	162	14.1%
＜0.001 万元	24	—	—	14	—	8	46	3.9%
共计	770	110	58	47	61	107	1153	—
百分比	66.9%	9.4%	5.2%	4.1%	5.3%	9.1%	—	—

资料来源：天津市档案馆，等．天津商会档案汇编：1912—1928 [M]．天津：天津人民出版社，1992：2681 - 3120；宋美云．北洋军阀统治时期天津近代工业的发展 [C]//天津文史资料选辑：第 41 辑．天津：天津人民出版社，1987：54。

表 5.11　　　　1912—1925 年天津大中型企业分行业投资状况　　　单位：万元

年份	合计	纺织	面粉	火柴	化工
1912	16	16	—	—	—
1914	200	—	—	—	200
1915	865	840	25	—	—
1916	400	280	20	—	100

---

① 罗澍伟．近代天津城市史 [M]．北京：中国社会科学出版社，1993：424．

续表

年份	合计	纺织	面粉	火柴	化工
1917	30	—	—	10	20
1918	20	—	—	20	—
1919	350	300	50	—	—
1920	730	700	30	—	—
1921	587	445	130	—	12
1922	261.8	40	61.8	—	160
1923	60	—	60	—	—
1924	50	—	50	—	—
1925	60	—	60	—	—
合计	3629.8	2621	486.8	30	492

资料来源：天津市档案馆，等. 天津商会档案汇编：1912—1928 ［M］. 天津：天津人民出版社，1992：2681－3120。

总的来说，天津近代工业形成了大中小工厂和手工业作坊并存的局面，产业结构依然很不平衡。当时社会化大生产不能遍及各行各业，需要各类小型工场和作坊作为大机器工业的补充，满足城市社会生活和腹地市场的需求。天津手工业工场多集中在纺织、酿酒、地毯、日用品等行业，尤其在纺织业中，棉纱由六大纱厂生产，织布、提花、针织等几乎全部由手工业工场生产。1928 年，不含租界的天津城区中国人办的织布、提花、线毯、染织、帆布、毛巾、针织等纺织业中的小型工厂和作坊共 683 家，除去未计资本额的 46 家工厂外，资本总额为 957496 元，工人 7737 名，平均每厂资本额仅 1500 余元，工人十余名，可见这些企业的规模都非常小。在众多工厂和作坊中只有 3 家使用电力织机，其余全部使用木织机或铁轮机。地毯业大致相同，1928 年有地毯手工作坊 161 家，资本总额 69867 元，工人 3442 名，拥有 875 架木织机，平均资本额不足 500 元，工人 20 余名，木织机 5 架。酿酒业在 20 世纪 20 年代可以说是全盛时期，但也没有脱离手工操作。手工业工场作坊完全依靠雇用廉价劳动力和适应市场进行不断转产来赚取微薄的利润，维持小规模生产才能得以生存。①

————————————

① 罗澍伟. 近代天津城市史 ［M］. 北京：中国社会科学出版社，1993：432.

（三）1912—1927 年的工业总量与结构

如表 5.12 和表 5.13 所示，外资和民族资本工业均有较快发展，天津工业总资本达 10595.1 万元，厂家达 2358 家。从部门看，资本占比超过 10% 的行业有纺织、食品、建材、矿务、化工等 5 个行业。同时，民族资本工业在数量和规模上均超过外资工业，总资本是外资的 4 倍多，厂家是外资的 41 倍。但就单个工厂而言，民族资本企业规模较小，平均资本与外资企业差距近 10 倍。主要的工业部门也有所不同，外资在出口加工和日用品业占绝对优势，食品业中的烟草和纺织业中的地毯也处于垄断地位，而民族工业在纺织、化工、面粉业、建材、矿务、印刷和服装业中处于优势地位。

表 5.12　　　　　　　　　　1912—1927 年天津工业整体概况

性质	厂家		资本	
	数量（家）	比重（%）	金额（万元）	比重（%）
民族资本	2304	97.7	8796.5	83.02
外国资本	54	2.29	1798.6	16.98
合计	2358	100	10595.1	100

如表 5.14 所示，截至 1927 年，天津民族工业累计设有 2368 家企业，资本累计 9647.2 万元，其中纺织业规模最大，其次为矿业、建材、食品和化工行业，五个行业占工业总资本的 86%。同官办和外资比较（见附表 A10），民族工业居主导地位，占天津工业总资本的 50%，官办与外资的比重相差不多。从工业部门看，矿业规模最大，其次为纺织业和食品业，三个行业占总资本的 55%。其中官办企业在机器、运输通信业中处于绝对优势，矿业的比重也很大；外资企业主要在出口加工、公用事业、日用品和食品等行业中占优势；民族资本主要集中在纺织、化工、建筑建材和矿业。

天津的发展明显慢于上海。这段时期可以说是中国工业发展的"黄金时代"，但上海的工业规模增长显著，如表 5.15 所示，整体规模达 2 亿多元，是天津 2 倍多一点。上海外资依然占据优势，而天津民族资本规模已是外资的 5 倍多。上海外资与民企规模都是前期的 5 倍多，年均增长近 11%，而天津外资增长较慢，仅是前期的近 2 倍，年均增长 3.8%。

表5.13　1912—1927年天津工业行业构成

项目	外资			民族			合计			
	厂数（家）	资本（万元）	比重（%）	厂数（家）	资本（万元）	比重（%）	厂家 数量（家）	厂家 比重（%）	资本 金额（万元）	资本 比重（%）
食品	12	1035	65.42	89	547.01	34.58	104	4.50	1582.01	14.93
纺织	5	288	9.70	1352	2686.8	90.30	1357	57.80	2974.8	28.08
出口加工	11	135.1	100.00	—	—	—	11	0.50	135.1	1.28
机械制造修理	10	98	85.00	301	16.44	15.00	311	13.20	114.44	1.08
日用品	8	64.6	85.70	54	10.78	14.30	62	2.80	75.38	0.71
建材	1	—	—	8	1210.2	100.00	9	0.40	1210.2	11.42
化工	3	176	16.32	236	902.15	83.68	236	9.80	1078.15	10.17
印刷	3	1.4	27.50	51	3.7	72.50	54	2.30	5.1	0.05
服装	1	0.5	13.60	70	3.17	86.40	71	2.90	3.67	0.03
其他		—	—	114	1080.91	100.00	114	4.70	1080.91	10.20
矿务		—	—	29	2335.34	100.00	29	1.20	2335.34	22.04
合计	54	1798.6	16.98	2304	8796.5	83.02	2358	100	10595.1	100.00

表 5.14　　　　　　　　　1927 年天津民族工业概况

项目	厂数（家）	资本（万元）	比重（%）
食品	108	653.84	6.8
纺织	1362	2813.6	29.2
机械制造修理	307	60.14	0.6
日用品	56	11.78	0.1
建材	8	1210.2	12.5
化工	250	1123.5	11.6
印刷	51	3.7	约为 0
服装	70	3.17	约为 0
其他	122	1290	13.4
矿务	34	2477.24	25.7
合计	2368	9647.2	100

表 5.15　　　　　　1927 年上海八个工业部门的资本概况　　　　　单位：万元

项目	外资	民族	合计
纺织业	6196.6	4863	11059.6
缫丝业	50	1395.6	1445.6
面粉业	—	785.3	785.3
卷烟业	6253	1398	7651
造纸业	—	181.1	181.1
火柴业	30	92.6	122.6
制药业	41.4	36.8	78.2
机器工业	1057.7	233.3	1291
总计	13628.7	8985.7	22614.4

　　资料来源：徐新吾，黄汉民. 上海近代工业史 [M]. 上海：上海社会科学院出版社，1998：313-332，表 3—表 16。笔者整理得到。

三、成为中国第二大棉纺织工业城市

　　第一次世界大战前，天津只有一个 5000 枚纱锭的官办直隶模范厂，占全国纱锭 1% 多一点。[①] 在这个时期，天津不仅建立了当时机械化程度最高的华新、裕元、恒源、北洋、裕大和宝成六大纱厂，而且机器织布工

---

　　① 天津社会科学院经济研究所工业经济研究室. 解放前的天津工业概况 [J]. 天津社会科学，1984（2）：14-18.

厂也有了新的大幅增长。天津新增加的棉纺织业投资占全国同期新增投资的30%多，新增纱锭占全国新增纱锭的31%。到1922年，天津已经成为全国第二大棉纺织工业城市。① 此外，纺织业内部分工越来越细，形成了机器针织业、提花业、帆布业、线毯业、织带业、地毯业、毛巾业等12个行业，厂家数达1352家（见表5.16），资本总额约2686.8万元，工人有32148名。其中，地毯业厂家最多，为436家，提花厂家次之为243家，织布业有241家。虽然纺纱厂家数量仅为15家，但资本总额最多，为2226万元，占纺织工业的近83%。同其他行业相比，无论是设厂家数还是资本总额，纺织工业都居首位。棉纺织工业逐步向产业集群、链式配套生产发展（见表5.17），从此天津成为全国纺织工业发展速度最快的城市之一，在各大棉纺织工业中心的排名逐步提升。

表 5.16　　　　　　1912—1927 年天津纺织工业的业别分布

业别	厂数（家）	资本（万元）	工人（名）
纺纱	15	2226	15809
针织	90	33.05	1060
提花	243	24.41	5396
帆布	11	17.63	351
线毯	2	15.7	700
丝绵	1	1	65
毛线	4	0.35	74
染织	130	15.52	384
地毯	436	6.39	4465
织带	151	3.15	847
毛巾	23	2.45	204
卫生棉	3	200.3	—
毛织	2	120	—
织布	241	19.72	2793
总计	1352	2686.8	32148

资料来源：天津市档案馆，等.天津商会档案汇编：1912—1928［M］.天津：天津人民出版社，1992：2683－2805。

① 祝淳夫.北洋军阀对天津近代工业的投资［C］//天津文史资料选辑：第4辑.天津：天津人民出版社，1979：148.

表 5.17　　　　　　　　　　民国时期各纺织工业中心地位排名

城市	1916 年	1918 年	1920 年	1925 年	1927 年	1928 年
上海	1	1	1	1	1	1
武汉	3	2	4	2	2	2
天津	5	5	2	3	3	3
通崇海	2	4	5	5	4	4
无锡	4	3	3	4	5	5

资料来源：恭骏. 中国新式工业发展史大纲 [M]. 台北：华世出版社，1978：142 - 143，表31。

（一）纺纱业规模最大

1912—1924 年，新设纱厂为 15 家（见表 5.18），平均每个纱厂的资本为 148.4 万元，工人 1054 名。1912—1924 年，天津连续新设立了 15 家纱厂①，资本总额为 2226 万元，占整个纺织工业总资本的 82.8%，纱锭为 24 万余枚，布机为 2892 台。而 1912 年仅有一家模范纺织厂，也是天津第一家纱厂。②

表 5.18　　　　　　北洋军阀统治时期天津民族资本纺纱业概况

年份	企业名称	资本（万元）
1912	模范纺纱厂	16
1915	裕元纺织	250
	利生纺纱公司	80
	裕亨纺织公司	—
1916	华新纺织	200
	元亨纺纱厂	—
	怡和纱厂	—
1919	华兴纺纱厂	—
	华北公司纺纱厂	—
	中昌香皂纺织工厂	2
1920	北洋商业第一纺织	200
	恒源纺织	400
	裕大纺织	300

----

① 其中"裕亨纺织公司"的厂址设在河北石家庄。
② 1915 年的直隶模范纱厂是天津第一家纱厂，参见：天津市纺织工业局史志编修组. 纺织工业概况 [J]. 天津史志，1988（1）：11。

续表

年份	企业名称	资本（万元）
1921	宝成第三纺织	300
1924	大兴纺纱厂	—

资料来源：天津市档案馆，等．天津商会档案汇编：1912—1928［M］．天津：天津人民出版社，1992：2683 - 2685。

天津棉纱业不仅是天津纺织工业的支柱，更是天津整个近代民族工业的支柱，其中六大纱厂最为著名。如表 5.19 所示，1922 年，六大纱厂的资本总额为 1980 万元，职工达 11560 名，产纱达 137100 担，纱锭 246072 枚[1]，约占全国华资纱锭总和（2271698 枚）的 10.83%[2]，占 1929 年天津各类工业资金总额（31406944 元）的 64.65%，占天津纺织工业全部资金（22017363.5 元）的 92.23%。六家纱厂所拥有的全部纱锭和资金，在第一次世界大战期间投资建设起来的纱锭仅有 5.5 万枚，投资额约 300 万元，其余生产能力全部在 1919—1922 年投资建设，1923 年的 145000 包相比 1918 年的 8400 包增长了 17 倍多。[3] 主要原因是第一次世界大战爆发后，英国棉纺织品不能继续输入，日本所产的纱布虽然曾乘机向中国加紧倾销，但由于这一时期掀起的爱国运动有力抵制了日货在华销售。同时，1918 年起进口棉纱的关税由 2.02% 提高到 2.73%[4]，棉纱输入大量减少，自然引起国内纱布价格上涨，投资建厂会获得丰厚的利润，也吸引和刺激了民族资本投资于棉纺工厂。例如，裕元纱厂，开工四年共获利达 600 万元。当然，纺织技术的改进、先进设备的使用和大量工程技术人员的成长，也是一个不可忽视的原因。

表 5.19　　　　　　　　　1922 年天津六大纱厂规模

厂别	资本（万元）	纱锭（枚）	织布机（台）	职工（名）	动力（千瓦）	用棉（担）	产纱（担）
华新	270	25000	—	1200	1000	60000	18000
裕元	510	70000	500	4200	2400	157500	45000

---

　①　2030 万元，236072 枚。参见：李运华，卢景新．试论天津近代民族工业发展的黄金时代［J］．南开史学，1987（1）：26 - 42。

　②　1922 年六大纱厂拥有纱锭 24.6 万枚，占全国的 11%。参见：纺织工业概况［J］．天津史志，1988（1）：11。

　③　李运华，卢景新．试论天津近代民族工业发展的黄金时代［J］．南开史学，1987（1）：26 - 42.

　④　严中平，等．中国近代经济史统计资料选辑［M］．北京：科学出版社，1955：60.

续表

厂别	资本（万元）	纱锭（枚）	织布机（台）	职工（名）	动力（千瓦）	用棉（担）	产纱（担）
恒源	400	30000	260	2500	2000	87000	25000
北洋	200	25000	—	1300	800	62000	18000
裕大	300	35000		660	1500	44520	10800
宝成	300	51072	—	1700	1500	70290	19800
合计	1980	246072	760	11560	9200	481310	137100

说明：1. 关于宝成纱厂的数字包括上海宝成两个厂子在内，天津宝成纱厂实有纱锭为 2700 锭。1922 年后，只有个别纱厂有增添设备的情况，裕元纱厂 1923 年增添布机 500 台，一般纱厂没有什么扩建。2. 李运华、卢景新的《试论天津近代民族工业发展的黄金时代》、祝淳夫的《北洋军阀对天津近代工业的投资》以及《天津海关十年报告（1912—1922）》和《天津海关十年报告（1922—1931）》，都对六大纱厂的规模有所描述，但由于年份或来源的不同，数据有所差别。

资料来源：上海棉纺织同业公会. 中国棉纺织统计史料 [M].1949，转引自：孙德常，周祖常. 天津近代经济史 [M]. 天津：天津社会科学院出版社，1990：180。

　　其中，裕元纱厂，从 1915 年筹建，实收股本 200 万元，占地 262 多亩，1918 年投产，拥有纱锭 25000 枚，1920 年增至 5 万枚，1922 年增至 7 万枚，并拥有织布机 500 台，1919—1922 年纯利达 368 万元[①]，其资金亦增至 565 万元，居于六大纱厂之首。棉纱产量 1918 年为 8400 包，1919 年为 16504 包，1920 年为 25190 包，此后年产约 3 万包[②]。恒源纱厂，1920 年投产的头两年很顺利，但 1922 年直奉战争爆发后供销阻滞，又因棉花贵棉纱贱，1922—1924 年二度停工，1927 年起年年亏损。1916 年开始兴建的华新纱厂，资本 200 万元，1918 年开工后，连年盈利，但后来由于内部矛盾升级，致使营业不振，日渐亏损。[③] 裕大纱厂 1921 年开办，1922 年开工，此后年产棉纱 2.5 万包，但很快营业不振，日渐亏损。北洋纱厂于 1921 年投产，1922 年后年产棉纱约 2 万包。宝成纱厂，1922 年投产，1923 年后年产棉纱约 3 万包。总的来说，1919—1924 年的各大纱厂经营顺利、盈利颇丰，如表 5.20 所示，1921 年四个纱厂共盈利 268.3 万元，毛利则更多。例如，华新 1919 年获利 6 万多元，到 1922 年暴增至 52 万元，增长了 8 倍多。后来由于战争的破坏和军阀的暴敛，1925 年后的六大

---

　　① 王景杭，张泽生. 裕元纱厂的兴衰史略 [C]//天津文史资料选辑：第 4 辑. 天津：天津人民出版社，1979：173 - 175.

　　② 李运华，卢景新. 试论天津近代民族工业发展的黄金时代 [J]. 南开史学，1987（1）：26 - 42.

　　③ 祝淳夫. 北洋军阀对天津近代工业的投资 [C]//天津文史资料选辑：第 4 辑. 天津：天津人民出版社，1979：155.

纱厂由盈利转为亏损或负债，经营每况愈下。[①]

表5.20 天津纱厂的盈利概况

工厂	年份	纯利（元）
裕元	1919	576093
	1920	1204748
	1921	1305762
	1922	619041
华新	1919	69292
	1920	793060
	1921	658707
	1922	519624
北洋	1921	165322
	1922	345723
	1923	395103
	1924	34991
恒源	1920	249930
	1921	552914
	1922	76462

资料来源：天津市纺织工业局史志编修组. 纺织工业概况 [J]. 天津史志，1988（1）：14。

（二）地毯业在全国最发达

1916年建立的生生工厂，是天津最早的线毯工厂。[②] 地毯厂家在民国以后逐渐增加，1924年后猛增，中外地毯商达400余家，职工14000名，近80%的产品出口，每日生产10000方尺。1929年，天津民族资本经营的地毯厂及作坊303家，已知资本数的有209家，资本总额为253688元。其中工厂105家，织机2749台，工人1500名。[③] 表5.16显示，这段时期共有436家地毯企业设立，资本为63895元，但规模上比外资企业小

① 李运华，卢景新. 试论天津近代民族工业发展的黄金时代 [J]. 南开史学，1987（1）：26－42.

② 李平之，陈松亭. 天津最早的线毯工厂 [C]//天津文史资料选辑：第32辑. 天津：天津人民出版社，1985：172.

③ 孙智钵. 大力发展天津的地毯工业 [J]. 天津社会科学，1981（1）：67.

很多，美商的乾昌、倪克、海京三家工厂的资本合计达 180 万元之多。①
天津民族资本经营的 303 家地毯工厂及作坊共有织机 2749 架，工人 11568
名②，"本埠地毯商共计 400 余家，职工 14000 余名，每日出品 1 万方
尺，……，本地行销十分之二，国外销售十成有八"③。同时，本埠地毯
商主要为美国及其他洋行加工，成为外国资本的附庸。后来相继出现了自
产自销的民族资本企业，1926 年的庆生恒公司及 1930 年的聚丰贸易公司，
在伦敦、纽约、旧金山、洛杉矶等地都有市场。④ 然而民族资本开办的地
毯企业主要是手工作坊，机械化程度较低，其中 13 家工厂和作坊共有织
机 398 架⑤，以庆生恒和三顺永的规模较大，"永"字号地毯厂在天津占
有很大优势。⑥ 庆生恒的资本在 1 万元以上，是天津第一家自营出口的地
毯厂。三顺永 1913 年在三义庄租房办厂，雇工 50 余人，1915 年在琼州道
新建厂房。由于地毯工业由美商垄断，规模较大且设备先进的地毯厂均为
美商开办。1926 年天津出口地毯 638.01 万海关两，占中国出口地毯总额
（654.72 万海关两）的 97.45%，天津成为中国地毯生产和出口中心。在
国外，天津地毯成为中国地毯的总代表。⑦

（三）天津针织业源于织袜子

1912 年，英商捷足洋行出售从英国贩运来的织袜机，不久天津市场出
现了织袜作坊。1913 年华人王继忠设立织袜厂及制造织机厂⑧，1920 年又
有帽子、手套、围巾、衬衣、衬裤等针织机器从日本输入。截至 1923 年，
天津针织业有工厂和作坊 39 家、工人 647 名⑨。如表 5.16 所示，这段时
期天津共有 90 家针织企业设立，资本为 33.05 万元。比较著名的针织厂、
坊包括郭有恒、荣业、义生、生生、李和织物、精一、福利和盛锡福等
厂，其中天津盛锡福帽厂，原名盛聚福帽庄，于 1911 年由刘锡三创办，
制作草帽，开始只是手工操作，雇工 4—5 名，20 世纪 20 年代采用了法国

---

① 方显廷. 天津地毯工业 [M]. 天津：南开大学社会经济研究委员会，1930：23.

② 方显廷. 天津地毯工业 [M]. 天津：南开大学社会经济研究委员会，1930：8.

③⑦ 天津市档案馆，等. 天津商会档案汇编：1912—1928 [M]. 天津：天津人民出版社，
1992：2777.

④ 芮允之. 天津地毯工业的兴起和发展 [C]//天津文史资料选辑：第 1 辑. 天津：天津人
民出版社，1978：74.

⑤ 张继明. 天津地毯 [J]. 天津史志，1986（20）：56.

⑥ 孙智钵. 大力发展天津的地毯工业 [J]. 天津社会科学，1981（1）：67.

⑧ 天津海关十年报告：1922—1931 [J]. 天津历史资料，1980（5）：57.

⑨ 方显廷. 天津针织工业 [M]. 天津：南开大学社会经济研究委员会，1930：23.

折式草帽机器，制作硬平顶草帽，由于价格比日本草帽便宜，销路很快，获利颇丰。到 1926 年，三年共获纯利 10 万多元，不仅把日本货排挤出中国，而且资金也日益充裕。虽然 1927 年的火灾烧毁了一切，刘锡三从头开始，从外国引进新式草帽机器设备，产品畅销国内各大商埠，畅销东南亚各国。1931 年添设通帽工厂、印刷工厂、毡帽工厂，1934 年增设毡帽胎工厂。到七七事变前，该企业工人已达 280 多名，全年生产各种帽子 40 万顶、呢帽 24 万顶。沦陷期间，盛锡福的生产经营转入萧条，1945—1949 年的生产更加衰落，前两年勉强维持，后两年陷入了极度困难，工人减少到 120 多人。①

（四）织布与染织业逐渐发展壮大

驰名全国的爱国布②起源于 20 世纪初叶，得益于抵货运动和爱国货运动。天津织布业从此出现转机。据 1917 年发行的《直隶省商品陈列所第一次实业调查记》所载，织爱国布的企业有 270 余家。1912 年以前，天津织布厂仅 30 家左右。③ 20 世纪 20 年代中后期，天津人造丝织品的大量上市，爱国布逐渐衰退。1918 年，天津染织企业共 81 家，其中织染工厂 40 家、织工厂 38 家、染工厂 3 家。④ 截至 1926 年，天津织布业有 168 家，各种织布机 2881 架，有染坊 24 家，但全是手工作坊。⑤ 1927—1928 年，这类工厂达 328 家，共有织机 4805 架，每年产额约 60 万匹。由于供过于求，销售开始疲软。⑥ 1912—1928 年，织布工厂约有 283 家，是原有织布业的 10 倍，注册资本额的 160 家，总资本为 205479 元，其中千元以上资本者有 37 家，较大资本者有资本 2 万元，有织机 20—50 台。⑦ 天津的棉纺织厂仅裕元和恒源两家纺织厂附设有织布机，裕元有织布机 1000 台，恒源有织布机将近 300 台。织布厂中以织帆布厂的资本较大，恒源在与直隶模范纱厂合并以前是帆布厂，其他如宜章、立兴、华茂等帆布厂规模都

---

　　① 张鹏程．驰名中外的天津盛锡福帽厂［C］//天津文史资料选辑：第 31 辑．天津：天津人民出版社，1985：179－184.

　　② 爱国布泛指国产土布，以棉织为主，有素爱国布、花爱国布、闪花爱国布、丝光爱国布，以及爱国袍料、爱国被面等，颇受顾客欢迎。参见：蒋原寰．天津爱国布商标综览［J］．近代史资料，1992（总 81 号）：188.

　　③ 蒋原寰．天津爱国布商标综览［J］．近代史资料，1992（总 81 号）：188－189.

　　④ 天津市档案馆，等．天津商会档案汇编：1912—1928［M］．天津：天津人民出版社，1992：206－209.

　　⑤ 方显廷．天津织布工业［R］．天津：南开大学社会经济研究委员会，1930：20.

　　⑥ 天津海关十年报告：1922—1931［J］．天津历史资料，1980（5）：57.

　　⑦ 天津市档案馆，等．天津商会档案汇编：1912—1928［M］．天津：天津人民出版社，1992：206－209.

比较大。其中，华发、立兴、华美、聚兴成四家，共有织机 130 台、工人 250 名，年制帆布 23500 匹。[①] 但大量的织布厂生产规模都很小，还有大量使用人力作为动力的织布作坊，使用脚踏织布机，例如美术、振东、亚东等织布社，以及后来建立的华实、华彰等织造厂。华彰厂在 1914 年扩充为彰记织染有限公司，到 1919 年拥有以机器为动力的织布机 30 余台，另有脚踏机 10 余台、提花机 6 台，成为这些小厂中规模最大的一家。1925 年人造丝大量输入天津，华昌织厂成为第一家使用人造丝与棉纱混合为原料织布的企业，以这种人造丝织成的布匹称为"明华葛"。

四、成为中国第一个"四位一体"的基础化工基地

这一时期，天津化学工业形成了以制盐制碱为主的多门类发展格局。如表 5.21 所示，包括火柴、制碱、制革、料器、制盐、制皂、漂染、玻璃、制镜、玻璃砂、制蜡油、化妆品、工业理化、制药、电镀等 20 个行业，共有厂家 236 家，资本总额达 902.15 万元，工人 2008 名。其中，制盐制碱资本几乎占到了化学工业的 1/2，火柴、制革和玻璃等产业发展也具有一定规模。其中，范旭东先后创办了久大精盐公司、永利制碱厂、黄海化学工业研究社、永利硫酸碱厂，使天津成为我国第一个酸碱盐"四位一体"的基础化工工业基地。

表 5.21   1912—1928 年天津民族化学工业概况

项目	厂数（家）	资本（万元）	工人（名）
火柴	4	30	220
制革	41	188.38	358
料器	21	4.97	506
制皂	36	6.31	258
漂染	62	16	—
玻璃	5	125.3	—
纽扣	5	6.2	—
石棉	4	5.1	71

---

① 天津海关十年报告：1922—1931 [J]. 天津历史资料，1980（5）：57.

续表

项目	厂数（家）	资本（万元）	工人（名）
制蜡油	13	0.63	—
化妆品	11	0.64	—
制碱	2	200	—
工业理化	1	5	—
制药	4	2	—
电镀	14	0.364	96
制烛	3	2.17	—
制镜	1	—	16
玻璃砂	1	—	—
电池	1	0.01	3
漆布	1	0.06	—
制盐	3	250	480
合计	236	902.15	2008

资料来源：天津市档案馆，等. 天津商会档案汇编：1912—1928［M］. 天津：天津人民出版社，1992：2683 - 2973。

（一）创办中国第一个精盐厂和制碱厂

范旭东 1914 年创办久大精盐公司、1917 年筹办永利制碱厂、1922 年创办黄海化学工业研究社，1930 年范旭东创办永利硫酸碱厂，使范旭东企业集团成为我国第一家酸碱盐研"四位一体"的基础化工工业基地。

中国第一家精盐制造厂。民国初年，盐的产运销依然承袭传统的引岸专商制度，由封建盐商把持，造成垄断性高、运销环节多、中间盘剥重，但由于手工生产技术落后，导致盐质低劣、产品为粗盐，根本达不到食用卫生标准，更不能提供工业用盐。随着工业快速发展，对高质量盐的需求日益增加。1914 年，中国海洋化学工业的先驱、著名实业家范旭东，在盛产海盐的天津塘沽创办了中国第一家专门从事精盐生产的企业——久大精盐公司，掀开了中国数千年制盐史新的一页。1914 年设立，集资近 5 万元①，1915 年建成于塘沽，初期产精盐年产量为 3 万担。1919 年扩建新厂后，工厂设备完善，除蒸汽锅炉及发动机外，还有制盐机 8 架，雇有工人

---

① 关利信. 近代天津经济概括［J］. 文稿与资料，1980（5）：8；宋美云、张环认为是 41110 元，职工 482 名，参见《近代天津工业与企业制度》第 43 页。

652 名（长工 452 名，临时工 200 名），年产量高达 62500 吨，资本发展到 210 万元，每年缴纳盐税不下 400 万元，成为我国最早、最大、最好的精盐生产基地。1928 年，久大产出精盐达 60 万担，约占全国盐产总量 148 万担的 40.5%。除久大精盐公司外，塘沽的通达制盐公司，资本仅 50 万元，但连年亏损，到 1931 年仅有工人 70 名，平均年产不过 6 万担。①

中国第一家制碱企业。1917 年，范旭东筹办永利制碱厂。1919 年，从美国引进高层次人才侯德榜任总工程师兼制造部长。1920 年，永利制碱公司成立，并在塘沽设厂，是我国第一家碱厂，也是东亚第一座现代化大型碱厂。② 创办初期，碱厂资金不足，仅有 40 万元资本金，虽发行债券 200 万元，直到最后才筹得此数。1921 年开始着手兴建，设备大部分从美国购买，也有部分由上海大校机器厂制造。工厂有蒸汽锅炉和磨电机数架，制碱机 3 架，工人 667 名。此前，世界制碱工业全部采用苏尔维制碱法，但技术被英国卜内门公司严密封锁。侯德榜发明“侯氏制碱法”，打破外国对制碱技术的垄断。作为当时最新的工艺，但设备复杂，1922 年才安装完毕。1924 年因设备有问题，生产出来的碱质量不能达到标准。1925 年干燥锅炉被烧裂，以致停工。经重新换上圆筒形锅炉后于 1926 年重新开工，生产获得成功，当年产量就达到了 4504 吨。1926 年 8 月，永利制碱厂的“红三角”牌纯碱获美国费城万国博览会金奖，位于当时世界领先水平。“侯氏制碱法”成为中国第一个达到世界领先水平的化学工艺。除永利制碱厂外，1926 年成立的渤海化学公司，也生产纯碱，厂址设在塘沽，资本 30 万元，蒸汽锅炉 3 架，每架 100 马力，磨电机 2 架，电力各为 120 瓦，工人 280 名，年产硫化钠 25000 担、硫酸钠 500 吨、矽酸钠 2000 吨、碳酸镁 600 吨、盐酸 600 吨，每年产值约 100 万元。1927 年成立的老天利公司天津厂，有马达 2 部，磨盘 4 架，工人 40 名，主要产品为矽酸钠，年产 140 万磅。③ 还有兴和泡花碱厂，资本仅 5 万元，年产泡花碱 33000 担。④

（二）拥有全国规模最大的火柴公司

1911 年前，天津仅有 4 家火柴企业，资本为 428.9 万元。截至 1918 年增至 10 家，总资本约 460 万元，以民族资本企业为主，一家日资企业

---

① 天津海关十年报告（1922—1931）[J]. 天津历史资料，1980（5）：61.
② 赵阳. 天津化学工业的过去与现状 [J]. 天津史志，1985（2）：27.
③ 天津海关十年报告（1922—1931）[J]. 天津历史资料，1980（5）：59.
④ 关利信. 近代天津经济概括 [J]. 文稿与资料，1980（5）：9.

是三友火柴工厂，资本为 1 万元①。1922 年，天津四大火柴厂②总生产能力为每 24 小时 200 箱③。原华昌火柴公司于 1917 年与北京的丹凤火柴公司合并，改名丹华，天津厂资本为 25 万元，工人 1200 名，其设备有切梗机 4 架、制板机 4 架、齐梗机 8 架、装盘机 50 架、拆盘机 30 架、移动机 5 架，年产量为 15000 箱④⑤，是当时全国规模最大的火柴公司⑥。1909 年开设于芥园的北洋火柴公司，初期资本仅 2 万元，但盈利丰厚，1917 年和 1918 年共盈利 20 余万元⑦，1919 年扩充资本 30 万元增设分厂，雇工总量达 1350 人，年总产量达 15000 箱。

（三）拥有华北地区最大的制皂工厂

1928 年，天津有肥皂厂 36 家，总资本约为 6.31 万元。天津造胰厂于 1903 年成立，后资本扩充至 10 万元，置有蒸汽锅炉 2 座，碾皂及压机 4 部，工人 50 名，年产化妆香皂 4 万打、洗衣肥皂 5 万箱、花露水约 27372 打⑧，成为华北地区最大的制皂工厂。新开设的制皂工厂有中昌、生记、隆兴、兴业、元春兴、鼎新社、中亚、光润、老天利等，其余企业普遍是资本小、设备简单的小厂，平均资本仅 4000 余元⑨。中昌和光润两家规模较大，中昌造胰公司 1919 年开设，资本 12500 元，设有蒸汽锅炉 1 座、制皂机 4 部，有工人 30 名，年产各种香皂约 8 万打。光润制皂厂于 1920 年开设，资本 1 万元，备有电机 4 部，手用机 5 部，工人 20 名，年产洗衣肥皂共 2 万箱。⑩

（四）化学工业门类不断齐全

除了制盐、制碱、火柴、制皂等发展良好外，制革业、造纸业、石棉业、蜡烛业和油漆业等部门也有不同程度的发展。

制革业。早期成立的北洋硝皮厂已经停业，新开设的制革工厂有裕津、华北、鸿记、一大、万盛和、中亚、祥茂等 41 家，资本共计 188.38 万

---

① 天津市档案馆，等．天津商会档案汇编：1912—1928 [M]．天津：天津人民出版社，1992：2939 - 2940．

② 北洋火柴公司（1909）、丹华火柴公司（1905）、东亚火柴公司（1917）和中华火柴公司（1910），前两个为华资，后两个为日资。

③ 天津海关十年报告：1911—1922 [J]．天津历史资料，1981（13）：64．

④⑧ 天津海关十年报告：1922—1931 [J]．天津历史资料，1980（5）：61．

⑤ 工人为 966 人，年产 35929 箱。参见：关利信．近代天津经济概括 [J]．文稿与资料，1980（5）：8。

⑥⑨ 宋美云，张环．近代天津工业与企业制度 [M]．天津：天津社会科学院出版社，2005：43．

⑦ 关利信．近代天津经济概括 [J]．文稿与资料，1980（5）：8．

⑩ 天津海关十年报告：1922—1931 [J]．天津历史资料，1980（5）：58．

元。其中百万级企业 1 家，十万级企业 2 家，3 家企业占总资本的 84.9%。[1]
一大皮革厂初始投资 40 万元，但开办不久后于 1926 年停业，1937 年被日
商收购，改名为华北制革株式会社，对外称新华北制革厂。其余几家中以
华北及鸿记两厂规模较大。华北是天津制革业中民族资本经营的老厂，
1917 年设立，初定资本 10 万元，后始终保持在 20 万元，有工人 40 余名，
生产的花旗革、法兰革，品质优良，年产量达 12000 张；1923 年以前的营
业额一直未突破 10 万元，1924 年后逐渐上升到 30 万—40 万元；1927 年
添置制革机器，营业额达到 60 万元，而后又有所下降；年利润率平均保
持在 10% 以上，轮带的利润率高达 20%—30%。[2] 1937 年后，日本垄断
生皮，华北制革厂入股少，分到的生皮不多，开始逐渐走下坡路。鸿记是
仅次于华北的制革厂，有工人近 40 名，年产量约 7000 张。天津制革业以
裕津的生产规模为最大，1918 年创建，后与日商合资，资本 50 万元，实
权操纵在日方，年产量 3000 担，占天津各厂出品总额半数以上，民族资
本经营的制革厂即便是华北和鸿记都不能与之相比[3]，但仍由于原料不
足、产品质量低及销路减少等原因，于 1934 年停工[4]。1921 年天津诞生了
中国第一家皮革制球工厂——利生体育用品厂，天津南开中学教师孙玉琦发
现球类市场供不应求，便辞职创办企业，从缝制篮球、足球等皮制球类产品
逐步发展壮大，成为当时中国体育用品制造业中规模最大的生产厂家。

造纸业、石棉业、蜡烛业和油漆业。1922 年创办的振华造纸厂，资本
50 万元，厂址设在南郊咸水沽，1923 年投产，生产能力为日产纸板 15
吨，后增资到 110 万元，有蒸汽引擎 1 架、工人 130 名，年产纸板达 2000
吨。[5] 但由于日商三井洋行跌价竞争，以致振华造纸厂开工仅一年半便停
产，1926 年出租给上海竟成造纸厂，成为竟成造纸二厂。如表 5.22 所示，
该时期设立的石棉工厂有三家，天津石棉公司、春花及瑞记，产品以石棉
绳、纸、布及粉为大宗，总资本约 2.5 万元，有工人 141 名、各类织机 19
架、动力 2 部，年产为 11.7 万磅。蜡烛工厂和油漆工厂很少，仅两三家，

① 天津市档案馆，等. 天津商会档案汇编：1912—1928 [M]. 天津：天津人民出版社，
1992：3003 - 3005.
② 周乃庚，李威仪，叶茂荣. 天津机器制革业及华北制革厂 [C]//天津文史资料选辑：第
31 辑. 天津：天津人民出版社，1985：190 - 194.
③ 孙德常，周祖常. 天津近代经济史 [M]. 天津：天津社会科学院出版社，1990：183.
④ 周乃庚，李威仪，叶茂荣. 天津机器制革业及华北制革厂 [C]//天津文史资料选辑：第
31 辑. 天津：天津人民出版社，1985：190.
⑤ 天津市档案馆. 近代以来天津城市化进程实录 [M]. 天津：天津人民出版社，2005：
222.

规模不大。例如，1922 年设立的中国实业工厂，资本为 2000 元，有工人 20 名、模型机 15 架，年产红白烛 1400 担。1921 年成立东方油漆制造工厂，有马达 1 部、碾漆机 4 架、工人 40 名，年产油漆及凡立水 2250 担。[①]

表 5.22　　　　　　　　1916—1926 年天津主要石棉企业

年份	厂名	资本（元）	机器	年产（磅）	工人（名）	月工资（元）
1916	天津石棉公司	5000	电磨机 1 台，纺机 3 架，制绳机 1 架	27000	20	8
1920	春华	10000	制绳机 10 架，纺绳机 1 架	60000	101	728
1926	瑞记	10000	纺机 2 架，织机 2 架，马达 1 部	30000	20	8

资料来源：天津海关十年报告：1922—1931［J］.天津历史资料，1980（5）：58。

五、成为中国六大机制面粉业城市之一

第一次世界大战前，天津曾开办过三四家机器面粉厂，规模都很小，只有一两家延续到战后。随着全国进口面粉数量的减少和国外市场需求的扩大，以及上海粉来津的减少，天津机制面粉业开始兴起。1912—1928 年，新开设 27 家面粉厂，资本达 489.2 万元。其中除了 15 家没有资本设备外，只有一德机器磨坊规模较小，仅为 0.5 万元，其他 11 家面粉厂资本均高于万元，最高者达到 70 万元。[②] 1911 年前，天津面粉企业已有 12 家，1912 年达 29 家，资本约 52 万元。[③] 如果包括 1912 年开设的增兴厚面粉厂在内，1921 年天津机制面粉业的日生产能力达到 17020 包，已经成为中国六大机制面粉业城市之一（见表 5.23）。截至 1927 年，天津共有面粉厂 39 家，资本总额为 510.2 万元。如表 5.24 所示，部分企业日生产能力已达 34706 包，比 1921 年增长了 1 倍多。这段时期，新开设的厂子获利颇多。福星面粉公司于 1919 年设立，资本为 30 万元，15 台磨机，职

① 天津海关十年报告（1922—1931）［C］//天津历史资料，1980（5）：61.

② 天津市档案馆，等.天津商会档案汇编：1912—1928［M］.天津：天津人民出版社，1992：2822 - 2823.

③ 宋美云，张环.近代天津工业与企业制度［M］.天津：天津社会科学院出版社，2005：46.

工 200 名，1921 年投产，日产五六千袋①，当年获利 10 万余元，利润率为 33.5%；1922 年获利 28 万余元，利润率为 94.2%；后来由于水灾停工，1923 年增加资本至 50 万元；1924 年复工后获利 10 万余元，利润率为 20.6%；1925 年获利 30 余万元，利润率为 61.9%。② 但也有亏损的企业，大丰机器面粉公司于 1920 年设立，但由于经营不善，到 1928 年底已亏损 51 万元。也有歇业的企业，庆丰面粉公司 1923 年开业后就营业不振，1924 年因巨大亏损而告歇业；乾义面粉厂 1925 年设立，1926 年就歇业；此外，三星面粉公司于 1926 年被焚。还有开始颇顺后来亏损的企业，三津寿丰面粉公司，1924 年后因国外面粉倾销而亏本。③

表 5.23　　　　　　　1921 年全国六大机制面粉业城市　　　　　　单位：包

城市	天津	上海	哈尔滨	济南	无锡	汉口
产量	17020	93500	45170	22700	21000	17500

资料来源：上海市粮食局，上海市工商行政管理局，上海社会科学院经济研究所经济史研究室. 中国近代面粉工业史 [M]. 北京：中华书局，1987：43。

表 5.24　　　　　　　　天津近代面粉企业生产状况

企业名称	资本（万元）	日产量（包）	职工数（名）
涌源	4.2	480	—
增兴厚	5	486	38
福星	30	4340	152
大来	100	4200	170
民丰	61.8	5000	115
三星	30	3500	100
裕和	20	1500	—
嘉瑞	50	5000	160
庆丰	60*	4200	148

① 孙如冰. 解放前天津的面粉工业 [C]//天津文史资料选辑：第 42 辑. 天津：天津人民出版社，1988：193.

② 祝淳夫. 北洋军阀对天津近代工业的投资 [C]//天津文史资料选辑：第 4 辑. 天津：天津人民出版社，1971：187.

③ 祝淳夫. 北洋军阀对天津近代工业的投资 [C]//天津文史资料选辑：第 4 辑. 天津：天津人民出版社，1971：161.

企业名称	资本（万元）	日产量（包）	职工数（名）
三津寿丰	60	5000	180
乾义	10	1000	—
一德	0.5	—	—
民丰天记	61.8	—	165
同丰祥	1.9	—	—
通来	50	—	—

说明：＊《天津商会档案汇编（1912—1928）》和孙如冰均认为办时股本为 60 万元。参见：孙如冰．解放前天津的面粉工业［C］//天津文史资料选辑：第 42 辑．天津：天津人民出版社，1988：199。

资料来源：上海市粮食局，上海市工商行政管理局，上海社会科学院经济研究所经济史研究室．中国近代面粉工业史［M］．北京：中华书局，1987，附录 11；天津市档案馆．近代以来天津城市化进程实录［M］．天津：天津人民出版社，2005：220；天津市档案馆，等．天津商会档案汇编：1912—1928［M］．天津：天津人民出版社，1992：2822－2823。

以上 15 家面粉厂中，三津寿丰是由寿星面粉公司改组而成。寿星初办时为中日合资，资本 25 万元，1916 年建成投产，有磨粉机 15 台、清粉机 6 台、圆筛 4 台、平筛 5 台，以蒸汽机为原动力，日产 3000 袋。日资于 1919 年因"五四"抵货运动撤出，该厂 1921 年扩建，购进磨粉机 5 台、清粉机 2 台、圆筛 4 台、平筛 2 台，洗麦机 1 台及化验仪器等设备，日产 4000 袋。1923 年又扩建了一个 5 台磨机的磨厂，首创机制的玉米粉。[1] 1925 年，寿星改组为三津寿丰面粉公司。

机制面粉业是这一时期天津民族工业发展最快的产业之一。原因有三：一是战争期间列强忙于战争，各国粮食减产，需要向国外采购，以弥补军需和民食的不足，输入中国的面粉逐年减少，中国出口的面粉也出现贸易顺差，机制面粉工业迎来巨大发展机遇。二是城市人口增加及消费习惯的改变，扩大了国内市场对面粉的需求。三是面粉销路旺、价格高，行业获利丰厚，刺激并推动了民族资本大规模投资机器面粉厂。

面粉业带动了整个食品行业发展。如表 5.25 所示，天津食品工业共 89 家企业，资本总额达 547.01 万元，包括面粉、食用油、制酒、蛋厂、罐头、饮料、制肠等七个行业。其中面粉业规模最大，占资本总额的 89.4%，带动了其他食品业的发展，但其厂子规模都很小，例如饮料、制

---

① 孙如冰．解放前天津的面粉工业［C］//天津文史资料选辑：第 42 辑．天津：天津人民出版社，1988：191.

肠和罐头等食品业的总资本仅 3.69 万元。

表 5.25　　　　　　　　1912—1928 年天津食品工业概况

业别	工厂（家）	资本（万元）	工人（名）
面粉	25	489.2	777
罐头	8	2.3	88
食用油	15	34.15	—
制酒	30	20.55	233
饮料	2	1.01	54
制肠	3	0.3	106
蛋厂	6	—	—
合计	89	547.01	1258

　　资料来源：天津市档案馆，等．天津商会档案汇编：1912—1928 ［M］．天津：天津人民出版社，1992：2683 - 3011。

六、三条石机器铸造业集聚发展

　　从清末到民国时期，天津三条石已经成为民族机器工业的集聚地。这一带的机器厂、铸铁厂一家挨一家，有些工厂为了营业方便也把工厂迁移到此。1911 年以前，三条石有民办铁工厂 10 家，后来逐渐发展到 130 家，其中机器制造厂 26 家，铁工厂 104 家，资本共有 13.04 万元，工人达1445 名[1]，可谓"天津机器工业的黄金时代"[2]。但其中大部分是不使用动力的手工业作坊，规模都很小。规模在万元以上的仅 3 家，总资本为5.4 万元；千元与万元之间有 27 家，总资本为 4.98 万元；其余 100 家的资本都没有达到千元，总资本仅为 2.66 万元。天津的机器工业由手工作坊发展而来，一些作坊也能生产轧花机、榨油机等机器，并能为其他工业提供技术性维修。郭天祥机器厂的学徒郭东波，1909 年在东马路创办了万

---

　　① 天津市档案馆，等．天津商会档案汇编：1912—1928 ［M］．天津：天津人民出版社，1992：2839 - 2846。罗澍伟认为，1915 年天津仅有 3 家机器制造厂和 7 家铸造厂，多是不使用动力的手工业作坊。1920 年左右有 22 家之多，工人过千人。三条石地区 1912 年使用电动力的工厂仅有 1 家，1916 年增至 28 家，1925 年有机械厂 20 家，铸造工厂 25 家，并向外地繁衍。春发泰机器，1923 年有 40 余台设备，200 多名工人。参见：罗澍伟．近代天津城市史 ［M］．北京：中国社会科学出版社，1993：429。
　　② 天津市档案馆，等．天津商会档案汇编：1912—1928 ［M］．天津：天津人民出版社，1992：2838.

顺成机器厂，制作织布机和东洋车，1914 年迁到南马路改名为郭天利机器厂，1915 年分为铁厂和木厂，铁厂迁入三条石，1918 年改称郭天祥机器厂，资本为 3500 元。① 1912 年成立的德利兴机器厂，1919 年也迁入三条石。三条石除了原有的郭天成、春发泰等老厂外，又新添了不少新厂，1914 年有 17 家，到 20 世纪 20 年代已达 45 家，包括铸铁厂 20 家、机器厂 25 家。② 其中，德利兴机器厂的规模最大，工人有 400 多名，设有两个机器厂及一个铸铁厂，两个机器厂共有旋床、刨床、铣床、钻床等工作机 110 余架，铸铁厂分木样及翻砂两部分，共有化铁炉 2 座，成品有各种尺寸的车床、刨床、铣床、钻床、铅印机、石印机、胶版机、高车、水泵等。郭天成、春发泰、郭天祥等机器厂生产的手织机、切面机、榨油机、轧花机、保险柜、弹花机等“大路货”也比较有名气。其他的机器厂规模都较小，例如 1920 年设立的全盛德，资本为 2000 元，学徒 45 名；1927 年设立的德华兴机器厂，资本仅为 200 元。③

三条石除机器厂外，还集中了不少铸铁厂和锻铁作坊，铸铁厂中比较著名的有金聚成、三合等老厂。也有一些新厂设立，如同太兴（1921 年）、华昌铁厂（1927 年）、玉发铁厂（1928 年）和福兴铁厂（1928 年）等，共有工人 130 名左右。④ 此外，铁器与铜器业也有所发展，这个时期共有 104 家铁器厂设立，总资本为 2600 元⑤；有 66 家铜器厂设立，总资本为 12641 元，但仅 2 家规模超过千元，其余规模都很小；还有 4 家五金公司，总资本 2 万元，这 70 家企业的工人共有 395 名。

除三条石的机器工业外，天津还有孙恩吉、俊记、义聚成、久兴、志达、庆兴、三本、恒大、信昌等 10 家规模较大的机器厂。其中，孙恩吉是 1906 年开设的老厂，有各种机床 9 部、大小压力机 22 架，工人近百名，出品有各种车、刨、铣床子、火力机器磨、榨棉花机、榨油机、卧式汽机、锅炉、水泵等。其他工厂也能够生产出一些特色机器产品，有义聚成厂的圆网式造纸机、久兴生产的织染漂用机器、俊记生产的制革应用机器、志达生产的针织机器等。

总的来看，虽然机器制造工业本应是近代工业的基础，但天津的机器

①③　天津市档案馆.近代以来天津城市化进程实录［M］.天津：天津人民出版社，2005：255.

②　宋美云，张环.近代天津工业与企业制度［M］.天津：天津社会科学院出版社，2005：44.

④　天津市档案馆.近代以来天津城市化进程实录［M］.天津：天津人民出版社，2005：256.

⑤　仅有 3 家有资本信息，所以总资本数据偏小。参见：天津市档案馆，等.天津商会档案汇编：1912—1928［M］.天津：天津人民出版社，1992：2847－2856。

工业一直处于较低发展水平，企业规模偏小，资本微薄，厂房因陋就简，生产方式落后，只能仿制一些结构简单、体积较小的机器设备。有些生产机器的企业，仍处于主要靠斧头、刀锉的手工作坊状态。据 1929 年调查，机器制造企业共有 62 家，其资本规模构成如表 5.26 所示，半数以上企业资本在 1000 元以下，甚至有一二百元乃至数十元者。这些企业只能仿制一些进口的小型机器，如织布机、榨油机、提花机、轧糖机、弹花机以及保险柜、农具之类等，或为大中型企业提供机器零部件，生产状况往往随着其他行业的兴衰而变化。到 20 世纪 30 年代初期，工业发展越发不景气，机器制造业也随之萧条。

表 5.26　　　　　　　　1929 年天津民族资本机器工业资本规模统计

项目	资本额组距					未详	总计
	1—200 元	201—500 元	501—1000 元	1001—2000 元	2001—5500 元		
企业数（家）	6	20	17	14	4	1	62
占比（%）	9.67	32.25	27.41	22.58	6.45	1.61	100

资料来源：天津社会局.天津之工商业：卷卜［Z］.1930。

七、制约民族工业发展的因素

（一）外国资本势力对民族工业的排挤与打压

"没有一个独立、自由、民主和统一的中国，不可能发展工业。"[1] 即便是在中国民族工业发展的"黄金时代"，由于国家处在半殖民地境遇，列强控制着海关、铁路以及财政等重要部门，在税收、货运等方面只会有利于外国资本而不利于民族资本。民国政府在工业制品的税收上执行所谓"华洋一体"待遇，但在运销途中仍然是洋货完税以后通行全国，而民族资本的工业制品除纳完正税外，还要额外负担厘金等苛捐杂税。同时，外国资本几乎垄断了矿业和电力部门，在轻纺工业部门的设备和技术力量占绝对优势。这个时期，英美烟草公司已经在天津开设了卷烟厂，占有全市卷烟生产能力的 1/2 以上，几乎垄断了天津卷烟市场，甚至直接到原料产地掠夺烟叶[2]，最终导致没有一家民族资本开设的卷烟厂能发展起来。再

---

[1]　毛泽东选集：第 3 卷［M］.北京：人民出版社，2003：1029.

[2]　天津社会科学院经济研究所工业经济研究室.解放前的天津工业概况［J］.天津社会科学，1984（2）：14-18。英商烟草公司有机器 60 架，工人 4000 名，年产卷烟 60 万箱，其他如正昌、东亚、协和等烟草公司，共有机器 11 架、工人 180 名、年产 4500 箱而已。参见：天津海关十年报告：1922—1931［J］.天津历史资料，1980（5）：58。

如，美国洋行控制了天津地毯的出口贸易，并设立工厂直接生产，而民族资本开设的地毯厂和手工作坊，只能依靠为美国洋行加工来求得生存。天津的棉纺业能有所发展，一个重要原因是当时日本在华棉纺业的投资主要集中在上海和青岛。自 1922 年美国棉花减产后，日本便开始大肆掠夺中国棉花，出现"花贵纱贱"现象，使国内纱厂无利可图。1922 年上海各纱厂联合发起限价与减工，但未能挽回败局。天津有些棉纺厂这时正在建成投产，却遇上了这种不景气环境，即便建成较早的裕元和恒源两厂也从 1923 年开始连续两年亏损。

（二）外国工业品的大量输入严重打压了民族工业

20 世纪 20 年代后，大量外国工业品输入中国。例如，1926 年永利制碱厂生产出第一批合格的"红三角"牌纯碱后，英商卜内门公司将英碱价格降低 40%，大量输入中国市场，企图挤垮永利，永利被迫与其签订了按比例配销的协定。同时，外国资本势力借口中国盐产品质量低劣，而将大量机制盐输入中国。[①] 面粉工业也因第一次世界大战结束后国外面粉激增而受到打击。据《海关册》记载，1921 年中国面粉进口只有 70 余万关担，1922 年上升到 300 余万关担，1923 年达到 573 余万关担，1924 年又增加到 647 余万关担。天津面粉业在大量国外面粉倾销中，一些实力较弱或经营不善的工厂不得不停工歇业。庆丰、裕和两厂分别于 1924 年和 1926 年停产，1925 年保定乾义面粉公司在天津的分厂只开了一年，三星面粉厂于 1926 年失火被焚。截至 1926 年，天津实存的面粉厂只有增兴厚、寿丰、大丰、民丰、嘉瑞等 5 家工厂。可见，处在当时环境中的民族资本工业，只能在外国资本势力有所减弱时才能得到发展的喘息机会，一旦外国势力的压迫加紧，民族资本工业发展就会出现低潮，这几乎成了旧中国民族资本工业发展面临的一个魔咒。

（三）北洋军阀内战影响工业正常发展

首先，内战引起交通阻塞，加重了工业原料供应和成品销售的困难。其次，内战使地方政权经常更迭，战胜者上台，苛捐杂税有增无减，加重了城乡居民负担，削弱了人们购买力，导致工业品销路不畅。有的军阀甚至直接对工厂敲诈勒索，1924 年的第二次直奉战争中，李景林占领天津后绑架范旭东，勒索 8 万元。1926 年，国民军撤出天津，奉系军阀占据天津，对天津的搜刮达到了顶点，1928 年在塘沽设立盐捐局，对久大公司运

---

　　① 天津社会科学院经济研究所工业经济研究室. 解放前的天津工业概况［J］. 天津社会科学，1984（2）：14 – 18.

销外埠的精盐每担征收饷银 2 元，久大被迫停产停运达半年之久。军阀之间不论谁胜谁败，天津经济发展都会遭受较大影响。

（四）资金短缺削弱了企业应变能力

第一次世界大战期间，因洋货锐减，投资企业容易获利。但很多工厂往往忽视积累，缺乏足够的后备资金，削弱了应对不利环境的能力。某些工厂在资本并未收足时便开工，发现资本不足后只得靠借款维持，使企业经常陷入借债还息的困境。裕元纺织厂创办时实收股本 200 万元，建筑费用 175 万余元，订购的机器到天津后已无款可用，只得邀日本大仓洋行以不记名方式入股，其股金占 1/2 以上。裕元纺织厂自 1918 年建成投产至 1922 年间，尽管年年有盈余，固定资本也已达 825 万余元，但资本仅收到 510 万元；当时裕元扩大再生产的资金主要依靠银行借款，定期借款及透支已达 630 万余元，每年必须支付大量利息，包袱越背越重。九一八事变后，天津棉纺工业陷入困境，裕元也一蹶不振，最后不得不被日资吞并。此外，当时社会上普遍实行"官利"，不论企业盈亏甚至也不论是否开工，股东每年都要按固定的利率（一般占股金的 8% 以上）从企业领取利息，甚至分了"官利"以后如有利润还会进一步再分配，导致很多企业因缺乏资金难以做强做大。这种"官利"的利率很高，华新纱厂在 1926 年虽然已经亏损 125482 元，但仍要支付 5% 的"官利"，达 121095 元之多，裕元纱厂为 8%，恒源为 6%—7%，华新为 8%，北洋为 5%。[①]

（五）工业原料成本增加制约企业良性经营

华北地区频繁的自然灾害导致小麦和棉花减产，引起价格上涨，造成面粉和棉纺织工业原料成本增加。1920 年的旱灾和 1924 年的黄河泛滥，1925 年连续三年大旱，使华北农业遭受严重损失。小麦的歉收导致进口面粉激增，而且只能依赖进口。1920 年中国小麦贸易顺差 8426095 担，面粉贸易顺差 3449758 担；1924 年，小麦贸易逆差 5005185 担，面粉贸易逆差 6499877 担。[②] 国产面粉因小麦价格上涨而成本增加，又面临国外面粉压价倾销，但面粉企业又不能按成本增长幅度提价，以致民族资本面粉企业陷于两难处境。对棉纺织业来说亦是如此，同期的棉花产量下降导致"花贵纱贱"。1919 年，河北省棉花产量为 2684000 担，1920 年降到 1022000 担，1924 年又降到 799000 担。[③]

---

①　方显廷. 中国之棉纺织业［M］. 上海：国立编译馆，1934：266.
②　侯厚培. 中国近代经济发展史［M］. 上海：上海大东书局，1929：119 – 120.
③　朱斯煌. 民国经济史［M］. 上海：银行学会，1948：324.

第三节　天津近代民族工业的起伏（1928—1936）

一、国内外发展环境带来的机遇与挑战

1928—1936 年，国内外经济发展环境发生较大变化，既给天津工业化带来了新的机会和有利条件，也带来了严重的制约与危害。

（一）国内发展环境

1. 南京国民政府出台的政策措施具有一定的积极作用

设立实业部，制定了很多有利于工业发展的政策和法规。① 实施裁厘改税、改定海关税则和币制改革，推动经济发展的作用比较显著。裁厘有利于民族工商业的商品流通，改税使得税目简化，减轻了商民负担。1929年，在近代史上第一次改变了对进口洋货不加区分、一律"值百抽五"做法，改订海关税则，按照不同货物，订定不等额的税率，进出口结构得到优化②，促进了天津棉纺织、呢绒、纸烟等行业发展③。币制改革是指"废两改元"和发行法币，结束了以前币制混乱局面，有利于商品流通与商贸发展，而且法币的发行也缓和了当时国内通货紧缩的局势，缓解了工业品在国内市场疲软的局势。④

2. 爱国抗日抵货运动为民族工业创造了发展机会

日本势力不断入侵，五卅运动后中日民族矛盾日益尖锐，抗日抵货运

---

① 南京国民政府时期颁布的主要经济法规计 200 余项，主要有：1929 年《工厂法》，1930年《特种工业保息及补助条例》和《商标法》，1931 年《小工业及手工艺奖励规则》，1932 年《实业部奖励实业规程》《中国国货暂定标准》和《奖励工业技术暂行条例》，1934 年《工业奖励法》和《实业部发给国货证书规则》，另外，还先后颁布《劳动教育奖励规则》和《工厂检查法》，引自：徐新吾，黄汉民．上海近代工业史［M］．上海：上海社会科学院出版社，1997：164。与此同时，河北省政府委员会除遵守国民政府所颁布的各种条例外，先后出台各种有利于民族工业发展的规则，如 1929 年《河北省奖励地方工业品条例》《河北省审查地方工业品委员会规则》《河北省奖励地方工业品基金保管委员会规则》等，引自：宋美云，张环．近代天津工业与企业制度［M］．天津：天津社会科学院出版社，2005：59。

② 自 19 世纪 40 年代实行的片面、低率关税，以及外国对中国海关大权的控制，不仅使西方商品和资本经过各通商口岸如潮水般涌入中国，而且也严重压制乃至打击了国内民族经济，特别是近代民族工业的发展。恢复关税自主权，是中国人民多年来的要求和愿望，也是加快发展国内经济特别是工业化的前提条件。参见：罗澍伟．近代天津城市史［M］．北京：中国社会科学出版社，1993：504。

③ 宋美云，张环．近代天津工业与企业制度［M］．天津：天津社会科学院出版社，2005：61.

④ 徐新吾，黄汉民．上海近代工业史［M］．上海：上海社会科学院出版社，1997：166.

动和国货运动合二为一席卷全国，一定程度上抵制了外货，削弱了日货和外资工业对民族工业的排挤和压迫。1927 年，日货输入额减少了 22278 万元①；九一八事变后，日货输入由 1903 年的 26082 万日元下降到 15575 万日元，下降了 40.29%；特别是百货工业品的输入势头被遏制，下降到1928 年的 110 万海关两，1931 年的 74 万海关两，日制的牙粉、毛巾、伞、草帽等商品几乎都退出了中国市场。②

民族工业面临的挑战有五点。南京国民政府建立后，对内既没有结束军阀混战与割据局面，更没有触及广大农村传统经济基础，对外依然奉行屈从帝国主义的外交政策，从根本上制约了民族工业的发展。

第一，天灾使得农村经济日益萧条破败，极大压缩了天津工业品的市场。1917 年河北连续 10 个月水灾，103 个县受灾，灾民达 635 万余人。1920 年华北五省大旱，317 个县受灾，死亡 50 万人。1928—1930 年的水灾，灾民达 1669 万人③，天灾加剧了农村自然经济的破产。

第二，军阀混战，交通严重梗塞，严重阻碍了天津工业品在腹地流通。由于军阀混战割据，道路常毁于战火，火车经常出轨，各种车辆也常被双方强征军事之用。自 1926 年 "华北一段铁路经常中断"，1928 年车辆缺乏、运费猛增④，1930 年津浦的货物联运已全部停顿⑤。

第三，政府政策调整有利于外商，损害了华商利益。1932 年，天津地方政府将统税改为二级税制的做法，缩小了英美制造商与民营卷烟厂负担税率的差距，保障了外商利益，但使华商销路滞减，民族工业发展遭遇困境，制烟厂家纷纷强烈反对。⑥

第四，兵灾加重了农民税负负担，购买力受到严重削弱。华北是军阀混战的主要战场，连年战乱导致民不聊生。1928—1930 年，冀、晋、鲁三省由于兵乱造成的损失达 36518 万元，难民 1034 万人。地方军阀的军费

---

① 冯少山. 历次抵制日货之回溯及今后之办法 [N]. 商业月报，1928，8（6），转引自：徐新吾，黄汉民. 上海近代工业史 [M]. 上海：上海社会科学院出版社，1997：167.

② 上海社会科学院经济研究所，等. 上海对外贸易：上 [M]. 上海：上海社会科学院出版社，1989：531.

③ 宋美云，张环. 近代天津工业与企业制度 [M]. 天津：天津社会科学院出版社，2005：63.

④ 宋美云，张环. 近代天津工业与企业制度 [M]. 天津：天津社会科学院出版社，2005：64.

⑤ 徐新吾，黄汉民. 上海近代工业史 [M]. 上海：上海社会科学院出版社，1997：166.

⑥ 宋美云，张环. 近代天津工业与企业制度 [M]. 天津：天津社会科学院出版社，2005：60.

等开支多是依靠横征暴敛和任意勒索，使农民本来十分困难的生活雪上加霜。据河北定县调查，若以 1901 年田赋征税税率指数为 100，1927 年上升为 163.42，附加税税率由 1912 年指数 100 增加到 1927 年的 453.25。[①]

第五，城市政治地位发生变化，资本与产业出现南迁。1927 年南京国民政府成立，北京政治地位下降，天津受此影响在 1928 年设市后三度改变城市等级和隶属关系，忽而特别市忽而省辖市。这一时期，政界人物纷纷南迁，寓居租界的一些军阀、退隐者转移到上海，大批工业、金融资本也逐渐移向上海、南京等城市。素有"北四行"首行之称的金城银行，自 1928 年以后便逐步将业务重心南移，1930 年分别在南京设分行、在上海设展业科，1936 年又将总行由天津迁往上海。1932—1937 年，原来在天津设立总部的银行，除金城银行外，还有中孚、大中、中国实业等数家银行相继从天津迁往上海。银行的南迁无疑削弱了天津作为金融中心的作用。[②]

（二）国际发展环境

民族工业遇到的机遇。第一，西方世界的战争、经济危机频发。第一次世界大战期间，西方各国纷纷卷入战争，给中国的企业发展创造了一个喘息机会，天津民族工业抓住机会迅速发展壮大。1929 年爆发的国际经济危机造成国际市场一片萧条，物价普遍下跌，由于银价下跌幅度比不少商品更大，对 1929—1931 年实行银本位货币制的中国十分有利，在一定程度上抑制了西方各国向中国倾销商品，保护了中国本土产业。[③] 20 世纪 30 年代的全球经济危机造成西方国家生产过剩、市场萎缩，迫使它们加大了对中国的资本输出。第二，对华直接投资成为各国主要投资方式。[④] 列强通过对中国政府巨额财政借款获取利息及各种特权活动呈现下降趋势，中国修订海关税率导致列强对华倾销商品获利日渐减少，唯独对华直接投资逐年上升。如果不计算战争赔款的未付款，1914 年各国在华投资中，财政借款只占 33.7%，直接投资占到了 66.6%；1930 年直接投资比重升为

[①] 章有义. 中国近代农业史资料：第 2 辑 [M]. 北京：生活·读书·新知三联书店，1957：578，576，566.

[②] 罗澍伟. 近代天津城市史 [M]. 北京：中国社会科学出版社，1993：503-504.

[③] 例如，棉纺业中一改历来棉贵纱贱的局面，出现了棉价跌落，纱价上升的有利时机；又如橡胶业中出现了生胶价格猛跌，橡胶制品价格看涨的状况；其他如面粉、毛纺等行业，都因为这一趋势而出现了一度的繁荣。参见：徐新吾，黄汉民. 上海近代工业史 [M]. 上海：上海社会科学院出版社，1997：173。

[④] 近代列强对华经济扩展的方式主要有三种：商品倾销、财政借款和直接企业投资。

72.9%，1936 年增长到 80.5%。[①] 第一次世界大战后的英国和法国已由债权国沦为美国的债务国，没有新增对华财政贷款，在中国政府借款总额中所占比重也不断下降，对华直接投资也远不如日美两国。其中，对华工矿业投资增长迅速（见表 5.27）。

表 5.27　　1914 年、1930 年、1936 年外国在华企业投资产业部门分布　　单位：%

年份	金融	贸易	运输	工矿	其他	合计
1914	0.6	14.2	33.9	19.6	31.7	100
1930	16	28.1	20.6	29.4	5.9	100
1936（关内）	22.6	29	12.4	35.4	0.6	100

资料来源：吴承明. 中国资本主义与国内市场 [M]. 北京：中国社会科学出版社，1985：36。

资料显示，到 1936 年，各国在中国的投资总额约为 16 亿美元，天津占 7.5%[②]，居第二位，上海占总数的 1/2，居第一位。

面临的挑战。第一，日本持续侵华造成经营环境恶化，压缩了企业市场空间。九一八事变后，天津失去了东北市场，给民族工业造成了严重困难。同时，日军直逼京津，工商界为避免战争损失开始大量南迁。1935 年下半年，日本策动"冀东走私"，日本商品充斥华北地区，迫使民族资本工业难以生存。第二，外国势力多方面打压民族产业。在全球经济中，金融市场、价格体系被帝国主义操纵，并凭借着种种特权甚至倚仗武力肆意摧残民族工业。列强加强关税壁垒，打击中国出口贸易。外商控制着国际贸易，大量向国内倾销商品。操纵国际金融市场，竭力转嫁经济危机。进口关税的提高，虽然一定程度上能阻止更多产品输入，但不能阻止资本的大量输入。

二、天津民族工业的发展特征

（一）产业发展先抑后扬

如图 5.2 和表 5.28 所示，1928—1933 年，工业企业不论数量还是规模，都呈下降趋势。1929 年同 1928 年相比，厂家数量减少不多，仅 280 家，但资本减少了 5069.4 万元，下降近 61.5%。1933 年同 1928 年比较，

---

① 吴承明. 中国资本主义与国内市场 [M]. 北京：中国社会科学出版社，1985：31.
② 李洛之，聂汤谷. 天津的经济地位 [M]. 天津：南开大学出版社，1994：134.

厂家减少1238家，下降50%，资本减少了5237.4万元，下降了63.5%。中小企业大量倒闭使企业数目减少了将近1/2，设于华界规模较大企业的倒闭是工业资本总额明显下降的主要原因。1933—1936年，天津民族工业开始有所回升，资本增加1261.4万元，上升近42%，但仍然没有达到1928年的水平。20世纪30年代，英、意等租界内出现了几家资本数十万元的大型企业，包括达生制线厂、仁立纺毛公司、东亚毛呢纺织公司等，从而使1936年的工业资本总额有所回升。①

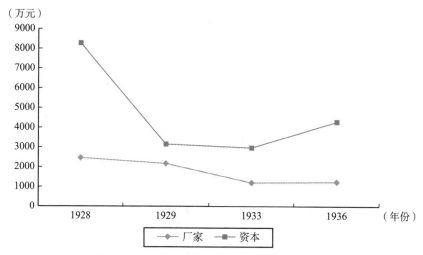

图5.2　1927—1936年天津民族工业资本变动

表5.28　　1928年、1929年、1933年和1936年天津民族工业比较

项目		纺织	化工	食品	服装、日用品	金属加工、机器	其他	合计
1928年	厂数（家）	1407	285	134	72	311	262	2471
	资本（万元）	2687	1119.5	855	369.4	31	3180.8	8242.7
	比重（%）	32.6	13.6	10.4	4.5	0.37	35.6	100
1929年	厂数（家）	850	264	51	108	583	335	2191
	资本（万元）	2201.7	602.7	303.6	30.7	11.6	23	3173.3
	比重（%）	69.3	18.9	9.5	0.9	0.3	0.7	100

---

① 罗澍伟. 近代天津城市史［M］. 北京：中国社会科学出版社，1993：506.

续表

项目		纺织	化工	食品	服装、日用品	金属加工、机器	其他	合计
1933 年	厂数（家）	687	126	81	33	175	131	1233
	资本（万元）	2094.6	604.6	187	42	53.6	33.5	3005.3
	比重（%）	69.6	20.1	6.2	1.3	1.4	1.1	100
1936 年	厂数（家）	897	65	31	39	150	65	1247
	资本（万元）	2719.7	754.6	508.7	169.2	61.8	52.7	4266.7
	比重（%）	63.7	17.7	11.9	4	1.4	1.2	100

说明：1928 年数据参考宋美云"1912—1928 年天津民族工业发展概况统计表"得到。1929 年和 1933 年数据根据鲁荡平的《天津工商业》卷上和邓庆澜的《天津市工业统计》（1935 年）整理得到，其中关于 1929 年天津工业的研究资料还有《天津社会调查资料》（南开大学经济研究所，1929 年），其中数值与《天津工商业》卷上有些出入，工业企业共有 2186 家，资本 3140.7 万元；纺织工业 850 家，资本 2201.7 万元；食品工业 51 家，资本 512.6 万元；化学工业 269 家，资本 387.5 万元；其他工业 1016 家，资本 3886.2 万元。1936 年数据很难统计，首先是没有厂家的统计，也没有工人的数量；其次，1936 年各行业的数据没有分民族工业和外国工业，纪广智的数值是按 1937 年不变价格计算的，而李洛之、聂汤谷的《天津的经济地位》第 91 页表 90 统计的厂家数过少，仅 216 家，导致某些行业产值数值偏小。所以，纺织业数据根据李洛之数据减去表 4 - 12 的数据得到，化工业数据根据 1933 年化工业资本额减去永利初始资本 200 万元，加上永利后来增资 350 万元得到；食品业数据根据李运华、卢景新的《试论天津近代民族工业发展的黄金时代》统计，1936 年资金在万元以上的企业 28 家，投资总额约为 508.7 万元，机器金属业、日用品业和其他业的数值根据刘大钧 1937 年的《中国工业调查报告》中的天津数据整理得到，厂家数也根据其统计得到，可能数值与实际相比偏小。

资料来源：宋美云. 北洋军阀统治时期天津近代工业的发展 [C]//天津文史资料选辑：第 41 辑. 天津：天津人民出版社，1987：140 - 142；鲁荡平. 天津工商业：卷上 [M]. 天津：天津特别市社会局，1930；邓庆澜. 天津市工业统计 [M]. 天津：天津社会局，1935；纪广智. 旧中国时期的天津工业概况 [J]. 北国春秋，1960（2）：19 - 20；刘大钧. 中国工业调查报告：下册 [R]. 经济统计研究所，1937：196 - 197；以及本书相关表格数据整理。

（二）产业结构以轻工业为主

从部门发展规模看，如表 5.28 所示，天津民族工业中的纺织业占总资产比重最大，其次为化工和食品业。同 1928 年相比，各类企业数目均出现大幅减少，但纺织行业的资本规模变化不大。在纺织和食品工业中，其产品除了棉纱、帆布等少数用于工业原料外，大多是人们日常生活必需的衣着、食物等消费品。在化学工业中，产品也多是食盐、火柴、蜡烛、肥皂、化妆品、搪瓷、镜子等日用消费品。以生产工业设备和各种劳动工具为主的机器业、五金品制造业，在民资工业构成中所占比重非常有限，两个行业仅占 1.4%。从产业工人部分分布看，如表 5.29 所示，主要集中在纺织、化工、食品和机器五金等行业。可见，天津民族资本工业发展到这个时期，仍以生产日用消费品、投资效益较快的轻工业为主体。

表 5.29　　　　　　　1929—1933 年天津民族工业工人分布　　　　　单位：人

年份	纺织	化学	食品	服装、日用品	机器、五金	其他	合计
1929	34264	5420	1475	1217	3642	1706	47724
1933	26133	5430	1273	894	3401	2129	39260
1936	24504	5430	823	2657	3593	1669	38676

　　说明：天津工人合计 38895 名，引自《中国经济年鉴（1934）》；合计工厂数 1224 家，工人总数 34769 名，引自刘大钧《中国工业调查报告》（1937 年）。

　　资料来源：鲁荡平. 天津工商业：卷上 [M]. 天津：天津特别市社会局，1930；邓庆澜. 天津市工业统计 [M]. 天津：天津社会局，1935；刘大钧. 中国工业调查报告：下册 [R]. 经济统计研究所，1937：196–197。

（三）企业规模普遍偏小

　　从表 5.28 和表 5.29 综合比较看，1933 年比 1929 年的工人数减少了 17.7%，但 1933 年企业平均拥有工人数量增多，由 1929 年的每厂 21.8 人增加到 1933 年的 31.8 人。1933 年与 1929 年比较，资本变化不大，只是厂家数量大幅减少，导致企业的平均资本大幅增加，民族资本企业的平均资本额由 1.4 万元增至 2.4 万元。[①] 1929—1933 年的企业平均规模增长并非因企业兼并、资本集中所致，而是因为每年都有大批小企业倒闭的缘故。资本普遍过于薄弱，中小企业很难承受各种环境波动和压力。

　　如表 5.30 所示，1933 年企业平均资本规模仍然普遍低下，68% 以上的企业资本在 2000 元以下，16% 的企业资本在 2000—4000 元之间，资本在万元以上的企业只有 40 余家。除纺织、化学、食品三部门外，其他行业甚至没有拥资 5 万元以上的企业。李运华和卢景新在《试论天津近代民族工业发展的黄金时代》一文中也认为，1926—1936 年，有 2 家百万元以上企业成立，资本 250 万元，十万元以上企业 14 家，资本 288 万元，万元以上企业 83 家，资本共 180.5 万元。[②] 到 1936 年，企业平均资本为 3.4 万元，比 1933 年增加了 1 万元。1933—1936 年这段时期的企业平均规模扩大与前期不同，虽然企业总数量变化不大，但资本总规模增加 1000 多万元，主要是兼并、资本集中所致。企业资本规模两极分化普遍存在，资本分布极不均衡，大量资本集中在少数企业，而半数以上的中小企业资

---

　　① 罗澍伟认为，这四年间，民资企业的平均资本额由不足 1000 元增至 3000 元以上，参见：罗澍伟. 近代天津城市史 [M]. 北京：中国社会科学出版社，1993：525。

　　② 李运华，卢景新. 试论天津近代民族工业发展的黄金时代 [J]. 南开史学，1987（1）：26，表 1。笔者整理得到。

本不超过 2000 元。

表 5.30　　　　　　　　　1933 年天津民资企业资本规模统计　　　　　　单位：家

组距	纺织	化学	食品	服装、日用品	机器及金属品	土石及建筑业	竹木	造纸印刷	文体用品	精整	合计
<200 元	72	1	—	2	5		9	—	1	6	96
≥200，<2000 元	459	23	13	12	115	14	26	10	4	56	732
≥2000，<4000 元	94	17	19	3	29	12		4	1	17	196
≥4000，<6000 元	23	12	25	7	6	3	1	2	—	1	80
≥6000，<8000 元	5	2	5	1	3	—	—	1		1	18
≥8000，<10000 元	8	4	6	3	7	1		1		1	30
≥10000，<50000 元	9	7	3	2	5	1			1	2	30
≥50000，<100000 元		2	2								4
≥100000 元	7	5	1								13
未详	7	2	5								14
总计	684	75	79	30	170	31	36	18	7	83	1213

资料来源：天津市政府统计委员会. 天津市统计年鉴 ［Z］.1935，社会类第 6 页。

三、天津工业整体发展概况

（一）产业发展居全国前列

据天津社会局调查，1933 年天津有企业共 1213 家，资金 2319.3 万元，工人 36703 名，产值 9672 万元。[①] 据 1937 年工业调查，天津工业投资为 2420 万元，居全国第二位；年产值 7420 万元、工人 34769 名，均居全国第四位。[②] 如表 5.31 和表 5.32 所示，1936 年天津工业共有 1416 家企业，资本共 13394 万元。从行业部门看，纺织业规模最大，其次为化工和食品行业，三个行业占天津工业总资本的约 60%。

---

① 天津市纺织工业局编史组. 旧中国时期的天津纺织工业 ［J］. 北国春秋，1960（1）：93.
② 李洛之，聂汤谷. 天津的经济地位 ［M］. 天津：南开大学出版社，1994：53，表 53、表 54，但各数值都偏小，仅作为这个时期各城市工业情况比较的一个参考。

表 5.31　　　　　　　　　　　1936 年天津工业发展概况

部门	民族				外资				合计		
	企业（家）	比重（%）	资本（万元）	比重（%）	企业（家）	比重（%）	资本（万元）	比重（%）	企业（家）	资本（万元）	比重（%）
纺织	897	98.60	2719.7	66.25	13	1.40	1385.6	33.75	910	4105.3	30.65
化工	65	77.40	754.6	35.95	19	22.60	1344.4	64.05	84	2099	15.67
食品	31	50.00	508.7	26.82	31	50.00	1388.15	73.18	62	1896.85	14.16
服装、日用品	39	75.00	169.2	69.74	13	25.00	73.4	30.26	52	242.6	1.81
金属加工、机器	150	85.70	61.8	5.71	25	14.30	1020.8	94.29	175	1082.6	8.08
其他	65	48.90	52.7	1.33	68	51.10	3914.95	98.67	133	3967.65	29.62
合计	1247	88.10	4266.7	31.86	169	11.90	9127.3	68.14	1416	13394	100.00

资料来源：笔者根据本书相关数据整理得到。

表5.32　　　　　　　　　　1936 年上海八大工业部门的资本概况　　　　　　　单位：万元

行业	纺织业	缫丝业	面粉业	卷烟业	造纸业	火柴业	制药业	机器工业	合计
外资	14572.2	—	—	8108	50.9	165	82	2500	25478.1
民族	6941.9	648.4	1096	1777	449.6	244.7	289.4	519.1	11966.1
合计	21514.1	648.4	1096	9885	500.5	409.7	371.4	3019.1	37444.2

资料来源：徐新吾，黄汉民. 上海近代工业史 [M]. 上海：上海社会科学院出版社，1998：313 - 332，表3—表16. 笔者整理得到。

天津与上海的比较。上海 8 个工业部门的资本总额为 37444.2 万元，是前期的 1.5 倍多，其中仍以外资为主。外资年均增长为 3.7%，民族资本仅有 1.7%；中外资本差距不断扩大，外资是民族资本总额的 2 倍多。上海工业资本额是天津的 2 倍多，资本结构相差不多，外资基本占 70% 左右，天津的民族资本比重略低于上海。天津外资年均增长 6.5%，比上海快一些。

（二）部门产值大幅增长

如表 5.33 所示，1933—1936 年，天津工业产值大幅增长。据不完全统计，1933 年天津工业总产值为 9678 万元，工人有 36703 名，占十二大城市工人总数的 8%。[①] 1936 年，天津工业总产值增加到 35634 万元，工人达到 39391 名。[②] 从行业方面看，纺织业的产值比重下降了近 20%，但依然是最大的一个部门；食品行业增长很快，产值比重增加了 12%，在全部工业门类中仅次于纺织工业；化工行业产值仍然居第三位，但产值比重略有下降；金属加工、机器行业略有增长。

表5.33　　　　　　　天津近代工业产值（1933 年和1936 年）

项目	1933 年		1936 年	
	产值（万元）	比重（%）	产值（万元）	比重（%）
纺织	5850	60.4	14232	39.9
化工	744.2	7.7	1719	4.8
食品	2423.9	25.0	13413	37.6

①　天津市纺织工业局编史组. 旧中国时期的天津纺织工业 [J]. 北国春秋，1960（1）：86 - 110.

②　纪广智. 旧中国时期的天津工业概况 [J]. 北国春秋，1960（2）：20.

续表

项目	1933 年		1936 年	
	产值（万元）	比重（%）	产值（万元）	比重（%）
金属加工、机器	248.6	2.6	1692	4.7
其他	411.3	4.2	4578	12.8
合计	9678	100.0	35634	100.0

资料来源：天津市纺织工业局编史组. 旧中国时期的天津纺织工业［J］. 北国春秋，1960（1）：86 – 110；纪广智. 旧中国时期的天津工业概况［J］. 北国春秋，1960（2）：20。笔者整理得到。

（三）外资企业规模远大于民族企业

从表 5.31 可以看出，民族工业资本整体规模不到外资规模的 1/2。虽然天津民资企业数量远多于外企，但平均规模普遍小于外资企业。民族资本主要在纺织业中占优势地位，外企在化工、食品、机械、出口加工和公用事业等领域均处于强势地位，特别是出口加工业和公用事业中的外资几乎占到了 100%。从总体上讲，20 世纪 20 年代末到 30 年代中期，天津近代民族资本工业呈下降、缩减趋势，以日资为代表的外资工业呈迅速增长、扩张态势，二者不仅在资本上相差悬殊，而且在门类结构、企业规模与实力、技术水平以及产品质量和竞争力等方面，都处于很不相称的状态。例如，日本在天津开设肥皂、火柴、榨油、味之素、制冰、酿酒等数家工厂，排挤打压民族企业，日本生产的牙粉占天津市场的 80%，天津货只占 10%，导致天津民族牙粉厂先后倒闭。

四、纺织工业发展出现波动

华北的纺织工业主要集中在青岛、天津，济南次之。1928 年天津有规模纺纱厂 6 家，纺锤 22.7 万枚，占全国的 6%，青岛占 8%。[①] 1936 年，在纺纱机方面，青岛占华北的 50.6%，天津为 27.2%，两地共占 77.8%；纺织机青岛占 63.6%，天津为 20.3%，共占 83.9%；织布业方面，天津在华北居第二位。[②] 截至 1933 年，天津纺织工业共有 725 户，总资本1942.8 万元，工人 25857 名，棉纺业仍然保持优势地位，占部门总资本的93.8%，其次为棉织业和丝织业（见表 5.34）。但九一八事变后，天津纺

---

① 何廉，方显廷. 中国工业化之程度及其影响［M］. 南京：工商部工商访问局，1930：42.

② 李洛之，聂汤谷. 天津的经济地位［M］. 天津：南开大学出版社，1994：61.

织工业出现衰退，企业规模比上一阶段减少了 674 家，资本减少了 744.6 万元，工人减少了 10093 名。

表 5.34　　　　　　　　　1933 年天津纺织工业概况

项目	厂数（家）	资本（万元）	产值（万元）	工人（名）
棉纺	6	1818.2	4500	12851
棉织	382	64.4	559.9	4451
染整	36	7.9	64.1	621
针织	93	19.4	149.1	1394
地毯	102	8.4	249.4	4073
丝织	106	24.5	396.1	2467
合计	725	1942.8	5918.6	25857

　　资料来源：天津市社会局 1933 年的调查，引自天津市纺织工业局编史组. 旧中国时期的天津纺织工业［J］. 北国春秋，1960（1）：93.

（一）纺纱业日渐衰落

　　占全国纺纱业比重不高。如表 5.35 和表 5.36 所示，天津纺纱业在全国的比重不大，纱锭仅占全国的 4.5%，出纱线量占 5.6%。1930—1936 年，天津大型纱厂数量基本保持在 6 家左右，占全国纱厂数量的 4% 左右。

表 5.35　　　　　　　　　1932 年天津与全国纺纱业比较

项目	纱锭（枚）	线锭（枚）	布机（架）	工人（名）	用花（担）	出纱线（包）	出布（区）
天津	203556	9228	1098	14453	525078	127932	759086
中国	2589040	141750	20599	173687	5411987	1427919	8242740
外国	1927858	246140	21997	87440	3740905	855979	11990970
合计	4516898	3878890	42596	261127	9152892	2283898	20233710
天津占全国比重	4.5%	0.2%	2.6%	5.5%	5.7%	5.6%	3.8%

　　资料来源：南开大学经济研究所馆藏资料，《中国纱厂一览表》，1932 年。

表 5.36　　　　　　1930—1936 年中国规模纱厂数量变化概况　　　　　　单位：家

年份	天津	中国	外国	合计
1930	6	81	46	127
1932	6	84	44	128

续表

年份	天津	中国	外国	合计
1933	6	89	44	133
1934	6	92	44	136
1936	7	95	48	143

资料来源：南开大学经济研究所馆藏资料，《中国纱厂一览表》，1930 年、1932 年、1933 年、1934 年和 1936 年。笔者整理得到。

生产出现萎缩。如表 5.37 所示，1930—1936 年的天津纺纱业资产项目变化不大，因为资产中不仅包括所有者权益，还包括负债。虽然所有者权益在不断缩减，但负债的不断增加使得企业资产表面看来没有太大波动。这段时期，天津纺纱业工人由高峰期的近 2 万名减少到 1936 年的5000 多名，使用棉花的数量也下降了 1/2，出纱量下降近 2/3。据《天津海关十年报告（1912—1922）》和《天津海关十年报告（1922—1931）》的资料显示，到 1931 年，裕元有纱锭 71360 枚、线锭 976 枚、织机 1000架，每年可以制棉纱 54500 包（每包约重 320 担）、棉布 641982 匹，工人为 5600 名。[①] 恒源纱厂有纱锭 35440 枚、线锭 3320 枚、织机 310 架，每年可以制棉纱 26835 包（每包约重 320 担）、棉布 149459 匹，工人为 2600名。1931 年，两厂每年消耗棉花 298647 担[②]。到 1932 年，裕元纱锭减少了 2672 枚，织机减少了 263 架，棉纱减少了 1513 包，棉布基本持平。恒源纱厂纱锭基本持平，线锭减少了 1720 枚，织机减少了 121 架，棉布减少了 12601 匹。

表 5.37　　　　　　1930—1936 年天津纺纱业的变动情况

年份	资产（万元）	纱锭（枚）	线锭（枚）	布机（架）	工人（名）	用花（担）	出纱线（包）	出布（匹）
1930	2172.2	221512	4296	1310	15338	105904	149138	791441
1932	2192.2	203556	9228	1098	14453	525078	127932	759086
1933	2192.2	228332	7184	926	19676	569106	188455	806468

①　1912—1922 年《津海关十年报告》，1922—1931 年《津海关十年报告》，引自：天津海关译编委员会. 津海关史要览 [M]. 北京：中国海关出版社，2004：5-60.

②　天津海关十年报告：1922—1931 [J]. 天津历史资料，1980（5）：55.

续表

年份	资产 （万元）	纱锭 （枚）	线锭 （枚）	布机 （架）	工人 （名）	用花 （担）	出纱线 （包）	出布 （匹）
1934	2192.2	223364	10444	560	12016	547552	141038	694589
1936	2212.2	248303	8476	1180	5316	273734	66297	—

资料来源：南开大学经济研究所馆藏资料，《中国纱厂一览表》，1930 年、1932 年、1933 年、1934 年和 1936 年。笔者整理得到。

　　负债大幅增加。自清末以来，我国关税不能自主，进口棉花逐渐充斥市场。1930 年时，纺织厂所用棉花大多选用美国棉花和印度棉花。当时纱厂买了棉花转手再卖也不会赔钱，但纺成纱后再卖就可能赔钱，导致纱厂生产经营难以维持，天津几大纱厂亏损严重，负债大增。其中，裕元纱厂因交通阻滞，外货充斥，三年共亏损近 34 万元，1935 年只能停工，1936 年转卖给日商，改为公大六厂。[①] 1936 年华新纱厂也归日商所有；裕大纱厂改为中日合办，但日商掌握实权。日商强买了各大纱厂后，几乎控制了天津整个纺织业，厂家数量占 70% 以上、资本占 63.4%、纱锭占 71.7%、线锭占 53.4%、布机占 76.3%[②]，剩下的恒源和北洋纱厂均被国内银行控制[③]。

　　天津纺纱业衰落原因。一是主要市场逐渐丧失。九一八事变前，棉纱的销路主要集中在东北地区、津浦路线北段、冀南高阳、天津本市和滦东一带；后来仅剩下津浦路线北段、高阳和天津本市三地，导致天津运往东北的棉纱从 1931 年的 2300 万元降到 1934 年的 500 万元，棉布由 1200 万元降到 700 万元。[④] 二是日资企业大量涌入天津，加剧市场竞争。在日商的竞争和压迫下，天津民资纺织厂处于极为不利的地位，资金严重不足，和日本纺织厂的资金相比明显处于劣势。[⑤] 日商也在棉花市场占据优势，

　　[①]　王景杭，张泽生. 裕元纱厂的兴衰史略 [C] // 天津文史资料选辑：第 4 辑. 天津：天津人民出版社，1979：175.

　　[②]　宋美云，张环. 近代天津工业与企业制度 [M]. 天津：天津社会科学院出版社，2005：80.

　　[③]　恒源、北洋两厂被金城、中南两家银行组成的诚孚信托公司接管。其中，恒源于 1932—1934 年两度停工，到 1934 年被托管，直到 1946 年收回。引自：祝淳夫. 北洋军阀对天津近代工业的投资 [C] // 天津文史资料选辑：第 4 辑. 天津：天津人民出版社，1979：55.

　　[④]　纪广智. 旧中国时期的天津工业概况 [J]. 北国春秋，1960（2）：18.

　　[⑤]　日本纱厂的发展，得到其政府的援助，使得机器均为新款。同时，企业本身也有存储基金以备购机器所用。而天津的民族纱厂大多经营管理不善，大分"官利"、红利供股东挥霍，留的公积金、折旧费过低，向来不存储基金，机器都超过使用年龄，以致不能与日厂竞争；而且在盈余年份，也大多被军阀"借取"，使得企业不得不举债维持。

导致棉价持续升高，天津本地纱成本增加。同时，棉纱产品供应大量增加，以致产品售价不断下降。1932 年各地运到天津的棉花共 120 万—130 万担，约有 60 万—70 万担即 50% 被日本买去。1929 年津纱十六支每包 170 元，1934 年每包只有 160 元，每销售津纱 1 包，就要亏损 32 元。1936 年，日本纺织品已占天津市场总货量的 65%，天津本地产的纺织品仅占 17%。因为日本政府支持其纱厂倾销，加上日本纺织厂机器好、纺织精密，一些国内商人帮助推销日纱，还将纱运到上海冒名华厂品牌销售。三是天津纱厂生产效率较低。如表 5.38 所示，1928—1929 年，天津纱厂每锭日产量明显低于日厂，也没有上海高。四是中国政府支持政策乏力。主要是统税过高，1933 年颁布新税，每 16 支包纱增加统税 1/4，32 支纱增加 1/5，每 16 支包纱纳税 8 元 5 角，32 支纳税 12 元 5 角，导致华纱成本增加，而且退税也未兑现。①

表 5.38　　　　　　　1928—1929 年天津纱厂与日厂和上海厂的
生产效率　　　　　　　单位：磅/24 小时

项目	天津	上海	日厂
10 支	1.768	2.162	2.087
16 支	0.889	1.192	1.283
20 支	0.697	0.987	1.026
42 支	0.26	0.377	0.341

资料来源：天津市纺织工业局史志编修组. 纺织工业概况 [J]. 天津史志，1988（1）：12。

　　天津纱厂被收购的原因除了上述情况外，还有两个重要的因素。一是日商通过借钱给天津各纱厂，成为最大债权人。1921 年，日本大仓财阀借给裕元 250 万元，到 1935 年共计 330 万元，而此时裕元负债高达 809.6 万元，使得日商轻易收购了裕元纱厂。唐山华新纱厂 1932 年借日款 300 万元，后改为中日合办，1936 年被收购。二是日军的强行威逼。日军采取各种手段破坏天津纱厂的经营，威胁其生存，还散布各种流言，并将纱厂代表叫到日军司令部和特务机关，纱厂不得不低价卖给日商，华新纱厂仅以固定资产 40% 的价格卖给了日本钟渊会社。②

---

① 1933 年，民国政府计划退税挽救纱厂，但由于日方不满，计划流产。
② 居之芬，等. 日本对华北经济的掠夺和统制：华北沦陷区的统计资料选编 [M]. 北京：北京出版社，1995：1003 - 1008.

（二）天津成为中国"地毯之城"

1920—1937 年，可谓天津地毯历史上的"全盛时期"，出口量增加到 13000 多公担，换汇约合近两亿美元。[①] 但也出现了短暂衰退，1929 年天津有制毯工厂 303 家，工人 11568 名，织机 2749 台，[②] 到 1931 年仅剩 161 家。主要原因有三个：一是经营地毯出口贸易的洋商，大多自设工厂，采用新式机器及化学染料制造，与民企竞争；二是民企织毯方法陈旧，所用染色及原料品质低，各国人士因其不耐用，拒绝购买，导致经营日渐衰落；三是民企资本短缺，难以扩大规模。在民族资本中，仅泰隆一家资本较充裕，为 10000 元，并有新式机器，年产可达 2 万平方英尺；其余 160 家，总资本不过 25 万多元，织机 825 台，个人 11568 名（包括学徒），年制地毯仅 2533560 平方英尺。[③] 外国地毯厂虽然只有倪克、海京等三家，总资本就达 180 万元，而 290 多家中国地毯厂资本仅有 25 万元。后来地毯产业发展逐渐回升，1937 年已发展到 300 多家，织机 2749 台，工人达 2 万名[④]，专门从事地毯设计和绘图的 1500 多人，月产 80 多万平方尺，出口量 13000 多公担，占全国地毯出口量的 90% 以上，天津被誉为"地毯城"。[⑤]

（三）天津拥有全国最大毛纺厂

天津的毛纺织业始于地毯业，逐渐发展成为一个新兴的成功产业部门。1931 年，仁立实业股份有限公司在天津建立毛纺织厂，从英国购买 20 多台织机和几台整理机，1932 年正式投产。1934 年，营业比较困难，解雇了 54 名工人。1937 年天津沦陷，仁立的生产和营业遭受很大损失。1945 年后，由于竞争激烈，仁立不得不在街头摆摊卖呢绒。[⑥] 1932 年，宋棐卿创办东亚毛呢纺织股份有限公司[⑦]，初始资本 23 万元，租地 15 亩，职工 250 名[⑧]，其产品"抵羊牌"毛线遍销全国各地，成为中国第一个国产毛线著名品牌。东亚公司的产量曾达全国毛线总产量的 89%，至此天津

---

① 孙智钵．大力发展天津的地毯工业［J］．天津社会科学，1981（1）：67.

②④ 天津市纺织工业局编史组．旧中国时期的天津纺织工业［J］．北国春秋，1960（1）：92.

③ 天津海关十年报告：1922—1931［J］．天津历史资料，1980（5）：59.

⑤ 张继明．天津地毯［J］．天津史志，1986（2）：56.

⑥ 刘缉堂．朱基圣与仁立实业公司［C］//天津文史资料选辑：第 29 辑．天津：天津人民出版社，1984：69 – 75.

⑦ 1947 年改名为东亚企业公司，简称东亚公司。

⑧ 李静山，等．宋棐卿与天津东亚企业公司［C］//天津文史资料选辑：第 29 辑．天津：天津人民出版社，1984：86 – 92.

的毛纺织业真正形成规模。① 1936 年，东亚公司的资本达到了 100 多万元，成为当时中国最大的毛纺织厂。其中，毛线产量 1932 年为 15 万磅，到 1933 年达到 75 万磅，利润为 75000 余元。1936 年，东亚公司产量 145 万磅，利润 18 万元，职工 450 多名。1934 年，祥和毛纺厂成立，与宋棐卿的东亚公司开始了一年的激烈竞争，但以失败告终，并将祥和的全部资产 30 万元入股东亚，成为东亚公司的第一分厂。1936 年，东亚公司投资 90 余万元新建工厂，扩大生产。②

（四）针织、印染、织布以中小企业为主

针织业。1929 年，天津拥有针织厂 154 家，针织机 1581 架、职工 1610 名，共有资本 180140 元，大部分规模都比较小，资本 1000 元以下者达 82%，人员 20 人以下的占 87.7%。针织产品包括袜子、背心、手套、毛衣、围巾、毛裤等，其中袜子的产量最大。针织业中绝大部分是织袜厂，占到总企业数的 95% 以上。但由于该年底中俄突起纠纷，东北销路顿遭打击，一时经济恐慌弥漫市场，天津针织工业蒙受巨大挫折，很多工厂倒闭。1931 年仅存 78 家，资本总额约为 8 万元，工人 1295 名，织机 1265 架，年制棉毛及人造丝 454186 打、汗衫 6245 打、短裤 2330 打、背心 6060 打、围巾 4137 打、手套 17780 打、便帽 5040 打，共计 495778 打，比全盛时期已经退缩三成。③ 其中，1931 年开办的光道成针织染厂，到 1937 年已发展成百人的中型厂，是天津第一家能生产汗衫、棉毛衣裤、绒衣裤等多种产品的针织厂。④ 1929 年以后，人造丝纺织业也逐渐萎缩。由于东北销路阻滞、银价持续下跌和税率不断增高，该行业竞相贬价推销存货，导致毫无利润难以维持经营，不得已而停工者达 170 家；资本较厚勉强开工者有 158 家，但都采取紧缩政策以免亏损，和全盛时期相比企业减少四成。⑤ 1937 年前，织袜业已拥有电力袜机 550 台、人力袜机 6300 台，年产各种袜子 417.5 万打。但由于天津针织品质量较低，约 65% 的市场被日商占领，上海针织品市场占有率为 30%，天津针织产品占比不过 5%。⑥

印染业。天津早期的染整业以手工为主，清末民初的手工作坊有同顺

①④　天津市纺织工业局史志编修组. 纺织工业概况 [J]. 天津史志，1988（1）：11.

②　李静山，等. 宋棐卿与天津东亚企业公司 [C]//天津文史资料选辑：第 29 辑. 天津：天津人民出版社，1984：86 - 98.

③　天津海关十年报告：1922—1931 [J]. 天津历史资料，1980（5）：57.

⑤　天津海关十年报告：1922—1931 [J]. 天津历史资料，1980（5）：58.

⑥　天津市纺织工业局编史组. 旧中国时期的天津纺织工业 [J]. 北国春秋，1960（1）：91 - 92.

和、义同太、长兴成等。截至 1929 年，这样的作坊达 40—50 家。① 1929
年，曹典环在天津办起第一家较先进的机器印染厂——华纶益记染厂，随
后，同聚和、永兴荣记、义同泰和记、华光等四家手工染厂也相继改造为
机器染整厂②。截至 1937 年，天津共有机器印染厂 13 家，分别是华纶、
同顺和、义同太、博明、北大、万新、敦义、华光、德元、震通、同聚
和、福元、瑞和。其中，北大染厂规模最大，资本 47 万元，福元织染厂
资本 40 万元，其余在 10 万及以上的有 7 家，9 万元以下的有 4 家。在生
产规模上，福元织染厂及华光织染公司两厂系自织自染，其他厂仅从事染
整。华纶染厂于 1937 年将工厂租赁给同顺和染厂，并于 1942 年宣告结
束。13 家工厂拥有 159 对染槽、21 台烘干机、15 台拉宽机、14 台丝光
机、14 台轧光机。其他厂还有 2—3 架缝纫机和叠布机及打包机，均以电
动机驱动，锅炉 17 台。染整工业的原料大多来自德国、英国和日本。当
时有 13 家工厂，每日可染布 8000 多匹，主要产品是海昌蓝、硫化青及阴
丹士林各色。③ 1937 年前，印染业拥有染槽 70 台，年产 60 万匹。④

　　织布业。南开大学经济研究所 1929 年调查显示，当年天津共有织布
企业 328 家，使用纺织机 4805 台，职工 7837 名，共有资本 685980 元，其
中生产丝线和丝麻交织物的企业占 77.7%。328 户中有 207 户在 1925—
1929 年间建立，如表 5.39 所示，1000 元以下的企业有 218 家，万元以上
的家数仅 5 家；如表 5.40 所示，职工 50 人以上的为 22 家，20 人以下的
191 家。可见，当时天津织布工业的大部分企业规模偏小。1937 年，织布
业有动力织机 550 台，年产布 115500 匹。⑤

表 5.39　　　　　　　　　1929 年天津织布业资本分布　　　　　　单位：家

项目	11—100 元	101—500 元	501—1000 元	1001—5000 元	5001—10000 元	10000 元以上	共计
厂数	24	137	57	88	11	5	322

　　资料来源：天津市纺织工业局编史组.旧中国时期的天津纺织工业 [J].北国春秋，1960
(1)：90.

　　① 石宗岩.天津机器染整工业发展概述 [C]//天津文史资料选辑：第 29 辑.天津：天津
人民出版社，1984：115；《旧中国时期的天津纺织工业》中认为，1929 年有 39 户，职工 568 名，
多是手工染厂。
　　② 天津市纺织工业局史志编修组.纺织工业概况 [J].天津史志，1988 (1)：11.
　　③ 石宗岩.天津机器染整工业发展概述 [C]//天津文史资料选辑：第 29 辑.天津：天津
人民出版社，1984：116 - 118.
　　④ 天津市纺织工业局编史组.旧中国时期的天津纺织工业 [J].北国春秋，1960 (1)：91.
　　⑤ 天津市纺织工业局编史组.旧中国时期的天津纺织工业 [J].北国春秋，1960 (1)：90.

表 5.40		1929 年天津织布业工人分布			单位：家
项目	1—10 人	11—20 人	21—50 人	50 人以上	共计
厂数	82	109	114	22	327

资料来源：天津市纺织工业局编史组. 旧中国时期的天津纺织工业 [J]. 北国春秋, 1960 (1)：90。

（五）纺织工业企业规模分布

纺织行业不仅集中了民族资本工业中资本最为雄厚的纺纱企业，还是中小企业数量最多的行业。该行业 90% 以上的企业资本在 4000 元以下，尤以织布（包括提花）、地毯和针织三行业最具代表性。如果以每组企业数占总数的 10% 以上为标准，如表 5.41 所示，织布业以资本 401—5000 元的企业数量最多，合计占企业总数的 65% 以上；针织业以资本在 300 元以下和 401—1000 元的企业数量最多，合计占 77% 以上；而地毯企业的资本规模普遍更小，以 300 元以下和 401—500 元者数量最多，占企业总数的 79%。三个行业中有半数企业的资本在 500 元以下，资本在 1 万元以上的企业为数寥寥，而资本规模最大的三家地毯企业皆为美资企业。据天津市社会局 1929 年的统计，织布、地毯和针织三行业的企业数占纺织行业的 75% 以上。

五、组建华北最大面粉厂

天津近代民族工业投资中居第二位的是食品工业，1878—1936 年，共建立资金在万元以上的企业 28 家，投资总额约为 508.7 万元，其中 1919—1931 年有 14 家，占总数的 50%，资金 322 万元，占总资金的 63.3%。天津食品工业以面粉业为主，1878—1925 年，共建机器面粉厂 13 家，投资总额 354.2 万元，其中 9 家是在 1920—1925 年建立的，占总数的 69.23%，投资金额约为 310 万元，约占总资金的 87.52%。[①] 本书认为，截至 1930 年，天津累计设立磨坊 510 家，其中拥有磨面设备的有 265 家，称为甲种磨坊，采取前店后厂的经营方式，没有加工设备专做零售业务的称为乙种磨坊。甲种磨坊主要是石磨，使用畜力或电力作为动力。面粉业出现同业兼并现象，寿丰面粉和大丰面粉合并，同时收购了民丰天记面粉公司，改组为天津寿丰面粉股份有限公司，三津寿丰为第一厂、三

[①] 李运华，卢景新. 试论天津近代民族工业发展的黄金时代 [J]. 南开史学，1987 (1)：39.

表 5.41　　1929年织布、地毯、针织企业资本规模分布统计

单位：元

资本规模	织布				地毯				针织			
	企业		资本		企业		资本		企业		资本	
	数量（家）	占比（%）	规模（元）	占比（%）	数量（家）	占比（%）	规模（元）	占比（%）	数量（家）	占比（%）	规模（元）	占比（%）
1—100 元	24	7.5	2080	0.3	77	26.2	6136	0.2	22	14.6	2030	1.1
101—200 元	31	9.6	5950	0.9	73	24.9	13068	0.6	21	14	4060	2.2
201—300 元	30	9.3	8800	1.3	43	14.6	12604	0.6	21	14	6250	3.4
301—400 元	11	3.4	4400	0.6	19	6.4	7200	0.3	6	4	2400	1.3
401—500 元	65	20.2	32450	4.8	39	13.8	19400	0.9	33	22	16500	9.1
501—1000 元	57	17.7	54300	7.9	19	6.4	16380	0.7	20	13.3	19200	10.6
1001—2000 元	55	17	98000	14.2	10	3.4	17400	0.8	13	8.6	23700	13.1
2001—5000 元	33	10.2	123000	17.9	10	3.4	161500	7.8	8	5.3	3200	17.7
5001—10000 元	11	3.4	92000	13.4					3	2	19000	10.5
10000 元以上	5	1.6	265000	38.7	3	1	1800000	87.6	3	2	55000	30.5
总计	322	100	685980	100	293	100	2053688	100	150	100	180140	100

资料来源：方显廷. 天津织布工业 [R].1930：23；天津地毯工业 [R].1930：24；天津针织工业 [R].1931：26，南开大学社会经济研究委员会。

津永年公司为第二厂、民丰公司为第三厂，共有资本 170 万元、磨粉机 66
部，成为华北最大面粉厂。[1]

天津面粉厂大都为军阀官僚和粮食业商人合伙投资。然而，参与面粉
企业投资的多为低级官僚或军阀手下的官员，大军阀官僚参与本业投资者
为数不多。各面粉厂的资本规模多为数十万元，除少数军阀投资数目较大
外，一般官僚和商人的投资额多为几万元甚至仅数千元。如表 5.42 所示，
六家大厂的资本合计 270 万元，有 127 台机器，工人达 920 名，年产面粉
1000 万袋，利润丰厚，例如福星面粉公司 1921—1936 年共盈利 258 万
多元。[2]

表 5.42　　　　　　　　　1930 年天津面粉工业概况

厂名	资本（万元）	机器（台）	产量（袋）	工人（名）
寿丰	5	25	2520000	160
福星	30	18	900000	150
大丰	65	22	2520000	170
民丰	60	18	1500000	160
嘉瑞	50	27	1560000	160
庆丰	60	17	1000000	120
合计	270	127	10000000	920

说明：每袋 40 公斤。
资料来源：天津海关十年报告：1922—1931 [J]．天津历史资料，1980（5）：58。

发展呈现由盛到衰趋势。天津面粉工业始建于第一次世界大战时期，
尽管自 1922 年以后国外面粉、国外小麦大量输入，国内面粉工业开始由
盛转衰，但天津面粉工业仍保持了较长时间的兴旺发展，直至 1926 年以
后出现衰落。20 世纪 20 年代中期，是面粉工业发展鼎盛时期，天津曾一
度建厂 10 余家，总资本 300 多万元。但自 1926 年以后，面粉厂相继倒
闭。原因有的是选址不当、经营无方，有的则是创办者仅图一时之利匆匆
投资建厂但很快无法生存，或因营业长年亏损破产，或遇火灾无力复起

① 孙如冰．解放前天津的面粉工业 [C]//天津文史资料选辑：第 42 辑．天津：天津人民
出版社，1987：201．
② 祝淳夫．北洋军阀对天津近代工业的投资 [C]//天津文史资料选辑：第 4 辑．天津：天
津人民出版社，1971：158．

等。20世纪20年代末，面粉厂已减至5家①，占全国面粉厂的14%②。一直保持独立发展的福星面粉公司，虽然管理者对企业现代化经营管理一窍不通，但他们精通生意经，当30年代市场形势对面粉厂甚为不利时仍能经营有方得以生存。进入30年代后，面粉业一直处于动荡、不景气之中，洋面粉竞争排挤、连年内战、交通阻塞，导致企业销售困难，到1929年只剩下4家工厂③。九一八事变使天津面粉工业备受打击，关外及热河的销路完全断绝。1931年因金价高涨，国外面粉倾销锐减，民资面粉厂生产才呈现一时转机。此后，各厂生产很快又呈衰退之势，特别是1933年中美第二次棉麦借款成立后，大量美国面粉涌入国内市场，使天津面粉厂受到致命打击，几家面粉厂先后停产。1935年日本面粉进入冀东，使天津的面粉销售问题更加突出。1931年，国民党政府裁去小麦厘金，改征面粉税，无形中增加了北方面粉企业负担，以致天津面粉在同上海面粉的竞争中处于更加不利的地位，自九一八事变后始终未能恢复如初。1937年，天津只剩2家公司、4家工厂正常经营。

六、化工业整体获得较大发展

1886—1936年，天津拥有万元以上的化工企业42家，投资总额约348.7万元，其中32家在1919—1936年间建立，投资额约225.9万元。④1927年前后，作为整个化学工业原料的基础化工产品酸、碱和硫酸铵仍大量依赖进口。⑤ 随着天津化工业整体取得较大发展，逐渐实现了自给自足，并实现大量出口。1936年，天津拥有制酸企业有18家，总资本共计1600万元，有制碱企业9家，总资本约为600万元，在天津民族工业投资总额中居第三位。其中最具代表性的当数天津永利碱厂，它是华北地区民族资本工业中少有的发展比较成功的企业之一。永利公司1926年投产后发展迅速，1930年增加了苛化烧碱的生产，产量由1930年的2长吨（1长吨≈1.016吨）增加到1936年的4446长吨，中国有了比较完善的制

---

① 罗澍伟. 近代天津城市史［M］. 北京：中国社会科学出版社，1993：521.

② 何廉，方显廷. 中国工业化之程度及其影响［M］. 南京：工商部工商访问局，1930：65.

③ 天津社会科学院经济研究所工业经济研究室. 解放前的天津工业概况［J］. 天津社会科学，1984（2）：14 - 18.

④ 李运华，卢景新. 试论天津近代民族工业发展的黄金时代［J］. 南开史学，1987（1）：39.

⑤ 顾毓珍. 中国基本化学工业之进展［N］. 中国实业（第1卷第2期），1935 - 02 - 15；徐羽冰. 中国基本化学工业之现状［N］. 国闻周报（第12卷第28期），1935 - 07 - 22；《天利氮气制品厂股份有限公司开幕纪念册》，1936年。

碱工业。永利公司生产的纯碱产量由 1926 年的 4504 长吨增加到 1936 年的 55410 长吨，产品不仅运销国内，还出口到日本等国。1934 年，永利制碱公司更名为永利化学工业公司，并增资 350 万元，后来筹集到 1000 多万元，兴建铵厂，计划年产硫酸铵 5 万吨，填补了当时我国化学基础工业的一大空白。

天津制革业居全国第二位。九一八事变前，天津制革工业企业有 60 家，资本总额达 300 万元。[①] 到 1931 年，共有 13 家[②]，大部分以手工为主，只有裕津、华北二厂规模较大，采用新式方法。天津制革业仅次于上海，占全国第二位，年产量为 3 万张。到 1937 年前，资金在 5000 元以上的制革企业仅剩 12 家。[③] 此外，1928 年搪瓷业只有中成烧瓷厂一家，资本 1 万元，有工人 60 名、马达 2 部，锥、割机各一架，均为 5 马力。油漆业有 3 家大厂设立，资本共有 38 万元，其中中国油漆公司 1929 年设立，资本 20 万元，蒸汽机 2 架，大汽锅 3 具，小汽锅 10 具，工人 50 名，年产油漆、瓷漆、凡立水等共约 44800 担；[④] 1929 年，陈调甫等人创办天津永明油漆厂，资本 2 万元，开业两三年间均有亏损，开发高档产品永明漆后打开了市场，永明漆是中国第一个硝基漆先进工艺，性能超过外国同类产品，使天津油漆工业长期处于全国领先地位；但七七事变后永明油漆厂奄奄一息，1945 年后才恢复生产。[⑤] 1930 年制皂业仅有新化学工业社一家设立，拥有蒸汽锅炉 1 座、模型机 2 个、工人 8 名，年产条皂 8000 箱。[⑥] 火柴业有 1930 年新设立的荣昌火柴厂，资本 5 万元，工人 100 名，年产 6 万箱。[⑦]

七、机器业已经能够生产多种设备

到 1931 年，天津的铁工厂及小机器厂有 62 家，企业资本从 400 元到 5500 元不等，业务除修理外，制造铁炉及手织机等产品。其中，规模较大的厂可以仿制外洋磨具制造各种机器，制品虽粗陋但也实用。[⑧] 如表 5.43

---

①③　纪广智．旧中国时期的天津工业概况 [J]．北国春秋，1960（2）：19.

②　关利信认为有 13 家，参见：近代天津经济概况 [J]．天津历史资料，1980（5）：10.

④⑥　天津海关十年报告：1922—1931 [J]．天津历史资料，1980（5）：61.

⑤　王绍先．陈调甫与永明油漆厂 [C]//天津文史资料选辑：第 6 辑．天津：天津人民出版社，1979：143–148.

⑦　天津市档案馆．近代以来天津城市化进程实录 [M]．天津：天津人民出版社，2005：222.

⑧　天津海关十年报告：1922—1931 [J]．天津历史资料，1980（5）：62.

所示，制造成品机器的工厂，有东马路的华兴厚、义仓街的吉顺祥、三条石的德益成、全盛德、郭天成、三义兴、福聚兴、郭天祥等厂，主要生产切面机、榨油机、轧花机、保险柜、弹花机等。也有生产专门机器的工厂，例如河北大经路的天中、东马路的孙恩吉等以床子尺度规矩著称，河北四马路的庆兴以镏锅著称，三条石的德利兴以印刷机著称，南开的义聚成以圆纲式造纸机见长，北小道子的永兴则专制染漂用机器，南开的俊记专制制革应用机器，北海楼后的志达专制针织机器。至于铸铁厂，有三条石的福兴、同茂、三义、玉发、亨利、三合、玉增祥、双盛合、金聚成、永茂公等厂。①

表 5.43　　　　　　1929—1937 年天津主要机器厂和铁厂概况

厂名	资本（元）	产品	年营业额（元）	工人（名）
华兴厚	5500	手织机、轧花机、保险箱	10000	20
郭天成	2500	手织机、粉丝机	60000	30
孙恩吉	2000	棉织机、榨油机	5000	7
吉祥顺	2000	手织机、火炉	10000	30
永利祥	—	手织机		60 多
利兴	2000	煤矿机器	—	—
玉增祥	5000	铸铁	—	20 多

资料来源：天津海关十年报告（1922—1931）［J］. 天津历史资料，1980（5）：62；天津市档案馆. 近代以来天津城市化进程实录［M］. 天津：天津人民出版社，2005：255。

八、民族工业地位重要但发展受限

民族工业具有重要地位和作用。一是民族工业有力促进了天津工业化。1860—1927 年，天津工业持续快速增长，民族纺织和化工等产业的贡献率明显高于其他产业。当时天津处于近代化的初期阶段，纺织业是经济快速增长的主要带动部门，从产业资本构成数据看，截至 1927 年，民族资本纺织业占到天津整个纺织工业的近91%，支撑起了天津工业的半壁江山。二是民族工业有力解决了就业问题。近代中国是一个人口众多的发展中国家，大量破产的农民和手工业者处于无业状态。民族工业的兴起和快速发展，为庞大的人口就业压力提供了广阔的工作渠道，吸纳劳动力达 4

---

① 关利信. 近代天津经济概况［J］. 文稿与资料，1980（5）：11.

万多人，成为解决就业的主要渠道。三是对经济改革的推动作用大。开埠之初，天津工业主要以官办为主，历经洋务运动、北洋新政、国民政府新政等多轮振兴实业改革，到 20 世纪 20—30 年代，民族工业的数量已大大超过官办企业，1927 年工业企业中的民族工业企业的资本比重已达 49%。民族企业是以"利润最大化"为目标，依靠市场生存和发展，拥有面向市场的灵活机动的经营方式，显示出了强大的生命力，即使在艰苦的环境下，也创造了较高的增长率和效益。

制约民族工业发展的主要因素：一是思想观念方面。在政策的制定和执行上，特别是在工业化初期，清政府和大部分官员始终存有对民族经济的社会偏见和疑虑，政府对民族企业"宁左勿右""宁紧勿松"，担心民族企业发展过快、比重过大会动摇社会基础。北洋新政时期和国民政府时期，这一思想观念有所转变。二是外资企业不断对民族工业进行压迫和打击。三是民族企业多为"家族制"，不具备现代公司治理结构，管理缺乏科学合理性。四是企业经营理念尚未从根本上摆脱原始积累阶段的急功近利，经营行为短期化。五是民族工业筹资渠道少而不畅，在企业筹建、经营、扩张整个过程中，资金短缺成为发展的重要瓶颈。

第六章 大起伏与大衰退：全面抗战期间的天津工业（1937—1949）

第一节 全面抗战期间天津工业的起伏（1937—1945）

一、国际国内环境风云突变

（一）全球经济危机频发

资本主义世界遭受 1929—1933 年经济危机的严重打击后，工农业生产长期处于萧条状态。直到 1937 年，很多资本主义国家的工业产值仅恢复到 1929 年的 95%—96%，但美国和英国两国的农业部门远没有恢复到第一次世界大战结束时的水平。德国、意大利、日本三国把本国经济开始转向战时经济轨道，发展军事工业，工业生产超过或已接近 1929 年的水平。但到了 1937 年秋，资本主义世界又爆发了新的经济危机，进一步加剧了资本主义世界矛盾，主要资本主义国家为争夺销售市场和原料产地的冲突越来越激烈。国家内部的经济发展不平衡矛盾更加严重，德、意、日等国为了摆脱危机加紧扩军备战。

（二）战争加剧环境恶化

1. 战争导致国内时局不稳

1931 年九一八事变后，日本加紧准备全面侵华战争，蓄意在天津制造摩擦和冲突。1931 年 11 月 8 日，日本帝国主义在天津纠集 2000 多人，攻击政府和警察机关，史称"天津事变"。时局不稳，人心惶惶，天津一些机构、公司开始南迁。1937 年 7 月 7 日夜，日本侵略军悍然发动七七事变，当地驻军奋起抵抗，全民族抗战由此爆发。华北地区沦陷后，日军加紧对天津等地经济掠夺以获得资源维持其侵华战争军需。

2. 天津基础设施设备遭到破坏

日军占领天津后，炸毁、拆毁各种机关房屋、民房、厂房等达 2545 间，价值 1743920 万元。被强征或破坏的全市公私立中小学房屋 377 间又 3 座楼房，价值 128028 万元。被抢走或破坏的全市医疗卫生系统的房屋 280 间，各种药品、医疗器械、家具、被服等 16119 件，价值 891 万元。[①]

3. 市场环境不断恶化

首先，农村市场不断萎缩。日军在天津周围大肆掠夺土地，勒索"军粮"，导致农民生活越发困苦，购买力下降，极大压缩了工业品的市场空间。其次，工业品销售市场被日本垄断。日本成立了各种工商业专卖组织、统治协会，加强了对一些重要产品的控制，如钢铁、煤、棉花、火柴、麻袋等产品，规定不准自由销售，一律由日伪进行"征购"，大大限制了民族企业的市场空间。

4. 原料市场被日军把持

为了掠夺工业原料资源，日本侵略者从 1939 年开始扩建塘沽新港。1945 年，新港基本建成四个 3000 吨级的杂货泊位和一个 5000 吨级的煤炭出口泊位。通过这些港口泊位，日本掠夺走了中国大量的煤、铁、盐、棉花以及成千上万的中国劳工。另外，对棉花等农副产品的控制。天津是华北棉花市场中心，日本在天津设有大量棉花收购站、打包厂、转运公司等搜刮棉花的机构，并以低价收购天津市场的棉花。1938 年秋季，棉花每担价格为 65 元左右，而日伪"棉产改进会"则以 38 元一担的价格强行收购。1943 年，日本从天津掠夺走棉花达二三百万担。对于其他的农副产品，日伪当局也经常以很低的价格强行收购。[②]

5. 金融环境越发恶劣

七七事变以前，华北及天津市场流通着多种货币，其中法币数额占华北总货币量的 84%。[③] 天津沦陷后，日军当局为控制华北金融，以促进所谓"日满华经济一体化"为借口，1937 年在张家口设立伪蒙疆银行，1938 年 3 月成立联合准备银行，将华北地区中国原有的银行一律强行吞并，掠走中国大量白银。伪联合准备银行发行大量"联银券"，作为华北沦陷区的流通货币。同时，日本采取通货膨胀政策进行经济掠夺。1939

---

① 1985 年 8 月 11 日《天津日报》第 4 版。

② 孙德常，周祖常. 天津近代经济史 [M]. 天津：天津社会科学院出版社，1990：267 – 268.

③ 除了中央、中国、交通、农业四家银行的货币外，还有河北、山西、山东等省立银行票，此外，还有中国农工、大中、浙江兴业等普通银行票以及其他种货币共约 30 种。

年，伪联合银行发行联银券 2.03 亿元；到 1941 年，联银券的发行量竟达到 9.66 亿元。1941 年，太平洋战争爆发后，日伪发行的伪币更是猛烈增长，造成华北沦陷区物价飞涨，天津总批发物价指数上涨了近千倍，食品批发价上涨了 700 多倍。[①]

二、产业结构转向以满足日本侵略军需品为主

（一）产业部门被日本"军管理"和经济掠夺

天津是华北地区物资集散地和进出口港口，拥有最雄厚的工业基础和金融机构。20 世纪 30 年代后，日本越发重视天津在华北地区的经济地位和作用，在七七事变前已经基本确定对天津经济掠夺策略和方针，并有计划地增强在津经济势力。1937 年天津沦陷后，日本采用"军管理""中日合办""委任经营"等各种手段，变相掠夺地方资产、民有资产或企业，天津的工商业、金融业、物资流通和对外贸易只能在日本和日伪当局控制下经营，大量工业产品、矿产品、农产品被运往日本。日军具有直接且绝对的指导权和优先权，一切围绕着战争需要，不论企业还是设备，只要有必要就可以实行"军管理"。无论统制性企业还是日商企业，产运销等各个环节都受到各种统制与限制，导致很多企业限产减产、停产或倒闭。即使日军利用各种手段来恢复企业生产，都是为了进一步扩大侵华战争服务，并借机控制华北经济命脉，掠夺紧缺战略物资。天津原来纯粹的经济功能不复存在，变成了日本扩大侵略战争的军需品加工制作中心和战略资源输出口岸。

（二）沦陷期间天津工业总量与结构

1. 工业资本总量整体呈下降趋势

沦陷之前的天津，已经形成了以纺织、食品、化工和出口加工业为主体的产业结构，与军工相关的企业很少，1936 年工业总产值已达 3.56 亿元（按 1937 年不变价格计算）。[②] 日本占领天津后，随着"军管理"和经济掠夺，天津工业出现畸形发展。日资企业迅速增加，由 1939 年的 54 家增加到 1942 年的 225 家，几乎覆盖了天津各个产业部门。如表 6.1 所示，华资企业资本大幅减少，由 1936 年的 4266.7 万元下降到 1938 年的 1737万元；日资企业资本大幅增加，由 1936 年的 4583.7 万元上升到 1938 年

---

① 孙德常，周祖常．天津近代经济史［M］．天津：天津社会科学院出版社，1990：272 - 288.

② 纪广智．旧中国时期的天津工业概况［J］．北国春秋，1960（2）：29.

的 7607 万元。从名义量看，天津工业资本总量整体呈上升趋势，但这与实际情况有一定偏差，因为每个时期的物价水平并不一致，需要剔除物价因素的影响。

表 6.1　　　　　　1936—1945 年天津工业资本概况　　　　　单位：万元

年份	项目	天津
1936	华厂	4266.7
	日厂	4583.7
	其他	4543.6
	合计	13394
1938	华厂	1737
	日厂	7607
	其他	4481
	合计	13825
1939	华厂	3088
	日厂	9452
	其他	1063
	合计	13603
1941	华厂	46422
	日厂	542812
	其他	9326
	合计	598560
1942	华厂	103123
	日厂	405722
	其他	69873
	合计	578718
1945	日厂	2710000

　　资料来源：汪敬虞. 近代中国资本主义的总体考察和个案辨析 [M]. 北京：中国社会科学出版社，2004：261，表 4；1945 年数据来源于：李洛之，聂汤谷. 天津的经济地位 [M]. 天津：南开大学出版社，1994：322 – 324。

本书使用1937—1945年天津批发物价指数（见表6.2），以1936年为基期，对表6.2数据进行修改，剔除物价后得到表6.3。1936—1939年，由于日本的大量掠夺和破坏，天津工业资本出现下降，1938年天津整体工业资本相较于1936年减少了3658万元，日资却增加了1247万元。1939—1941年，为进一步满足侵略战争需要，日本开始加大掠夺性投资，工业资本出现大幅上升。

表 6.2　　　　　　　　　**1937—1945 年天津批发物价指数**　　　　基期：1936 = 100

项目	1937 年	1938 年	1939 年	1941 年	1942 年	1945 年
总指数	109	142	211	420	559	104868

资料来源：孔敏. 南开指数资料汇编［M］. 北京：中国社会科学出版社，1988：12。

表 6.3　　　　　　　**修正后的 1936—1945 年天津工业资本概况**　　　基期：1936 = 100

年份	类别	资本（万元）
1936	华厂	4266.7
	日厂	4583.7
	其他	4543.6
	合计	13394
1938	华厂	1223.2
	日厂	5357.0
	其他	3155.6
	合计	9735.9
1939	华厂	1463.5
	日厂	4479.6
	其他	503.8
	合计	6446.9
1941	华厂	11052.9
	日厂	129241.0
	其他	2220.5
	合计	142514.3

续表

年份	类别	资本（万元）
1942	华厂	18447.8
	日厂	72580.0
	其他	12499.7
	合计	103527.4
1945	日厂	2584.2

　　企业规模普遍偏小。如表 6.4 所示，1942 年仅有 12 家工厂资本规模在 50 万元以上，绝大多数工厂资本额仅在数千元至数万元之间，5 万元以上资本的工厂数不足 10%，5 万元以下的占全部会员厂数的 90%。在 1956 家厂中，1528 家使用工人数不足 30 名，其余 428 家中，使用工人数超过 200 名者仅 13 家。① 从行业规模分布看，建筑建材业资本平均规模最大，其次为饮食烟草业、化学制作和纺织工业，工人平均规模以土石玻璃业最高，其次为造纸印刷、纺织工业、机械金属。

表 6.4　　　　　　　　　　　1942 年天津工业企业规模

分布组别（万元）	厂数（家）	比重（%）
<0.5	1083	55.37
≥0.5，<1	250	12.78
≥1，<5	445	22.75
≥5，<10	81	4.14
≥10，<50	85	4.35
≥50，<100	4	0.20
≥100	8	0.41
总计	1956	100.00

　　资料来源：天津市档案馆，等.天津商会档案汇编：1937—1945 [M].天津：天津人民出版社，1997：249。

---

　　① 天津市档案馆，等.天津商会档案汇编：1937—1945 [M].天津：天津人民出版社，1997：250.

2. 产业结构转向战时需要

这个时期的天津产业结构快速转向为战时经济服务，突出各种军需品供应功能。日伪当局加大投资机械制造、炼钢、橡胶等产业，扩大化工、盐业和火柴的生产规模，增加发电能力，限制纺织、面粉、制革等行业扩大规模。天津产业结构从以轻纺食品为主开始转向冶金、机械、化工与轻纺工业相结合，逐渐形成了以生产战争军需品为主要内容的产业结构。如表6.5所示，1942年已登记企业有1956家，资本6292万元，工人47262名，其中纺织工业的规模最大，其次为饮食业、机械金属和化工业。[①] 1941年太平洋战争爆发后，日本没收了英、美等国在华北和天津的企业，其中包括英国、法国、比利时等国发电厂、英商颐中烟草公司、美商美孚石油公司等企业，同时还强行接管和收购了永利碱厂和久大公司等企业，包括钢铁、电机制造、化工、造纸、皮革、酿造、烟草、制药等行业均由日本人经营，天津工业基本被日本控制。

表6.5　　　　　　　　　　　1942年天津工业概况

部门	厂数（家）	资本（万元）	平均资本（万元）	工人（名）	平均工人（名）
机械金属	195	505.2	2.59	4926	25.26
土石玻璃	36	73.2	2.03	1856	51.56
建筑建材	8	139.8	17.48	166	20.75
化学制作	108	478.5	4.43	2369	21.94
纺织工业	879	3204	3.65	24771	28.18
服装、日用品	340	332.9	0.98	5930	17.44
橡胶制革	67	153.8	2.30	1170	17.46
饮食烟草	172	1116.1	6.49	2851	16.58
造纸印刷	53	209.5	3.95	1754	33.09
其他	98	78.9	0.81	1469	14.99
总计	1956	6292	3.22	47262	24.16

资料来源：天津市档案馆，等. 天津商会档案汇编：1937—1945［M］. 天津：天津人民出版社，1997：250。

纺织业在短暂繁荣后迅速衰落。天津沦陷初期，日本成立了"华北纤维

① 天津市档案馆，等. 天津商会档案汇编：1937—1945［M］. 天津：天津人民出版社，1997：259.

统制协会"，全面控制华北地区的棉花生产销售及纺织工业，1936 家纺织业投资为 2557 万日元，1938 年增加到 6977.9 万日元①，设立了上海、双喜、大康等几家纺织厂。1939 年，天津棉布产量达 158821258 平方码，其中日资占 93.6%，天津民族企业仅占 5.77%。1940 年天津日商纱厂的纱锭比 1937 年增加 1 倍，线锭增加近 1.5 倍，纺织机增加 2 倍以上，纱锭一度达到 555952 枚、布机 10281 台②，居华北第一位，超过了青岛，缩小了与上海的差距。但经历短暂繁荣后迅速衰落，1937—1938 年，各纱厂工作率达 90% 以上，1939—1941 年只能维持在 50%—60%，1943—1944 年仅有 20%—30%。③ 1945 年天津棉纺织业有纱锭 238104 枚、布机 9139台，日资精纺锭相较于 1940 年减少了 157876 锭，华商减少了 25160 锭。因为 1942 年后，日本所属全部棉纺织业 275 万锭设备被拆除作为军用材料。天津华商棉纺厂也被勒令"献铁"，拆毁了约 1/3 的设备。④

　　机械制造业发展壮大。天津机械加工制造业已有一定发展基础，但多为小型工厂，设备简陋。日本占领天津后为了满足侵略军需，对军事工业基础部门采取扶植政策，提供原料和技术，建立了一些新的机器和冶金工厂。据 1942 年调查，机械金属业共有 195 家企业，其中机械制造和五金制造的厂家居首位，分别为 90 家和 70 家，占总数的 82%，资本占比 54%，工人占比 77%。⑤ 1945 年，天津已有 300 余家机械厂。⑥ 其中，日资 75 家，包括机械部门 51 家，材料加工部门 16 家，汽车部门 8 家。日本资本的这 75 家机械工厂中，工作机械 200 台以上的有 3 家，150 台以上的 1 家，50—100 台的 7 家，20—50 台的 17 家，其余 47 家都是 20 台以下的小型工厂，共约 2000 台，其中 30% 为日本制造，其余大多数为天津制造，也有青岛、上海和英、美、德等国的机械。⑦ 日资经营规模较大的机械厂拥有工人和职工近千人，工厂规模和生产技术水平在当时同国内比还

　　① 孙德常，周祖常. 天津近代经济史 [M]. 天津：天津社会科学院出版社，1990：265。宋美云等认为是 1936—1939 年，参见：宋美云，等. 近代天津工业与企业制度 [M]. 天津：天津社会科学院出版社，2005：96。

　　② 陈真，等. 中国近代工业史资料：第 4 辑 [M]. 北京：生活·读书·新知三联书店，1985：243.

　　③ 孙德常，周祖常. 天津近代经济史 [M]. 天津：天津社会科学院出版社，1990：283.

　　④ 天津市纺织工业局编史组. 旧中国时期的天津纺织工业 [J]. 北国春秋，1960（1）：99.

　　⑤ 天津市档案馆，等. 天津商会档案汇编：1937—1945 [M]. 天津：天津人民出版社，1997：264.

　　⑥ 《工业月刊》，5 卷 8 期第 9 页，转引自：孙德常，周祖常. 天津近代经济史 [M]. 天津：天津社会科学院出版社，1990：266。

　　⑦ 振济. 胜利前天津机械厂概况 [J]. 华北工矿，1946，1（2）：107.

算先进。但由于日本限制机器类产品从本土对外出口，天津一些日资企业只能从日本购进为数不多的被日本二三流工厂淘汰的机器，以致许多小工厂的设备仍然落后。1940 年后，日本在天津建立了炼铁、炼钢、轧延、冷拔、合金钢等十余家工厂，冶金工业稍具规模。

化工业规模不断增加。1942 年，天津化学工业企业有 175 家，资本为 632 万元，工人达 3539 名。① 日本在天津已有大清、维新、大丰、福美、东亚、大和等化工厂，其中 1940 年成立的东亚油漆公司生产能力最大，可以满足当时华北涂料需求量的 50%。② 盐田是工业用盐和民用盐的主要来源，为补充日本国内需要，日伪成立了华北盐业公司和兴芦公店，先后在沿海一带开辟盐田二十五万三千多亩，盐产大多输入日本，每年几十万吨。橡胶是重要的战略物资，日资不仅扩建了原有 3 个日资工厂，并新建了 5 个橡胶厂，设备先进、生产能力强，能够生产各种橡胶管、带、汽车的内外胎、医疗用品等产品。1945 年，日资橡胶工业的产量约为天津橡胶工业总产量的 80%。③ 但自从 1938 年日本开始统制皮革生产后，原来 32 家工厂中已有 20 家停工，产量减少 20%，皮革生产逐渐衰落。

火柴业被日本控制。由于战后山东、山西等火柴厂不是遭破坏就是停工，最终华北市场被天津和北京企业独占。1939 年 2 月，日本在天津成立了火柴联营社，并在天津、青岛、上海设立了分社。其中，天津分社负责控制华北地区的火柴生产。火柴联营社垄断了生产、销售和原料供应，华商火柴工厂也被日本统制。1936 年产量为 3430004 百罗，1938 年增加到 1936 年的 2 倍，1940 年又比 1938 年增加了 50%。④ 天津在华北火柴生产中占比最大，1939 年华北火柴产量约为 17 万大箱，其中天津生产了 11.6 万多大箱，占该年华北火柴产量的 69%。

食品工业艰难维持。食品业中面粉制造占主要地位，资本占该行业的 62%，其次为制油、酿酒业和调味品业，资本分别占比 10.6%、13% 和 7.7%，四个门类厂家共占该行业的 81%，工人占比 72%，资本占比 93%。⑤ 天津被日本占领后，面粉业的大部分原料中断，民族面粉业很难

① 天津市档案馆，等. 天津商会档案汇编：1937—1945 ［M］. 天津：天津人民出版社，1997：268。笔者整理得到。
② 北京经济研究所天津支局. 天津事情变迁概观 ［M］. 1942：25.
③ 振济. 胜利前天津机械厂概况 ［J］. 华北工矿，1946，1（2）：36.
④ 关利信. 近代天津经济概况 ［J］. 天津历史资料，1980：5.
⑤ 天津市档案馆，等. 天津商会档案汇编：1937—1945 ［M］. 天津：天津人民出版社，1997：272。笔者整理得到。

维持，面粉厂设备利用率降低到10%左右，有的面粉厂靠加工玉米面维持。① 而日资面粉企业趁机发展，1938年日资收购了嘉瑞面粉厂，生产面粉主要供给日军使用，1939年又增加了6台磨粉机，日产300包。②

建筑建材业因战争需求迅速增长。战争期间，无论是军事设施的建造还是民用建筑的修复，都离不开建筑材料的支持。1942年，天津共有44家建筑建材企业，资本213万元，工人2022名，其中粘板居首位，砖瓦次之，随之为料器，三者占厂家总数的72%，占资本总数的82%，工人占86%。③ 砖瓦业中，有些企业是日本人直接经营，如大陆窑厂等；有些是华人资本企业，但在日本人的控制下生产。1944年，天津的窑厂发展到85家，其中红砖厂50家，蓝砖厂35家。红砖最高年产量为2.6亿块，瓦产量390万块。木材加工厂增加到18家，采用机器生产。④

电力工业被日资吞并整合。1935年开始，日本对华北地区电力行业逐步进行吞并和整合。1936年初，天津各纱厂自备电厂（除日资裕大外）全部因营业不振而停业，同年日本吞并了天津中国电业，并成立天津电业公司，资本800万元。同时兴建天津河东新电厂，投入15000千瓦发电机组两台，向市内及郊区供电。1937年，日本收购了芦台济光电气公司，并与通州、唐山、秦皇岛等地电业合并，成立了冀东电业有限公司，1939年成立华北电业有限公司。1941年后，除法商电灯公司外，英商、比商的电业均被日本控制。⑤

产业结构因战时经济需要向重化工业倾斜（见表6.6）。1941年，天津主要的工业部门有化学、纺织、机械冶金、食品等四大行业，分别占天津工业整体的33%、23.8%、19.3%和13.3%，其中重化工业占到天津工业整体的52.3%。1942年，重化工业占比下降到20%，纺织工业占到50%。1945年，纺织工业占比47.69%，重工业占比33.64%，化学工业占比13.1%，重化工业与轻工业的比值由1936年的1∶1.9变为1∶1。重化工业地位从1936年的23.7%上升到1945年的46.7%，纺织工业比重提高了17%，食品工业则下降了13.6%。

---

① 孙德常，周祖常. 天津近代经济史［M］. 天津：天津社会科学院出版社，1990：285.
② 上海市粮食局，等. 中国近代面粉工业史［M］. 北京：中华书局，1987：281 - 282.
③ 天津市档案馆，等. 天津商会档案汇编：1937—1945［M］. 天津：天津人民出版社，1997：265 - 267.
④ 北京经济研究所天津支局. 天津事情变迁概观［M］. 1942：25.
⑤ 姚嘉桐. 天津电力工业发展简史［C］//天津文史资料选辑：第34辑. 天津：天津人民出版社，1986：32 - 35.

表 6.6 　　　　　　　　　　**1941 年和 1942 年天津工业产业资本结构**

部门	1941 年		1942 年	
	资本金额（万元）	比重（%）	资本金额（万元）	比重（%）
化学工业	1154	33.0	705.5	11.2
食品工业	465	13.3	1116.1	17.7
纺织工业	834	23.8	3204	50.9
机械冶金工业	675	19.3	505.2	8.0
其他工业	329	9.4	761.2	12.1
总计	3502	100	6292	100

资料来源:高艳林.天津人口研究:1404—1949 [M].天津:天津人民出版社,2002:238,表 6.3;天津市档案馆,等.天津商会档案汇编:1937—1945 [M].天津:天津人民出版社,1997:250。这两年的数据与本章表 6.3 中的天津工业资本额的数据不一致,而且相差很多,原因是统计的范围和口径不同,但不影响用其说明天津工业结构的情况。

三、民族资本工业遭受严重打击

(一)沦陷初期天津民族工业损失巨大

1. 纺织工业损失最大,不少企业停产或破产

日本占领天津前夕,四大民族纺纱厂均已被日资收购,日资已经垄断了天津的纱、布市场,民族纺纱企业只能在困境中艰难发展。如表 6.7 所示,1940 年,天津民族纺纱工业有 81584 枚纱锭。为筹集战争物资,伪政权强迫老百姓"献铁""献铜""献飞机""献金",到 1945 年,纺纱工业减少了 16196 枚纱锭。

表 6.7 　　　　　　　　　　**"献铁"前后天津民族纺织工业情况**

厂别	"献铁"前,1940 年		"献铁"后,1945 年		减少数量	
	纱锭（枚）	布机（架）	纱锭（枚）	布机（架）	纱锭（枚）	布机（架）
恒源	35000	504	30716	460	4284	44
北洋	37632	—	26688	—	10944	—
达生	8952	—	7984	—	968	—
共计	81584	504	65388	460	16196	44

资料来源:天津市纺织工业局编史组.旧中国时期的天津纺织工业 [J].北国春秋,1960(1):100。笔者整理得到。

有三十多家染整厂受到日本人抢掠，均陷入停工状态。日本人规定，染厂不能自由营业，只准给日商"三井""三菱"等洋行代染加工色布。同时，不准各厂储存白色市布和染料。如表6.8所示，1944年产量比1936年减少了182207匹，下降近67.6%。

表6.8　　　1936年和1944年天津民族机器染整业的产量比较　　单位：匹

厂名	1936年	1944年	减少数量
华伦	150000	7293	142707
北大	24500	—	24500
瑞和	50000	40000	10000
敦义	20000	18000	2000
博明	25000	22000	3000
合计	269500	87293	182207

资料来源：天津市纺织工业局编史组. 旧中国时期的天津纺织工业［J］. 北国春秋，1960（1）：100. 笔者整理得到。

毛纺业的情况也不容乐观。地处英租界内的东亚毛纺公司原料进口困难，生产每况愈下，加之日军对各种物资严格控制、检查，并不断对东亚进行威胁，企图以"合营"方式吞并东亚，致使东亚公司陷入困境。如表6.9所示，东亚公司沦陷期间的毛线产量比战前下降了76.9%，仁立公司呢绒产量下降了62.6%、床毯下降了30.1%。

表6.9　　　　沦陷前后天津民族毛纺业发展比较

厂名	产品	天津沦陷前	天津沦陷期间	减少数量	比重
仁立	呢绒	133000公尺	49800公尺	83200公尺	62.6%
仁立	床毯	1220条	780条	440条	30.1%
东亚	毛线	1500000磅	347194磅	1152806磅	76.9%

资料来源：天津市纺织工业局编史组. 旧中国时期的天津纺织工业［J］. 北国春秋，1960（1）：101. 笔者整理得到。

2. 化工企业陷入被强占、生产停顿、倒闭等困境

一是制酸企业被强行占领。利中酸厂是当时天津唯一制造硫酸的中资工厂，该厂在七七事变前已遭到日货排挤，但依靠改进技术、降低产品成本才得以生存和发展。日本占领天津后，原来在天津市场与利中酸厂竞争

失败的"大清""金山""清山"三家日商，带领日军占领了该厂，经理、技师和各部门负责人均由日本人充任，工厂的机器设备遭到严重破坏。二是制革业受到严重打击。1938年，日本在天津统制皮革，除了几家规模较小的硝皮厂偷着制几张皮革外，稍大的制革工厂，只能跟日本人"合作"或是干脆把工厂卖给日本人，其他制革厂生产基本陷于停顿。三是橡胶工业陷入困境。天津的橡胶工业当时只有十来家中国工厂，日本当局把生胶、棉纱、汽油等原料列为"统制"物资，严重限制企业生产，加上日本资本的"福助""中村"等橡胶厂倾销打压，使天津本土橡胶工厂无法维持生产。四是炼油工厂大部分倒闭。日本当局把矿物油作为军用品，禁止民间生产和贩运。天津在沦陷前有四五十家炼油工厂，最后只剩下恒达、兴记、新亚三家，只能把炼制煤油改为炼制黑油，勉强开工。

　　3. 自行车制造业被日本大规模掠夺

　　天津的自行车行业在沦陷期间多次遭到洗劫。1944年4月，日本正准备进攻我国中原地区，需要大批自行车用于军队，日商昌和洋行和日本军队相勾结，出动大批武装人员，先将春立德、华利成、同丰、兴立德等几家大车行的存货全部查封，随后借口"协助大东亚圣战"，勒令自行车业公会在浙江会馆内成立"协助东亚圣战完成临时购车委员会"的代办组织，名义上是购车，实际上是抢夺。这次共"征购"自行车1.5万辆，只付了1%的费用。同年10月，专门给日军搜集战略物资的长城公司经理、日本浪人野崎丰，勾结伪商会及日本军队，查封了天津全市车行，将自行车行业的所有存货几乎搜掠一空。多次遭劫的天津自行车行业从此一蹶不振，较大的几十家车行相继破产倒闭。

　　（二）日本提出经济互补和合作

　　日本占领当局以战时经济需要为目的，实施"以战养战"经济策略，开始强调经济的互补和合作，加强对占领区当地资本的利用。日伪当局用返还"军管理工厂""保证民族资本适当利益"等方法引诱、拉拢中国民族资本投资设厂。在刺刀和拉拢两种手段共同使用下，华商在1937—1939年共设立企业350家，1940—1942年年均新增企业447家（见表6.10）。[1]

---

　　[1]　汪馥荪. 战时华北工业资本就业与生产［J］. 社会科学杂志，1947，9（2）：31.

表 6.10　　　　　　天津近代各期新增企业比较

项目	总计	第一期	第二期	第三期	第四期	第五期	不详
		1912 年前	1912—1928 年	1929—1937 年	1937—1939 年	1940—1942 年	
工厂（家）	1956	11	222	469	350	859	9
年平均开业数（家）	—	—	13	62	140	447	—

资料来源：天津市档案馆，等．天津商会档案汇编：1937—1945［M］．天津：天津人民出版社，1997：249。

四、日本疯狂掠夺和控制天津经济

沦陷初期，日本统制天津主要是掠夺工业原料供应其本土。从 1942 年起，日本增强了天津在战时经济体制中的作用，为其战争武器提供成品和半成品，开始重视机械加工业。

（一）日资管控企业规模占绝对地位

沦陷期间，天津有外资企业 2686 家，资本投入额近 1.2 亿美元。[1] 如表 6.11 所示，日本在 10 个国家中企业数量和资本额最多，分别占总数的 77% 和 99%。设厂数量依次为俄国、德国、英国，资本额依次为德国、美国和英国。从设立时期看，外资企业绝大部分在 1941 年以前设立，除日本和德国外，其他各国 1941 年后均没有在天津设立新的企业。1941 年后，除德国企业外，其他外国企业均被日本接管。

表 6.11　　　　　　沦陷期间天津主要外资企业设立情况

项目	日本	英国	美国	德国	法国	俄国	其他	总计
企业（家）	222	16	7	16	1	17	9	288
资本（万元）	554136.9	6.4	20	155	—	—	—	554318.3

资料来源：王学海．旧中国外商在天津设厂行名录［J］．天津历史资料，1984（19）；天津市档案馆．近代天津知名企业经营管理：1860—1949［Z］．1995：24 - 33；李洛之，聂汤谷．天津的经济地位［M］．天津：南开大学出版社，1994：324。

---

① 王怀远．旧中国时期天津的对外贸易：续［J］．北国春秋，1960（2）：29；李洛之，聂汤谷．天津的经济地位［M］．天津：南开大学出版社，1994：134。

（二）日本加大对天津的控制和掠夺

1936 年，日本在天津企业有近两千家，投资额为 8939.3 万日元，1938 年增长到 42354.9 万日元（见表 6.12）。天津成为华北地区日资增长最快的城市，从 1936 年占日本对华北投资额的 20.7% 上升到 1938 年的 41.3%。1939—1942 年，日资企业由 54 家增加到 225 家，中日合资企业由 2 家增加到 17 家，其增加速度大大超过了青岛和北平。[①] 到日本投降时，天津由日本经营的骨干工厂已有 222 个，从业人员 4.7 万人（其中日本人 3283 人），固定资产总额 181.4 亿元（法币）。[②]

表 6.12   1936—1938 年日本对天津的投资情况

地区	投资额（万日元）		增长额（万日元）	增长率（%）
	1936 年	1938 年		
全国（关内）	99347.8	170936.6	71588.8	72.1
华北	43260.4	102544	59283.6	137.1
天津	8939.3	42354.9	33415.6	413
青岛	20000	22500	2500	13
上海	50000	60000	10000	20
北平	1500	10000	8500	567

资料来源：李洛之，聂汤谷.天津的经济地位［M］.天津：南开大学出版社，1994：271，表 377 和表 273，表 381。笔者整理得到。

日本企业在天津投资设厂，涉及钢铁、机械、电力、化工、橡胶、纺织、造纸、火柴、建材、制药、皮革等多个行业。如表 6.13 所示，从投资结构看，重工业投资比重最大为 69.71%，后面依次为化工业 14%、食品业 6.5% 和纺织业 4%。从工人构成角度看，重工业工人最多，达 12305人，占总工人的 25.9%，后面依次为纺织工业 25.1%，化学工业 16.6%和食品工业 12%。如表 6.14 所示，从固定资产角度看，日资企业共有181.4 亿元，其中纺织工业 86.5 亿元，占 47.69%，重工业占 33.64%，化学工业占 13.1%。[③]

---

① 宋美云，张环.近代天津工业与企业制度［M］.天津：天津社会科学院出版社，2005：96.
② 李洛之，聂汤谷.天津的经济地位［M］.天津：南开大学出版社，1994：322 - 324.
③ 但其中有 17 家工厂没有资本资料，按李洛之、聂汤谷的推算，这 17 家重工业企业资本为 20 亿元，因此他们认为天津日系工业结构为：纺织工业占 47.02%，重工业占 32.51%，化学工业占 10.78%，其他占 19.69%。参见：李洛之，聂汤谷.天津的经济地位［M］.天津：南开大学出版社，1994：324。

表 6.13　　　　　　　　截至 1945 年日本对天津产业投资情况

部门	类别	工厂（家）	投资额［万元（法币）］	比重（%）	工人（名）	比重（%）
重工业	机械汽车	55	380301.4	68.63	10017	21.08
	电气机器	15	5987.1	1.08	2288	4.82
	合计	70	386288.5	69.71	12305	25.90
化学工业	化学	39	60499.7	10.92	6061	12.76
	焦炭	2	1015	0.18	235	0.49
	染料油漆	4	7430	1.34	248	0.52
	橡皮	8	1886	0.34	1075	2.26
	肥皂	2	6640	1.20	287	0.60
	合计	55	77470.7	13.98	7906	16.64
纺织工业	纺织	7	16800.4	3.03	10716	22.55
	衣料	9	5426.5	0.98	1230	2.59
	合计	16	22226.9	4.01	11946	25.14
食品工业	食料品	9	8234.1	1.49	4764	10.03
	调味品、糖果	3	24000	4.33	556	1.17
	饮料	2	627	0.11	183	0.39
	酿酒	3	1580	0.29	118	0.25
	卤菜	3	1450	0.26	136	0.29
	合计	20	35891.1	6.48	5757	12.12
建材业	窑业	6	442	0.08	625	1.32
	制材	7	1328.6	0.24	1229	2.59
	木工	7	10923.7	1.97	281	0.59
	合计	20	—	0.00	—	0.00
其他	印刷	4	410	0.07	415	0.87
	学校用品	1	40	0.01	27	0.06
	杂类	13	18227.7	3.29	2597	5.47
	合计	39	37474.2	6.76	7217	15.19
总计		222	554136.9	100.00	47517	100.00

　　资料来源：李洛之，聂汤谷. 天津的经济地位［M］. 天津：南开大学出版社，1994：322 - 324。笔者整理得到。

表 6.14 1945 年天津日资产业资产情况

部门	类别	资本额 [万元（法币）]	比重（%）
重工业	机械汽车	548895	30.25
	电气机器	61564	3.39
	合计	610459	33.64
化学工业	化学	189348	10.44
	焦炭	15	0.00
	染料油漆	4545	0.25
	橡皮	36435	2.01
	肥皂	7341	0.40
	合计	237684	13.10
纺织工业	纺织	857531	47.26
	衣料	7848	0.43
	合计	865379	47.69
食品业	食料品	6436	0.35
	调味品、糖果	1638	0.09
	饮料	85	0.00
	酿酒	1411	0.08
	卤菜	1150	0.06
	合计	10720	0.59
建材业	窑业	1815	0.10
	制材	34253	1.89
	木工	10807	0.60
	合计	46875	2.58
其他	印刷	1953	0.11
	学校用品	13	0.00
	杂类	41384	2.28
总计	—	1814467	100

资料来源：李洛之，聂汤谷. 天津的经济地位 [M]. 天津：南开大学出版社，1994：322 - 324。笔者整理得到。

第二节　解放战争期间天津工业的衰退（1945—1949）

一、发展环境不断恶化

（一）美国垄断天津进出口贸易

第二次世界大战后，美国成为西方唯一的强国，开始不断争夺销售市场和原料产地。德国、意大利、日本三个战败国的对华贸易基本停顿，欧美等国逐渐恢复了对华贸易。但英国、法国两国因战争导致对华贸易一蹶不振，唯独美国凭借其经济、军事实力不断扩大在华特权、增加对华贸易。首先，向国内大量倾销商品，美货充斥天津市场。美国在天津进口货物中所占的比重在 1936 年仅为 14%，1946 年上升到 56%，1947 年增长到 68%。[①] 1946—1948 年的三年间，天津市场上美货所占的比重分别为 59.2%、50.2% 和 48.4%[②]，市场上几乎没有货物不是美国的。其次，美国凭借特权，大量掠夺中国资源。1946 年和 1947 年天津出口货物中运往美国的货物占比分别为 71% 和 68%。[③]但天津进出口贸易规模却不断萎缩，1948 年的进口贸易比 1947 年下降了 71.5%，出口贸易下降了 58.2%。[④]

（二）国内通货膨胀严重

抗战胜利后，国民党政府为了筹措战争经费，弥补财政巨额赤字，竭力推行通货膨胀政策，无限制滥发纸币。到 1948 年 7 月，天津物价比抗战前上涨 6 万倍，年底更达到 14.5 万倍，到天津解放前夕竟暴涨至 3.16 亿倍。[⑤] 物价的上涨，影响了城市的工业生产和商业的正常经营，一方面大大延缓了资金和货物的周转速度；另一方面又极大提高了生产成本，导致企业难以维持再生产，资力薄弱的工厂和商店纷纷歇业，资力雄厚的工厂与商店也元气大伤。

（三）天津经济遭受重大破坏

1. 国民党政府大规模接收敌伪产业

接收敌伪产业是国民党政府收复天津后的首要任务。[⑥] 抗日战争期

---

①③　罗澍伟. 近代天津城市史［M］. 北京：中国社会科学出版社，1993：739.

②　纪广智. 旧中国时期的天津工业概况［J］. 北国春秋，1960（2）：25.

④　孙德常，周祖常. 天津近代经济史［M］. 天津：天津社会科学院出版社，1990：305.

⑤　高尔夫，等. 解放前夕奄奄一息的天津工商业［C］//天津文史资料选辑：第 5 辑. 天津：天津人民出版社，1979：158 – 176.

⑥　所谓"敌伪产业"，主要包括两个部分：一是日本政府，日军以及日本侨民在华的各种公私产业；二是伪政权和大小汉奸所占有的各种公私产业。此外，还有德意等国侨民的财产。

间，日伪对我国广大沦陷区人民进行了极其残酷的掠夺，侵占了众多的工矿企业，聚敛了大量财产和物资。据估计，日本投降前夕，仅平津地区约有日资工厂 500 家、商店事务所 10000 多处、房地产 17000 所，价值25000 亿元（法币）。① 天津在沦陷时期曾是日本"华北经济开发"的重点，战后成为华北地区敌伪产业较为集中的城市。1946 年，国民党政府接收敌伪工厂 262 处，接收敌伪洋行、商店及仓库 161 处，共计伪币现金7870 多万元和伪币有价证券 1240 多万元，另冻结敌伪资产伪币 115670 多亿元和伪蒙币 290 多万元。②

2. 天津腹地原料和销售市场规模不断缩小

抗战胜利初期，天津的对外交通还能通达华北及东北铁路沿线的一些中小城镇。1946 年以后，随着政治形势的变化，战争的影响波及许多地区，铁路、公路常被破坏，造成交通中断，天津对外埠的经济联系越来越困难，导致工业生产原料来源减少，商品的销售市场不断缩小。例如，天津纺织工业的原料，历来由国内产棉区供应，而在抗战胜利后只能依赖外国棉维持生产。又如，天津的火柴工业，1946 年因生产原料比较充足，有相当规模的销售市场而发展较快。到 1947 年，各铁路线均受到不同程度的阻隔，腹地市场中断了与天津的交通，天津火柴工业失去了巨大需求，销量锐减，加之其他原因被迫减产。③

3. 天津工商业负担日益加重

国民党政府为了弥补因内战而造成的财政赤字，除滥发纸币外，又增加了不少苛捐杂税。据有关调查，当时天津一家申报资本仅为 300 万元的小造胰厂，需要负担的各种税收达 500 万元，各种摊派 188 万元。④ 随着战事吃紧，国民党政府的各种摊派变成公开的掠夺，1948 年上半年就达4000 亿元。⑤

二、产业结构以轻工为主

据《天津市主要统计资料手册》统计，1946 年天津有工人 55224 名，1947 年公营私营工厂 4360 家，其中公营工厂 49 家，私营工厂 4311 家，

① 《银行通讯》1949 年第 36 期，第 39 页。

② 罗澍伟. 近代天津城市史 [M]. 北京：中国社会科学出版社，1993：724 – 725.

③ 天津市纺织工业局编史组. 旧中国时期的天津纺织工业 [J]. 北国春秋，1960（1）：105.

④ 《大公报》1947 年 10 月 3 日。

⑤ 孙德常，周祖常. 天津近代经济史 [M]. 天津：天津社会科学院出版社，1990：308.

外资企业 270 家，其中苏联企业数和资本额居首位，其次为美国和英国企业。另据统计，1945 年天津市 140 多个行业，共有工厂与商店 2 万多户，但到 1948 年底停工和倒闭的厂店就有六七千户。其中，1945 年工厂有5000 余家，到 1946 年有 1500 家倒闭，1947 年又有 95% 完全停工或半停工，工业产销量只及平时的 10%；1945 年天津共有工人 58.5 万名，当年年底已有 22.9 万人失业，占工人总数的 39%。① 从这些资料可以大体知道，在解放战争期间，天津工业企业厂家数量减少，工业衰退趋势明显。

（一）工业结构整体特点

1. 从工人分布看天津产业结构

1946 年天津共有工人 55224 名（见表 6.15），其中纺织工业比重最大为 50% 以上，其次为服装、日用品（8%）和金属制造（6%）。按轻工业与重化工业分类，轻工业工人占 82.3%，重化工业占 17.7%。

表 6.15　　　　　　　　　1946 年天津产业工人分布

部门	工人（名）
金属制造	3476
化学	2172
纺织	27979
服装、日用品	4420
建筑	5
食品	1682
水电	976
冶炼	469
机械	1765
电器	895
印刷	280
交通器具	2445
教学用具	100
皮革	1914
土石	493

---

① 高尔夫，等. 解放前夕奄奄一息的天津工商业［C］//天津文史资料选辑：第 5 辑. 天津：天津人民出版社，1979：158 - 176.

续表

部门	工人（名）
木竹	121
造纸	1033
其他	4999
总计	55224

资料来源：杜建时. 天津市主要统计资料手册［M］. 天津：天津市政府统计处，1947：20。

2. 从企业分布看产业结构

1947 年天津共有 4360 家企业（见表 6.16），产业体系完整，其中纺织类企业最多，占总数的 25.3%，其次为金属品制造类，占总数的 22.8%，其他企业数量较多行业为机械、化工、食品、木竹、皮革、印刷等。

表 6.16　　　　　　　　1947 年天津市公营民营工厂数　　　　　单位：家

部门	合计	公营	民营
水电	7	5	2
冶炼	48	6	42
金属	995	1	994
机械	263	10	253
电器	100	1	99
交通用具	201	—	201
化学	242	6	236
纺织	1104	9	1095
服装、日用品	171	2	169
食品	273	4	269
建筑	49	1	48
印刷	243	1	242
教育用品	37	—	37
皮革	249	2	247
土石	80	—	80
木竹	277	—	277

续表

部门	合计	公营	民营
其他	21	1	20
总计	4360	49	4311

资料来源：杜建时.天津市主要统计资料手册［M］.天津：天津市政府统计处，1947：17。

1946 年，天津外资工商业企业的发展数量和资本结构如表 6.17 所示，共有 270 家外资工商企业，资本总额为 184.4 万元；其中，苏联的企业数量和资本规模均居首位，其次为美国、英国、法国等。

表 6.17　　　　　　　　1946 年天津外资工商业企业分布概况

国别	厂数（家）	资本（万元）
苏联	166	91.3
美国	15	21
法国	11	14.7
英国	10	16.3
意大利	11	2.2
波兰	11	3.6
希腊	12	5.4
瑞典	8	9.7
印度	7	7
其他	19	13.1
总计	270	184.4

资料来源：杜建时.天津市主要统计资料手册［M］.天津：天津市政府统计处，1947：17。

3. 从部门产值看产业结构

如图 6.1 所示，截至 1947 年，天津轻工业产值占 78.7%，重化工业产值仅占 13.7%，工业结构仍然以轻工业为主、重化工业为辅。

4. 从细分行业看产业结构

进一步探讨天津各行业的生产情况，能够更深入地反映出当时天津工业所处的困难发展局面①。

————————

① 纺织工业在后文将单独探讨。

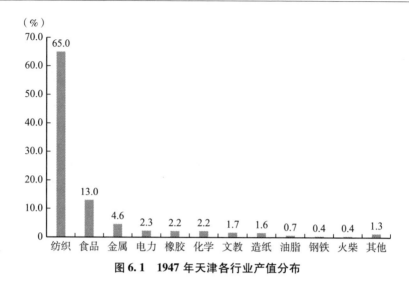

图 6.1　1947 年天津各行业产值分布

食品工业。抗战胜利后，面粉业从生产能力看有所提高，在正常情况下年产量可达 1000 万袋，可供天津市用粮的 60%。面粉业中较大的工厂有 10 家，其中寿丰、福星、东亚、福丰四厂日产量均达 5000 袋。另有小型磨坊千余家。[①] 由于国民党政府所辖北方产麦区域的缩小，再加上海路航运未能及时畅通，影响了南麦北运，导致抗战胜利之初的天津面粉业遭遇严重原料恐慌，1946 年 10 月寿丰、福星两厂曾一度被迫停产。1947 年上半年，天津出现了严重的粮荒，国民党政府下令规定各厂产品一律由天津社会局分配，先保军需，再供民用，随后实行面粉限价政策，面粉限价而小麦不限价，生产厂家不仅亏赔，而且小麦也不易买到，导致各厂几乎陷于停产半停产状态。当时规模较大、拥有 5 个厂的寿丰面粉公司，仅有一厂开工，也只能磨制玉米粉。1947 年 1—5 月天津面粉产量仅为 26.3 万袋[②]，1948 年大批美援小麦运抵天津，各面粉厂转向加工代磨分配到的美援小麦，才能维持生产勉强度日。

造纸工业。天津的造纸工业早在 20 世纪 20 年代初就已出现，但发展比较缓慢，到 1937 年才仅有两家造纸厂。沦陷时期，市场纸张极为短缺，而且原料因不受日本统制而容易购进，所用机器设备也比较简单，于是中小型造纸厂纷纷建立。1946 年全市造纸厂有 21 家，能生产新闻纸、包装纸、平面卷烟纸、各色标语纸、毛边纸、有光纸、双面光报纸等十几种产

---

① 《天津经济统计月报》1948 年 2 月，第 24 号。
② 杜建时. 天津市主要统计资料手册［M］. 天津：天津市政府统计处，1947：19.

品。但由于生产厂家的盲目上马和原料缺乏，导致造纸业出现衰落。许多造纸厂以废纸做原料，但废纸有限，一些厂家只好改用稻草等其他原料，也因来源不充裕且价格高，不少工厂因无利可图而停工停产。即使勉强维持生产的厂家，也因原料低劣导致产品质量较差。例如，渤海造纸厂设备比较先进，能生产高档纸，但因皮纸、稻草等原料不足，只好用从子棉[①]皮上剥下的短棉绒做主料，配上少许皮棉制造一种"厚口"的次质文化用纸。[②]

橡胶工业。作为沦陷时期建立起来的新兴产业，到 1946 年天津大小胶厂已有 57 家，拥有轧胶机 180 台，主要产品有自行车内外胎、胶鞋、轮胎及一般工业用橡胶制品。在原料不缺、资金充裕的情况下具有日产胶鞋 1 万双、自行车胎 5000 副的生产能力。抗战胜利之初，橡胶工业所需生胶等原料可以自由进口，加之政府将其接收日本胶厂所存放的大量原料销售，使此时原料比较充足，各胶厂都能够较早地恢复生产。1947 年，国民党政府开始实行进出口贸易管制政策，原料进口受到限制，各胶厂产量大减。1947 年下半年，已有 10 家胶厂因原料短缺而完全停工，其他各厂的生产也缩减了十之八九。

钢铁工业。抗战胜利后，国民党政府将日资经营的全部钢铁工厂接收后合并组成天津炼铁厂，归属国民政府资源委员会。该厂设备充实完备，成为天津重工业的发展基石。天津炼铁厂共分 5 个厂，一厂冶炼生铁及焦炭，二厂炼钢、轧钢，三厂轧钢，四厂炼钢，五厂制石墨电极。其中二厂规模最大，拥有月产钢 1200 吨的 30 吨马丁炉一座。1947 年上半年，天津炼铁厂所辖各厂因燃料缺乏、供电不足未能全部开工，开工部分偏重钢铁加工方面，即用所存钢锭制造圆铁、扁铁、洋钉、铁丝等。1947 年下半年，30 吨马丁炉修复后，生产才见起色，但月产钢仅有 300 多吨。[③] 此后，由于战事扩大、交通阻塞，基本中断了生铁、耐火器材等原料来源，加之电力不足，生产大受影响，大部分设备闲置。到 1948 年 2 月，天津炼铁厂一厂也未能复工，厂院、厂房充作仓库。

机械制造业。机器是工业心脏，其生产能力的高低直接影响、制约着其他工业的发展。沦陷时期，日本对机械制造业采取扶植政策，供给材

---

① 子棉，也称籽棉，是棉农摘下的棉花，籽棉经加工后去掉棉籽称皮棉，通常说的棉花产量，一般都是指皮棉产量。而从棉籽的皮上剥下的是短棉绒，保暖性能远低于皮棉。

② 张钰锉. 天津造纸行业史略［C］//天津工商史料丛刊：第 1 辑. 天津：天津新华印刷四厂，中国民主建国会天津市委员会，天津市工商业联合会，文史资料委员会，1983：54 - 64.

③ 《天津经济统计月报》1948 年 2 月，第 24 号。

料、设备，传授制造技术和方法。抗战胜利后，机械制造业已拥有机器设备2000多台，技术工人上千人。国民党政府接收了日伪全部工厂，也极为重视其发展，对天津机械制造业发展做过长远规划，试图发展成为能制造生产矿山机械、汽车车辆、纺织机械等的现代化部门，但没有成功。1947年上半年，300多家工厂中有一半因原料不足、资金缺乏等原因而停工。勉强开工的厂家也多从事修理工作。到1948年，2000多台设备开动的只有500台。① 到新中国成立前夕，原来360家企业减少到219家。②

不难看出，抗战胜利以后，天津工业虽然具有较完善的生产设备和较高的生产能力，但由于缺少良好的经营环境，生产一直陷于艰难处境。

（二）天津工业在全国占有重要地位

1933年，天津工厂数量位居12座城市的第2位，工人数居第3位，资本额居第3位，净产值居第4位。③ 1945—1949年，天津工业生产虽因诸多因素影响处于困境，但在全国工业整体不景气的情况下，仍占有举足轻重的地位。1947年，天津的工厂数、工人数都仅次于上海，居全国第二位。

1. 从工厂数量方面看

如表6.18所示，1947年全国工厂总数为14078家，天津占8.6%，仅次于上海，居全国第二位。其中，造纸、印刷、建材、交通用具、机械、化学等工业部门的工厂数量均占全国的该类工厂总数的10%以上。在华北地区，天津的企业数量居第一位，远远多于青岛和北平，是青岛的6.5倍、北平的4.5倍。

表6.18　　　　　　　　1947年天津工业企业数量与全国比较

项目	天津		上海（家）	青岛（家）	北平（家）	全国（家）
	数量（家）	比重（%）				
食品	59	4.28	230	28	28	1379
纺织	184	4.88	2786	78	24	3773
服装、日用品	105	5.89	1338	6	39	1783
木材制造	—	—	87	—	—	156
造纸印刷	247	14.80	863	11	41	1669

---

① 瘫痪了的机器工业 [J]. 工业月刊，1948，5（8）.

② 高尔夫，等. 解放前夕奄奄一息的天津工商业 [C]//天津文史资料选辑：第5辑. 天津：天津人民出版社，1979：160.

③ 傅韬，周祖常. 天津工业三十五年 [M]. 天津：天津社会科学编辑部，1985：17.

续表

项目	天津		上海（家）	青岛（家）	北平（家）	全国（家）
	数量（家）	比重（%）				
化学	170	10.95	650	32	43	1553
土石建材	70	46.05	—	3	11	152
冶炼	47	9.51	210	3	28	494
五金	34	4.99	430	11	11	682
机械	218	14.49	543	8	34	1505
电气	33	10.89	178	1	4	303
交通用具制造	44	16.36	84	3	6	269
其他	—	—	339	1	3	360
总计	1211	8.60	7738	185	272	14078

资料来源：谭熙鸿，吴宗汾．全国主要都市工业调查初步报告提要［M］．南京：经济部全国经济调查委员会，1948：34，表3。

2. 从工人数量方面看

如表6.19所示，1947年全国主要城市工人总数为771650名，其中天津工人65734名，占工人总数的8.52%，虽只相当于上海工人的1/6，但仍为全国第二，居华北地区首位，是北平的6.6倍、青岛的2倍多一点。根据表6.18和表6.19的数据计算，天津平均每厂工人为54.3人，略低于全国平均水平（54.8名/厂），远高于北平的（37名/厂）水平。

表6.19　　　　　　　　1947年天津工业发展水平的全国比较

项目		天津	上海	青岛	北平	全国	天津占全国比重
工人（名）		65734	406371	31518	9974	771650	8.52%
动力	座数	13924	42657	9195	694	83440	16.69%
	马力	110476.9	325268.2	34403	13256.9	827272.4	13.35%
	千伏安	9624	73063.8	11731	21509	162211.3	5.93%
每月用电（度）	自备	12096400	3073720	4130000	1885300	32753675	36.93%
	购电	5177571	67099778	4418000	1063178	135521236	3.82%
	合计	17273971	70173498	8548000	2948478	168274911	10.27%

资料来源：谭熙鸿，吴宗汾．全国主要都市工业调查初步报告提要［M］．南京：经济部全国经济调查委员会，1948：36，表5；38，表7；40，表9。

3. 从工业用电量看

如表 6.19 所示，1947 年，全国工业每月用电量总计为 168274911 度，其中天津工业每月用电度量为 17273917 度，占全国的 10.3%，是上海的 1/4。若以每厂平均计算，天津每厂每月用电量为 14264.2 度，比全国平均数高 331.1 度，比上海（9068.7 度）高 5195.5 度。在华北地区，天津用电总量居首位，是北平的近 6 倍、青岛的 2 倍。从用电结构看，天津主要以自备电为主，占 70% 多，远远高于全国的 19.5%，也高于青岛（48.3%），但和北平（63.9%）相近。

4. 从动力机和动力数量看

如表 6.19 所示，全国共有动力机（包括电动机、发电机、柴油机等）83440 座，其中天津动力机为 13924 座，占全国总数的 16.7%，是上海的 1/3。以各厂平均而言，天津每厂有动力机 11.5 座，比全国一般水准 5.96 座多 5.54 座，比上海（5.5 座）多 6 座。天津的动力共 110476.9 马力，占全国的 13.4%，是上海的 1/3。若以平均计算，天津每厂有 91.23 马力，超过全国的平均数（58.78 马力）32.45 马力，比上海（42 马力）高 49.23 马力。在华北地区，天津的动力机与动力数均居首位，是北平的 20 倍、青岛的 1.5 倍。

总的来说，天津工业整体规模居全国第二位、华北第一位，而且各厂平均指标均优于国内平均水平，也优于上海和青岛，但个别指标低于青岛。

5. 1947 年与 1933 年比较分析

如表 6.20 所示，天津工厂数量变化不大，但工人数增加了 22889 名，1933 年平均每厂 28.4 名增加到 1947 年平均每厂 48.6 名，主要原因是不稳定的时局导致很多小企业关停倒闭，工厂平均规模增大。产值增加了 14763 万元，主要是官僚资本企业和少数外国资本企业生产增长的结果[①]，这些企业的工业产值从 1936 年的 11295 万元增加到 1947 年的 31168 万元，占工业总产值比重由 1936 年的 31.7% 增加到 1947 年的 61.84%，而民族资本工业产值比 1936 年的 24339 万元下降了 21%。[②]

---

① 官僚资本企业生产的增加，并不是政府新设工厂的结果，而是政府接收了日本统治时期的一些工厂。

② 傅韬，周祖常．天津工业三十五年［M］．天津：天津社会科学编辑部，1985：17.

表 6.20　　　　　　　　　1933 年和 1947 年的天津工业比较

年份	工厂		工人		资本		产值	
	数量（家）	比重（%）	数量（名）	比重（%）	金额（万元）	比重（%）	金额（万元）	比重（%）
1933	1224	13	34769	8	24201	8	74501	7
1947	1211	9	57658	10	—	—	—	—

说明：1. 两年均不包括外资工厂。2. 比重为占 12 个城市的比重，即上海、天津、青岛、北京、南京、汉口、广州、重庆、西安、福州、汕头、无锡。3. 资本、产值均为国民党政府法币。
资料来源：傅韬，周祖常. 天津工业三十五年［M］. 天津：天津社会科学编辑部，1985：18。

从产业结构看，纺织一直是天津工业最主要的部门，且地位不断上升。1947 年，纺织工业的产值比 1936 年增加了 18393 万元，占工业总产值比重达 67.7%。但由于化学工业、食品工业等部门产值比 1936 年下降很多，导致工业总产值出现下降情况（见表 6.21）。

表 6.21　　　　　　　　1933 年和 1947 年天津工业产值比较

部门	1933 年		1947 年	
	产值（万元）	比重（%）	产值（万元）	比重（%）
电力工业	877	2.46	1178	2.4
钢铁工业	122	0.34	188	0.4
金属加工	1692	4.75	2296	4.8
橡胶工业	120	0.34	1127	2.3
火柴工业	860	2.41	217	0.5
造纸工业	214	0.60	805	1.7
纺织工业	14232	39.94	32625	67.7
油脂肥皂	548	1.54	347	0.7
食品工业	13413	37.64	6750	14.0
化学工业	17919	50.29	1096	2.3
文教用品	220	0.62	874	1.8
其他工业	423	1.19	666	1.4
总计	50640	100	48169	100

说明：产值单位是万元人民币，按 1957 年不变价格计算。
资料来源：纪广智. 旧中国时期的天津工业概况［J］. 北国春秋，1960（2）：20 - 28。笔者整理得到。

（三）　天津纺织业艰难发展

1. 纺织业占重要地位

作为天津主要产业的纺织业，在全国居第二位。1947年，天津纺织业的大、小工厂共计有1158家，占全市工厂总数的25%，职工人数为31975名，占全市职工总数的30%。行业生产规模大，纱锭398260枚、布机9100架、动力24045千瓦、产纱124447件、产布4849225匹。棉纺织业占纺织业比重最大，1948年天津纺织业共有1428家工厂，33870名工人，其中以棉纺织业为主，工人占纺织工业的61.03%，其次为棉织业及印染业，占比31.74%，毛麻纺织、针织和地毯业均低于10%。纺织业以官僚资本为主，1948年11家企业的工人占总数的50.15%，民族资本企业数量众多，达1416家，工人占比48.05%，外资企业工人仅占1.8%。毛麻行业占比次之，1948年共有设备388台、纱锭13984枚、职工达2316名，以民族资本为主，占1/2以上。[1] 据新中国成立后交通银行天津分行的调查，棉织、印染与针织业共有1293家私营企业，职工11387名，平均每户职工不过9名。其中，使用电力车的222户，职工2270名，使用人力机车的1070户，职工9117名，大部分仍然是工场手工业性质的生产。[2]

2. 纺织业投机活动日益严重

日本侵占时期，天津纺织业的投机活动业已出现，在解放战争时期变得更加猖狂。随着物价暴涨，纱布不但成为投机倒把的主要对象，而且代行货币的作用，成为交易的媒介和手段。1948年，只有极少数量纱布产品能够到消费者手里，大部分被投机商持有。中纺公司资料显示，在1946—1948年三年内，花纱布价格疯狂增长，1948年棉花价格增长了5000多倍，棉纱价格增长了4000多倍，棉布价格增长了3000多倍。[3]

3. 官僚资本纺织企业开工不足

国民党政府接收了日伪在天津的所有纺织厂，组成了中国纺织建设公司天津分公司，下属7个棉纺厂，计有纱锭333256枚，线锭50756枚，织布机8647台。[4] 从生产能力来看，中纺天津公司的7个厂家，年需原棉

---

① 天津市纺织工业局编史组. 旧中国时期的天津纺织工业 [J]. 北国春秋，1960（1）：107–110. 笔者整理得到。

② 天津市纺织工业局编史组. 旧中国时期的天津纺织工业 [J]. 北国春秋，1960（1）：108.

③ 天津市纺织工业局编史组. 旧中国时期的天津纺织工业 [J]. 北国春秋，1960（1）：103.

④ 罗澍伟. 近代天津城市史 [M]. 北京：中国社会科学出版社，1993：730.

达 93.9 万担。① 据中纺 1947 年度的工作报告，1946 年，中纺的资本官利、所得税及盈余三项共达 3775 亿多元，1947 年更达一万亿元以上。然而这一时期，由于原棉缺乏，生产经营异常困难。虽然形成了自上而下的原棉收购网，但 1946 年仅收购原棉 6 万多担，远远不能满足生产的需要，中纺 7 个厂的全部机器设备仅开动了 40% 左右。1947 年，中纺天津分公司也只收购到 30 万担原棉，只占生产所需的 1/3。② 由于国内原棉供应不足，天津中纺各厂只得依赖美棉维持生产。中纺公司调剂给天津分公司 66 万担美棉后，各厂生产才大体恢复正常，平均纱锭运转率为 89.6%。1948 年，中纺公司调拨的美棉比 1947 年减了一半，以致中纺天津分公司各厂不得不先小停工，后大停工，到第四季度各厂每周只能维持开工 3 天，产量下降了 1/2 以上。其他官僚资本的针织厂，原有 640 台织袜机，开动的不过 160 台，350 台甬子纱机，开动的只有 20 台，大部分机器在三年多的时间里一直闲置在仓库里。③

4. 民营资本纺织业生产困难

民营棉纺织厂由于得不到政府进口美棉的配给，自己采购原料又遇到种种障碍，只能维持部分开工。1947 年，恒源、北洋、达生三厂的纱锭运转率为 88%，布机运转率为 50% 左右，产量比 1933 年减少了 1/3。1948 年上述三厂因原棉不足几乎陷于停产状态。天津解放前夕，3 个厂工人由 5000 多名减少到 2200 多名，不及 1937 年恒源一个厂的人数。1948 年的织染业有设备 14434 台，开动的仅为 7030 台。1930 年建厂的万新染厂在抗战胜利后停产 3 个月，建厂较早的华纶染厂在 1947 年 2 月也被迫停工。据 1948 年织染业同业公会的调查，天津民族棉织、针织、丝织等行业，生产水平不但低于 1937 年，而且也低于日本占领期间。棉织、针织、丝织业的全部设备为 14134 台，开动仅 7030 台，占比 49.7%，较战前设备开动率下降了 21%。其中棉织业设备开动率最高，为 60.57%，其次为丝织业 37.01%，针织业最低，仅 28.62%。同时，这三个行业的产量较前期相比，也大大下降，1948 年棉布产量下降了 35.4%，袜子产量下降了

①　刘炳若. 从农业的立场上看中纺公司的收购问题 [J]. 河北省银行经济半月刊，1946，4 (4).
②　《天津经济统计月报》1947 年 2 月，第 24 号。
③　天津市纺织工业局编史组. 旧中国时期的天津纺织工业 [J]. 北国春秋，1960 (1)：102，105.

78.3%，布产量下降了33.3%。① 毛纺织业的生产原料基本能够满足生产需要，生产恢复也较早，但和抗战前相比仍然相差很多。据东亚、仁立两家毛纺厂的统计资料显示，主要产品产量不仅低于抗战前的水平，有的甚至低于沦陷时期的1944年产量。东亚毛纺厂年产能力为150万磅，而1947年设备开工率仅为35.2%，年产量530390磅，1948年呢绒产量下降了33.8%、库毯产量下降了58.4%。1945年后，天津地毯出口逐渐恢复，但被以美国为首的外国资本所控制。如表6.22所示，1948年，天津地毯业有114家企业，工人3114名，织机1352台，年产145559方尺，但同1929年相比工厂减少了62.38%，织机减少50.82%，职工减少了73.08%，年产量减少了96.08%。可见，这一时期天津地毯业虽然有所恢复，但同1929年相比规模数量缩小很多。②

表6.22　　　　　　　　1929年和1948年天津地毯业比较

项目	1929 年	1948 年	变化额	变化比重
厂数（家）	303	114	-189	-62.38%
织机（台）	2749	1352	-1397	-50.82%
工人（名）	11568	3114	-8454	-73.08%
年产量（方尺）	3713566	145559	-3568007	-96.08%

资料来源：天津市纺织工业局编史组. 旧中国时期的天津纺织工业［J］. 北国春秋，1960（1）：107。笔者整理得到。

三、产业结构演变原因剖析

（一）官营资本和外国资本地位变迁

沦陷时期，日本通过"军管理"、收买、合并和投资等多种手段，使其成为天津工业中势力最大的外资。日本投降后，在天津的全部工矿企业被国民党政府接收。解放战争时期的时局不稳，英美等国没有增加投资，甚至出现资本外逃，虽然在天津某些行业中仍有一定实力，但已大为减少。国民党政府在接收大量敌伪工矿企业后，选择其中较为重要、规模较大的70多家收归国有，转为官营资本经营，包括钢铁、煤矿、电力、机

---

① 天津市纺织工业局编史组. 旧中国时期的天津纺织工业［J］. 北国春秋，1960（1）：106.

② 天津市纺织工业局编史组. 旧中国时期的天津纺织工业［J］. 北国春秋，1960（1）：107。笔者整理得到。

械、水泥、造纸、纺织、电工等部门，并确立了垄断地位。如表 6.23 所示，1936 年外国资本和官营资本企业的产值占工业总产值的比重为31.7%，1947 年上升到 61.84%；而民营工业产值却从 1936 年的 24339 万元下降到 19229 万元。

表 6.23　　　1936 年和 1947 年天津外国资本和官僚资本的工业产值

部门	1936 年		1947 年	
	产值（万元）	比重（%）	产值（万元）	比重（%）
电力工业	877	100	1178	100
钢铁工业	72	59.02	188	100
金属加工	251	14.83	837	36.45
橡胶工业	120	100	210	18.63
火柴工业	310	36.05	65	29.95
造纸工业	—	—	385	47.83
纺织工业	4154	29.19	26044	79.83
油脂肥皂	—	—	58	16.71
食品工业	5254	39.17	1926	28.53
化学工业	103	5.99	224	20.44
文教用品	59	20.33	—	—
其他工业	95	22.46	54	8.11
总计	11295	31.7	31168	61.84

说明：产值单位是万元人民币，按 1957 年价格计算。

资料来源：纪广智. 旧中国时期的天津工业概况 [J]. 北国春秋，1960（2）：20 - 28；傅韬，周祖常. 天津工业三十五年 [M]. 天津：天津社会科学编辑部，1985：20。

（二）工业内部发展不平衡

相比居全国第二位的纺织业，重化工业仅占工业总产值的 13.7%，不到轻工业产值的 1/4。其中，装备工业主要以外国的零件装配成品，加工工业主要以外国的原料加工制成成品。全市工业拥有金属切削机床 3000多台，技术与动力设备有限。1947 年，金属加工业占工业总产值的4.56%，机器制造占 0.96%，而且只能生产一些简单的粮油加工机械、轧花机和弹花机、织袜机及小农具等产品，1/3 的机械厂只能做一些维修活，为已有工业机器的保全、修配零部件补充而生产。

（三）原料短缺影响生产经营

近代天津能够作为原料工业产品的生产十分落后，许多以工业品为原料的企业不得不依靠国外进口原料维持生计。例如，橡胶工业所需的生胶、汽油、硫黄、氧化锌、促进剂等主要原料，火柴工业生产所需的氯化钾、赤磷、硫化磷等 10 余种原料，几乎都需要从外国进口。原料产品和最终产品结构失衡所造成的对外国依赖性，严重制约了天津企业的生存与发展。1947 年，天津 50 多家橡胶厂因外汇短缺，原料进口受到影响，大部分工厂停工。

（四）企业规模普遍较小

天津工业总体水平虽居全国平均水平之上，但企业规模绝大多数为中小微企业，生产设备、技术水平仍较为落后，手工劳动占绝对地位。据 1949 年天津市人民政府工商局调查，全市民营工业共有 9800 多家、职工 71900 多名，平均每家企业仅 7.3 名，稍具规模的职工在 1000 人以上的工厂，包括被没收的成为官营资本企业在内也只有 18 家。全市民营工业中有机器设备的企业仅有 2900 多户，而手工业作坊达 6900 多户，占总户数的 70% 以上。① 据解放初期天津市财政经济委员会对私营机器工业的调查，在 342 家企业中，5 人以下的小厂占到 50.88%，10 人以下的小厂占81.58%。

（五）生产工序和设备能力不平衡

新中国成立前，天津许多行业的前后工序和设备能力不平衡，有的头大尾小或有尾无头，全能的工厂很少，一种产品往往要辗转几个工厂，甚至几个行业才能制造出来。例如纺织工业，"纺""织""染"极不连贯，而且"染"的能力大于"织"，"织"的能力大于"纺"。冶金工业也如此，有炼钢工厂，但没有炼焦工厂，炼钢设备小于轧钢设备。天津所有大型工厂几乎很少更新设备，到新中国成立前夕大多数设备陈旧不堪。

总的来看，沦陷期间和解放战争期间，天津工业发展呈现出三个特征。一是日本与国民党政府均对天津经济进行了大量掠夺、占有和控制，工业发展短暂回升后持续衰退；二是沦陷期间产业结构转向战时需要，重化工业有所发展；三是民族工业在战争期间艰难地生存和发展。战争期间不稳定的时局环境成为影响经济健康发展的关键因素，只有政局稳定、社会和谐才是企业正常经营、经济良好发展的最基本条件与最重要保障。

---

① 纪广智．旧中国时期的天津工业概况［J］．北国春秋，1960（2）：27.

第七章　大迁移与工业化：城市
人口集聚与经济增长

　　劳动力是生产力的体现，是经济增长的基本要素。不同时期的经济增长理论，无论是斯密、穆勒的古典增长理论，还是索洛－斯旺新古典增长模型，抑或新增长理论，劳动力都在经济增长中占据着最基本的地位。人口总量直接决定着劳动力数量，人口增长与经济增长密切相关。西蒙·库茨涅茨研究发现，公元 1000 年到 1750 年的 750 年间，世界人口从约为 2.75 亿人增加为 7.28 亿人，增加了不到 1.7 倍，而 1750 年至 1950 年的 200 年工业化过程中已增长到 25.09 亿人，增加了 2.4 倍，前者年增长率为 1.3‰，后者年增长率为 6.2‰。在 1750 年到 1960 年的 210 年间，亚、非等不发达国家每 10 年人口增加 6%，而发达国家人口增长率为每 10 年增加 9.5%，西方国家工业化与城市化之间存在密切的相互促进关系。工业革命之前，土地是人口的主要载体。工业化开启后，土地逐渐无法束缚劳动力向工业部门转移。与 1650—1700 年英国稳中有降的人口局面相比，工业革命后的 50 年间英国人口几乎增长了 1 倍。①

第一节　工业化加速天津城市人口集聚

一、基于二元结构理论分析

　　刘易斯（W. A. Lewis）的二元结构理论认为，一国存在两个经济部门，即生产率高、工资率高的工业部门和生产率低、劳动报酬低的农业部门，工农部门之间收入差距成为劳动力流动的内在原因。一个国家工业化

---

① 彼得·拉斯列特．工业化之前和工业化时期的英国人口与社会结构［M］//王觉非．英国政治经济和社会现代化．南京：南京大学出版社，1989：238.

过程中人口迁移是必然存在的，即农业劳动力向城市不断集聚。

首先，刘易斯模型的前提条件，即农村存在大量剩余劳动力（L），而且农业部门的生产效率低于城市的工业部门，从而导致工业部门的实际工资（OW）高于农业部门。由于收入差距的存在，农村剩余劳动力可以持续不断地向城市转移。在刘易斯拐点（M 点）之前，只要工业部门实际工资能够达到农业部门维持最低生活水平的实际收入（ON），就会有劳动力从农村转移到城市的工业部门，而不会提高工业部门的实际工资，直到现代经济部门的发展把传统经济部门的剩余劳动力吸收殆尽，这个时点称为刘易斯拐点。在此之前，劳动供给可以认为是无限的，即劳动供给曲线是一条完全水平的直线 WM。假定工业部门的初始资本量为 K_1，此时雇用工人数量为 L_1，工业部门总产量为 $OL_1E_1D_1$，剩余产出利润量为 WE_1D_1，利润再投资又形成资本，企业规模扩大到 K_2，用工需求增加到 L_2（见图 7.1），这一过程不断重复，工业部门所吸纳的农业人口不断增加。

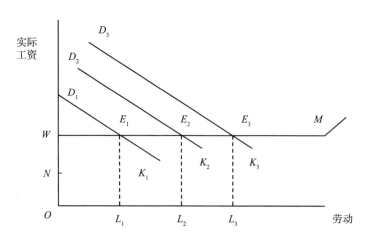

图 7.1 刘易斯二元经济结构劳动力转移模型

二、天津城乡存在收入差距

农业部门与工业部门之间如果存在工资差异，农村劳动力一般会向工业部门转移。分析天津近代人口迁移问题，首先需要对城乡家庭收入和支出情况进行初步梳理分析。天津周边农村农民收入的数据资料不多，即使有也是对农村家庭收入与支出的非连续时间序列，缺乏农村劳动力的平均工资资料。如表 7.1 所示，20 世纪 30 年代，天津城乡家庭收入基本相近，城市工人家庭的恩格尔系数明显低于农村家庭。如表 7.2 所示，到 20 世

纪40年代，城市工人家庭收入明显高于农村家庭，恩格尔系数却大大低
于农村，城市工人家庭生活水平明显高于农村。农村剩余劳动力产生向往
城市高收入与美好生活的欲望，促使他们迁移到城市。

表 7.1　　　　　　　　天津近代城市工人家庭全年收入与消费支出

年份	工厂工人			手工业工人		
	收入（元）	支出（元）	食品占支出比重（%）	收入（元）	支出（元）	食品占支出比重（%）
1927	175.7	153.7	60	—	—	—
1928	288.2	288.2	56.2	221.2	212.7	61.8
1939	780	620.4	58.1	—	—	—

说明：1928年工厂工人缺年收入数据，本表以年支出代替；1939年数据为华北地区城市工人
家庭收入。
资料来源：张东刚. 总需求的变动趋势与近代中国经济发展［M］. 北京：高等教育出版社，
1997：189–193。笔者整理得到。

表 7.2　　　　　　　　天津近代周边地区农家每家全年收入与消费支出

年份	收入（元）	支出（元）	食品占支出比重（%）
1917	101.3	101.3	74.3
1924	204	204	70.6
1926	217	235	65.8
1928	281.1	242.6	69.2
1930	204.7	159.5	79.2
1937	178.6	72.9	—
1941	306.4	267.8	—

说明：1924年和1926年缺年收入数据，本表以年支出代替。
资料来源：张东刚. 总需求的变动趋势与近代中国经济发展［M］. 北京：高等教育出版社，
1997：198–203，表五。笔者整理得到。

　　前面的探讨并不能说明城乡平均工资水平的高低，只是说明了城乡生
活水平的高低。农村只有家庭收入数据，无法和城市工人平均工资比较，
需要找到农村劳动力的平均工资数据。本书根据《津门保甲图说》对天津
人口的第一次统计资料，认为乡村每户有5口人、3个成年劳动力[1]，以

---

　　[1]　1846年，天津乡区有9317户，共45304口人，大概每户5口人，每户平均有2个小孩，
即每户有3个成年劳动力。

此对表7.2数据进行调整，得到表7.3。同样可以得到天津城市工人平均
工资数据，如表7.4所示。两表数据相互比较，可以看出天津近代城乡工
资收入的差距比较明显。20世纪30年代，城市工人平均工资是农村劳动
力的2倍多。40年代，收入差距明显拉大，城市工人平均工资是农村劳动
力的6倍多，天津农业部门劳动力存在向现代工业部门转移的内在动力。

表7.3　　　　　天津近代周边地区农村劳动力全年平均工资　　　　单位：元

年份	平均工资
1917	33.8
1924	68.0
1926	72.3
1928	93.7
1930	68.2
1937	59.5
1941	102.1

表7.4　　　　　　天津近代城市工人全年平均工资　　　　单位：元

年份	平均工资
1928	193.3
1934	209.7
1936	407.8

三、天津城市人口加速集聚

（一）人口总量不断增长

一些学者对天津近代人口进行了深入研究，李竞能《天津人口史》
（1990年）从人口环境、历年人口变化、人口构成和人口素质等方面，对
天津人口整体发展情况进行了较为全面的研究。高艳林《天津人口研究
（1404—1949）》（2002）研究了1404—1949年天津人口变化，探讨了资
本移民对天津城市的影响。来新夏《天津的人口变迁》（2004年）分析了
古代、近代及现代的天津人口变化。罗澍伟《天津近代城市史》（1993
年）认为，工业发展促进了城市人口的聚集。天津市档案馆《近代以来天
津城市化进程实录》（2005年），整理了天津近现代人口情况的相关数据

资料。本书根据前人研究成果，整理得到附表 10，并作图 7.2，分析天津近代人口发展整体概况。可以发现，近代早期的天津城市人口户数平稳增长，趋势稳定。甲午战争前，天津城市一直保持着较低的人口增长速度，50 年间仅增加人口 10 万人，年均增长 0.2 万人。从甲午战争后，特别是进入 20 世纪后的近 50 年里，天津城市人口增速明显高于前期。1903 年人口统计量是 64693 户、326552 人，到 1948 年分别增加至 377483 户和 1860818 人，户数增加了 5.8 倍，人口数增加了 5.7 倍，年均增长 3.26 万人，是早期的 16 倍多。国民党政府内政部人口局 1947 年统计，我国 13 个大城市中，天津人口仅次于上海，居第 2 位，相当于上海人口的 40%。①

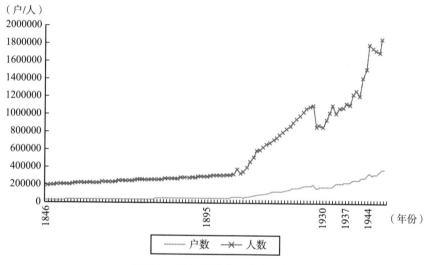

图 7.2 天津近代人口变化趋势

（二）人口增长以迁入为主

人口的增加，特别是城市人口的增加，途径主要有三种：一是人口的自然增长；二是市区扩大将周边人口划入；三是外地人口的迁入。

第一，人口的自然增长并非主要原因。人口在出生与死亡相抵消后自然增加的情况称为自然增长。如表 7.5 所示，1840—1936 年，天津自然人口共增长 66208 人，年均增长 690 人，远远小于迁移数。如表 7.6 所示，1934 年后出现快速增长，1947 年比 1935 年增长了 59.7%。但从人口出生与死亡情况看，基本上是负增长。1935—1947 年，出生人口总数是

---

① 李竞能. 中国人口：天津分册 [M]. 北京：中国财政经济出版社，1987：53.

108078 人，而同期死亡人数 130235 人，人口增长为 - 22157 人。显然，天津市人口的增长并非源于自然增长。

表 7.5 　　　　　　　1936 年以前各期天津人口增长构成 　　　　单位：人

时期（年）	自然增加	迁移	期间年数	年均自然增长	年均迁移
1840—1936	66208	989773	96	690	10310
1840—1906	43439	182402	66	658	2764
1906—1928	28921	668928	22	1314	30406
1928—1936	27222	105069	8	3403	13134

资料来源：罗澍伟. 近代天津城市史 [M]. 北京：中国社会科学出版社，1993：461。

表 7.6 　　　　　　1935—1947 年天津市人口自然变动情况 　　　　单位：人

年份	出生数	死亡数	增长数
1935	18432	16058	2374
1936	14772	13247	1525
1937	9056	9121	- 65
1938	4850	7567	- 2717
1940	6972	8137	- 1165
1941	5929	6630	- 701
1942	9300	10763	- 1463
1943	9518	15850	- 6332
1944	5892	11803	- 5911
1945	4839	6962	- 2123
1946	6161	7427	- 1266
1947	5149	9638	- 4489

资料来源：高艳林. 天津人口研究：1404—1949 [M]. 天津：天津人民出版社，2002：98。

第二，市区扩张的人口划入不是主要途径。20 世纪初，天津租界面积比以前增加 4 倍有余，租界由四国增加到八国，天津政府开辟了河北新市区且扩展了旧城西北地区。城市人口剧增导致天津城区面积不断扩大，增强了城市人口承载能力。进入民国时期，天津市隶属关系几次反复，县、城乡之间的划界也曾多次调整，天津市区实际占地向外拓展。天津周边乡区被划入市区，原住农民自然成为城市居民。1928 年，天津建制由天津县改为天津特别市，周边有 20 个村庄被划入市区，共有 18093 户，人口 80273 人。① 1934 年和 1936 年，天津周边部分农村分三次划入市区，第一次有 28 个村庄，第二次有 5 个，第三次有 16 个，共计 49 个村庄、12449 户、64422 人。② 新中国成立前，天津周边共有 69 个村庄被划入市区，共计 30542 户、144695 人。但从 1928 年到 1949 年，天津市人口增加近 100 万人，而且市区向外扩展及农民转换为城市居民是一个缓慢过程，显然这个路径不是人口增长的主要原因。

　　第三，迁入人口规模巨大，成为天津城市人口增长的主要来源。如表 7.7 所示，1840—1936 年，迁移人口增加迅速，年均增长 1 万多人。1934—1948 年这 15 年间，迁入天津的人口总数是 3896175 人，迁出人口总数是 3252268 人，实际净迁入人口总数是 643907 人。可见，人口迁入天津规模非常大，成为人口增长的主要来源。

表 7.7　　　　　1934—1948 年天津近代人口总数与迁入人口数

年份	天津人口数（人）	迁入人数（人）	比例（%）
1934	924355	168051	0.18
1935	1071072	441995	0.41
1936	1081072	340986	0.32
1937	1080229	304471	0.28
1938	1486478	411851	0.28
1939	1243723	316590	0.25
1940	1285543	233648	0.18
1941	1444501	226989	0.16
1942	1494842	207711	0.14
1943	1776323	254703	0.14
1944	1762608	185594	0.11
1945	1711120	104453	0.06
1946	1677000	152697	0.09
1947	1715534	118905	0.07
1948	1913187	427528	0.22

　　资料来源：天津市档案馆. 近代以来天津城市化进程实录 [M]. 天津：天津人民出版社，2005：703；高艳林. 天津人口研究 [M]. 天津：天津人民出版社，2002：100，表 4-9。

① 天津市社会局统计汇刊之天津市农业统计 [Z]. 天津：南开大学经济研究所馆藏，1931.
② 天津特别市公署行政纪要 [M]//高艳林. 天津人口研究：1404—1949 [M]. 天津：天津人民出版社，2002：94.

　　天津人口增长的历史过程，一定程度上验证了二元结构理论对人口迁移的解释。19 世纪和 20 世纪的中国是一个农业大国，农村存在大量的剩余劳动力，城市工业化发展为农村劳动力向城市转移提供了可能。随着工业化不断发展，社会分工越来越细，为劳动力提供了更多就业机会。近代天津开始转向社会化大生产，城市手工业工场和作坊依然存在，新式商业、金融业、进出口贸易蓬勃发展，生产、流通、服务等多个部门亟需大量劳动力。例如，1927 年，久大制盐公司二三月间需要招募二三百名工人，一天之间就吸引了 400 来名山东人来津等候录用。[①] 天津各大纱厂经常到农村招募工人，如天津模范纱厂的工人并不是在天津市内招募，而全部是招自离天津 15—25 公里的津浦、京奉铁路附近的村落，并且全部安排住在宿舍里。[②] 20 世纪 30 年代，许多工厂工人以外地人为主。中小型工厂、作坊和商店为了减少开支，多招外地来津的青少年充当学徒。一些外地人在天津办工厂的商店还专门到原籍招收同乡来津工作，在天津做工的工人和店员也经常为同乡寻求新的生活出路。1929 年调查织布工业中的317 名工人，经朋友推荐来的有 178 人，经同乡、亲戚和家族介绍来的有93 人，两者共占工人总数的 85.49%；在 550 名学徒工中，由朋友介绍的有 176 名，由同乡、亲戚和家族介绍的有 345 名，两者共占学徒工总数的94.73%。[③] 20 世纪 30 年代初调查天津地毯工业的 354 名工人中，河北籍有 326 人，山东籍有 15 人，两者占总数的 96.33%；学徒工中河北省来的有 228 人，山东省的有 29 人，共占被调查总人数的 99.23%。[④] 被调查的织布工业工人中，河北籍和山东籍的占到总人数的 94.32%。这些外地来的织布工人，在天津居住 1—5 年的占 44.6%，已住 6—10 年的占 41.6%，居住 10—20 年的占 13.08%。[⑤] 可见，这些织布工人多是近 10 年内迁居天津的。20 年代末，天津工商业逐年凋落，许多大型工厂时开时停，破产倒闭者日渐增多，致使失业工人大增，缺少以往的吸引力，迁移天津定居者数量减少，1928—1936 年净迁移人口仅 10 万余人，年均迁入 13134人，不及前段时期的 1/2。[⑥]

①　林颂河. 塘沽工人调查 [M]. 北京：北平社会调查所，1936：39.
②　华新津厂第一届总结节略 [Z]. 北京：第二历史档案馆，第 1027 全宗，第 175 卷.
③　方显廷. 天津织布工业 [R]. 天津：南开大学经济学院，1931：82.
④　方显廷. 天津地毯工业 [R]. 天津：南开大学社会经济研究委员会，1930：70.
⑤　方显廷. 天津织布工业 [R]. 天津：南开大学经济学院，1931：66.
⑥　罗澍伟. 近代天津城市史 [M]. 北京：中国社会科学出版社，1993：463.

四、大量人口迁入的原因分析

（一）安定和谐的社会环境

进入 20 世纪，天津经济的快速发展吸引了大量劳动力来津寻找机会。天津城区扩大，基础设施日益完善，以及安定的社会环境，为越来越多的人提供了更好的生活空间和生活条件，天津逐渐成为富者的"乐土"和贫民的避难之地。一些南方商人和买办多选择移居临近北京的天津，例如，住在英租界的原上海美最时洋行买办劳某，因上海境遇不佳后移居天津。[①] 民国建立后，清朝遗老和军阀官僚认为天津是退隐后的理想之地，移居者不胜枚举。周边农村无法维持生计的贫困农民，集聚在天津这个北方最大的工业中心以谋求生活。天津各级政府和富商开办的赈济组织，能够给灾民提供必要的救济和工作，也促使因天灾人祸逃离家乡的难民涌入天津。抗日战争时期，一些中小城镇有钱的人和无生活出路的人来津谋生者甚多，一些军阀、官僚、封建地主和买办、资本家也逃入天津，寄希望得到外国势力的庇护。抗日战争胜利后，在国民党统治时期，由于政治、经济畸形、城乡分割、物价飞涨，导致民不聊生，外省市及天津邻近地区来津谋生、逃亡者众多，仅 1948 年半年涌入天津的外省人口有 271233人，迁出 152032 人，净迁入 119201 人。[②]

（二）现代的城市生活与就业机会

工业化促进了城市化进程，城里的工商业发达，生产和消费水平也比农村高。城市的住房、饮食、工作条件、娱乐以及受教育和开放程度和农村存在明显差异，大大吸引了农村中不安于生活在封闭状态的青年人和破产农民，力图有所作为或谋求生存，不乏利用各种机会和个人努力而发迹者。[③] 迁居天津的生活条件和社会地位变化，会很快反馈到原籍地，能够产生强烈的诱惑力，吸引更多同乡迁来城市。

（三）华北农村环境不断恶化

首先，华北农村自然经济日趋瓦解，两极分化加剧，破产农民和剩余劳动力增多，农民不得不离开家乡，流落异地。华北农村人多地少，粮食

---

① 罗澍伟. 近代天津城市史 [M]. 北京：中国社会科学出版社，1993：463.

② 李竞能. 中国人口：天津分册 [M]. 北京：中国财政经济出版社，1987：66.

③ 邱玉堂是河北枣强人，1915 年来天津五金行学徒，不到 10 年就办起 2 万元资本的晋丰五金行，以后又创办进出口公司、钱号、银行和货栈等，抗战前拥有资本 500 多万元，任天津五金同业公会会长，天津商会董事长。参见：邱玉堂. 我是怎样发家致富的 [C]//天津文史资料选辑：第 32 辑. 天津：天津人民出版社，1985。

亩产量不及江南的 1/6，5 口之家需有 15 亩地方能维持，而此时华北农村人均耕地尚不及 3 亩，难以维持生存。加之商品化生产，造成土地兼并严重，破产农民逐年增多，农民被迫外出寻求生计。天津三条石地区的铸铁和锻铁、机器制造工厂、手工作坊的工人，多是来自河北省交河和山东省章丘的农民。在郭天祥铁工厂的 98 名学徒之中，来自河北和山东的占 94.9%。[①] 据郭天祥等 3 个铁工厂统计，70 名工人中来自农村破产农民的有 66 人。[①] 其次，农村不断恶化的自然和社会环境，使农民不能安居故土。连年不断的自然灾害、军阀混战，政府的横征暴敛，都加剧了农民家庭的破产。20 世纪 20 年代，时局相对稳定，天津工商业日益振兴，就业机会较多，流入的人们能够找到工作，有能力定居在天津。

（四）工业区增强了人口负载能力

首先，工业化促进了城市化发展，天津城区面积不断扩大，增强了城市人口负载能力。在今天海河两岸旧租界的广大地区，原来只有个别点状分布的村庄和寺院，其余大部分是低洼荒凉地区，到处是池塘、菜园或坟地。随着航运业日益繁荣，旧城东南的海河沿岸，建筑不断增多，码头日益发展，逐渐形成了以"紫竹林"为中心的新市区。租界拓展了市区范围，北自北站附近，东南及海河两岸的小刘庄和大直沽，即以旧三岔沽为中心，将当时城郊荒地和个别村庄小镇连成一个城市，基本上形成了今日天津市中心区的规模。20 世纪初，工业快速发展进一步促进了商贸繁荣，天津市内形成了两个商业区，一个是以旧三岔河口为中心的沿河地带商业区；另一个是紫竹林海河两岸新兴商业区，吸引了四乡人口来津就业。其次，许多大型工厂开设在市区或租界区边缘，形成了许多大小不同的工业区，工业区周边出现了很多居民聚居区。例如，建在德租界南的小刘庄、挂甲寺和郑庄子的裕元、宝成、裕大和北洋纱厂，不仅使产业工人不断集聚，也给乡村地区带来巨大变化，改变了农村人口相对分散、以农业为主的社会经济生活，社会结构、社会意识也逐渐发生变化。

第二节　人口迁入保障经济增长要素供给

人口与经济的发展变化不是各自孤立进行的，而是相互联系、相互制

---

① 罗澍伟. 近代天津城市史 [M]. 北京：中国社会科学出版社，1993：465.

约和相互作用。人口迁移作为一种复杂的社会经济现象，对经济发展起着重要影响。天津在 1925 年成为百万人口的大城市，在华北地区确立了经济中心的地位①，这些都离不开人口流入的贡献。

一、人口迁入为工业化提供了必要劳动力

近代天津设立的众多工厂，不仅需要劳动力从事商品生产，也需要商贩从事收购原料和推销贩运商品，为社会提供了广泛的就业机会，吸引着腹地农村剩余劳动力和小城镇商人怀着谋生计、赚大钱等各种目的涌入天津。

（一）工业人口变动与工业发展呈现一致性

新式企业的工人最早出现在外国人开办的打包工厂和造船厂中。如表 7.8 所示，19 世纪末，天津市内共有工人 4850 人②（不包括交通运输、邮电业）。20 世纪初，天津工业振兴，工人数量猛增，1910 年有工业人口约 6432 人，较前期增加不多，因为此时的天津机器局已经不复存在，而新设立的企业大多规模较小。30 年代的工人数迅速增加，1927 年六大纱厂就有近 2 万名工人，原来的手工业工场和作坊也陆续使用动力，进而扩大了产业工人的队伍。据统计，1927 年天津有从事纺织、面粉、化工和机械等行业的工人约 70831 人③，1937 年近 10 万人。工人人口比重由 1895 年的 1.6% 上升到 1937 年的 8.5%，泛工业人口比重由 9.5% 增加到 40.8%，从这一角度看，1928—1937 年的天津工业化已经达到了一个很高的程度。1947 年，天津主要工业部门工人数下降为 61099 人，约占全国工人的 10%。④ 主要原因是 1937—1947 年处于战乱状态，工业发展起伏衰落，工人数量也随之变化。

表 7.8　　　　　　　　　　天津近代工业人口概况

时期	工业人口		泛工业人口		城市人口（人）
	数量（人）	比重（%）	数量（人）	比重（%）	
1895 年以前	4850	1.6	28615	9.5	300716
1895—1910 年	6432	1.1	37948.8	6.3	601432

① 孙德常，周祖常. 天津近代经济史 [M]. 天津：天津社会科学院出版社，1990.
② 因为是统计天津市内的工人数，同天津工业企业工人数有所不同，本书第三章认为天津工业企业共有工人 14850 名左右，但其中不包括开平煤矿近万名工人，所以数据相差很大，其他时期也是如此。
③ 陈克. 一九三七年以前天津工业人口之推算 [J]. 天津史志，1986（1）.
④ 纪广智. 旧中国时期天津工人状况 [J]. 北国春秋，1960（3）：20.

续表

时期	工业人口		泛工业人口		城市人口（人）
	数量（人）	比重（%）	数量（人）	比重（%）	
1911—1927 年	75931	6.8	410027.4	36.9	1111048
1928—1937 年	96158	8.5	461558.4	40.8	1132263
1938—1947 年	61099	3.6	311605	18.2	1710910

说明：1. 泛工业人口指包括工业部门职工所供养的家属在内的人口数。计算方法是，用各期工业人口乘以对应期平均家庭人口，即得。2. 各期平均家庭人口为，1895 年 5.9 人；1910 年 5.9 人；1927 年 5.4 人；1937 年 4.8 人；1947 年 5.1 人，根据本书附表 A11 计算得到。

资料来源：1895—1937 年的工业人口数据来源：陈克. 一九三七年以前天津工业人口之推算 [J]. 天津史志, 1986 (1). 1947 年工人数量数据来源：纪广智. 旧中国时期天津工人状况 [J]. 北国春秋, 1960 (3)：20. 城市人口数据来源于本书附表 A11。

（二）城市工业人口以外来雇工为主

近代企业以劳动密集型为主，资本有机构成较低，对劳动力需求很大。一方面，企业主雇用劳动力往往使用相同籍贯的人，很快吸引了大量劳动力来津工作。另一方面，企业为了尽快满足生产要求，主动从外地招工。例如，华新津厂 1918 年开办时，"北方风气初开，熟手工人甚少，不得不招南方工人"；裕元纱厂在 1917 年底，"以上海招来熟练的纺织男工 100 余名，开始生产"。[①] 如表 7.9 所示，以纺织工业为例，其资本总量占到天津工业资本总量的 70.1%，工人人数占总人数的 72.1%[②]，但天津籍工人只占全部工人数的 19.66%，外来工人占到了 80.34%，其中又属河北籍人口最多，达到了 57.07%，并占全部外来人口的 71%；其次为山东，占工人总数的 10.87%，河南占 9.49%，其他省份则较少[③]。从产业部门分布看，除纺纱业中天津籍人口比重占 1/3 外，其他产业部门外籍人口比重都在 90% 以上。这些外地工人主要是经人介绍来天津工作，如朋友、同乡、亲戚、家族和邻居等，独自来津者人数极少。

表 7.9　　　　　　　1930 年天津纺织工业人口来源构成

项目	籍贯						
	天津	河北	山东	河南	其他	总计	移民比重
地毯业（人）	12	554	44	—	5	615	98.05%

---

①　罗澍伟. 近代天津城市史 [M]. 北京：中国社会科学院出版社, 1933：462.

②　天津市社会局. 天津市工业统计·工业调查一览 [M]. 1931.

③　高艳林. 天津人口研究：1404—1949 [M]. 天津：天津人民出版社, 2002：110.

续表

项目	籍贯						
	天津	河北	山东	河南	其他	总计	移民比重
织布业（人）	39	654	165	—	9	867	95.50%
针织业（人）	11	304	14	—	4	333	96.70%
纺纱业（人）	696	688	196	366	94	2040	65.88%
总计（人）	758	2200	419	366	112	3855	80.34%
比重	19.66%	57.07%	10.87%	9.49%	2.91%	100%	—

资料来源：方显廷. 天津纺织工业［R］. 天津：南开大学经济学院，1931：78；方显廷. 天津地毯工业［R］. 南开大学社会经济研究委员会，1930：71；方显廷. 天津针织业［R］. 天津：南开大学社会经济研究委员会，1931：71；吴瓯. 天津市纺纱业调查报告［M］. 天津：天津市社会局，1931：208。

到了 20 世纪 40 年代，天津籍工人比重有所增加。1941—1942 年，天津的外地雇工总数为 108322 人，天津本地雇工为 54119 人，外来雇工是本地雇工的 2 倍多。其中，外来雇工以河北人为最多，除了河北地域紧邻天津外，主要因为当时河北的人口密度最高，1928 年达到了每平方公里 222.25 人，农业资本和劳动力严重过剩。如表 7.10 所示，天津各行业中的外地移民均占雇工总数的 1/2 以上，其中以纺织业最高，为 77.3%，食品业最低，为 51.3%。

表 7.10　　　　　　　　1941—1942 年天津各业中的外来雇工数

类别	劳动力总数（人）	外地劳动力人数（人）	比重（%）
食品类	37656	19321	51.3
纺织类	41155	31826	77.3
燃料烟酒类	3618	2468	68.2
五金机械类	15522	11334	73
土木建筑类	7728	5872	76
矿业	9065	6013	66.3
金融类	7099	4595	64.7
运输类	3742	2493	66.6
畜牧类	1261	926	73.4
药业类	6097	3531	57.9
文教类	6988	5082	72.7

续表

类别	劳动力总数（人）	外地劳动力人数（人）	比重（%）
服务类	13055	8304	63.6
其他	9455	6557	69.3
总计	162441	108322	66.7

资料来源：高艳林. 天津人口研究：1404—1949 [M]. 天津：天津人民出版社，2002：214，表5－9。

二、天津城市人口分布与工业分布密切相关

劳动力居住与企业分布的空间关系，是影响雇工来源充裕的重要因素，能够反映人口增长与工业发展的内在联系。如表7.11所示，天津近代人口主要集中在市内五个区，工业企业也主要集中在这五个区。其中二区最典型，1929年区内人口占天津总人口比重为23.9%，区内企业数占城市总企业数比重达39.2%，均排在各区首位。

表7.11　　　　　　1929年、1933年天津人口与工业企业区位分布

	项目	一区	二区	三区	四区	五区	特一区	特二区	特三区	乡区五所	合计
1929年	企业（家）	363	856	550	135	152	51	35	21	20	2183
	占比（%）	16.6	39.2	25.2	6.2	7.0	2.3	1.6	1.0	0.9	100
	人口（人）	146512	249769	173822	98109	216172	26523	28577	15591	89031	1044106
	占比（%）	14.0	23.9	16.6	9.4	20.7	2.5	2.7	1.5	8.5	100
1933年	企业（家）	174	554	211	65	68	35	15	22	69	1213
	占比（%）	14.3	45.7	17.4	5.4	5.6	2.9	1.2	1.8	5.7	100
	人口（人）	139275	210663	162539	92066	204402	23532	28434	19935	97156	978002
	占比（%）	14.2	21.5	16.6	9.4	20.9	2.4	2.9	2.0	9.9	100

说明：乡区除五所外，其他地区的企业总量为2—3家企业，比重很小，本表没有包括。

资料来源：天津市档案馆. 近代以来天津城市化进程实录 [M]. 天津：天津人民出版社，2005：699－701；吴瓯. 天津市社会局统计汇刊：工业类 [M]. 天津：天津市社会局，1931；邓庆澜. 天津市工业统计（第二次）[M]. 天津：天津市社会局，1935（2）：3，5。

三、工人分布密度存在企业规模偏好差异性

人口迁入对工业发展的影响还表现在企业规模的不同上。从表7.12

可以看出，15 家大企业和 1500 余家中小企业，资本规模相差悬殊，分别为总额的 96.7% 和 3.3%，而雇用工人的人数却几乎相等。六家纺纱厂规模宏大，拥有资本占民资工业资本总额的 4/5，雇用工人人数则占民资工业工人总数的 2/5 强，即每万元雇用 8 人。如果按每个工人平均占有资本量计算，则以面粉厂最高，其数额将近 4000 元。而中小企业的人均资本大多仅为数十元，地毯企业平均为 14 元，制铁企业为 10 元，每万元资本雇用 227 人，是大企业的 28 倍多。[1] 企业规模越大，单位资本雇用工人的数量就越少；企业规模越小，单位资本雇用的工人越多，资本与劳动力存在显著的替代性。

表 7.12　　　　　　　　　1929 年民族企业工人构成

项目		企业（家）	资本规模		工人	
			金额（万元）	比重（%）	数量（名）	比重（%）
大企业	纺纱	6	2099	80.53	16798	43.03
	面粉	5	265.5	10.19	677	1.73
	火柴	4	156	5.98	2040	5.23
	合计	15	2520.5	96.70	19515	49.99
中小企业	织布	429	55.1	2.11	8575	21.97
	漂染	281	8	0.31	1404	3.60
	地毯	169	7	0.27	4841	12.40
	针织	78	6.5	0.25	1295	3.32
	机器	63	7.3	0.28	1197	3.07
	制铁	514	2.2	0.08	2207	5.65
	合计	1534	86.1	3.30	19519	50.01
总计		1549	2606.6	100	39034	100

资料来源：Hershatter G. The Worker of Tianjin 1900 - 1949 [M]. Stanford University, 1986：48。

四、人口迁入存在"资本—技术—市场"效应

（一）人口迁入的资本伴随效应

调查显示，在天津 17501 家工商业企业中，本地投资者有 5782 人（见表 7.13），占全部投资者的 33.04%，外来投资者中，以河北籍人最

---

[1]　Hershatter G. The Worker of Tianjin 1900 - 1949 [M]. Stanford University, 1986：46.

多，有 7796 人，占总数的 44.54%；外国投资者有 30 人，占比 0.17%，主要来自日本。从行业分布看，织染业中的外来投资者最多，有 962 人，占这一行业的 91.36%；其次为灰煤业，有 574 人，占比 66.36%；在酒业中，没有外来投资者，均为天津本地投资者，有 60 人；在银行业、保险业、皮货业、染纸业和面袋业等行业中，投资者均为外地人。从投资额角度看，14 个部门、120 个业种的总资本为 32009 万元，其中天津本地资本为 7653 万元，占资本总量的 23.9%；外来资本为 24356 万元，占资本总量的 76.1%，其中外国资本占总资本的 1.09%。与外地投资者的来源分布一样，来自河北的资本额在全部外地资本额中的比例最大，为 4239 万元，占总资本的 13.2%，占外地资本的 17.4%。从资本的行业分布看，金融、运输等部门的外来资本最多，分别占到了行业资本总额的 93% 和 82%。再看工业资本分布，资本总量为 3503 万元，其中天津本地资本为 1117.36 万元，占资本总量的 31.9%，外来资本为 2386.64 万元，占比 68.1%（见表 7.14）。可见，外来资本在天津近代工业发展中占有绝对优势。另外，外侨人口在天津的投资也有很多，最早在天津投资建厂的外侨是英国人高林，他于 1881 年建了打包厂，为外贸出口服务。1881—1937 年，大约有 11 个国家的 225 位侨民在天津投资建厂，涉及水、电、打包、纺织、化工、机械、冶炼、饮食、印刷、卷烟等多个部门，总资本约为 11567 万元，占天津全部工商业资本的四分之一多。[①] 外侨资本已成为天津近代工业发展的一支重要力量。

表 7.13　　　　　　　　　1942 年天津工商业投资者来源结构

投资者	天津	河北	山东	北方	南方	外国	其他	合计
数量（人）	5782	7796	2242	705	406	30	540	17501
比重（%）	33.04	44.54	12.81	4.03	2.32	0.17	3.09	100

说明：北方，除河北和山东外的长江以北地区；南方，长江以南地区。
资料来源：高艳林. 天津人口研究：1404—1949 [M]. 天津：天津人民出版社，2002：211，表 5-9。

表 7.14　　　　　　　　　1942 年天津工业资本分布

业别	资本总量（万元）	本地资本（万元）	外来资本（万元）	外来比重（%）
制胰化妆品工业	102	23	79	0.77
漂染业	248	57	191	0.77

① 高艳林. 天津人口研究：1404—1949 [M]. 天津：天津人民出版社，2002：293.

续表

业别	资本总量（万元）	本地资本（万元）	外来资本（万元）	外来比重（%）
制革业	136	61	75	0.55
电镀业	3	1	2	0.67
制镜业	36	19	17	0.47
面粉业	314	180	134	0.43
酿酒业	136	136	0	0.00
汽水业	15	10	5	0.33
制烛业	9	5	4	0.44
凉席业	8	2	6	0.75
文具业	52	1	51	0.98
机器业	94	33	61	0.65
皮货业	45	0	45	1.00
制帽业	61	20	41	0.67
五金业	531	267	264	0.50
铁业	44	9	35	0.80
铜业	6	0.3	5.7	0.95
竹木业	19	5	14	0.74
印刷业	68	20	48	0.71
橡胶业	31	6	25	0.81
油漆业	588	132	456	0.78
胶皮车制造业	1	0.06	0.94	0.94
新药业	182	39	143	0.79
织染业	773	91	682	0.88
合计	3502	1117.36	2384.64	0.68

资料来源：高艳林. 天津人口研究：1404—1949［M］. 天津：天津人民出版社，2002：238，表6－3。

（二）人口迁入的技术伴随效应

市场竞争很大程度上取决于技术竞争，但技术竞争不仅是先进的机器，更需要高水平的技术人才。近代天津的很多产业部门从国外引进技术人才，促进了技术扩散，提升了企业生产、管理技术水平。例如，1905年天津造胰公司成立之初，聘用了日本东京大学工科毕业生张星五为董事、严智怡为工程师，并且聘用日本工头，学习日本人的管理方法，因为技术先进、管理方法合适，所生产产品供不应求，获利颇丰，公司 1908 年增资到 15000 元，并全部改为机器生产。① 东亚公司的宋棐卿十分注意搜罗人才，他以每月 200 元工资的高薪将上海章华织呢厂的留法工程师张汉之请来担任工程师，又聘请了英国里兹大学纺织工程硕士的纺织专家孙泽先生任公司工程师，通过人才引进和设备更新，东亚毛纺公司成为当时中国规模最大的细纺绒线工厂，产品遍销全国，销售额在 1935 年达到了 106多万元。② 很多纱厂从国内外引进技术人员，展开了一系列生产技术、工艺组织的改革，不仅提高了企业的生产能力，也使得部分产品的质量超过了进口面纱。天津六大纺纱厂不断提升生产技术水平，产品销往国内各大省市，获得了丰厚利润。启新洋灰公司主要股东中的陈希明和陈一甫，一个是技术人员，一个是高级管理人员，德国人昆德汉思也是该公司多年高薪聘请的技师，这些引进的人才不仅提高了启新的设备利用率，也降低了原材料成本，保证了生产规模的扩大需要，启新年产量由最初的 25 万桶增至 180 万桶，每年都能获得高利润回报；启新凭借其优良的产品得到了国内外用户好评，多次在国际、国内获得大奖。③

（三）人口迁入的市场效应

随着天津工业化与城市化的不断发展，越来越多的人来津工作生活，包括农民、地主、手工业者、绅士、离退职官员等各个阶层，他们的衣食住行等生活资料一般不会自给自足，而是需要依靠城市市场供应，他们自然成为城市消费者。迁入人口规模不断增长，对以轻工业为主的天津经济来说，是现实而直接的巨大市场需求。很多中小型工厂、手工工场的产品，都是以天津当地为主要目标市场，像皮鞋制造业、搪瓷制造业、西式食品业、毛纺织业等，那些食品业、修理业和各种服务业更是以附近街区人群为服务对象。天津城市人口高速增长时期，正是工业发展的黄金时期。工业化与城市化互相促进，天津也逐渐由原来的旧式县城迅速发展为工商业繁荣的大都市。

---

① 宋美云．近代天津商会［M］．天津：天津社会科学院出版社，2002：231.
② 崔树菊，金岩石．天津东亚毛纺公司史料［J］．天津历史资料，1984（20）.
③ 徐景星．天津近代工业的早期概况［C］//天津文史资料选辑：第 1 辑．天津：天津人民出版社，1978：124 - 161.

第八章　大积累与工业化：工业资本积累与经济增长

第一节　天津产业资本的来源与积累

在工业化过程中，资本自身积累与资本需求是两种最常见的扩张手段。资本积累是指企业把消费之余的利润追加到再生产过程中去，用以扩大生产规模。① 资本需求指通过外部筹集资金以实现投资扩大生产规模。萨伊（Say）把资本积累看成经济增长的源泉，提出了"生产创造需求"理论。李嘉图（Ricardo）认为利润增长决定资本积累，而利润的增长主要靠利润率，进而确立了"利润率—利润增长—资本积累—财富增长"的经济增长思想。

资本积累来源于投资活动。企业进行生产和经营活动，要有足够数额的资金进行投资，资金是企业从事经济活动的基本条件。新建企业要有足够的资金购买设备、原材料，已有企业扩大生产规模需要追加投资，亏损企业需要筹集资金补充不足部分。因此，摆在企业面前的第一位问题往往是如何筹集资金，也是很多近代企业普遍面临的问题。筹集资金的方式并非单一化，企业可以依靠自身利润积累并从中转化，也可以向银行贷款，或者通过金融市场、社会集资等方式来筹集。英国工业革命初期，工业部门资本需求并不大，主要通过自身逐步积累完成。在经济迅速增长时期，资本需求会大幅度增加。罗斯托（Rostow）认为经济"起飞"是生产投资率从 5% 以下上升到 10% 以上的过程。刘易斯认为，所有现在的发达国家在过去某个时期都经历过经济加速增长的阶段，其中每年的纯投资率从

---

① 舒晓昀. 英国工业革命初期资本的需求 [J]. 世界历史，1999（2）：12 – 17.

5% 以下上升到 12% 以上的那个阶段就是工业革命。

一、1860—1894 年间的产业资本来源

地租难以转化为产业资本。首先，清政府的财政收入无法支撑大规模新式企业的设立。清政府的财政收入本质上是地租的转化形态，年财政收入在 19 世纪 60 年代只有三四千万两，在七八十年代也不过五六千万两，即使不断增税，甲午战争前五年平均仍只有 6870 万两。[①] 其次，当时的地租额很高，每亩土地每年的地租一般占其地价的 1/10 左右，高的达 1/3，换句话说，投资土地的利润经常在 10% 左右，甚至达到 30% 多。如果工业利润不能达到或超过这个水平，地租就很难转移到工业投资上。此外，重农抑商的传统阻碍了市场经济发展，洋务运动初期的清政府常常利用手中力量企图垄断近代工业为其统治服务，排斥民族资本投资于工业。因而，这个时期首先转化为工业资本的是与封建集权政府勾结的官僚资本，还有与外国资本势力勾结的买办资本，只有极少数拥有一定数量货币资本的商人投资于新式工业。

（一）政府拨款与洋务派官僚聚敛的财富

近代官办企业的资金均来自清政府投资，包括海关洋税、户部拨款、地方拨款、军费、罚款、借款等。不同的是，近代以前官办手工业的经费一般都是政府的财政拨款。封建政府的财政收入，是封建土地所有权的实现。无论是田赋、丁赋、盐斤还是各项杂课，都来自农民的剩余劳动，即地租的转化形态，但这种资金在当时的条件下很难转化为资本。[②] 据统计，当时军用工业 88% 的经费来源于海关洋税和洋商借款，只有 12% 和过去一样来自户部拨款、地方拨款、军费和罚款等。例如，天津机器局开办经费约 58 万两白银，常年经费由天津、烟台两海关和海军衙门解拨，每年约 35 万两白银。海关税作为一种近代税赋，已经具备了原始资本积累的性质，可以转化为产业资本。

官督商办企业虽然没有官股，但大量官款却存在其中，如表 8.1 所示，这些官款实际上属于工厂设立时的创业资本，主要用于工厂购置机器设备和基本建设经费，属于投资范围。这类企业创办本意是解决洋务派遇到的某些问题，例如，轮船招商局解决漕运困难、开平煤矿解决海军和机

---

① 许涤新，吴承明. 中国资本主义发展史：第二卷 [M]. 北京：人民出版社，2003：382.

② 马克思说，"货币作为收入，作为单纯流通手段同活劳动相交换，绝不可能使货币变为资本"。马克思恩格斯全集：第 46 卷：上册 [M]. 北京：人民出版社，1980：465.

器制造局的用煤、电报局保障军政通信等。但因当时府库经费不足，才求助于民间资本，正如张之洞所说"招商助官之一法"①。1882年《电报招商局章程》规定："未归还之官款十万两，永远存局，不更归还；但于十年之后，于商本一律起息……其余亦永远存局，加添官股资本"②，但实际上这10万两是用官方发报应付的报费抵还了。同时，官督商办企业中官款所占比重很高，尤其在开办初期。例如，官款在天津铁路公司占64%，在天津电报局占70%，轮船招商局直到1879年官款仍占其全部实际运用资金的1/2，1891年才完全还清官款，只有开平矿务局用官款较少。

表8.1　　　　　　　　　1872—1893年官督商办企业中的官款　　　　　　　　单位：两

项目	轮船招商局	开平矿务局	天津电报局	天津铁路公司	合计
	1872—1879年	1878—1894年	1882—1886年	1887年至不详	—
垫借款额	1928886	617500	178700	16000	2741086
用途	开办费、购船	开办、筑路费	修建费	筑路费	—

资料来源：许涤新，吴承明．中国资本主义发展史：第三卷 [M]．北京：人民出版社，2003：444，表3-22。笔者整理得到。

　　洋务派官僚聚敛的大量财富，成为早期工业发展的重要资金来源。封建官僚利用政权积累私人资本，并垄断了对工业的投资，洋务派官僚从创办和经营近代工矿企业和交通运输业中及从大量举借外债的佣金和贪污中积累了大量财富。例如，洋务派首脑李鸿章及其助手盛宣怀，李鸿章在招商局、电报局、开平煤矿等企业拥有大量股份；盛宣怀主持招商局，也积累了大量财富。③

　　需要说明的是，当时官款垫借比例高的一个主要原因是招募商股十分困难。例如，轮船招商局1873年拟定资本100万两，只招足47.6万两，其中还有李鸿章等众多官僚的投资；开平矿务局1877年招股80万两，实收仅20万两。④ 招商困难的原因并不是当时的商人没有货币资本，而主要是对官方的不信任，担心官方独断专行而遭受投资损失。

① 张继圣．张文襄公治鄂记 [M]．1947：31.
② 郑观应．盛世危言后编 [M]．卷12.1920.
③ 祝慈寿．中国近代工业史 [M]．重庆：重庆出版社，1989：46.
④ 许涤新，吴承明．中国资本主义发展史：第二卷 [M]．北京：人民出版社，2003：446.

（二）投资新式工业的买办资本

19 世纪 70 年代，部分商人、地主和官僚开始投资于新式工业，这些商人以买办①居多。19 世纪 60 年代出现的各类买办，从不同领域内从事的买办活动中积累了大批货币财富。买办财富的积累包括外商企业给付的薪金、佣金及其投资利润。其中，薪金不是买办收入的主要来源，佣金的数量远远超过了薪金。例如，1866 年，天津买办收取与运货到中国运费相等的佣金，以当时英国制造的主要货物而言，这种佣金与海关的进口税相等。② 天津一地买办的收入每年至少有 200 万两，例如天津怡和洋行买办梁炎卿估计资产值 2000 余万元，太古洋行买办郑翼之资产值 1000 余万元。③ 买办除挥霍了一部分，并把一部分钱购置房地产、放高利贷外，他们中还有一些人把部分财富投资于近代工业。买办手中除了掌握大量货币资金外，还经常与外国人接触，具有创办现代工厂的某些"洋务"知识。同时，买办与外国洋行的依附关系，使他们具有进口机器设备以及聘用外国技工的便利条件。1878 年，招商局总办朱其昂创办贻来牟机器磨坊，成为中国及天津民族资本创办的第一家机器面粉厂，还有 1884 年广东人罗三右创办的天津第一家铁工厂，以及 1886 年天津武备学堂总办杨宗濂和汇丰银行买办吴懋鼎创办了天津自来火公司。但仍有很多买办并没有投资工业，他们宁可把大量资金投入房地产，特别是抢购租界地皮，或存入外国银行生息。同样拥有货币资金的另一些富有阶层如盐商、地主等，远远比不上买办，也很少投资新式工业。买办企业经过短暂的繁荣后，逐渐走向衰落，在天津近代工业发展中并不占重要地位。

（三）外国资本的入侵

帝国主义对华掠夺性投资主要有两个方面，一是直接投资设立企业，二是间接投资借款给中国政府与企业。这些外国资本，很大一部分来自对华贩卖鸦片获取的巨额利润，例如英国怡和洋行，通过贩卖鸦片积累了巨额财富。为进一步在华霸占原材料市场，以贸易为借口在洋行里设立打包

---

① 人们对于外国在华企业所雇用的买办，一般称为职业买办，以区别于政治买办和文化买办等。职业买办是近代意义上买办的最早和最主要的形式，也是构成买办制度和买办阶级的基本部分。职业买办受雇于外国资本的在华企业，并为它们收集经济情报、招揽业务、垫付资本、管理中国员工等。买办资本相对于民族资本而言，它是在外国资本培植下发生和发展起来的，并受它们控制的一种资本。

② 1866 年《津海关贸易报告》。

③ 天津市政协秘书处：天津文史参考资料简辑之六《天津的洋行买办》。转引自：徐景星. 天津近代工业的早期概况 [C]//天津文史资料选辑：第 1 辑. 天津：天津人民出版社，1978：141。

厂，谋取高额回报。相关外国资本的流入探讨前面章节已有阐述。

二、1895—1936 年的产业资本来源

在这段时期，投资于天津工业的主体是官僚军阀、外国投资者和商人。其中除外国资本逐年增加外，官僚军阀以私人身份投资，成为民族工业资本的重要来源，而商人资本很大程度上依附在官僚资本上，官僚私人资本与商人资本的结合成为民族工业资本的主要来源。此外，招股、发行债券和借款也逐渐成为企业的重要融资方式。

（一）官僚军阀资本

近代的官僚军阀常以私人身份投资，成为民资工业资本的主要来源之一。一些大官僚在十余年的军阀混战中积累了巨大财富，有的靠克扣军饷，有的靠侵占公款和受贿，有的靠增加苛捐杂税、预征田赋、滥发钞券、私种私贩鸦片等。其中，一些巨额资产来源于举借外债和购买军火材料中的巨额回佣。例如，督办津浦铁路的徐世章，购买材料的回扣达5%—10%，他还用双倍价格购买了一批卧车，从中发了大财。还有一部分通过置买土地房产致富，例如徐世章卸任后，在天津"租借"地区购置大量房地产，成为房地产大业主之一。1924 年，曹锟兄弟五人聚集财产达6000 万元①，可见当时军阀敛财之巨大。

20 世纪二三十年代，天津成为许多下野军阀官僚的"寓居之地"，投资企业成为就近赚钱的最好途径。据不完全统计，这个时期投资于天津近代工业的官僚军阀共有 86 人，共投资企业 44 家，企业资本总额达 6923万元，占天津同期民族工业全部资本额的 84%，涉及 16 个门类。② 曹锟一家在恒源纱厂的投资达 82 万元，鲍贵卿投资 21 万元，田中玉投资 10万元。在该企业资本结构中，军阀、官僚的投资占了绝大部分。③

如表 8.2 所示，官僚资本投资具有三个特点：一是热衷收益快的产业部门。纺织、面粉、化工等行业市场需求大，利润丰厚，涉及官僚投资的企业资本总额为 3613.9 万元，占全部官僚投资的企业资本总额的 49.3%。其中，涉及官僚投资的六大纱厂资本总额为 2660 万元，约占天津纺织工业资本总额的 86%④；涉及官僚投资的八大面粉厂资本总额为 335 万元，

① 1924 年 12 月 12 日《晨报》。
② 宋美云，张环. 近代天津工业与企业制度［M］. 天津：天津社会科学院出版社，2005：212.
③ 《（恒源纺织股份有限公司）股东姓名录》，天津第一毛纺织厂档案，第 14 号卷。
④ 基于表 8.2 和附表 A10 的相关数据计算。

约占天津面粉工业资本额的 68%[①]。二是热衷与商人合办企业。在 44 家企业中，有的以官僚资本为主，有的以商人资本为主，合计有 40 家为官僚与商人合办，成为官僚投资企业采取的主要经营形式。[②] 三是热衷投资大型企业。据统计，天津民族企业资本在 100 万元以上的共有 23 家，其中官僚投资的企业就有 20 家，商人办的只有 3 家；资本在 10 万元以上的共 38 家，其中官僚投资的有 18 家。

表8.2 1912—1928 年官僚资本投资天津工业概况

行业	企业（家）	资本（万元）	官僚人数（人）
纺织工业	6	2660	35
面粉工业	8	358.9	30
化学工业	12	595	28
煤矿工业	3	2600	21
建材工业	3	108	14
电力工业	3	35	5
农业	3	700	15
其他	6	279	14
合计	44	7335.9	162

资料来源：宋美云. 北洋时期官僚私人投资与天津近代工业［J］. 历史研究，1989（2）：38 - 52。笔者整理得到。

军阀官僚乐于兴办新式企业，实行社会化生产，降低了成本，增强了产品竞争能力，营利性强。因此，军阀官僚创办这些大型企业能够得到较好的经济效益，促使社会资金的投向集中到纺织、面粉、化工、火柴等行业，以轻工业为主的工业体系很快形成。

（二）商人资本

由于官僚军阀对天津很多企业投有巨资且引人注目，人们往往把这些企业仅看作是军阀官僚独办的企业。其实，尤其是在军阀大量投资的企业中，商人恰恰是一个不可忽视的重要角色。他们是这些企业的第二类投资人，有的还是企业的实际创办人和经营管理者。

商人资本投资工业有两种模式，一是与军阀官僚结合，二是依靠自身

[①] 宋美云. 北洋时期官僚私人投资与天津近代工业［J］. 历史研究，1989（2）：45.

[②] 宋美云. 北洋时期官僚私人投资与天津近代工业［J］. 历史研究，1989（2）：38.

力量。商人中拥有巨额资本者为数不多，仅靠自身力量兴办大型企业几乎不可能，只有和军阀官僚结合才能在短时间内聚集大量资本。这些商人又可以分为两种，一是少数与军阀官僚有密切关系的商人，他们往往是商人投资者的代表，以王郅隆和章瑞庭为最。① 另一种是企业的一般商人股东。按人数计算，商人股东占有很大比例，但是投资额却很少，加在一起往往还不抵一个军阀的投资。例如，恒源纱厂共有股东137户，其中大部分股东是本地商人。可是，除章瑞庭外，这些商人的股份皆很少，有的仅认购几股投资数百元而已。② 由此可见，大多数商人投资新式企业，只有与军阀官僚势力相结合，甚至依附于这些权贵势力，才能在企业股东中占一席之地。由于董事被选资格都有股份额限制，一般商人股东很难进入董事会，因此他们除了能分到一些红利和优先得到一些商业机会外，对企业经营决策影响力极其有限。

第二种投资模式主要依靠商人自身力量。20世纪30年代以前，接受过系统教育、既懂技术又懂管理的新式企业家为数不多，多是因自身经营企业相对成功而成为企业家、实业家的旧式商人，例如，久大制盐公司和永利制碱公司的创办人范旭东，丹华火柴公司的创办人之一张新吾等。30年代后，出现了一批掌握现代工业技术和管理经验的企业家。他们大多在国外受过系统教育，或者曾在外资企业中工作过，或者是抱有"实业救国"理想的知识分子，虽然他们创办的企业最初规模都不大，但在20世纪30年代中期民资工业发展不利情况下，这些企业大多发展顺利，有的已发展成资本雄厚的大型企业。例如，创办东亚毛呢纺织公司的宋棐卿、建立仁立纺毛公司的朱维圣、华北制革厂的创始人王晋生、中天电机厂的创办人王汰甄以及利生体育用品厂的创建人孙润生等。

（三）外国资本

1895年是外国资本投资的一个转折点，外国在输出商品的同时，更加注重资本输出，在全国表现为对铁路和矿山的投资热情，在天津表现为保

---

① 王郅隆是天津商人，精通粮食和木材生意。他与倪嗣冲结为至交，得以跻身官场，民初允许官员经商，有机会发挥其"才干"，有"安福系财神"之称。以倪嗣冲为首的安福系官员在天津投资兴办的企业和金融机构，多出自其大力谋划和苦心经营。裕元纱厂最初创办和早期经营，实际由其主持，他任裕元纱厂总经理，成为倪家资本代表。章瑞庭本为开办军衣庄的商人，因经营军用品而结识陈光远、张作霖等人，东北军军服多由其经营的恒记德军衣庄承做。恒源纱厂由他一手创办，投资人多为曹锟和张作霖两派系中人。这两种投资人，皆由章瑞庭的中介而合伙投资于恒源。

② 《（恒源纺织股份有限公司）股东姓名录》，天津第一毛纺织厂档案，第14号卷。

持投资出口加工业的同时加大了对矿业和公用事业的投资。外国资本主要有两个特征，一是对资源的掠夺。在 1895—1911 年间，外资在矿业中的比重占其总投资的 36.1%，而矿业中占绝对地位的是开滦煤矿。开滦煤矿的设立并非英国资本输出的结果，而是英国依靠其特权及欺骗手段对华矿山的掠夺。二是垄断的高额回报。外资在天津投资的公用事业使其获得了高额的垄断利润。天津煤气电灯公司在 1895—1913 年间，共获利 11.3 万元，利润率平均达 17.47%，天津自来水公司在 1909—1913 年的 5 年间，共获利 12.6 万元，利润率平均达 9.06%。由于第一次世界大战的影响，欧洲资本对天津工业投资有所放缓，日本、美国投资却迅速增加。20 世纪 30 年代，以日本为代表的外国资本扩大了对津工业投资，1936 年日本资本比重占到全部外资的 1/2 以上，而英国的地位已退居第二。

这里需要说明的是，本书没有阐述战争时期的工业资本来源。因为抗日战争期间的投资主要来自日本和伪政府，解放战争期间主要以接受敌伪资产为主，已无实质投资。

三、直接融资和间接融资在天津兴起

直接融资指政府、企业等直接从社会上（如企事业单位、居民等）筹资，一般来说，是通过发行债券、股票以及商业信用等形式融通所需资金。间接融资是以金融部门为中介，由金融部门（如商业银行、信用中介、储蓄机构）通过吸收存款、存单等形式积聚社会闲散资金，然后以贷款等形式向非金融部门（如企业等）提供资金。

（一）发行股票

招股募集资金方式便于将社会上分散的闲置资金和闲散资本集中起来，能够为完成开办新式企业所需的资金积累创造条件。近代开办大型现代化企业需要巨额资金，清政府财政紧张又担心利权外流，不同意向洋人借款和入股，除了完全官办企业外，大部分企业以招股的形式向社会募集资金。但商人对官督商办体制并不认可，购买洋务企业股票积极性普遍不高。例如，1872 年成立的上海轮船招商局，100 万两股金目标时至 1881 年才招满；随着公司收益、股息和红利的不断增长，激发起更多商人投资入股积极性，1914 年的股本实际达到 840 万两。① 不同历史时期，招股特点不尽相同。洋务运动时期设立的企业，以官办和官督商办为主，官办企

---

① ［美］费维恺. 中国早期工业化：盛宣怀（1844—1916）和官督商办企业 ［M］. 虞和平，译. 北京：中国社会科学出版社，1988：169 - 170.

业以天津机器局为代表，资本全部来自清政府。有的企业既有官股又有商股，如开平矿务局，计划招股 80 万两，即 8000 股，每股 100 两，1881 年仅上海私人资本已达 100 万两。[①] 有的企业完全是商股，如轮船招商局。其次，北洋时期，官僚军阀投资成为天津大型企业筹集资金的一个重要特征。最后，企业向社会开放，大量集中闲散资金扩充了企业资本规模。如表 8.3 所示，天津东亚毛呢公司股本从 1932 年的 23 万元增加到 1947 年的 150 亿元，增长 6 万多倍；股东数从 5 户增加到 7000 余户，增长了 1400 倍。

表 8.3　　　　　　　　　1932—1947 年天津东亚公司招股一览

年份	股本（万元）	股东数（户）
1932	23	5
1934	60	375
1936	80	446
1937	100	800
1940	600	1700
1943	1000	4300
1944	2000	—
1946	30000	5000
1947	1500000	7000

资料来源：宋美云，张环 . 近代天津工业与企业制度 [M]. 天津：天津社会科学院出版社，2005：223。

（二）发行债券

20 世纪 20 年代已经出现了企业发行债券筹集资金的行为。1919 年，周学熙筹备华新唐山纱场和华新卫辉纱厂，但 1921 年机器设备到齐后因原股本不够开工所用，股本又难以收齐，只能发行公司债 180 万元，月息 1 分 2 厘，以全厂财产作抵押，由中国实业银行担保还本付息，由金城银行、中南银行负责包销，这在当时利用银行担保发行债券为首例。20 世纪 30 年代，企业通过发行债券筹集资金的方式逐渐兴起。例如，永利制碱公司为了整理债务及取得流动资金、增加产量，以公司全部财产为担保，定额 200 万元，委托中国、浙江兴业、盐业、金城、中南、大陆六银

行经理推销及还本付息。随着业务发展，公司定于 1937 年发行 1500 万元的公司债。可见，债券逐渐成为大企业筹集资金的重要方式。

（三）间接融资

20 世纪以前，中国没有新式银行，向外商借款成为筹集资金的一个重要来源。截至 20 世纪初，作为外国在华金融活动主体的外国银行，在华已经存在了半个世纪，主要有英、法、德、日、俄等国。[①] 如表 8.4 所示，天津近代企业的国外借款主要是面向外国洋行和银行，总借款达472.25 万两，比官垫借款还多近 200 万两。其中，轮船招商局向三家洋行借款达 174.3 万两，向汇丰银行借款也有 141.9 万两。这些借款与甲午战争后的外债不同，一般属于商业信贷性质。

表 8.4　　　　　　　　1872—1893 年官督商办企业中的对外借款

项目	轮船招商局	开平矿务局	天津铁路公司	合计
	1877—1885 年	1891 年	1887—1888 年	—
借款额（万两）	316.2	20	136.05	472.25
利息（%）	7—8	7.5	5—5.5	—

资料来源：许涤新，吴承明. 中国资本主义发展史：第二卷 [M]. 北京：人民出版社，2003：448，表 3 - 23. 笔者整理得到。

四、民族企业资本积累存在规模差异

（一）中小企业资本需求不强，资本积累明显不足

1. 中小企业的大多数投资人是传统商人，习惯于"小本经营"

西方国家工业化初期，商业资本多转化为产业资本。20 世纪初，正值天津工业发展黄金时期，"一本万利"的投资效益刺激着商人们将商业中赚到的钱投资办企业。然而，这些旧式商人直接经营企业，也把其原来的投资习惯带入新式企业中，多为独资，以致企业规模都不大，平均资本额在 1929 年不足 1000 元，到 1933 年才增至 3000 元以上。纺织业中的小型企业厂房大多租赁几间民房，既当车间、办公室、仓库，又是企业主和工人的住房与食堂；所用原料多是向订货的商店或较大的工厂赊欠；所用织机大多为人力驱动，每台价格数十元，而且半数以上的企业拥有织机皆

---

① 汪敬虞. 外国在华金融活动中的银行与银行团：1895—1927 [J]. 历史研究，1995（3）：111 - 132.

不到 10 台。在织布、地毯两个行业中，由于织机需占空间较大，反使房租成了企业的主要负担。地毯企业的房租支出，每年几乎占全部资本的80%。少数织布企业，年付房租甚至超过了资本额。固定资本尚且如此，流动资本的匮乏程度可想而知。原料多以实物形式赊欠，工资支出更少得可怜。这些商人靠经商赚得的钱并不多，又不愿拿出股份与别人合资，资本需求较少，只有靠这笔少得可怜的资本，或者再借上一些高利贷来创办企业。旧式商人投资习惯使有限的社会资本更加分散，投资效益更差，企业难有较大发展，更别说资本积累了，如表 8.5 所示，1929 年天津每家企业的平均资本为 969 元、平均工人数 12 名。

表 8.5　　　　　　　　1929 年和 1933 年天津中小企业概况统计

年份	企业数（家）	资本额（元）	平均资本（元）	工人（名）	平均工人（名）
1929	2169	2101944	969	26882	12
1933	1199	3610655	3011	21073	18

资料来源：天津工商业（卷上），天津市工业统计；转引自：罗澍伟. 近代天津城市史 [M]. 北京：中国社会科学出版社，1993：525。

2. 中小企业投资多为短期行为，造成企业倒闭频繁

这类商人发现市场某种新品有利可图时，便会雇用几名工人、租上几间房子迅速开办个小厂子，投资行为更具有投机性。例如，当"明华葛"受欢迎程度超过哔叽时，大批提花中小企业开始仿造，导致 1929 年此类企业数比 1926 年增加了大约 2 倍，市场生产过剩很快出现，价格的恶性竞争导致很多中小企业亏损直至破产倒闭。中小企业的资本实力普遍弱小，承受各种波动和压力的能力不足。20 世纪 30 年代初期，民资企业建立和倒闭频繁，1933 年企业数量比 1929 年减少了 970 家。当年设厂和仅建立一两年的企业数量就有 500 多家，占实存企业总数的 40% 以上。匆忙设立又迅速倒闭的厂家，多数是资力薄弱，投资带有侥幸心理和投机意识的中小企业。[1]

（二）大型企业资本积累存在发展阶段差异

1. 工业化初期，企业规模扩大以自身资本积累为主

1906 年成立的启新洋灰公司，初设资本 100 万龙银[2]，在唐山另辟新

---

① 罗澍伟. 近代天津城市史 [M]. 北京：中国社会科学出版社，1993：530.

② 龙银一般指龙洋，银圆上采用龙纹图案。

厂，从德国选购最新机器，大力改造生产设备。如表 8.6 所示，1906—1914 年，公司共盈利 250.9 万元[1]，已经超过了最初投资的全部资本总和。股东分得股息和红利累计已达最初投资入股的 98%，回报非常优厚。启新非常重视资本积累，1906 年公积金提存达 22.2%，企业规模随着收益的不断增加而不断扩大，1910 年再添新机，建立第二厂（乙厂），拥有全套的总电机器，马力 1200 匹，锅炉 4 具，并采用国外最新水磨法，设水碾房、灰料磨坊、旋窑房、煤磨房、洋灰磨坊等；1909年，续招股 30 万元，在马家沟扩充缸砖厂，专用机器轧砖，并建西式砖窑，以烧最耐火力之砖。[2] 启新雇用的工人，在 1906 年到 1911 年间仅为 200—300 人，1912—1914 年增长到 1500 人左右。[3] 启新的水泥产量随着规模的扩大不断提高，1906 年原旧厂仅产 6 万桶，1907 年新厂开工后，总产量达 24 万桶；1910 年进一步扩充新式机器设备，生产能力达到 43 万桶，1911 年日产达 1200 桶。经 1910 年、1921 年、1932 年、1941 年四次大的扩建，启新逐步成为年生产能力 300 千吨的大型水泥厂。1924 年，启新资本总额已高达 800 万元，1927 年又增加到 1270 万元，是原来资本的 10 倍多。滦州煤矿的发展情况也是如此，1921 年共获利 680.9 万元，到 1932 年滦矿已累计盈利 4600 万元。[4] 这些工厂通过减少股息和红利并将历年的盈余提作各种公积金、准备金、折旧等，再由此转化为股本来实现资本不断积累。建立新厂的资本也来源于原公司的资本积累，例如，周学熙为使利润资本化，利用启新、滦矿的资本积累作为创办新企业的基金，包括投资 1000 万元创建的华新纺织公司、耀华玻璃公司等。

表 8.6　　　　　　　　1906—1914 年启新洋灰公司盈利概况　　　　　　单位：万元

年份	盈利额	股息红利	公积金	报效金	董监经理报酬
1906—1907	4.5	1.2	1	0.8	1.6
1908	18.5	14.4	1	1	2.1
1909	28.4	18.5	2.5	1.2	2.4

[1][3]　徐景星. 天津近代工业的早期概况 [C]//天津文史资料选辑：第 1 辑. 天津：天津人民出版社，1978：150.

[2]　王培. 晚清企业纪事 [M]. 北京：中国文史出版社，1997：173.

[4]　张鸿祥，马陵合. 略论周学熙实业集团的经营管理思想 [J]. 南开大学学报，1992 (2)：5.

续表

年份	盈利额	股息红利	公积金	报效金	董监经理报酬
1910	34.6	26.2	4	1.5	3.1
1911	36.4	28.4	4	1.4	2.7
1912	40.1	31.8	5	1.1	2.2
1913	43.3	35.3	3.2	1.6	3.2
1914	45.1	36	3.4	1.7	3.4
合计	250.9	191.8	24.1	10.3	20.7

资料来源：徐景星. 天津近代工业的早期概况［C］//天津文史资料选辑：第1辑. 天津：天津人民出版社，1978：161。

2. 工业发展快速期，企业规模扩大以资本需求为主

20世纪20年代，天津工业发展迅速，尤以纺织工业为代表。如表8.7所示，六大纺纱厂在这一时期相继设立，且盈利颇丰。但这些盈利只有很少部分作为扩大再生产，大部分被分为"官利"、红利，甚至在亏损时期有的股东也要坐享5%以上的官利。[①] 虽然各厂利润高达10%—30%，但提存公积金最多也没超过2%—3%。如表8.8所示，提存折旧的基金也很少，除华新纱厂略高外，其他厂不超过1%—2%。六大纱厂都是依赖举债起家，生产有了盈余又大肆瓜分，依靠借贷扩大生产规模成为常态，例如，裕元纱厂经理认为应将历年股东所分盈利完全投入到扩建中去，但总经理王郅隆反对这种方法，而是采用向银行借款的方法进行扩建，最终出现资金链断裂。[②]

表8.7　　　　　　　　　　**天津四大纱厂的盈利概况**

工厂	年份	纯利		官利（元）	红利（元）	公积金	
		金额（元）	利润率（%）			金额（元）	提存公积金率（%）
裕元	1919	576093	16.75	160000	340000	—	—
裕元	1920	1204748	33.46	288000	720000	80917	2.25
	1921	1305762	29.68	352000	748000	154605	3.51
	1922	619041	12.14	393271	196635	172326	3.38

① 天津市纺织工业局编史组. 旧中国时期的天津纺织工业［J］. 北国春秋，1960（1）：95.
② 王景杭，张泽生. 裕元纱厂的兴衰史略［C］//天津文史资料选辑：第4辑. 天津：天津人民出版社，1979：175－178.

续表

工厂	年份	纯利		官利（元）	红利（元）	公积金	
		金额（元）	利润率（%）			金额（元）	提存公积金率（%）
恒源	1920	249930	7.21	—	207930	42000	1.08
	1921	552914	14.24	227088	271880	50000	1.25
	1922	76462	1.91	—	—	—	—
华新	1919	69292	20.7	26811	32173		
	1920	793060	39.44	160864	533808	4591	0.23
	1921	658707	32.76	160864	402160	58076	2.89
	1922	519624	25.84	160864	3217728	47088	2.34
北洋	1921	165322	8.54	144850	—	—	—
	1922	345723	17.29	99398	216000	14047	0.7
	1923	395103	15.94	116374	225000	51046	2.06
	1924	34991	1.26	150000	—	54707	1.97

资料来源：天津市纺织工业局史志编修组. 纺织工业概况［J］. 天津史志，1988（1）：14。

表8.8 天津纱厂折旧基金与固定资金比例 单位：%

年份	裕元	恒源	华新	北洋
1919	1.25	—	7.49	—
1920	1.75	0.64	8.34	—
1921	2.02	2.73	14.09	—
1922	1.75	4.83	6.34	1.08
1923	—	—	5.8	1.08
1924	—	—	2.97	0.26

资料来源：天津市纺织工业局史志编修组. 纺织工业概况［J］. 天津史志，1988（1）：14。

第二节 资本集聚与企业集团的产生

在天津近代工业化进程中，资本集聚现象在一些企业中出现，表现为企业集团的产生。企业集团的存在，在一定程度上反映了天津现代经济发展到了较高程度，周学熙企业集团成为资本集聚现象的一个典型代表。

一、规模化是资本发展规律

（一）资本集聚

资本集聚指已经形成的各个资本的再集中与合并，它是通过大资本吞并小资本，或若干小资本联合成少数大资本而实现的个别资本迅速增大。资本集聚是要在资本积累发展到一定程度，开始有了分化现象的时候才有可能，是现代经济有了较高程度发展时的产物。马克思说："资本有一个唯一的生命冲动，那就是增殖价值"①，资本这种强烈的、没有止境的、自我增殖的冲动，实际上就已经包含了垄断和独占的胚胎。现代经济的规律是竞争，每一个资本家为了在竞争中不失败，就必须不断地扩大他的资本。扩大资本有两种方式，一种是靠自身积累，另一种是在竞争中打破已经形成的资本积聚，把别的资本合并过来。资本主义经济内部的这种自我强制作用，决定了它必然会由竞争而逐步走向集中和垄断。"在自由贸易的英国，生产集中也引起了垄断，不过时间比较晚，形式也许有些不同"②。同样，在近代中国特殊的社会条件下，可能提早或延缓资本集中出现的时间，或改变一些资本集中出现的形式，但总的来说，它的出现仍然符合资本本身内在的发展规律。

（二）企业集团

19世纪末以来，企业开始出现向大规模集团化发展的趋势。企业集团有利于增强企业抵御市场风险的能力，从而降低经营风险，这是资本扩张和集中到一定程度的自然结果。企业集团是以各个成员企业在技术及其他经济机能上的互相补充为目的，以成员的自主权为前提，在对等互利原则下结成的持续长久的经营结合体形态和经营协作体制。③中国近代出现过很多企业集团，多以个人或家族名义联系在一起，例如荣氏企业集团、刘鸿生企业集团、简氏南洋兄弟烟草公司、永安集团和孙氏集团等。天津近代的企业集团主要以周学熙集团和范旭东集团为代表。

周学熙④的企业集团兴起于清末新政时期。当时，北洋银圆局、天津官银号、淮军银钱所、直隶工艺总局均归其掌管，而且周学熙与袁世凯关

① 马克思.资本论：第一卷 [M].北京：人民出版社，1975：769.
② 列宁全集 [M].北京：人民出版社，1987（22）：191-192.
③ 郭晓利.企业集团的国际比较 [M].北京：中国财政经济出版社，2002：24.
④ 周学熙（1866—1947），安徽建德（今东至）纸坑山人，生于南京，乳名元瑞，字缉之，号定吾，60岁后，又号止庵。其父为两江总督周馥。1872年周8岁时随父宦移津；周馥辅佐李鸿章于天津办洋务，在父亲影响下，他弃举业改习制艺。

系密切，依靠袁世凯的权势，再凭借自身掌管的上述机构的行政和财政大权，力图振兴民族工业。自 1906 年创办启新洋灰公司到 1922 年开设华新纺织公司，前后 16 年间，由他创办或参加投资的企业约有 15 家，资本总额达 1600 余万元。此外，他还投资创办了中国实业银行和华新银行。一个以启新洋灰公司、滦州矿务公司、华新纺织公司为骨干企业，并与中国实业银行、华新银行等金融企业相结合的资本集团逐渐形成。

二、启新洋灰公司资本扩张之路

启新洋灰公司是近代企业中经营相对成功的一个，资本集中现象比较有代表性。作为北方第一家现代化的大型重工业企业，公司开办时天津民族资本工业企业没有一家的规模与技术能赶上它，代表着当时北方工业的发展水平，水泥产品几乎独占了中国的洋灰市场。军阀、官僚、商人、地主等投资工业，一定程度上受启新公司高额利润回报的影响。

兼并湖北大冶水泥厂。资本具有扩张的本性，扩张的结果会导致资本集中度提高，但扩张的结果也许会和当初的愿望相左。当湖北大冶公司经营发生困难时，启新洋灰公司为垄断国内市场，竭力收购湖北大冶水泥厂。1911 年，大冶水泥厂资本不济、负债甚重，向吉林官钱局贷款未果，向日本借款受到责难，资金链发生断裂，生产经营陷入困境，启新公司向保商银行借款 70 万两，终于收购了它。但收购以后，由于大冶水泥厂的机器陈旧，导致产品质量低、信誉差，生产成本居高不下，加上时局动荡，兵灾、水灾多发，影响了其正常经营，大冶厂连年亏损。除 1920 年盈利 2 万元外，1921—1926 年每年亏损 2 万—5 万多元。①

资本扩张的积极意义。虽然从收购后经营结果看有些失败，但启新洋灰公司这次资本扩张尝试也具有一定的积极意义。在西方工业国家，资本集聚一方面意味着社会生产力的提高，但另一方面也反映出生产与消费的更加不平衡，意味着大资本对小资本的压迫和控制，资本主义基本矛盾日益加深。但是在半殖民地半封建的中国，社会主要矛盾是中国人民与帝国主义和封建势力的矛盾。造成近代中国社会贫困、购买力低下以至生产不能健康发展的主要原因，是帝国主义对中国的经济压迫和经济侵略，而不是中国资本主义的过度发展。中国民族资本作为与外国资本势力相对抗的力量而存在，启新本身拥有专利权，兼并大冶水泥厂后，利于巩固和扩大它的独占权。当时中

---

① 郭士浩. 从启新洋灰公司兼并湖北水泥厂看旧中国水泥工业中的资本集中问题 [J]. 南开大学学报，1963，4（1）.

国主要关注的不是资本属于较大的民族资本或是属于中小民族资本，而是资本属于中国还是属于外国。大冶水泥厂从外国资本势力手中收购过来，充分说明与外国资本能够对抗的、独立的民族经济力量已经成长起来。

三、企业资本集聚原因剖析

（一）应对外国资本压力

近代民族企业产生之前，西方资本势力通过商品倾销形式，已经抢先进入国内市场，并逐步提高市场占有率。当天津民族企业发展起来的同时，西方国家又通过资本输出形式，竞相进入天津开设工厂，觊觎直接占领中国市场。因此，近代民族工业在大部分时间内始终面临着市场份额不足的发展困境和来自外部的强大竞争压力，而且民族企业内部也难以避免地存在着相互竞争。另外，民族工业并非在原来手工业基础上由小而大、逐步发展起来，而是由外部移植过来，与原来的发展阶段相脱节。尽管天津还存在大量手工业的落后状态，但凡是新产生的企业均可以一开始就采用机器生产。民族企业只有利用一切可能的方式壮大自身实力，以求得生产和发展。启新朝夕顾虑的并非大冶水泥厂，而是站在它背后或旁边的外国资本势力。① 正因如此，启新对大冶水泥厂借日方钱款才表现了巨大关心，对收购大冶水泥厂才表现巨大积极性。启新一方面要求吉林官银号对大冶水泥厂施压，但又同时担心压得太甚会使大冶水泥厂铤而走险和外国资本势力联合。1911 年，在洽购大冶水泥厂失败后，启新又提出将两个工厂的合并改为联合，尽管当时大冶水泥厂的索价很高，负债很大，但这是面对外国资本压力下的不得已而为之。

（二）国内投资环境宽松

北洋军阀时期的官僚资本实力不强，给民族资本进行资本集中提供了机会。尽管湖北省咨议局和湖北省议会发出了官办主张，但实际上它们对此却无能为力，因为当时不管是中央还是地方政府都是靠借贷度日。如果在国民党时代，民族资本都处在官僚资本兼并威胁下，民营企业的资本集中或许很难发生。

（三）享有特权垄断优势

天津近代很多大企业的投资者，不是从原来小生产者逐步分化上升而来，而是在封建社会中已经积累起大量财富的货币持有者，包括官僚、地

① 这里主要指日本三菱公司。参见：郭士浩. 从启新洋灰公司兼并湖北水泥厂看旧中国水泥工业中的资本集中问题 [J]. 南开大学学报，1963，4（1）。

主、买办、商人等，他们具有获取垄断利润的先天优势。启新洋灰公司也是如此，拥有在直隶、东北以及长江流域优先建分厂的特权。在销售上，清政府的农工商部和民国初年的交通部都曾饬令京奉、京张、京汉、正太、汴洛、道清、沪宁等路局与启新订立水泥专用合同，并规定其他公司不得参与。在税捐上，清政府批准启新的水泥及其他制品"无论运销何处，只令完税一道，值百抽五，沿途概免重征"，民国以后此案仍然有效。在用煤上，启新与滦州煤矿订有互惠合同，价格不得超过开平煤矿市价的70%。在运输上，启新与各铁路局及招商局均订有减收运费合同，一般按七八折收费。这些特权使得启新制造水泥的成本大大降低，加之在销路上垄断了市场，启新才能够从建厂伊始就获得了高额垄断利润。同时，启新在兼并大冶水泥厂的过程中，也采取了较多政治手段进行干预，或被称为超经济力量。①

（四）金融市场融资可行

启新是中国较大的民族资本企业，实力雄厚，又有特权背景，但即便如此，接管湖北大冶水泥厂也并不是轻而易举的事。对于收购价格问题，双方几次洽谈不成。即使决定接管后也不能立即筹出款项，说明当时民族资本企业兼并扩张的力量并不充分。另外，启新的资金筹集最后只能靠发行公司债票来解决。约有半数的债票由滦州公司认购，即并购湖北水泥厂的资金很大一部分来源于买办利润，而这些利润恰恰是外国资本掠夺后的一些剩余利润，却对中国民族企业的资本集中起到了原始资本作用。

（五）分阶段实施资本扩张

启新通过贷款的方式，首先取得了大冶水泥厂的经营管理权，然后利用这个权力通过让大冶水泥厂债台高筑而不能偿还债本，最终顺利取得了其所有权，这与英国取得开滦煤矿所有权的情况颇为相似。英国凭借其在华特权霸占了开平煤矿后，利用经营管理权赚取利润控制市场，迫使滦州煤矿投降，并利用所得的利润收买中国官员和滦州资本家，最后将开平、滦州的所有权一并掠去。

四、近代企业集团的普遍特征

天津近代企业集团作为一种适应市场经济发展内在要求的经济组织，具有以下特点。

---

① 宋美云，张环. 近代天津工业与企业发展 [M]. 天津：天津社会科学院出版社，2005：220.

（一）多个法人企业组成集合体

在周学熙企业集团中，成立了实业总汇处，它以联合团体、发展实业为宗旨，负责各公司筹划考核及应付局面等工作。[1] 虽然周学熙是这个集团的核心人物，但他所创办的企业均采用西方的有限公司制度，成立股东大会，经理、董事由股东会议选出，一切重大问题由股东会议决定。[2]

（二）集团组织结构层次多且稳定

范旭东企业集团，在 1934 年把永利制碱公司改组为永利化学工业公司，下辖塘沽永利碱厂和南京永利硫酸铵厂。[3] 企业集团的组织结构具有一定稳定性，如华新津厂筹建时，150 万元的商股主要由滦矿、启新公司的重要股东和部分京津官僚投资[4]，形成了经营上共担风险、利益上共负盈亏的关系，更具长期性和稳定性。

（三）集团经营方针呈现多元化

周学熙企业集团，不仅生产煤炭等能源，还生产水泥等原材料，后来又设立了华新纺织厂，同时还涉足机器制造、自来水、玻璃制造、金融保险等多种部门。范旭东企业集团，不仅制盐制碱，后来还设厂生产硫酸铵。

（四）垄断有利于获得竞争优势

具有垄断倾向的企业，在市场竞争中更有机会获得优势，抵御风险的程度更高，并容易获得高额的垄断利润。周学熙企业集团中的启新洋灰公司，无论是资本额还是产品销售量，都在同行业中居绝对优势地位。1924年，启新的资本额为 800 万元，占全国水泥行业资本总额的 55.7%[5]；1919 年销售水泥 109133.88 吨，占全国国灰销售量的 100%，占国灰、外灰销售总量的 92.02%；1932—1935 年销售水泥 239566.667 吨，占全国国灰销售量的 43.56%，占国灰、外灰销售总量的 34.49%。[6] 启新公司兼并

①　南开大学经济研究所.启新洋灰公司史料［M］.北京：生活·读书·新知三联书店，1963：180 – 181.

②　宋美云，张环.近代天津工业与企业发展［M］.天津：天津社会科学院出版社，2005：217.

③　吴承明，江泰新.中国企业史：近代卷［M］.北京：企业管理出版社，2004：629，630.

④　吴承明，江泰新.中国企业史：近代卷［M］.北京：企业管理出版社，2004：571，572.

⑤　上海社会科学院经济研究所.刘鸿生企业史料［M］.上海：上海人民出版社，1981：169.

⑥　南开大学经济研究所.启新洋灰公司史料［M］.北京：生活·读书·新知三联书店，1963：157 – 158.

湖北大冶水泥厂后，几乎垄断了国内水泥市场。1925 年，为与外灰特别是日灰竞争，启新与华商上海水泥公司正式订立了卡特尔式的联营协定①，结果成功抵制了外灰的倾销，获得了高额垄断利润，仅 1919—1925 年，盈利额高达 1028 多万元②。华新纺织公司，在 1932 年以前垄断了山东、河南、河北中小城市的棉纱市场，获得了高额利润，并将 1925 年进入河南的申纱、汉纱逐出了市场。这种垄断行为在当时的社会背景下，具有一定积极意义，一方面保护了民族资本企业的生存和发展，另一方面抵御了外国资本势力的入侵。

（五）企业集团区域辐射范围广

周学熙资本集团的活动范围从北方延伸到南方，但重心集中于华北地区，特别是天津、唐山和秦皇岛一带，先后设立了启新、滦矿、华新、耀华等企业，并成功带动一波投资热潮，华北一带先后设立了十余家轻纺企业，大大改变了当时全国纺织业的布局。此外，企业集团的规模更大、实力更强，有利于推动技术创新。范旭东在创办制碱工业时，选择了当时先进而有前途的"苏尔维法"，抛弃了落后的"路布兰法"和成本较高的"电解法"，成功解决了技术难题，提高了企业生产力水平，为永利碱厂获得成功奠定了坚实基础。

总体上看，天津近代工业部门之间存在着严重的发展不平衡，各产业部门发生资本集中的时间及程度有着较大差异。有的在第一次世界大战之前便已萌生，如周学熙企业集团；有的则迟至 20 世纪 30 年代才偶见显露，如范旭东企业集团。外国企业和民族企业的资本集中手段大不相同，外国资本多以强权掠夺为主，如英国凭借其在华特权先后侵占开平、滦州煤矿的所有权；民族资本依靠自身积累实现扩张，如范旭东企业集团；但利用种种特权优势的启新洋灰公司，在兼并过程中也烙印上了那个时代的非经济手段。

第三节 工业化进程中的金融促进作用

在世界各国的工业化进程中，金融对经济增长的影响日益增强。虽然

---

① 南开大学经济研究所. 启新洋灰公司史料 [M]. 北京：生活·读书·新知三联书店，1963：211 - 214.

② 南开大学经济研究所. 启新洋灰公司史料 [M]. 北京：生活·读书·新知三联书店，1963：269.

早期的新古典主义理论认为金融对于经济增长不具有促进作用，但越来越多的经济学家都强调金融对于经济增长的重要性。1873 年，沃尔特·贝戈豪特（Walter Bagehot）指出，金融在英国工业革命中起到了关键性作用。1912 年，约瑟夫·熊比特（Joseph A. Schumpeter）认为，运营良好的银行可以为企业提供资金来激励技术创新。银行是金融中介机构中最重要的组织形式，通过选择合适的企业，分配相对稀缺的资金来推动投资，同时会为自身的利益而投资。银行与企业的关系相生相息、密不可分。一方面，银行对企业的生存与发展具有举足轻重的作用。因为企业在发展过程中对资本的需求占重要地位，而银行恰恰可以调动资金去弥补企业资金的暂时不足；另一方面，企业又是银行赖以生存和发展的基础。因为社会财富归根到底由产业部门创造，企业暂时闲置的货币资本构成了银行存款的重要来源。

一、银企关系的四种模式

所谓银企关系，从广义上讲，指银行与企业之间现实存在着的相互对应的诸多联系（互相作用、互相影响、互相制约等）的总和。从狭义来说，指银企之间的资金借贷关系。这种关系也可称为借贷资本与工业资本的关系，或者银行资本与产业资本的关系。西方国家工业化实践表明，银企关系经历了一个由信贷联系到资本融合的发展过程①，如表 8.9 所示，主要包括四类银企关系模式：美国模式（松散型模式或市场主导型）、日本模式（紧密型模式或银行主导型）、德国模式（全能银行型）和韩国模式（政府主导型）。

表 8.9　　　　　　　　　　四种银企关系模式比较

项目	美国模式	日本模式	德国模式	韩国模式
贷款	提供短期贷款，尽力降低风险	提供最多贷款，自我承担风险	提供保障贷款，自我承担风险	按政府指令提供贷款
股权持有	不直接持有企业股权，通过信托或银行持股间接投资	银企相互持股	银行持有企业股权	不持有
人事交流	仅作为公司的外部董事	通过临时派遣和调动，决策内部化	作为企业董事会代表使决策信息流内部化	银行间断性派人调查

---

① 李一翔. 中国工业化进程中的银企关系研究［D］. 天津：南开大学经济研究所，1995：3.

续表

项目	美国模式	日本模式	德国模式	韩国模式
长期性	近年来有长期性趋势	长期固定的相互承诺	长期稳定的交易	非长期
综合往来	针对企业的基本战略提供服务	业务范围不是严格界定	实行金融服务一体化	服务于政府金融监管
解救措施	银行有提请清盘和忠告的职能	银行承诺最终庇护，帮助整顿重组	银行给予紧急援助，协助企业重组或整合	给予救助并参与重整

1. 美国模式

该模式以自由市场经济为运行基础，银企之间产权制约较弱，主要依赖债权债务关系和系统严格的法制来解决争端，企业的资金主要来源于自身积累和直接融资，并着重于短期目标。

2. 日本模式

该模式以"社会"市场经济为运行基础，产权制约较弱，以银行间接融资为主，银行在经济和企业经营中起重要作用，资本市场的作用相对较小。

3. 德国模式

这是一种全能型银企关系，银行不仅充当贷款人，而且还为企业提供证券发行及相关业务，同时还在企业中充当表决代理，对企业监事会进行控制。

4. 韩国模式

该模式指政府在储蓄—投资转化中起着重要的支配作用，一方面保持对国内金融部门的有效控制，直接或间接地对银行决策施加影响；另一方面又以产业政策为引导，把信贷分配与政府扶持的企业对象联系起来，从而实现产业结构调整、促进经济增长的目的。

二、金融的经济促进作用

1. 金融作用初步显露

20 世纪初，清政府为了促进直隶和天津工商业发展，建立了天津官银号[①]，1910 年 9 月改组为直隶省银行[②]。初始资本来自各衙门局、所存

---

① 林纯业，郝庆元. 天津官银号记事 [J]. 近代史资料，1988（68）：68 - 101.

② 郝庆元，林纯业. 天津官银号的金融活动 [J]. 天津史志，1985（3）.

储之该号的库款变为存款。由于大量岁入的拨储和各类公私存款的开设，使天津官银号的财力与日俱增。

为发展北洋实业，清政府把天津官银号积累的大量资金变作经营货币资本，添设商务柜经营贷款，由银号向工厂拨借资本，成为北洋实业与直隶早期工业创办与发展的重要金融支柱。这种银企关系比较接近韩国模式，除少量、无偿赞助拨款外，绝大多数均为有偿薄息贷款。政府对企业的金融支持力度很大，如表 8.10 所示，除津浦铁路商股公司贷款利息为七厘外，其余都为五厘，大大低于当时社会上一般借款利息八厘至一分二厘的情况。通过官银号的金融资本支持启新、开滦等企业，有力促进了水泥、煤炭等工业的快速发展。启新在 1919 年至 1925 年间，盈利高达 100 多万元；1912 年开滦两矿联营后，利润高得惊人，联合后第一年的利润近 300 万元，1932 年滦矿累计盈利 4600 万元，相当于实缴股本的 10 倍。

表 8.10　　　　　　　　　　天津官银号对天津企业的贷款

年份	企业	款项	利息	开办人	备注
1903	初等工业学堂	2000 两	五厘	董兴	每年
1904	办织染缝纫公司	15000 两	五厘	宁世福	当年
1906	北洋劝业铁工厂	20 万两	无	周学熙	直拨资本银
1906	牙粉公司	2000 两	五厘	王龄嵩	当年
1906	启新洋灰公司	50 万两	五厘	周学熙	当年
1906	滦州矿务公司	50 万两	五厘	周学熙	当年
1907	玻璃厂	5000 两	五厘	赵尔萃	当年
1908	京师自来水公司	50 万两	无	周学熙	当年
1909	津浦铁路商股公司	35 万两	七厘	长芦盐商	当年

资料来源：郝庆元，林纯业. 天津官银号的金融活动［J］. 天津史志，1985（3）；林纯业，郝庆元. 天津官银号记事［J］. 近代史资料，1988（68）：68 - 101. 笔者整理得到。

2. 金融促进发展作用显著增强

20 世纪 20 年代，随着天津工业迅速发展，企业规模不断增大，利用商业借款逐年增多，银企商业借贷关系日趋紧密，比较接近美国模式。如表 8.11 所示，金城银行对天津企业放款额由 1919 年的 70.7 万元增加到 1927 年的 322 万元，增长 3 倍多。放款重点对象是棉纺织业，占整个工矿企业放款的 1/2 左右。1921 年永利正式建厂，唯一的资金来源于陆续招股，但为数不多，远不能应付需要，加之久大公司所得利润有限，因此范旭东以永利公司全部资产作为抵押，直接向金城银行贷款，贷款数量快速增加。如表 8.12 所示，久大公司 1919 年贷款为 26.5 万元，1927 年猛增到 78.5 万元；永利公司的贷款也由最初的 13 万元增加到 60 万元。1934 年，永利化学工业公司筹建南京硫酸铵厂，上海银行联合其他银行组成银团，共同向永利公司投资放款，新增贷款 350 万元，150 万元新股由上海银行和金城银行各承购 75 万元，后又由上海、金城等五家银行向永利公司贷款 550 万元①，这是当时银行界对产业界提供的最大一笔贷款。

表 8.11　　　　　1919—1927 年金城银行对津企业放款情况　　　　　单位：元

企业	放款金额		
	1919 年	1923 年	1927 年
裕元纺织公司	262570	840471	901929
裕大纺织公司	—	90439	189011
恒源纺织公司	18065	23914	370751
宝成纱厂	40868	38613	39714
华新津厂	—	89986	17502
久大精盐公司	265456	639415	1332372
大丰面粉公司	—	255000	211539
庆丰面粉公司	—	20000	—
寿丰面粉公司	—	—	107922
福星面粉公司	—	—	31010
寿星面粉公司	—	182171	—
丹华火柴公司	30000	70782	16601
总计	706959	2250791	3218351

资料来源：中国人民银行上海市分行金融研究所. 金城银行史料［M］. 上海：上海人民出版社，1983：126。笔者整理得到。

———————

①　中国人民银行上海市分行金融研究所. 上海商业储蓄银行史料［M］. 上海：上海人民出版社，1990：555 - 557.

表 8.12　　　　　　20 世纪 20 年代久大精盐、永利制碱公司向

金城银行贷款概况　　　　　　单位：万元

年份	久大精盐	永利制碱
1919	26.5	—
1922	12.3	13
1923	45.9	—
1924	34.4	15
1925	74.9	16.6
1926	56.7	60
1927	78.5	—

资料来源：中国人民银行上海市分行金融研究所. 金城银行史料 [M]. 上海：上海人民出版社，1983：167。

三、银行对企业投资增加

1. 银行与企业的伙伴关系日益密切

金城银行除对工矿企业进行放款外，还通过承销企业债券、购买企业股票等方式对产业部门进行投资，这种银企关系类似德国模式。1926 年，中兴煤矿因为扩大生产规模，计划发行债券 300 万元①，作为私人资本企业首次大规模发行债券，得到了金城、大陆、中南、盐业、浙江兴业等五家银行的大力支持，全部委托银行经理发行②。据统计，至 1927 年末，金城银行持有各种"有价证券"708 万元，属于投资性质的约有 165 万元，其中工业投资约为 57 万元③，占总投资额的 34.63%。1927 年金城银行对天津企业投资额为 32.2 万元，1937 年为 163 万元，增加了 130 多万元。④

2. 银企关系由借款透支到银行托管

裕元纱厂的发展与金城银行的支持密切相关。创办于 1917 年的天津裕元纱厂是金城银行早期放款业务中的大户。该厂由天津大商人王郅隆所办，他又是金城银行的大股东，拥有该银行 200 万元股份资本的 34.85%。

---

① 金城银行档案抄件：《中兴煤矿公司股东会议决案》，1926 年 6 月 20 日。

② 金城银行档案抄件：《经理发行公司债合同》，1926 年 6 月 21 日。

③ 中国人民银行上海市分行金融研究所. 金城银行史料 [M]. 上海：上海人民出版社，1983：173 – 174.

④ 中国人民银行上海市分行金融研究所. 金城银行史料 [M]. 上海：上海人民出版社，1983：376 – 379.

裕元从建厂到 1922 年，先后向银行借入各类款项共计 630 万元①，其中大部分是金城银行所贷，最高的一年达 110 万元。同时，金城银行除向裕元纱厂发放定期贷款外，双方还订立合同，给予裕元纱厂透支的便利，并规定工厂所有收支款项均应通过该行结算。如表 8.13 所示，裕元纱厂的透支借款经常超过规定限额，金城银行一般都给予融通办理。此外，金城银行有时还出面代表裕元纱厂向其他银行借款。1919—1926 年，恒源纱厂生产经营顺利，规模持续扩大，金城银行的放款也随之增加。1927 年，恒源纱厂开始出现亏损，金城银行又联合其他八家银行向该厂提供大笔贷款，其中银两 40 万两、银圆 50 万元。②

表 8.13　　　　　**1918—1926 年裕元纱厂历年透支情况**　　　　单位：元

年份	透支
1918	622340
1919	202570
1920	466625
1921	106707
1922	660217
1923	540472
1924	24143
1925	334073
1926	435246

资料来源：李一翔. 中国工业化进程中的银企关系研究 [D]. 天津：南开大学，1995：26。

20 世纪 30 年代，天津各大纱厂经营困难，恒源、北洋两纱厂于 1935 年由金城、中南两家银行组成的诚孚信托公司接管，成为金融资本直接控制的企业。北洋纱厂原由章瑞庭于 1934 年 5 月单独出资租办，但连年亏损，1936 年 4 月租期届满后企业毫无起色，由股东会议宣布破产。金城、中南两家银行几经交涉，仅以 68 万元的低价收买了该厂。恒源纱厂自建厂之初，便与这两家银行有借款关系，1930 年欠金城银行款项已达 18.7

① 严中平. 中国棉纺织史稿 [M]. 北京：科学出版社，1955：353 - 354.
② 中国人民银行上海市分行金融研究所. 金城银行史料 [M]. 上海：上海人民出版社，1983：403.

万元，白银 19.3 万两。① 如表 8.14 所示，1934 年，恒源纱厂借款付息达
239.2 万元，企业亏损近 180 万元。该厂拖欠银行、银号及私人债务已无
力偿付，只得委托金城、中南两行代管。1936 年，诚孚信托公司在天津经
营的产业已有恒源纱厂 30160 枚纱锭、299 台布机和北洋纱厂 26080 枚纱
锭。这个时期，银企关系变得更为直接，银行拥有了更大的经营决策权，
较为接近德国模式。

表 8.14　　　　　1927—1934 年恒源纱厂借款付息及企业盈亏统计　　　单位：万元

年份	利息	盈亏
1927	29.4	−14.1
1928	27.6	−15.2
1929	37.4	−9.3
1930	29.6	−23.1
1931	26.1	−29.2
1932	30.5	+2.7
1933	29.4	−45.7
1934	29.2	−45.8
合计	239.2	−179.7

资料来源：《恒源纺织有限公司历届年结账略》，天津第一毛纺厂档案，第 1 号卷。

　　金融对企业的积极作用，从天津纱厂渡过危机中也可以得到印证。恒
源纱厂被诚孚信托公司托管后，先后借款 200 万元，用以修理厂房，添购
新机及各种设备，最终本息一律清偿，还发放了 1940—1942 年的各年度
股息。② 北洋纱厂由诚孚公司代营后，于 1936 年 7—8 月复工，并聘请国
内有名的纺织专家朱梦苏任厂长。经过短时间的初步整顿，该厂的棉纱质
量和产量均有所上升，产品逐步在市场上打开了销路，年末结账净盈利 1
万元，一举扭转了过去朝不保夕的困难局面。

四、产业资本与银行融合

　　产业资本与银行资本的融合作为社会生产力发展到一定阶段的产物，

　　① 中国人民银行上海市分行金融研究所．金城银行史料 [M]．上海：上海人民出版社，
1983：397.
　　② 中南银行档案"恒源纱厂第十六届年结帐略"；沪银档藏．参见：李一翔．中国工业化
进程中的银企关系研究 [D]．天津：南开大学，1995：96。

是市场经济发展中出现的普遍现象，而并不是西方工业化国家独有的。天津近代也出现了银企相互渗透情况，但融合的规模和程度无法与西方发达国家相比。如前文所述，天津银企关系从最初的借贷关系发展到银行投资企业，再到银行直接控制企业，又出现了企业通过各种方式向金融业渗透的情况。银行资本与产业资本融合的过程可以说是双向的，既有银行向产业投资，也有产业资本对银行参股。但这种双向融合过程存在着非对称性，即产业资本对银行的投资规模相对偏小。主要通过三种方式融合：一是企业直接投资设立银行；二是企业向银行投资；三是企业兼营储蓄业务。

1. 企业直接投资设立银行

20 世纪 20 年代，一些初步实现资本集中并发展壮大的工业资本集团，为解决自身扩张过程中日益重要的资金融通问题，开始创办银行。例如，周学熙企业集团创办了中国实业银行和华新银行。形成于北洋时期的周学熙企业集团，拥有滦州矿务公司及矿地公司、启新洋灰公司、华新纺织公司等重要工矿企业。这些企业的规模都很大，生产过程中的资金周转量巨大，一方面有大量款项要存入银行，另一方面当企业遇到资金周转不足时，由于不能彼此转账通融，只能向银行举债。为此，周学熙深感建立一个调剂盈缺的金融机构尤为必要，于是从 1916 年起开始筹办中国实业银行。但由于政局变动，招股受阻，周学熙遂将滦州矿务局和启新洋灰公司的部分留存利润及两公司股东的红利、股息转作银行股本，同时吸收一部分商股，共计 350 万元，于 1919 年正式成立了中国实业银行，其中启新、滦矿、华新三大公司的投资占中国实业银行初期资本的 23.2%。[①] 实业银行与周氏企业保持着密切金融往来，为企业经营提供了充足资金，成为集团发展的金融后盾。集团与比利时合资创办耀华玻璃厂时，该行给予了 60 万元贷款；1922 年，华新纺织公司增设唐山、卫辉两家纱厂的资金也主要由该行提供。在实业银行大力支持下，到 20 年代中期，周学熙企业集团已发展成为拥有十几家企业、资本总额达 4000 余万元的北方最大企业集团。

除中国实业银行外，周学熙企业集团还曾设立过华新银行。1923 年，华新纺织公司出现经营危机，尤其是华新青岛纱厂在日资纱厂的竞争下处境艰难。鉴于此，周氏集团从内部企业抽调一部分资金，将原设于天津的

---

① 盛斌. 周学熙资本集团的垄断倾向 [J]. 历史研究, 1986 (4): 81-95.

大同银号改组为华新银行，资本 100 万元。该行以华新纺织公司为主要服务对象，对青岛厂的改造与扩充起到了极大促进作用，使该厂能在日资纱厂的重围中得以生存，并获得了一定发展。

2. 企业向银行参股

当时出资开办银行的企业并不多，仅有少数规模较大的企业集团直接投资设立银行。更为普遍的情况是企业收购银行股份，以取得银行的部分控制权，以中小企业为主，也包括部分大企业。例如，金城银行成立初期，企业投资参股较少，后来数次增资中参股者渐多，天津裕元纱厂、久大精盐公司和永利制碱公司等也在其中。[1] 上海银行的股东中也有天津企业，如天津振华造纸厂。[2] 尽管企业购买银行股份的金额不大，但也能说明两种资本的融合在加深。

3. 企业兼营储蓄业务

一些企业为了解决自身的资金需求，将多种金融手段直接引入企业。其中最有成效的是企业附设储蓄机构，除直接吸收内部职工存款外，也广泛收存社会各界的资金。天津近代的产业部门基本是劳动密集型行业，可变资本支出的比重比较大，在资金偏紧的情况下企业都会想办法利用这笔开支。这些企业提倡内部储蓄，以略高于银行的利率吸收职工的工资余额。由于高利率的原因，还能吸收一部分包括工厂股东在内的社会闲散资金。1930 年，国民政府有关部门明令规定禁止工厂设立储蓄部，但很多企业基本上没有遵行。例如，天津裕大企业集团所属大兴纱厂，在厂内附设储蓄机构，吸收本厂职工与社会各界存款，成为该厂营运资金的一个重要来源。据厂人员回忆："大兴的存款，除股东固定'存单'150 万元外，其他存款经常达 100 多万元。"[3]

五、银企关系深化产生副作用

长期以来，近代企业始终存在着重发展、轻积累的倾向。不论在资金充足条件下，还是发生了财务困难，企业一般只注重固定资产的投入，而不从整个生产过程着眼，合理安排流动资金。同时，很多企业不顾自身实力的限制，盲目扩大生产规模。这些都严重削弱了企业自身发展能力，造

---

① 中国人民银行上海市分行金融研究所. 金城银行史料［M］. 上海：上海人民出版社，1983：30，31，245.

② 中国人民银行上海市分行金融研究所. 上海商业储蓄银行史料［M］. 上海：上海人民出版社，1990：38－40.

③ 杨俊科，等. 大兴纱厂史稿［M］. 北京：中国展望出版社，1990：42.

成资金短缺的矛盾更加突出，只能靠银行借款解决资金问题，对银行资本的依赖性日益加深。20 世纪 30 年代，17 家大企业除了设于塘沽的久大制盐厂和永利制碱厂外，几乎没有了 20 世纪 20 年代前期的兴旺景象，多数处于停产、半停产的萧条状态。1937 年七七事变前，纺纱企业已被日本工业财团和国内金融资本所控制。以资本最为雄厚的六大纱厂为例，由于固定资本过大、流动资金短缺、靠大量贷款维持生产，已是六家纱厂的普遍状况，早在 1926 年就出现了衰落态势。加之连年战争、交通阻塞和洋纱大量倾销，这些纱厂常年亏损，难以维持。20 世纪 30 年代，由于金价暴涨，天津各纱厂亏损成倍增加，只能常年靠借贷度日。贷款多来自银行、银号或日本财团，且多属高利贷性质，每年要支付大笔利息。例如，恒源纱厂自 1926 年至 1934 年间，支付利息高达 266 万元，年均 30 余万元。贷款以固定资产抵押借款和商品抵押借款为主，不论是向日本财团借款还是向国内银行、银号借款，抵押资产大多按对折估价，付息 1 分以上。企业一旦负债过多，债权人便会派代表长期驻厂，监督生产和财务。如果企业仍然经营不利，无力偿还借款本息，债权人有随时拍卖抵押品的权利。各纱厂几乎长年经营不力，每年又要支付高额借款利息，导致短期债务延成长期，长期终成无期，直至拍卖全部财产也不足以清偿债务的境地，这也成为其被日本财团和国内银行团收买、吞并的直接原因。

第九章　大开放与工业化：贸易
结构变迁与经济增长

西方国家工业化的开启，得益于海外市场的扩大与国际贸易的增长。随着新航路和新大陆相继被发现，西方列强的殖民活动扩大到全世界，掠夺式贸易规模大幅增加，以及受重商主义思想影响，为工业化积累了大量资本。同时，贸易的繁荣刺激了城市手工业发展，规模不断扩大、生产越发集中，这些都为工厂机器大工业的产生创造了条件。1800年前后的第一次科技革命，催生了机器大工业的繁荣，促使西方国家不断开拓工业产品的销售市场，同时掠夺海外廉价原料保障充足供应，贸易规模与范围进一步扩大。市场规模是经济增长的函数，经济增长与市场扩大有着密切的正相关性。然而，近代天津的对外贸易充满了半殖民地色彩，帝国主义列强垄断了天津外贸，把对外贸易作为其掠夺资源、进行经济剥削的工具，鸦片成为天津开埠初期输入的第一大宗商品。

第一节　天津近代对外贸易发展趋势

一个国家或地区的对外经济交往活动程度体现在很多方面，如对外贸易规模、对外贸易地区、对外贸易结构等。但天津对外贸易受到不平等条约的约束，加之外国人在华通商享有各种特权，进出口完全以帝国主义列强的利益和国际市场需求进行。

一、天津近代对外贸易规模

1860年开埠前，天津早已成为繁荣的商业城市，是北方货物主要集散中心，吸引了各国洋行以此为中心扩大市场、掠夺资源。到1931年，天津对外贸易额已达2亿海关两，约占全国贸易额的12%，居全国第二位。

（一）对外贸易总量整体呈增长趋势

1861—1931 年，天津近代对外贸易值逐年增加，占全国比重不断提高。1861 年仅为 547.6 万海关两，1906 年天津港对外贸易达 11286.5 万海关两，1931 年突破 2 亿海关两。占全国直接进出口货值比重从 1873 年的 1.83% 升至 1893 年的 3.63%，从全国第八位上升至第五位。1911 年天津对外国直接贸易额占全国进口总额的 12%、出口总额的 16%，规模和重要性仅次于上海，稳居全国第二位。1931 年九一八事变后，加之世界资本主义经济危机，1933 年天津进出口贸易相较于 1931 年下降 24.08%，1936 年仅为 1931 年的 45%。之后有所回升，1939 年增长到 440180 千海关两①，1948 年为 91211300 千元（见表 9.1）。从进出口结构看，开埠初期，天津进口洋货以鸦片为首，纺织品次之。19 世纪 80 年代以后，纺织品居首，鸦片进口量逐年下降，出口商品主要以羊毛等原材料为主。1904年前，天津港以间接贸易为主，外国商品大多以上海为中转站再运到天津。1912 年以前，天津进口贸易规模要远远大于出口，出口值仅占进口值的 4%—18%；1912—1921 年，出口贸易超过了进口贸易，但差距不是很大。20 世纪三四十年代，进口贸易规模又超过了出口，直到 1948 年才有所改变。整体来说，天津对外贸易活动十分活跃，与世界的经济联系日益加强。

表 9.1　　　　　　　　天津近代对外贸易值（1861—1948 年）

年份	贸易总值（千元）	进口（千元）	出口（千元）	比重（%）
1861	5476	5014	462	9.21
1870	16921	16188	733	4.53
1880	21668	19109	2559	13.39
1890	34132	29153	4979	17.08
1902	89478	75911	13567	17.87
1912	102258	47922	54336	113.38
1921	224779	91313	133466	146.16
1932	167425	104549	62876	60.14

---

① 李洛之，聂汤谷. 天津的经济地位［M］. 天津：南开大学出版社，1994：6.

续表

年份	贸易总值（千元）	进口（千元）	出口（千元）	比重（%）
1940	810985365	654963	156022	23.82
1948	91211300	29286	61921	211.44

说明：1870 年的货币单位是津行化两，1880—1930 年是海关两，1940 年是法币元，1948 年为金圆券元。

资料来源：姚洪卓. 近代天津对外贸易：1861—1948 [M]. 天津：天津社会科学院出版社，1993：251，260。笔者整理得到。

（二）进入天津港船只总量逐年增加

如表 9.2 所示，1861 年进入天津港的船只有 111 只，1911 年为 1093 只，增加了近 10 倍，1936 年增加了近 34 倍。从货运吨数可以发现，天津港的吞吐量飞速增加，从 1861 年的 27161 吨到 1911 年的 1359857 吨，增加了约 50 倍，1936 年增加了约 190 倍。1866 年，英国船进出天津有 67 只，货运数为 28082 吨，1936 年达到了 876 只和 1714231 吨，可见当时天津对外经济活动的频繁与较高的开放程度。《马关条约》签订后，日本的航运业发展最为迅速。甲午战争前，日本只有一条到天津的航线。战后，日本新开通了大阪到天津的航线，成立了日清汽船会社。到 1914 年，日本到天津的商船达 447 艘，超过了英国，成为到天津船舶最多的国家。[1] 虽然英国的航运在发展速度上相对落后于日本，但实力仍占据首位。第一次世界大战前，天津的航运业基本被英国把持，其到天津港的船舶为 3800 多艘，占英、美、法、德、日等国到港船舶总数的 71.2%。德国来津的航运增长幅度也很大，从 1905 年的 15.6 万吨增加至 1911 年的 35.2 万吨，增长了近 20 万吨。[2] 外国航运业中，英国的怡和洋行轮船公司和太古洋行轮船公司以及日本的日清轮船公司这三家公司处于垄断地位，控制了天津的外贸和远洋货运。[3]

表 9.2　　　　　　　　　天津近代港船只进入与载货情况

年份	船数（只）	总吨位（吨）
1861	111	27161
1871	316	124517

① 李华彬. 天津港史 [M]. 北京：人民交通出版社，1986：110.

② 李华彬. 天津港史 [M]. 北京：人民交通出版社，1986：126.

③ 姚洪卓. 近代天津对外贸易：1861—1948 [M]. 天津：天津社会科学院出版社，1993：46.

续表

年份	船数（只）	总吨位（吨）
1881	422	267215
1891	672	507464
1901	689	658403
1911	1093	1359857
1921	1449	3299203
1936	3730	5165247

资料来源：樊如森. 天津港口贸易与腹地外向型经济发展（1860—1937）[D]. 上海：复旦大学，2004：29；王怀远. 旧中国时期天津的对外贸易 [J]. 北国春秋，1960（1）：70；王怀远. 旧中国时期天津的对外贸易：续 [J]. 北国春秋，1960（2）：29。笔者整理得到。

二、对外贸易国别区域特征

（一）被动纳入世界贸易体系

截至 19 世纪 80 年代，与天津有贸易往来的国家和地区包括英国、欧洲大陆国家、美国、日本、新加坡、菲律宾、英属美洲地区和朝鲜等。到了 20 世纪 40 年代，天津与包括六大洲的近百个国家和地区都有了贸易往来。在第二次世界大战前，天津与这些国家和地区的贸易值逐年增加，如表 9.3 所示，1929 年相较于 1873 年增长了 220 倍，其中亚洲的增加额最大，达 7803.6 万海关两，北美洲增加的倍数最大，达 5 万多倍。从对外贸易的国别结构看，第一次世界大战前的天津与英国贸易居首位；战后，日本取代了英国，美国居第二位。[①] 1936 年，天津出口的冰蛋占了欧洲市场销量的 92%，1946 年销往美国的猪鬃达总销量的 60%。[②] 但在日本占领天津时期，天津对外贸易几乎被日本垄断，1938 年天津对日贸易额占贸易总额的 1/2 以上。

表 9.3 天津近代与其他国家或地区的贸易总额

国家或地区	1873 年（海关两）	1904 年（海关两）	1929 年（海关两）	1946 年 [千元（法币）]
亚洲	463787	8430366	78499717	17018484
欧洲	161389	6456105	46171396	6779766

---

① 王怀远. 旧中国时期天津的对外贸易：续 [J]. 北国春秋，1960（2）：29.
② 姚洪卓. 近代天津对外贸易：1861—1948 [M]. 天津：天津社会科学院出版社，1993：135-137.

续表

国家或地区	1873 年（海关两）	1904 年（海关两）	1929 年（海关两）	1946 年〔千元（法币）〕
北美洲	260	1316629	14121420	67143027
南美洲	—	—	14185	260344
非洲	—	4360	48912	19448
澳洲	—	298	34472	406253
合计	627309	16209662	138892031	91629268

资料来源：姚洪卓．近代天津对外贸易：1861—1948〔M〕．天津：天津社会科学院出版社，1993：261 - 281。笔者整理所得。

（二）世界多国在津设立洋行

近代初期，列强纷纷开始在天津成立洋行。据天津海关调查，1905 年天津洋行数量为 164 家，其中日本有 60 家居首位，其次为英国 32 家；1906 年洋行数量增加到 232 家，日本依然居首位，英国次之。[①] 如表 9.4 所示，到 1937 年前，天津的日本洋行数量处于绝对优势，占总数的 72.6%，比 1905 年增加了 10 倍多。外国洋行的主要国别基本没有变化，依然是日、英、美、德、法、俄等国。根据王怀远（1960）的研究，太平洋战争前，天津外商总数为 725 家，其中贸易商占 1/3 以上，即 260 家，加工制造业 68 家，保险业 58 家，银行业 17 家。从国别结构看，英国 193 家、美国 151 家、德国 93 家、法国 57 家，还有白俄（非苏联）112 家；银行业以美、英、法等国为主，保险业以英、美两国为主，贸易业依次为美、英、德、法等国。

表 9.4　　　　　　　　　　各国在津设立洋行国别分布　　　　　　　单位：家

年份	美国	奥地利	日本	挪威	德国	意大利	英国	法国	白俄	其他	总计
1905	2	6	60	5	29	3	32	14	6	7	164
1906	4	5	72	1	52	2	60	21	6	9	232
1936	91	—	689	—	37	—	54	18	26	—	949

资料来源：孙德常．天津近代经济史〔M〕．天津：天津社会科学院出版社，1989：133；王怀远．旧中国时期天津的对外贸易：续〔J〕．北国春秋，1960（2）：29。

———————————

① 孙德常．天津近代经济史〔M〕．天津：天津社会科学院出版社，1989：132.

三、与工业发展趋势相一致

（一）天津近代对外贸易与工业发展波动趋势相近

如表 9.5 所示，天津工业与对外贸易发展的波动趋势大体相同，且第一个周期波动幅度小于第二个周期。工业资本第一个周期为 1894—1933 年，其中 1894 年和 1933 年为此周期的低点，1927 年为高点；工业资本第二个周期为 1933—1948 年，其中 1933 年和 1948 年为低点，1941 年为高点。对外贸易第一个周期为 1894—1936 年，其中 1894 年和 1936 年为此周期低点，1929 年为高点；对外贸易第二个周期为 1936—1948 年，其中 1936 年和 1948 年为低点，1941 年为高点。解放战争期间，二者均处于低迷状态。可以看出，对外贸易值和工业资本这两个变量的周期基本一致，二者存在一定相关关系。这里需要注意的是，沦陷时期的天津，被日本大量掠夺经济资源和军事物资，众多民族企业关门倒闭，即使日本扶持或投资的机械制造、钢铁冶炼、化工、电力等产业，目的都是为了满足其战争的需要。同时，除日本以外的西方国家对津贸易大幅萎缩，但日本用原有的紫竹林码头、塘沽码头和新建的新港码头大量掠运华北物资，仅从天津港便掠夺煤 1365 万吨、海盐 205 万吨、铁矿石 40 万吨、棉花 299 万担以及大量的粮、毛皮等农畜产品。

表 9.5　　　　　　　　　　天津近代对外贸易值与工业资本比较

年份	工业资本（万元）	贸易值（万海关两）
1894	2537.5	4428
1911	7991.2	11654
1927	19474.9	32534
1929	3173.3	34263
1933	3005.3	13431
1936	4266.7	12226
1938	13825	40993
1939	13603	44018
1941	142514.3	89049
1942	103527.4	42418
1945	2584.2	15794
1948	4250.4	9121

（二）天津近代对外贸易地位与工业地位呈现出一致性

　　如图9.1所示，天津对外贸易值最高时接近占到全国贸易值的20%，整个发展过程中也几乎平均占全国的15%，仅1932年最低，占7%。1938年天津约占全国的12%，进口平均占8.5%，出口平均占16%，对外贸易额一直在全国占第二位。[①] 天津工业资本在全国的比重，1894年约占全国的10.8%，1927年达到最高，为24.4%，天津成为全国第二大轻工业城市，与贸易地位呈现出一致性。1936年工业比重仅为4.1%，在天津贸易地位没有下降情况下，工业地位有所下降。

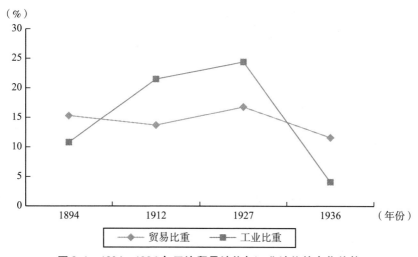

图9.1　1894—1936年天津贸易地位与工业地位的变化趋势

第二节　贸易结构影响工业产业结构

一、贸易结构与产业结构逻辑关系

　　一个国家应当出口何种产品，又应当进口何种产品以增进本国福利，最终促进本国发展呢？从亚当·斯密的绝对优势理论、大卫·李嘉图的比较优势理论到赫克歇尔－俄林的要素禀赋理论等，都对贸易结构变化作出了不同解释[②]。一国经济发展过程也是产业不断转型升级的过程，不仅表

　　① 李洛之，聂汤谷. 天津的经济地位［M］. 天津：南开大学出版社，1994：7.

　　② 陈家勤，等. 当代国际贸易新理论［M］. 北京：经济科学出版社，2000.

现在产业结构调整上，也反映在贸易结构变化上。

（一）产业结构从根本上决定了进出口商品结构

进出口商品结构会受到产业结构的客观制约，国际贸易必然建立在经济发展水平的现实基础上。随着产业结构的变化，进出口商品结构也会出现跟踪性的变化。从长期过程看，经济发展方式发生转变，产业结构出现升级，贸易发展方式也会随之转变。天津近代工业化初期，现代工业部门不仅门类很少，力量也很薄弱，自然决定了进口结构以消费品和非生产性商品为主，出口以棉花等原材料为主。在近代工业化中期，天津工业经济发展加速，基本建立了以轻工业为主的现代工业体系，这时生产资料进口比重有所增加，在30%—40%之间徘徊。到了后期，处于战争时期的天津工业逐渐衰退，生产资料进口比重下降到了10%—20%，而消费资料的进口比重占到了80%以上。在整个近代时期，天津出口结构以农副土特产品为主。

（二）对外贸易推动产业结构变迁

国际贸易能够促进一国社会分工的扩大，促进产业结构向广度和深度两个方向发展。进口对产业结构的推动作用主要体现在进口替代与出口替代两个方面。出口贸易对于产业的影响在于通过出口可以扩大一个产业的市场范围，使一个产业的规模经济效益得到充分发挥，或者通过出口促使一些新的产业应运而生。与此同时，对外贸易可以促进国家间商品、服务、技术和人员的交流和交换，吸引投资与先进技术，加速本国技术进步，推动机器生产与建立现代工厂制度，使各个产业部门从引进到模仿，从扩散再到创新，产业层次不断提高。

二、天津近代对外贸易结构演变

（一）进口商品结构变化

在1863—1931年间，天津进口商品大部分是消费品和非生产性商品，比重在30%—80%之间变动，平均达56.5%。生活资料比重在1883年达到最高，为80.7%，在1919—1931年间一直维持在50%以上（见表9.6）。消费资料进口中主要是棉纺织品，因为欧洲产业革命后大工业机器生产出来的廉价纺织品大量输入中国，中国已经成为世界市场重要的一部分。20世纪初，天津进口的棉纱一直在20万—30万担之间波动，占进口总值的20%左右。还有煤油，自19世纪90年代起，主要从美国和俄国进口，1908年占进口总值的13.7%，20世纪20年代年均进口量达3100万加仑。对于粮食、糖等食品类商品的进口量也非常大，1924—1949 年，粮油等消费品的进口比重一直在 50% 以上，几乎取代了棉纺织品的进口地位。[①] 1893 年以前，生产资料进口很少，此后整体呈现增长趋势。进入 20 世纪以后，生产资料的进口比例大体保持在 30%—40% 之间，1919 年达到最高，占 50%。机器设备、工业原材料等生产资料的商品进口在进口总值中的地位始终低于生活资料，1901 年的天津海关关册上才出现机器进口的统计，但在整个近代期间的年均进口值仅占天津进口总值的 1%，1930 年才上升到 2.44%。[②] 其他进口商品主要是鸦片，其次为军火，二者在近代初期占据首位，1863 年占进口总值的 36.42%，其次为纺织品，占 16.24%。[③]从 19 世纪 60 年代到 20 世纪初，中国每年平均进口鸦片 5 万—7 万担左右，价值 3000 万—4000 万海关两，1910 年后基本不再进口鸦片了。

表 9.6　　　　　　　1863—1947 年天津近代进口商品结构变化　　　　单位：%

年份	消费资料	生产资料	其他
1863	31.2	—	68.8
1873	68.3	0.7	31
1883	80.7	0.5	18.8
1893	37.1	15.6	47.3
1898	35.5	41	23.5
1903	39.2	31.8	29
1919	51.7	48.2	0.1
1927	66.1	33.7	0.2
1928	72.7	27.3	0
1929	67.7	32.2	0.1
1930	64.9	35	0.1
1931	62.6	37.4	0
1934	78.2	21.8	0
1935	77.7	22.3	0

---

① 姚洪卓. 近代天津对外贸易：1861—1948 [M]. 天津：天津社会科学院出版社，1993：111-117.

② 姚洪卓. 近代天津对外贸易：1861—1948 [M]. 天津：天津社会科学院出版社，1993：113.

③ 姚洪卓. 近代天津对外贸易：1861—1948 [M]. 天津：天津社会科学院出版社，1993：111-112.

续表

年份	消费资料	生产资料	其他
1936	72.7	27.3	0
1938	80.3	19.7	0
1940	83.9	16.1	0
1946	94.7	5.3	0
1947	86.1	13.9	0

资料来源：罗澍伟.近代天津城市史［M］.北京：中国社会科学出版社，1993：178，表6-5；王怀远.旧中国时期天津的对外贸易：续［J］.北国春秋，1960（2）：29；蔡谦，郑友揆.中国各通商口岸对各国进出口贸易统计：第三部［M］.上海：商务印书馆，1936。笔者整理得到。

（二）出口商品结构变化

天津近代出口商品主要包括四个方面：农产品、土特产、畜产品和工业品（见表9.7），其中非工业品出口一直占主要地位，工业品出口的比重仅为4%或5%。在近代，天津成为华北农、副、土、特产品出口的基地，占据华北出口货值的80%—90%。天津农产品出口值最大，大体占到了出口总值的50%左右；其次为畜产品，比重保持在30%—50%之间；在土特产品出口中，药品出口最多，1898年占出口总值的32.5%，后来虽然有所下降，1908年也达到了29.4%。① 另外，出口商品种类逐步增加。工业品从1885年才开始出口，最初以煤炭为主。机制产品在第一次世界大战后才进入出口商品行列，但始终处于次要地位。天津近代出口结构变迁整体表现为从传统农副产品到新开发农副产品，再到工业制成品的过程。

表9.7　　　　1863—1949年间天津近代出口商品结构变化

年份	农产品（担）	土特产（担）	畜产品（担）	工业品（吨）
1861	86530	6923	1804	—
1866	177236	39870	1684	—
1873	1871	290000	2237	—
1878	9216	63033	17634	—
1880	19661	43027	17145	—
1885	88308	389918	369652	17486
1890	157047	480642	573148	47243

① 姚洪卓.近代天津对外贸易：1861—1948［M］.天津：天津社会科学院出版社，1993：132.

续表

年份	农产品（%）	土特产（%）	畜产品（%）	工业品（%）
1919	58.3	6.6	29.3	5.8
1927	48.5	10.5	38.3	2.7
1928	37.9	9	51	2
1929	36.9	13	47.3	2.8
1930	47.8	13.3	36.5	3.3
1931	47.6	14.6	34.7	3.2
1932—1934	52.1	11.9	31.6	4.4
1936	42.3	—	34.7	—
1939	16	—	52.1	—
1945—1949	80 以上	—	—	低于 20

资料来源：王怀远. 旧中国时期天津的对外贸易：续 [J]. 北国春秋，1960（2）：29；蔡谦，郑友揆. 中国各通商口岸对各国进出口贸易统计：第四部 [M]. 上海：商务印书馆，1936。笔者整理得到。

三、天津出口加工业的形成与发展

（一）未制成品出口加工业

绝大部分洋行从事农畜产品及土特产的出口业务，在天津建立了多个出口加工企业，如打包业、蛋品加工业等。1861—1880 年，天津出口的产品几乎全部是农畜土产品，1885—1949 年这类产品出口值基本保持总出口值的 80%—90% 以上。例如，早期从天津口岸掠夺出口的货物除了棉花就是羊毛，羊毛的出口额从 1885 年的 19747 担增加到 1894 年的 207574 担，增长了近 10 倍，在 1895—1905 年的十年间，平均每年出口额是 149998 担。[1] 一般羊毛中含有 30%—40% 的泥沙，需要洗净又要用压力打包，缩小体积、便于外运，因而外商打包厂应运而生，为羊毛出口服务。例如，隆茂洋行打包厂，打包能力每年为羊毛 9 万担、驼毛 1 万担。[2] 这个时期的外资以出口加工业为主，外资打包业的资本额占到已知外资投资额的 80% 多。可见，出口结构很大程度上影响了产业发展格局。早期的出口加工企业被外国洋行所垄断，1894 年前出口企业有 10 家，资本达 553.8 万元，占这一时期天津工业总资本的 22%，是民族资本企业总资本的 60 多

---

[1]　派伦. 天津海关报告书：1892—1901 [J]. 天津历史资料，1980（4）：55.

[2]　雷穆森. 天津史纲 [J]. 天津历史资料，1980（2）：158.

倍（见附表 A2）。如附表 A4 所示，1911 年，出口加工企业达到 21 家，资本也翻了 1 倍，达 1105.2 万元，占天津整个工业资本的 13.8%，是民族工业企业总资本的 1 倍多，但比前期下降很多。1911 年后，以出口农畜产品和土特产为主的外资出口加工业发展缓慢。从表 A8 和表 5.31 可以看出，1936 年，这类企业资本仅增加 100 多万元，为 1227.6 万元，占这一时期天津整个工业资本的 9%，仅是民族工业企业总资本的 1/4。可见，以出口未加工产品为主的外资出口加工业发展开始趋于稳定，所占比重呈下降趋势。

（二）制成品的出口加工业

这种类型的出口加工业主要以天津地毯工业为主。天津地毯业最初从 1916 年设厂，后来发展迅速，出口额基本维持在全国的 80% 以上。1926 年，天津出口地毯为 638.01 万海关两，占中国出口地毯总额（654.72 万海关两）的 97.45%，成为全国最大的地毯生产与出口中心。天津从事地毯出口的商家有四种：一是外资地毯厂，共有四家美国洋行设立地毯厂，资本共达 39 万元，直接生产地毯出口；二是外国洋行，它们接受国外的地毯订单后，再分别交给天津民族地毯厂加工，然后出口，如德商鲁麟、蝉臣，英商聚利，美商协成、公懋等企业；三是外商经纪人，他们既无工厂又无资金，更没有洋行，只是个人接受国外地毯订单，然后转由天津民族地毯厂加工；四是民族地毯厂，在 20 世纪 30 年代，天津共有 436 家地毯企业设立，资本为 63895 元，虽然数量众多，但规模比外资企业小很多，且处于产业链最底层，即使后来出现了自产自销企业，但规模和比重都很小。[①] 整体来看，天津本埠地毯商主要为美国及其他洋行进行加工，成为外国资本的附庸。从天津地毯工业产生的过程来看，最初设厂到后来的迅速发展，均以出口为目的。如表 9.8 所示，1912—1929 年，天津地毯业织机数增长了近 9 倍，从天津口岸出口的地毯数量增长了 17 倍。地毯出口指数明显高于织机指数，出口贸易对天津地毯业发展的拉动作用明显，而且这种作用一直在增强。但需要注意的是，天津口岸出口的地毯并不是完全由天津本埠生产，很多是周边地区输入天津后再出口，尤其以北京最多。例如，1928 年北京输入天津的地毯价值 1050070 海关两，占天津地毯出口总值的 13.4%。[②]

---

① 芮允之. 天津地毯工业的兴起和发展 [J]. 天津文史资料选辑，1978（1）：73，74.

② 方显廷. 天津地毯工业 [R]. 南开大学社会经济研究委员会，1930：51，52.

表 9.8　　　　　　**1912—1929 年天津地毯业发展指数**
　　　　　　　　　　与出口指数　　　　　基期指数：1912 年 = 100

年份	织机指数	出口值指数	年份	织机指数	出口值指数
1912 年前	95.2	—	1921	1071.4	274.3
1912	100.0	100	1922	1176.2	6357.0
1913	157.1	161.7	1923	1744.0	9145.1
1914	240.5	169.4	1924	2191.7	12058.7
1915	473.8	288.1	1925	3015.5	13375.0
1916	494.0	1613.3	1926	3217.9	14601.4
1917	526.2	1607.5	1927	3789.3	13479.1
1918	529.8	763.3	1928	4020.2	17184.2
1919	794.0	979.2	1929	4163.1	—
1920	882.1	2517.8	—	—	—

资料来源：方显廷. 天津地毯工业 [R]. 南开大学社会经济研究委员会，1930：2，3，51，52。笔者整理得到。

地毯出口贸易成为美国在天津的主要投资领域。如表 9.9 所示，美国对地毯的需求最大，1912—1927 年，天津地毯出口各国和地区中，美国的比重最大，年均达 64.4%。1936 年，美国仍在天津设立地毯厂。[1] 地毯出口贸易的扩大，不仅促进了天津本埠资本投资地毯业，也吸引了其他国家资本输入，原来国际的商品流动逐渐转向直接投资。

表 9.9　　　　　　**天津近代地毯出口各国和地区比重分布**　　　单位：%

年份	美国	日本	英国	中国香港	加拿大	其他
1912	24.5	9.9	38.5	8.3	—	—
1913	55.5	6.3	18.2	7.1	—	—
1914	58.1	10.8	16.3	3.7	—	—
1915	61.6	30.6	1.5	2.8	—	—
1916	38.2	6.2	—	0.8	—	0.2
1917	54.6	41.7	—	—	1.5	0.2
1918	36.4	49.2	—	6.3	4	—
1919	64	15.1	6	2.2	—	—

① 王学海. 旧中国时期外商在天津设厂行名录 [J]. 天津历史资料，1984 (19)：51.

续表

年份	美国	日本	英国	中国香港	加拿大	其他
1920	72.5	12.1	8.1	2.2	—	—
1921	66.4	9	9.6	3.8	—	—
1922	81.7	10.1	3.2	—	1.5	—
1923	85.6	8.1	2.5	—	1.1	—
1924	89.1	3.2	4	—	0.7	—
1925	82.4	9.9	3.3	—	0.8	—
1926	85.8	7.3	3.2	—	0.9	—
1927	74.3	13.9	6.8	—	0.8	—

资料来源：方显廷. 天津地毯工业［R］. 天津：南开大学社会经济研究委员会，1930：51，52。

　　地毯业一度中落又复兴。天津沦陷期间，日本接管了英法租界，英美等国洋行和地毯厂或被没收或被迫停业，给洋行代加工的天津民族地毯厂也纷纷随之倒闭，地毯出口数量急剧下降，天津地毯业开始衰落。1937 年，地毯出口为 13591 公担，1942 年大幅下降到 12 公担，1944 年基本不再出口。解放战争期间，天津地毯业纷纷复工并组织出口，其中女工地毯在国际市场盛极一时，占天津地毯出口额的 1/2。但美国洋行控制了地毯出口贸易，随意压价收购，导致天津地毯业依然萎靡不振。1946—1948 年，天津地毯出口量仅有战前的 25%—50%，1946 年为 3441 公担，1947 年为 5665 公担。[①] 1948 年底，天津 115 家地毯工厂又陷入奄奄一息状态。新中国成立后，天津地毯工业恢复了昔日繁荣，1951 年达 499 家，女工地毯产量由 1948 年的 345 万平方英尺增加到 1950 年的 1186 万平方英尺。[②] 产业发展与对外贸易之间相互影响，地毯业的兴衰变迁佐证了这一观点。

四、天津进口替代工业兴起与发展

　　机器制品市场的不断扩大对新兴的现代工业产生了重大影响，主要表现

---

①　天津市纺织工业局编史组. 旧中国时期的天津纺织工业［J］. 北国春秋，1960（1）：107.

②　芮允之. 天津地毯工业的兴起和发展［C］//天津文史资料选辑：第 1 辑，天津：天津人民出版社，1978：64 - 79.

为进口替代对新兴民族工业及其产品具有强劲的市场牵引力。由于生产成本的差异与利润的诱惑，进口商品的市场容量达到一定规模时就会引发进口替代。在洋货市场扩张中，天津仿洋机制品工业从无到有，并逐渐成为近代天津工业的主干，每个时期的进口商品结构对替代工业的发展具有不同的作用。

（一）军火工业

天津出现最早的进口替代工业为军火工业、机制面粉业、火柴业和棉纺织业。其中，军火工业主要是 1867 年由清政府创办的天津机器局，仿制外国机器、制造军火，资本占当时天津所有企业资本的 65.7%。但设厂目的并不是市场化的结果，而是既可"拱卫京畿""以固根本"又可"足补南局所未备"，同时临近出海口"购料制造，不为费用"。[①] 天津机器局的设立，大大缓解了当时军火武器完全依赖进口的局势。军火产品主要用于北洋防务和淮军使用，同时还供应河南、吉林、热河、察哈尔、黑龙江等北方各省的军事需要。在 1900 年前，天津机器局一直是北方最大的工业企业，诞生了北方第一代产业工人，具备机器制造、基本化学、金属冶炼、铸造、热加工及小规模修造船舶等部门，工业门类初具雏形，但在 1900 年八国联军侵略战争中全部遭到了毁灭性破坏。

（二）面粉加工业

天津早期的机器面粉业虽然规模不大，但出现时间很早。洋粉的输入逐渐改变了人们的消费观念和习惯，面粉市场需求潜力巨大。民间资本在利润的诱惑下大举投资，天津面粉工业迅速兴起。甲午战争前仅有 4 家，资本不足几万两。1911 年已有 12 家，资本近 50 万元。1928 年为 29 家，资本 500 多万元，比 20 世纪前增长了近 125 倍，天津成为全国六大面粉工业城市之一。如表 9.10 所示，1907—1921 年，天津进口面粉指数呈现大幅度下降趋势，进一步佐证了面粉工业的进口替代作用。

表 9.10　　　　　1907—1921 年天津、上海和全国进口面粉

情况指数　　　　　　　　基期指数：1907 = 100

年份	天津	上海	全国
1907	100	100	100
1914	3.37	28.14	49.77

---

① 观点是李鸿章奏折中的内容。参见：徐景星. 天津近代工业的早期概况［C］//天津文史资料选辑：第 1 辑. 天津：天津人民出版社，1978：125。

年份	天津	上海	全国
1915	0.32	4.17	4.02
1916	0.76	6.16	5.29
1917	9.69	7.81	15.38
1918	0.81	5.81	0.1
1919	0.22	7.72	6.14
1920	2.48	10.13	11.57
1921	0.7	56.35	17.05

资料来源：孙德常，周祖常. 天津近代经济史［M］. 天津：天津社会科学院出版社，1990：187。

（三）火柴业

火柴市场需求巨大，进口数量成倍增加。如表 9.11 所示，1863—1893 年，天津进口火柴数量暴增，1893 年比 1863 年增加 277955 罗，增长 2 倍多。面对巨大的市场需求、利润及李鸿章抵制洋货的背景下[1]，天津自来火公司于 1886 年设立，资本为白银 4.5 万两，开启了天津火柴工业的进口替代序幕。1911 年，天津已有火柴企业 4 家，资本近 40 万元。1928 年，火柴企业有 10 家，资本 446 万元，比 1886 年增长近 100 倍。从火柴的进口贸易看，第一次世界大战期间，火柴进口数量减少很多，由最高的 1908 年的 478.5 万罗下降到 1911—1920 年的年均 29.1 万罗，1921 年仅为 9 万罗，还不及 1863 年的进口量。如表 9.12 所示，全国的情况也是如此，1913 年全国火柴进口量近 2845 万罗，1921 年减少到 430 万罗，而国内设厂数和投资额均增长了 2 倍多。其中一个主要原因是，原来占进口火柴数量百分之七八十的日本火柴，受国人抵制日货影响进口量大幅减少，民族资本火柴工厂抓住市场机会，扩大投资抢占市场。例如北洋火柴厂，在 1909 年创办时资本为 4.2 万元，在 1917 年和 1918 年的两年间，每年获纯利 4.2 万元。火柴工业如此丰厚的利润，进而吸引了更多资本投资设厂。

---

① 李鸿章说，"火柴即自来火，近来英、德、美各国载运来华，行销内地日广，日本仿造运入通商各口尤多。检查总税务司造送上年各关贸易册内，洋货自来火一项运销四百十四万六千八百零各罗斯之多，值银一百三十四万余两，几于日增月盛，亦华银出洋一漏卮也"。参见：中国近代史资料丛刊：洋务运动［M］. 上海：上海人民出版社，1961：573。

表 9.11　　　　　　　　天津近代火柴进口情况　　　　　　单位：罗

项目	1863 年	1873 年	1883 年	1893 年	1898 年
数量	131263	79665	182815	409218	2449743
项目	1903 年	1908 年	1911—1920 年	1921 年	20 世纪 30 年代
数量	3377963	4785414	291000	90000	接近 0

资料来源：李华彬．天津港史［M］．北京：人民交通出版社，1986：88，120；姚洪卓．近代天津对外贸易（1861—1948）［M］．天津：天津社会科学院出版社，1993：128．笔者整理得到。

表 9.12　　　　　1913—1921 年中国火柴进口数量与民族火柴
工业发展情况　　　　基期指数：1913 年 = 100

年份	火柴进口量				民族火柴工厂			
	全国进口量		日本进口量		厂家（家）	指数	资本（万元）	指数
	数量（万罗）	指数	数量（万罗）	占全国比重（%）				
1913	2844.8	100	2182.8	76.7	52	100	294.2	100
1914	2383.6	83.8	1819.7	76.3	64	123.1	360.5	122.5
1915	2007.3	73.7	1619.8	77.2	74	142.3	409.8	139.3
1916	2002.1	72.5	1733.2	84	83	159.6	439.5	149.4
1917	1559.4	54.8	1296.8	83.2	87	167.3	445.2	151.3
1918	1334.1	46.9	1078.5	80.8	95	182.7	489	166.2
1919	1659.9	58.3	1377.9	83	98	188.5	491	166.9
1920	848.4	29.8	603.7	71.2	106	203.8	523.6	178.0
1921	430.7	15.1	98.4	60.2	129	248.1	745.9	253.5

资料来源：青岛市工商行政管理局史料组．中国民族火柴工业［M］．北京：中华书局，1963：7，18，20，及附录。

（四）纺织工业

近代初期，棉纱棉布进口激增。到了 19 世纪 90 年代，天津"民间之买洋布洋棉者，十室而九"[1]，洋纱洋布几乎垄断了天津的棉纺市场。如表 9.13 所示，1908 年，洋布洋纱进口值达 586 万关平两，是 1863 年的近

———————————
[1]　李文治．中国近代农业史资料：第 1 辑［M］．北京：生活·读书·新知三联书店，1957：502.

6 倍，占进口总值 27.6%，最高一年几乎占到了 70%。随着大量洋纱洋布涌入天津及周边市场，民营棉纺织工业的市场空间也被大大拓展，天津民营纺织企业迅速增加，并且获得了丰厚利润。1916 年，1 包 16 支纱可获利 7.61 元，1919 年获利达 70.65 元。天津华新纱厂 1919 年获利 79 万余元，占资本金的 39.44%；裕元纱厂 1920 年获利 120 余万元，占资本金的 33.46%。① 丰厚的利润进一步激发了投资纺织工业的热情，企业数量迅速增加。1911 年，天津有纺织企业 28 家，资本近 128 万元，占这一时期民族资本企业总资本的 15.2%；1928 年达 1407 家企业，资本达 2687 万元，占该时期民族工业的 30%；1936 年纺织企业数量减少到 897 家，但资本增加到 2719.7 万元，占这一时期民族工业的 63.7%。如表 9.14 所示，随着天津民族纺织工业的发展与壮大，洋纱洋布进口逐渐减少，从最高的 1916 年的 44 万担下降到 1931 年的 40 担。纺织业成为天津工业部门中实现进口替代规模最大的一个，天津成为名副其实的以轻工业为主的工业城市。

表 9.13　　　　　　　　天津近代早期洋纱洋布进口数量

项目	1863 年	1873 年	1883 年	1893 年	1898 年	1903 年	1908 年
价值（关平两）	1029562	6359695	6761812	103266	1614775	6278303	5861734
占进口值比重（%）	16.4	65.1	69.2	2.3	17.7	33.7	27.6
指数	17.6	108.5	115.4	1.8	27.5	107.1	100

资料来源：李华彬. 天津港史 [M]. 北京：人民交通出版社，1986：88，120；姚洪卓. 近代天津对外贸易（1861—1948）[M]. 天津：天津社会科学院出版社，1993：128。笔者整理得到。

表 9.14　　　　　　　　1902—1931 年天津海关洋纱进口数量

年份	数量（担）	指数
1902—1911	263512	100
1912	306877	116.5
1913	370611	140.6
1914	400703	152.1

---

① 方显廷. 中国之棉纺织业 [M]. 南京：国立编译馆，1934：266.

年份	数量（担）	指数
1915	440781	167.3
1916	441802	167.7
1917	348655	132.3
1918	243241	92.3
1919	231418	87.8
1920	172404	65.4
1921	194383	73.8
1922	196295	74.5
1923	121277	46.0
1924	55120	20.9
1925	84436	32.0
1926	43305	16.4
1927	29606	11.2
1928	7088	2.7
1929	3336	1.3
1930	657	0.2
1931	40	0.0

资料来源：丁世洵. 解放前天津棉纱批发商业史略 ［J］. 南开学报，1981（4）：63。

五、贸易结构与产业结构相互影响

从结构上看，进口货物以日常消费品等轻工业为主的时期，贯穿了20世纪20年代以前相当长的时间，也是天津轻工业快速发展的时期。20世纪30年代，一些电器、化学产品输入天津。同时，一批新式民族替代工业相应兴起，如肥皂、酸碱、漂染、制油、五金等。对外贸易加速了进口替代产业发展，进口商品结构变化与产业结构变迁呈现出一定相关性。进口替代的产品可以分为两类，消费资料品（如棉布、面粉、火柴、肥皂、味精、香烟等）和生产资料工业品（如马达、机械设备、化工原料等），这两类产品变化可以反映进口替代的阶段与层次。随着天津棉纺织等轻工业的发展壮大，第一类消费资料品的替代已大致实现。一个需要关注的现象是机制商品的出口，主要是面粉和棉纺织品。这类商品替代[①]的成功，

---

① 这种出口本质上还是进口替代，不是真正意义上的出口替代。

反映出天津产业发展进入了一个新阶段。

（一）棉纺织业

20 世纪初期，天津出口棉布规模开始迅速增加。如表 9.15 所示，1912 年，天津棉布出口仅有 5953 海关两，1913 年后迅速增加到 235360 海关两，增长了近 40 倍。1916 年后，棉布出口开始逐渐下降，到 1922 年降到最低点，为 113363 海关两，随后又逐年增加，到 1928 年达到最高点，为 1113295 海关两。虽然棉布出口具有了一定规模，但同进口相比，还是相差很远。1912 年，棉布入超达 4416059 海关两，是出口的 700 多倍，1919 年下降到了 45 倍，1928 年又增加到 800 多倍。可见，天津棉布出口在进出口中的比重很小，虽然一度上升，但仍然没能在出口商品结构占比上取得突破性进展。

表 9.15　　　　　　　　　1912—1928 年天津输出棉布规模　　　　　　　单位：海关两

年份	出口值	指数	进口值
1912	5953	100	4422012
1913	235360	3953.6	—
1914	285840	4801.6	—
1915	801685	13466.9	—
1916	1029632	17296.0	—
1917	909109	15271.4	—
1918	604183	10149.2	—
1919	354993	5963.3	15923553
1920	207460	3485.0	—
1921	241526	4057.2	—
1922	113363	1904.3	—
1923	125349	2105.6	—
1924	161816	2718.2	—
1925	229538	3855.8	—
1926	814340	13679.5	—
1927	425387	7145.8	14912895
1928	1113295	18701.4	15874360

说明：1912 年进口值数据是 1908 年的数据代替。

资料来源：方显廷. 天津织布工业 [R]. 南开大学社会经济研究委员会，1931：51，52；蔡谦，郑友揆. 中国各通商口岸对各国进出口贸易统计：第三部 [M]. 上海：商务印书馆，1936；李华彬. 天津港史 [M]. 北京：人民交通出版社，1986：120。笔者整理得到。

20 世纪二三十年代，欧美国家的棉纺织业等轻工业已成为非支柱产业。国际市场竞争加剧，发达国家开始将这些产业向殖民地等销售地区转移输出，日本此时的棉纺织业也趋于饱和并开始向外输出。天津来自西方国家的进口棉纺织品减少，这既是天津及国内棉纺织业发展的结果，也有西方工业化国家产业转移的原因，同时不能忽视日本大量向华输入的因素。30 年代，日本纺织品大举进入中国，在华占据近一半市场。1936 年，日本纺织品占天津市场总货量的 65%。在华日资企业，其资本规模、生产设备都远超华资企业，且大部分日资棉纺织厂实行定向生产，不轻易改变产品规格，便于积累生产技术、提高产品质量、降低生产成本。因此，在华日资棉纺织企业的生产效率高于华资企业。棉纺织品的竞争由晚清时期的国际角逐，逐渐演变为国内市场的近距离对峙，市场竞争变得更为激烈，民族企业被打压，天津大部分纱厂被日资兼并。

（二）面粉工业

华北盛产小麦，居民以面食为主。天津是华北最大的面粉市场，如表 9.16 所示，每年面粉的销售量在 2000 万包左右，但进口面粉和上海面粉的销售量每年皆占 1/2 以上，本地面粉销量在大部分年份皆未超过总销量的 30%。主要原因是天津本地产面粉价格始终高于进口粉和上海粉，如表 9.17 所示，1928 年的津粉价格比上海粉高 0.55 元，与美粉最高相差 0.52 元，这种情况必然会对天津面粉工业的发展产生不利影响。外国和上海的面粉企业在资本规模、生产设备等方面优于天津企业，生产效率高，面粉价格自然能够低一些。天津面粉工业处于不利地位，呈现出由盛到衰的发展趋势。

表 9.16　　　　　1928—1933 年天津市场各类面粉销售数量

年份	总销量（万包）	天津粉		洋粉		上海粉		其他外埠粉	
		数量（万包）	比重（%）	数量（万包）	比重（%）	数量（万包）	比重（%）	数量（万包）	比重（%）
1928	2173.8	353.5	16.24	716.9	32.98	1015.2	46.71	88.2	4.07
1929	2967.4	257.9	8.69	1447	48.76	1218.7	41.07	43.8	1.48
1930	1356.8	565.3	41.66	470.5	34.68	297.8	21.95	23.2	1.71
1931	2025.2	783.7	30.7	420.3	20.75	820.6	40.52	0.6	0.03
1932	1926.9	571.7	29.67	302.1	15.68	1053.1	54.65	—	—
1933	2393.2	657.8	27.41	475.8	19.88	1259.6	52.63	—	—

资料来源：上海市粮食局，上海市工商行政管理局，上海社会科学院经济研究所经济史研究室. 中国近代面粉工业史 [M]. 北京：中华书局，1987：280。

表 9.17　　　　　　　1923—1931 年天津市场中、外面粉价格比较　　　单位：元/包

年份	天津粉	上海粉	美国粉	加拿大粉	津粉与申粉差价	津粉与美粉差价	津粉与加粉差价
1923	3.21	3	2.85	—	0.21	0.36	—
1924	3.01	2.78	2.78	—	0.23	0.23	—
1925	3.3	3.06	3	—	0.24	0.2	—
1926	3.8	3.42	3.45	3.41	0.38	0.35	0.39
1927	3.88	3.42	3.56	3.38	0.45	0.32	0.5
1928	3.83	3.28	3.31	3.18	0.55	0.52	0.65
1929	3.81	3.39	3.48	3.12	0.42	0.31	0.69
1930	—	—	—	—	—	—	—
1931	3.46	3.05	3.14	2.91	0.41	0.32	0.55

　　资料来源：巫宝三．中国粮食对外贸易：其地位趋势及变迁之原因：1912—1931［M］．南京：参谋本部国防设计委员会，1934：58。

（三）生产资料产业

　　替代工业品中的第二类，生产资料品的替代工业发展远不如第一类。因为这类产品是第一类所未有的高技术含量的产品，生产所需投资额和科技人员要比第一类多得多，其替代的难度自然也比第一类大得多。从进口商品结构看，到 20 世纪 30 年代，这类产品的进口值逐年上升，说明生产资料的生产需求主要由进口商品满足。由于技术差距，国产产品难以与外国商品竞争，国内替代率很低，这种进口商品结构在一定程度上抑制了天津新式工业的发展。1936 年，生产资料占天津工业生产的比重是 10.34%，其中金属加工是 4.75%，机器制造仅为 0.35%。1947 年，生产资料占比 10.97%，其中金属加工是 4.56%，机器制造仅为 0.96%。天津仅有的一点儿机械工业根本不能独立制造重要的工业设备，1/3 的机械厂只能做一些维修工作。① 生产资料的生产是工业化迅速扩大的基础，这方面的薄弱制约了天津工业化的自我发展能力，也限制了本地及周边地区社会生产手段的普遍化改善。

---

　　① 天津社会科学院经济研究所工业经济研究室．解放前的天津工业概况［J］．天津社会科学，1984（2）：18.

第十章 大扩散与工业化：技术结构演化与经济增长

技术进步已成为国际经济竞争和综合国力较量的焦点。技术进步是推进工业化的重要动力，工业化的实现过程又为技术进步提供了持续突破的可靠物质保障。技术变革能够带来新的生产方式，使旧生产进行自我创新（模仿）或者退出经营，引致企业群体规模结构发生改变，技术创新的扩散过程驱动着经济结构的转型。从天津近代工业发展的过程不难看出，工业化除了依靠大量的资本投入和充裕的廉价劳动力以外，更离不开技术的进步，表现为伴随技术扩散的创新增长。但早期的天津企业缺乏必要的前期积累，在生产技术上明显地落后于当时的外资企业。但作为西方工业品的天津本地替代品进入市场后，不可避免地会与舶来品展开激烈竞争，优胜劣汰的竞争法则使企业推动技术进步迫在眉睫，技术进步成为企业增强市场竞争力的源泉所在。工业化初期的示范效应明显，国内企业多通过对新技术、新产品、生产流程的模仿和学习来提高自身的技术水平。技术结构与产业结构在历史的演进中相互影响、相互促进，技术结构决定了产业结构的本质属性，产业结构也决定了技术结构的变革方向。

第一节 技术进步对工业化的影响

近现代世界各国工业化的成功经验表明，技术进步是工业发展的持续推动力。企业通过对技术设备的引入与采用，对技术与管理人才的最佳选择和充分利用，推动自身技术含量不断增加，从而产生一种与直接投入资本、劳动量不成比例的"巨大效率"。这种效应不仅体现在工业发展的各个阶段，也体现在工业结构的转型升级中。

亚当·斯密较早已经探讨过机器和分工方式的改进可以带来巨大的生

产力，马克思也认为先进的设备程度、高素质劳动力、先进的工艺及管理模式都有利于经济增长，熊彼特强调创新对经济增长的巨大作用及技术扩散的重要性，丁伯根首次利用生产函数框架将技术变量引入模型，得出科技进步对效率提高的重要作用，索罗等经济学家也都有类似的观点与结论。一是技术进步作为生产要素与其他生产要素共同作用促进了经济增长；二是经济增长中的技术进步不易度量；三是定量研究技术进步对经济增长的作用成为趋势。

一、天津近代工业技术进步特征

（一）模范企业具有显著的技术扩散作用

在近代技术进步过程中，模范企业的技术扩散起了重要作用。三条石是天津铸铁业和机器制造业集中的地区，其铸铁和机器手工业作坊逐步完成了向半机械化和机械化的生产过渡。真正影响三条石生产技术进步的因素有二，一是秦记铁铺的出现，二是天津机器局的设立。秦记铁铺的秦玉清本是打行炉出身，能用干模、硬模等铸件技术制作各种农具和生活用品，尤其是秦记的铁锅，远近闻名。后来，秦记铁铺衰落，但秦记铁铺培养的徒工大多在三条石自立门户，成了铸铁业的技术骨干，例如三合铸铁厂的创办人高庆澜和他的两个弟弟都出身于秦记的学徒。秦玉清的另外两个徒弟，他的远房弟弟秦玉周和徐福顺，在法租界马家口与人合伙开设了著名的义顺铸铁厂。作为天津铸造业头面人物的史玉凯，也得到过秦家的真传。秦记的后人创造出了硬模铸锅法，铸出的锅轻薄省火，盛行至今。正是秦记铁铺的出现，才开辟了三条石铸造业的先河。天津机器局从国外引进了多项生产技术和设备进行新式生产，对后来的三条石铸造业影响巨大。1870年"天津教案"后，李鸿章在整顿天津机器局的过程中，裁汰了一批工匠。这些工匠作为天津第一批掌握现代工业生产技术的人才，带着技术扩散到天津各处。例如木模翻砂的铸铁工艺，原来这项工艺只有外国工匠掌握，后来天津工匠学会了这门技术，并逐渐传到三条石。又如，从国外传来的手摇羊皮葫芦，因进风量大，很快取代了中国传统的木制风箱，后来又换用了电动的鼓风机。技术和工艺的革新，不但使产品质量有了很大的提升，而且也使产量大幅度提高。①

---

① 宋美云，张环. 近代天津工业与企业制度 [M]. 天津：天津社会科学院出版社，2005：24－25.

（二）技术引进中企业显现出过度技术依赖

在20世纪前，天津企业的技术设备几乎全部依赖进口。例如，1880年建设大沽船坞，船坞的财政管理和生产大权都被英国人所控制，船坞生产的主要原料都从外国买来，机床也是清政府用高价从英国进口的废旧设备。可以看出，大沽船坞在用人、购料、设备等方面完全依赖外国。天津机器局虽然没有被外国人控制，但机器设备甚至初期需要的煤炭都要依赖进口。进入20世纪后，虽然天津企业中出现了一定程度的仿制，但依然没有摆脱对国外技术的依赖。一方面，西方工业化国家的技术持续进步，设备不断更新；另一方面，国内仿制的机器设备大多技术含量较低，与同时期西方先进技术相比仍比较落后。因此，近代企业更愿意引进当时比较先进的国外技术设备，而不采用国内仿制的产品，利于企业快速提升生产力水平，产品也更具竞争力。例如，1907年，滦州煤矿筹建过程中，依然需要从德国购进新式机器设备，按照西方国家方法次第开挖大井，并于1909年建立了一个有便携式发电机的临时发电站，为抽水机、运送绞车、通风器、排水机和矿厂电灯供电，1911年建成了正式的发电站。虽然公司的工程技术人员以本国人为主，但仍聘了德国工程师3名。① 此外，启新公司设立时，大力改造生产设备，在唐山另辟新厂，从德国选购最新的机器，1910年再添新机，建立第二厂，拥有全套的总电机器，马力1200匹，锅炉4具，并采用国外最新水磨法，设水碾房、灰料磨坊、旋窑房、煤磨房、洋灰磨坊等。② 资本较为雄厚的六大纱厂采用当时较为先进的美国、日本、瑞士、英国等国机器设备进行生产，并且采用的电气动力设备全部是欧美国家的新产品。为了适应企业规模扩大的需要，跟上世界技术水平的发展，企业的机器设备不断更新和扩充，包括裕元、华新、恒源、宝成等企业，从最初采用的引擎发电设备，到采用美国等国家生产的三相交流发电机，进入了三相交流发电时期。据史料记载，这些企业引进的机械总值一般都在百万元以上，有的多达600余万元。③ 此时的天津新式工业虽有发展，但产业链极不完整，设备配套能力弱，只能进行简单设备的加工制造，对国外设备的依赖程度始终很高。永利公司的很多设备依靠从美国购买，抗战时期"侯氏制碱法"试验成功后不能马上投产，主要因为中缅

① 王培. 晚清企业纪事［M］. 北京：中国文史出版社，1997：227.
② 王培. 晚清企业纪事［M］. 北京：中国文史出版社，1997：173.
③ 宋美云，张环. 近代天津工业与企业制度［M］. 天津：天津社会科学院出版社，2005：250.

公路中断，永利从美国购买的设备搁置在印度的仓库内，无法运回川西化工基地。①

（三）技术引进具有多元化特点

天津工业化进程中的技术引进具有生产关系的多元化、资金来源的多元化和产业部门的多元化等特征。

1. 生产关系的多元化

天津近代企业投资中，包括外国资本、官僚资本、买办资本和民族资本，它们有时独立行事，有时互相转化或混合在一起。例如，大沽船坞由官办资本转为官督商办资本，开平矿务局被英商骗走矿权后由官督商办资本转为外国资本。北洋时期的大量企业中都有军阀和官僚资本加入，成为一个以资本市场为纽带的混合体。此外，还有很多中外合资企业，例如1921年周学熙发起创办的耀华玻璃公司，在天津设立董事会和总事务所，并由中方出股本，由比利时方出"秦皇岛玻璃公司"专利权。在资本形态频繁变化的同时，这些企业为扩大生产规模也不断进行着技术引进。

2. 资金来源的多元化

企业早期引进技术多采用"息借商款""复拨官款"的官商合资或向外国银行贷款的方式，企业还本付息压力比较大。这个时期的有钱商人对官督商办体制并不认可，购买洋务企业股票的积极性普遍不高，直到开平矿务局成功募股派息后才有所改观。唐廷枢奉命筹办开平矿务局除了缺乏专业人才、技术设备，最为突出的问题就是资金匮乏，1881年成功集资120万两白银创办天津开平矿务局投产，成为中国第一家实行机械采煤的近代化煤矿，每年按股票面值10%—12%发放股息，股票价格不断飙升。20世纪20年代以后，随着现代金融市场日益成熟，很多企业通过股票或债券等市场方式获取所需资金。资金来源的多样化，保障了技术引进的高额费用支出，使企业能够走上良性发展轨道。

3. 产业部门的多元化

近代产业部门各异，发展程度不同，对技术需求也不尽相同。化学工业以范旭东集团为代表，1918年设立永利碱厂时，范旭东派陈调甫去美国学习设计图纸、订购设备。设备中石灰窑有80余尺，另设自动运石机，是世界最新式的石灰窑，还有水管式锅炉3座，每座250匹马力，又有300千瓦发电机2座，计800马力，又有汽机一架能供给1000马力，合计

---

① 赵津，李健英. 从模仿到创新：范旭东企业集团技术发展模式分析 [J]. 中国经济史研究，2007（3）：12 – 17.

全厂动力共有 2554 匹马力。制造部除石灰窑外尚有碳酸压缩机、蒸铔塔二座等项机器，该厂所用铁管若延长之共计 5855 英尺，所用水管延长之为 600 万英尺，还有真空机 2 架，空气压缩机 2 架，碳酸器 3 座，混合器 1 座，滤清机 3 架，洗净器 2 座①，建成后的永利碱厂成为当时具备现代化生产能力的新型企业。纺纱业作为天津近代最大的一个产业部门，技术设备的引进规模巨大。毛纺业以宋棐卿创建的天津东亚毛呢纺织有限公司为主，1932 年成立时，股本计 23 万元，有帽纺 2 台 360 锭、翼纺 2 台 320 锭、走锭粗纺机 2 台 220 锭，所用原料是外国最好的，所用机器大多为旋纺机，制成之线为精梳式，精细平滑。

二、技术进步呈现四个历史阶段

从一定意义上讲，工业化就是机器代替人力劳动的发展趋势。天津新式工业创立之初，只能从国外引进新的生产力，从国际市场上购买先进的机器设备。从进口机器数量与种类方面看，天津技术引进大体可以分为四个阶段。

(一) 第一阶段是发端期 (1860—1895 年)

1860 年后，便有外国资本在天津设厂，使用现代机械设备修理船舶和农产品加工，官办与民办工业相继出现，主要以洋务运动期间的官办类企业为主，设立时均从国外进口机器设备，但数量与规模都不大。1883 年，天津机器进口值仅 5.6 万关平两，1893 年下降到 2 万关平两。② 进口机器的范围也很小，主要是原动机、锅炉和机械加工设备等，主要受当时企业规模偏小、产业发展水平偏低影响。

(二) 第二阶段是发展期 (1895—1922 年)

甲午战争以后，特别是进入 20 世纪，内河轮船航运和铁路运输相继开通，引进了大量先进机器设备与技术，有力促进了工商业发展。从 1901 年开始，天津海关册上出现了机器进口的统计。1900—1910 年，天津共进口了 429.9989 万海关两的机器，年均进口 43 万海关两，比前期增加了十几倍。1911—1920 年，进口值达 815.6179 万海关两，年均进口值 81.6 万海关两，比上一阶段增加了 1 倍多。1921 年达到最高峰，进口值达 909 万海关两，随后进口规模逐渐下降为 1922 年的 418 万海关两。天津进口的机械设备种类主要包括电气机械及原动机、锅炉、纺织机器、汽车船舶

① 天津社会局. 天津之工商业：上卷 [M].1931.
② 李华彬. 天津港史 [M]. 北京：人民交通出版社，1986：88.

及零件等①，进口的品种范围比前期更加广泛。

（三）第三阶段是波动期（1922—1940 年）

据统计，1933 年机器进口值由 1922 年的 418 万元下降到 136.5 万元，之后开始逐年增加，1939 年达 390.6 万元（见表 10.1），基本接近 1922 年的水平，之后又开始下降。进口机械设备的种类主要有电气机械及原动机、锅炉、纺织机器、汽车船舶及零件等，进口的品种与前期基本相同。从进口比重看，1934 年机器设备进口值占进口总值的 21.8%，1935 年为 22.3%。②

表 10.1　　　　　　1932—1940 年天津进口机器设备情况　　　　　单位：万元

项目	1932 年	1933 年	1934 年	1935 年	1936 年	1938 年	1939 年	1940 年
进口值	158.8	136.5	188.5	207.6	207.6	347.6	390.6	279.4

资料来源：李洛之，聂汤谷. 天津的经济地位 [M]. 天津：南开大学出版社，1994：8，297。笔者整理得到。

（四）第四阶段是衰退期（1940—1949 年）

1941 年太平洋战争爆发后，天津进口的机器设备逐年减少，1946 年的机器进口值仅占进口总值的 5.27%，比 20 世纪三四十年代下降了十几个百分点。而这一时期，天津进口的消费品大量增加，1946 年和 1949 年的进口值占进口总值的比重都在 60% 以上。③

三、技术进步与工业发展波动关系紧密

机器进口量的变化能够反映近代工业对先进机器的需求趋势，直接映射出工业化的变迁过程。天津工业发展所需的现代化动力设备主要依赖机器的进口，保障了当时纺织等轻工业的快速发展。在 20 世纪以前，天津工业刚刚起步，对机器的需求较少，进口值不是太大，种类也不多。进入 20 世纪后，特别是天津工业的黄金发展时期，民族工厂累计约有 2304 家，资本总额累计约 8796.5 万元，涉及 66 个工业门类，机器进口需求的规模巨大。但到了 20 世纪 30 年代左右，天津工业发展出现较大起伏，1928 年工业规模和企业数量开始下降，对应的机器进口也出现了波动。在 1936—1941 年间，技术引进与工业发展的趋势并不一致。1936 年日本占领天津，

---

①② 姚洪卓. 近代天津对外贸易：1861—1948 [M]. 天津：天津社会科学院出版社，1993：114.

③ 姚洪卓. 近代天津对外贸易：1861—1948 [M]. 天津：天津社会科学院出版社，1993：117.

天津民族工业发展受到很大破坏，到 1939 年才开始有所恢复。因为日本把天津作为其战争的供给中心，开始大规模进行投资，特别是对机械、冶金、化工等行业的投资，导致机器进口数量呈现出增长的趋势。随着前期大量机器设备的投入使用，1939 年天津工业出现了增长趋势，机器进口数量开始下降。太平洋战争爆发后，天津工业出现迅速衰退，很多工厂停业或倒闭，自然不会有大的引进机器的需求。

四、技术演化变迁具有四个层次

天津近代工业化中的技术进步，从技术引进的层次来看，呈现出由引进产品、引进设备、技术消化吸收和自主创新的一个逐渐发展、逐渐深化并相互交织的技术变迁过程。第一层次和第二层次可以说是技术单纯引进层次，第三和第四层次才是技术进步的核心。技术进步的不同层次能够反映出工业化进程中的部门结构变化。

（一）引进产品输出原料

1860 年以后，洋纱经由天津进入腹地市场，传统耕织结合的小农经济逐渐解体，只能将大量棉花出口，出口增加不仅带动了棉花生产，也促使以出口原料为主的出口加工业发展迅速，并成为天津工业中的一个重要产业部门，这是技术引进的最初阶段。如表 10.2 所示，19 世纪末到 20 世纪初的棉花出口小于棉纱进口，20 世纪二三十年代的棉花出口逐渐超过棉纱进口，1931 年的棉花出口远远超过了棉纱进口，可以说这个时期的技术引进已经进入了第二个层次。

表 10.2　　　　　天津近代棉花出口与棉纱进口数量比较　　　　单位：担

年份	棉花	棉纱
1890	2728	102647
1902—1911	100000	263512
1919	500000	231418
1921	194383	196295
1931	100000	40

资料来源：姚洪卓. 近代天津对外贸易：1861—1948 [M]. 天津：天津社会科学院出版社，1993：122 – 145. 笔者整理得到。

（二）引进设备输出产品

洋务运动时期，洋务派企业大量进口设备，快速形成军工生产能力。民族资本在进入 20 世纪后，受高额利润驱使，开始使用机器从事现代生产。

这一时期的技术引进，主要是为了适应急剧扩张的市场需要，以产品为导向，注重生产能力的提高，属于技术引进的第二个层次。与此同时，天津逐渐形成了以纺织业等轻工业为主的工业体系。如表10.3所示，1912—1918年，天津六大纱厂共引进纺纱机21万锭、织布机1200台、其他各类机械设备1982台；每日动力达12050千瓦、49550匹，年产纱共137100担。

（三）技术的消化吸收与仿制

不同于技术引进的历史阶段，技术进步的本质是从初级的引进、吸收、扩散向改造、开发、创新甚至发明的高级阶段发展过程。其中，消化吸收是技术引进的一个重要阶段，有利于落后地区实现技术追赶，进而形成优势产业并提高产业实力与竞争力。天津近代工业化进程中对技术的消化吸收，主要通过引进模仿方式，具有投入少、风险小、见效快、易开展等优点，后发展国家和企业采用最为广泛。引进模仿主要指通过引进购买先进技术和设备，在此基础上消化吸收，充分掌握这项创新的核心技术，进行进一步的开发和改进。

对引进技术的消化和吸收，促进了天津三条石铸铁和机械业的发展，也奠定了天津机械工业的基础。如天津郭天成机器厂①，它的前身是郭庆年于1898年在天津东北角开设的天成铜铺，制造铜锣、铜壶、铜锅等铜器，1900年后为日本田村洋行加工棉花机、织布机上的零件②，1908年成功仿制日本织布机。1931年，天津很多较大的机器厂和铁工厂都能仿制外国磨具制造各项机器，制品虽显粗陋，但也实用。此外，天津近代中小面粉企业的发展也得益于对国外技术设备的消化吸收与仿制。天津的铁工厂如大仁、宝丰、元丰、恒丰等，在为面粉厂修理机器时积累了经验，学会了制造磨粉机器，进而仿制生产了国产机器，加上当时电机发达，可以不用锅炉引擎生产面粉，这些都为小型面粉厂的设立创造了条件。很多小型面粉厂因时制宜设立，例如，1937年增兴厚米面铺乘福星、寿丰两大面粉厂抓住因战事损失长期不能开工的机会，首先安装磨子生产面粉，获得了较大利润。其他米面铺先后效仿，制粉谋利，这类厂子占全部小粉厂的60%。一些商人和制造面粉机器的铁工厂，看到面粉厂投资小、利润高，纷纷组织小面粉厂。③再如，启新洋灰公司1921年扩大规模时，周学熙为

---

① 该厂是三条石最早的一家机器厂，后来成为三条石地区规模最大的机器厂之一。

② 1905年，郭天成从旅顺口船坞回天津，带来了机器制造技术。引自：宋美云，张环. 近代天津工业与企业制度 [M]. 天津：天津社会科学院出版社，2005：23。

③ 孙如冰. 解放前天津的面粉工业 [C]//天津文史资料选辑：第42辑. 天津：天津人民出版社，1988：202–203.

表10.3

1912—1918年天津六大纺纱厂设备情况

设备	裕元	恒源	宝成	北洋	华新津厂	裕大
机械设备	纺纱机75000锭，织布机1000台，合股机900锭	纺纱机31000锭，织布机200台	纺纱机27000锭，摇纱机、合股机等250台	纺纱机20000锭	纺纱机22000锭，打花机、清花机、松花机556台	纺纱机35000锭、细纱机，粗纱机共276台
动力设备	造蒸汽锅炉4座，引擎马达185座，透平发电机4座	锅炉5座，透平发电机4座，三相交流发电机3座，美国造马达202座	锅炉3座，透平发电机3座，电台1座	蒸汽水管式锅炉1座，三相交流电机2座，引擎马达68座	电机锅炉2座，电台1座，马达120座，透平发电机3座	发电机3座，马达60座，锅炉4座
进口机械总值	约669万元	约250万元	—	—	约159万元	约110万元
动力电力工作马力（每日）马力	3650千瓦，3822匹	2000千瓦，1500匹	1500千瓦，1028匹	1800千瓦，1200匹	1800千瓦，27000匹	1300千瓦，15000匹
房层格式	新式	锯齿式	新式钢骨水泥	锯齿新式	锯齿新式	新式
产纱（担）	45000	25000	19800	18000	18000	10800

说明：产纱量为1922年数值，天津市纺织工业局史志编修组.纺织工业概括 [J].天津史志，1988（1）：14。
资料来源：朱美云，张环.近代天津工业与企业制度 [M].天津：天津社会科学院出版社，2005：250。

了逐渐减少对外国资本制灰机械设备的依赖，决定不再进口价格昂贵的旋窑，而由附属机器厂自造旋窑 1 具，此后再度扩充丁厂，在其所附机器厂中又"自制之旋窑一具"，起名为戊厂，至此年产能力已达 180 万桶，且"出色优良，在国内堪称巨擘"。①

技术吸收与仿制也会遇到很多困难。例如 20 世纪初，周学熙主张"大兴工艺"，却以失败告终。天津静海县的工艺局仿造日本中桐式铁轮布机，因成本高难销售，只好停产；它又仿造日本纺纱机器，又因出布不匀而改制木轮织布机。当时的天津企业走仿制道路，大多由于技术低成本高，根本无法与国外先进机器设备竞争，更抵挡不住国外产品的倾销，这是仿制失败的主要原因之一。

（四）技术改进与自主创新

第一次世界大战后，生产能力的盲目扩张导致产品供大于求，竞争激烈，市场衰落，企业开始注重产品的品种、质量，由产品导向转为市场导向，企业纷纷进行技术改造。东亚公司的宋棐卿，于 1934 年亲自赴美国、英国、法国、德国、意大利和日本考察各国毛织业发展情况，研究纺织方法的新发明，调查各国毛线工厂的新机器，详查各国毛线工厂的管理及营业方法。② 宋棐卿聘请留学归国的王启任化学试验部主任，负责改进技术和产品质量，以便与舶来品竞争。范旭东企业集团，是当时技术引进、吸收和自主创新最为代表性的企业，该企业不仅通过技术和人才的引进实现了自主创新，而且掌握了核心技术，并在自身研发基础上提高了创新能力；作为该公司核心主体的塘沽永久黄集团，正是对技术不断改进和创新，才为中国现代化学工业奠定了基础，也使得化学工业成为天津产业中的一个重要部门。

第一，创新团队的形成。永利成立后，范旭东开始积极招募技术专家，探索盐碱奥秘，在李烛尘③的建议下成立了化学工业专门研究机构，即"黄海化学工业研究社"。其中，侯德榜④在技术引进和吸收过程中发挥了桥梁作用，成为永利技术模仿和创新的核心人物，对永利的发展起到

---

① 南开大学经济研究所. 启新洋灰公司史料 [M]. 天津：南开大学出版社，1963：136.
② 天津社会科学院历史研究所. 天津历史资料 [Z]. 1984：59.
③ 公司创办人之一李烛尘曾留学日本，攻读电气化学，并擅长经营管理。
④ 著名化学家侯德榜先后在美国麻省理工学院、普拉特学院和哥伦比亚大学攻读化学工程，1921 年获得哥伦比亚大学化工博士学位，归国后担任永利碱厂总工程师兼生产厂长。早在永利碱厂在美设计期间，他就开始在美国工程师的主持下参与设计工作。侯德榜知识广博，在酸、碱和有机化学等方面都有很深的造诣。他是美国机械工程学会及化学工程学会的会员，在国外有良好的社会关系网络。

了决定性作用。其他技术核心人物包括孙学悟、傅冰芝、陈调甫等，另外有吴览庵、张佐汤、郭锡彤、章怀西、杨运珊等先后成为永利的技术骨干。同时，永利学习德国工匠精神，非常注重对员工的培训。

第二，技术模仿面临的困境。"苏尔维法"制碱原理被国际苏尔维集团所垄断，外人很难有机会进入实地考察或实习，而且这种方法的技术研制成本较高。对于化工企业而言，新技术成熟需要经过漫长的时间，研究开发要耗费大量的资金，包括设计、设备、仪器、材料、实验室、中间试验等各项费用以及人工费用，仅"中间试验"这一阶段就需要建立小规模的试制工厂，可见研发成本之高。

第三，技术模仿和核心技术的掌握。在创办永利碱厂之前，范旭东曾和陈调甫、王小徐在天津日租界太和里的范宅进行过"苏尔维法"海盐制碱的试验，并成功试制纯碱9公斤。1918年，范旭东团队通过多方努力，依然存在很多设计缺陷的建厂方案终于完成，并在解决设备问题中不断改进生产工艺，终于在1926年永利碱厂成功生产纯碱。"红三角"纯碱成为"中国工业进步的象征"，远销海内外，国内半数以上的纯碱市场由永利供应。①

第四，创新能力的不断提高。由于原来的制碱方法对原料的利用率很低，而且占地毁田、污染环境，永利技术人员开始寻找新的制碱方法。早在20世纪二三十年代西方国家已经开始改进制碱工艺，大大提高了原料利用率但严格保密技术。永利公司只能通过不断努力，终于在1941年新法制碱试验成功，原料盐的利用率可达98%以上，产品成本大为降低。"侯氏制碱法"的科学贡献远远超过了苏尔维法和察安法，把纯碱工业的技术推向一个新的高峰。

第五，自主创新的意义。永利的创新实践充分说明，通过技术的引进，并加以消化吸收和自主创新，是缩短技术赶超时间和成本的捷径。发展中国家与发达国家的技术水平存在明显差距，但企业通过模仿进而快速形成技术创新能力的空间很大，有机会实现核心技术的创新突破，并最终实现技术赶超，不仅能够大大提高企业的竞争力，也能够带来丰厚的回报。

五、技术进步与工业结构演化关系密切

通过对天津近代技术引进不同阶段的探讨，可以看到不同阶段进口的机器设备内容有所不同。在20世纪以前，进口主要包括原动机、锅炉和

---

① 赵津，关文斌，谷云．范旭东企业集团历史资料汇编［M］．天津：天津人民出版社，2006.

加工设备等。由于当时天津民族工业刚起步，这些设备主要由外资工业企业进口，反映到产业结构上表现为出口加工业在这一时期发展迅速。从 20 世纪初到二三十年代，原动机、锅炉、电气、机械、纺织机器等设备的进口逐渐增多，反映到产业结构上表现为以纺织工业为主的轻工业在这一时期发展迅速。到 20 世纪三四十年代，技术引进的内容与前期基本一致，但机械、冶金、化工类设备的进口出现了短时期的增加，反映到产业结构上表现为重化工业在这一时期发展迅速。可见，技术进步的四个历史阶段和四个层次，与天津近代产业结构演化的关系密切。

（一）工业部门的技术装备能够反映产业结构的变化

1933 年，天津 1195 家工厂中，共有 360 家使用动力。从表 10.4 的天津工业使用动力厂家构成看，机械金属业占比最高，占到工厂总数的 10.54%，其次为食品业、纺织业和化学工业，但这并不能反映真实的产业结构。所以需要根据使用马力的比重分析，纺织工业占绝对优势，占 69.9%，其次为食品业，为 18.63%，机械金属类占 3.49%，居第三位。从轻重化工业分类看，轻工业总动力占 90% 多。

表 10.4　　　　　　　　1933 年天津工业使用动力情况

部门	厂数（家）	使用动力厂数（家）	比重（%）	使用马力总数（匹）	比重（%）
纺织	684	53	4.44	11836.5	69.90
化学	75	50	4.18	829	4.90
食品	79	55	4.60	3155.5	18.63
服装、日用品	30	13	1.09	110.5	0.65
机械金属	170	126	10.54	591	3.49
土石	31	16	1.34	72	0.43
造纸印刷	36	9	0.75	76.5	0.45
文教用品	7	1	0.08	10.5	0.06
精整工业	83	37	3.10	252.5	1.49
总计	1195	360	30.13	16934	100

資料来源：邓庆澜．天津市工业统计（第二次）［M］．天津市社会局，1935：53。

1942 年，各产业的技术构成发生了变化，反映在天津的产业结构方面表现为重化工业的比重上升。从使用动力数量看，纺织工业总动力最多，其次为饮食烟草、机械金属、造纸印刷、橡胶制革和化学制造（见表10.5）。从平均每厂拥有的动力数看，造纸印刷居首位，平均每厂拥有28匹动力，其次为饮食烟草（23匹）、橡胶制革（20匹）、纺织工业（13匹）、机械金属（12匹）和化学制造（10匹）。从每个工人拥有动力数看，建筑建材业的比率最高，每个工人平均1.74匹马力，饮食烟草业次之，橡胶制革业居第三位。但建筑建材业只有5家工厂，不能完全代表该业。因此，仍以饮食业工厂为最高，为1.39匹马力。从轻重化工业角度看，轻工业动力比重相对前期有所下降，变为70%，重化工业比重上升很多，达到了30%，与这个时期产业结构重化工倾向一致。

| 表 10.5 | 1942 年天津工业使用动力情况 |

部门	厂数（家）			工人（名）			有动力马力数（匹）
	总数	有动力	无动力	总数	有动力	无动力	
机械金属	195	149	46	4926	4731	195	2350
土石玻璃	36	24	12	1856	1104	752	170
建筑建材	8	5	3	166	139	27	289
化学制造	108	47	61	2369	1835	534	1162
纺织工业	879	333	546	24771	16170	8601	11518
服装、日用品	340	72	268	5930	2204	3726	577
橡胶制革	67	56	11	1170	1119	51	1350
饮食烟草	172	124	48	2851	2357	494	3953
造纸印刷	53	41	12	1754	1666	88	1496
其他	98	24	74	1469	834	635	124
总计	1956	875	1081	47262	32159	15103	22989

资料来源：天津市档案馆，等. 天津商会档案汇编：1937—1945 ［M］. 天津：天津人民出版社，1997：263。

（二）技术进步与企业规模存在较强相关性

通过前面对企业技术引进、消化吸收、改进与自主创新过程及其经济效应的探讨，不难发现，这些企业都有一个共同点，都是资本雄厚的大型企业。技术进步是一个渐进的不断积累的过程，不管是引进产品或机器设备，还是进行消化、改进或自主创新，都需要具有一定的资本，特别是自主创新，研发成本非常可观。因此，企业规模的差异，导致不同企业在技术进步层次中所在位置不同，大型的资本雄厚企业能够进入技术进步的第三、第四层次，而大多数中小企业依然处于第一、第二层次。可见，技术进步更容易产生在大企业中。但由于中小企业在数量上占绝大多数，从而制约了当时天津工业化的整体技术水平。

六、近代工业技术水平持续提升

天津近代绝大部分企业规模都很小，工业整体技术水平较低。如表10.6所示，在20世纪二三十年代，有资本注册的1153家企业中，仅有107家的资本在万元以上，占工厂总数的9.3%，而且主要集中在纺织工业、化学工业和食品工业。资本在万元以下的企业占工厂总数的90.7%，而且这些工厂机械化程度低，很多还处在手工生产水平。

表10.6　　　　1912—1927年天津民族工业资本规模及厂家数量结构　　　单位：家

规模	纺织	化工	食品	日用品	矿务与机器	其他	合计	百分比（%）
≥100万元	8	2	2	—	2	7	21	1.8
≥10万，＜100万元	5	3	11	—	1	9	29	2.5
≥1万，＜10万元	21	13	10	2	4	7	57	4.9
≥0.1万，＜1万元	181	39	34	4	25	17	300	26.2
≥0.01万，＜0.1万元	423	47	1	6	27	34	538	46.6
≥0.001万，＜0.01万元	108	6	—	21	2	25	162	14.1
＜0.001万元	24	—	—	14	—	8	46	3.9
共计	770	110	58	47	61	107	1153	—
百分比	66.9%	9.4%	5.2%	4.1%	5.3%	9.1%	—	—

资料来源：天津市档案馆，等. 天津商会档案汇编：1912—1928［M］. 天津：天津人民出版社，1992：2681–3120。宋美云. 北洋军阀统治时期天津近代工业的发展［C］//天津文史资料选辑：第41辑. 天津：天津人民出版社，1987：54。

如表10.7所示，1933年天津1213家企业中，不使用动力的厂家达853家，占总数的70%，其中近91%是规模在30人以下的企业。规模在30人以上的企业仅100家，占总数的8.2%。如表10.8所示，使用动力在800匹以下的企业占到了98.3%，使用动力在2000匹以上的企业仅2家。可见，这个时期工业整体技术水平依然很低，并与前期基本相近。

表 10.7　　　　　　　　　　　1933 年天津工业使用动力情况

项目	总厂数	30 人以上用动力	30 人以上不用动力	30 人以下用动力	30 人以下不用动力
全市工业	1213	100	78	260	775

资料来源：天津市纺织工业局编史组. 旧中国时期的天津纺织工业［J］. 北国春秋，1960（1）：93。

表 10.8　　　　　　　　　　1933 年天津工业使用动力分布

马力数（匹）	厂家（家）	比重（%）
1—4	202	56.11
5—8	87	24.17
9—12	26	7.22
13—16	9	2.50
17—20	13	3.61
21—60	10	2.78
61—100	2	0.56
101—400	2	0.56
401—800	1	0.28
801—1200	2	0.56
1201—1600	4	1.11
1601—2000	—	—
2001—4000	2	0.56
总计	360	100.00

资料来源：邓庆澜. 天津市工业统计（第二次）［M］. 天津市社会局，1935：55。

20 世纪四五十年代初，天津工业的机械化程度有所提高。1942 年，天津共有 1956 家企业，资本达 6292 万元，工人有 47262 名，表 10.9 显示有动力设备的只有 876 家，占企业总数的 44.8%，一半多企业没有任何动力设备。由于当时电力供给相当充足，电费也很低廉，使用机器的工厂绝大多数采用电力。因为小型工厂仅需要购置马达，租用电力，即可从事制作，比购置原动力机器既简单又经济适用。应用蒸汽机的工厂仅有 6 家，其中一家电力与蒸汽并用，多是因为需要使用的马力过大，或距离市区较远以致电力不通。应用瓦斯发动机的工厂仅有 1 家，因为利用炼焦副产品煤气作燃料，比用电力经济便宜。从表 10.10 数据可以看出，在 0—4.9

匹组中，厂家已达336个，5—9.9匹组有199个，两组共有厂家535个，说明535家企业仅有十几台动力设备，可见这个时期天津工业的整体技术水平依然不高，技术进步比较缓慢。但要注意的是，这个时期新开设的工厂多采用电发动机器，所以和前期比较，机械化程度还是有所提高的。

表10.9　　　　　　　　　　1942年天津使用原动力情况

类别	厂家（家）
蒸汽发动机	6
马达发动机	869
瓦斯发动机	1
纯手工工厂	1080

资料来源：天津市档案馆，等.天津商会档案汇编：1937—1945［M］.天津：天津人民出版社，1997：254。

表10.10　　　　　　　　　1942年天津使用动力工厂动力分布

组别	合计	电马达	蒸汽机	瓦斯发动机	备注
0—4.9匹	336	336	—	—	—
5—9.9匹	199	199	—	—	—
10—14.9匹	76	76	—	—	—
15—59.9匹	171	170	—	1	各组工厂数在10—50之间
60—100匹	23	22	1	—	各组工厂数在1—10之间
100匹以上	24	19	5	—	—
不详	49	49	—	—	—
总计	876	869	6	1	—

资料来源：天津市档案馆，等.天津商会档案汇编：1937—1945［M］.天津：天津人民出版社，1997：254。

第二节　技术进步与企业成长案例

一、研究对象与研究方法的选择

1. 选择开滦煤矿的缘由

能源是影响经济增长的一个重要因素，且关系到国家经济安全，因此世界各国都非常重视本国能源资源的供应。煤炭作为能源至少有两千年的历史，但在近代各国工业化过程中却起到了至关重要的作用。1785 年蒸汽机的发明，对燃料产生了巨大需求，煤炭开始大量采掘。正是煤炭这种能源保障了蒸汽机大量使用，促进了生产力发展，推动了社会变革，保障了产业革命，从而推动了资本主义社会的整体发展，使人类进入机械化时代。1881 年随着发电站的出现，电力逐渐取代蒸汽，而电力及工业生产的发展，使煤炭的消耗量迅速增加，在 1860—1910 年的半个世纪里，世界煤炭消费量增加了 7.3 倍，占世界总能源消费的比例由 25.3% 上升到 63.5%。[①]

近代煤矿工业逐渐成为中国最大的产业部门之一，1933 年净产值约为 1 亿元，仅次于纺织业的 1.34 亿元和烟草业的 1.26 亿元。就雇用工人而言，近代煤矿业中大约有 27 万名矿工，比棉纺织厂中的 19.9 万名工人还要多。[②] 矿业资本在天津近代工矿业总资本中的比重从 1894 年的 5.4% 增加到 1911 年的 32.5%、1927 年的 27.5%，研究开滦煤矿比较具有代表性。开滦煤矿作为中国最早的煤炭企业之一，已有上百年历史，包含了近代现代性质企业的诸多信息。1878 年清政府在唐山开平镇建"开平矿务局"，1900 年英国人骗取开平矿权并改名"开平矿务有限公司"，1908 年清政府在开平煤田附近又建"北洋滦州官矿有限公司"。1912 年开平、滦州两公司联合成立"开滦矿务总局"，总部设在天津。

2. 使用生产函数模型

从微观企业角度研究技术对增长的影响，本书采用的生产函数模型如下：

$$Y = A_t K^a L^b \qquad (10-1)$$

其中，A_t 表示技术水平，K 表示资本，L 表示劳动力。

两边取对数、求导并移项，得技术的增长率为：

$$\frac{\mathrm{d}A_t}{A_t} = \frac{\mathrm{d}y}{Y} - a\frac{\mathrm{d}k}{K} - b\frac{\mathrm{d}l}{L} \qquad (10-2)$$

其中，a，b 分别为资本和劳动的产出弹性。因此，技术进步增长率可以看作是经济增长率减去资本和劳动引起的增长率的余值。

在索洛方法的基础上引用对数形式：

①　华泽彭. 能源经济学 [M]. 北京：石油大学出版社，1991：29.
②　蒂姆·赖特. 中国经济和社会中的煤矿业 [M]. 丁长清，译. 北京：东方出版社，1991：3.

$$\ln Y_t = \ln A + a^* \times \ln K_t + b^* \times \ln L_t \qquad (10-3)$$

其中，a^* 为资本的产出弹性，b^* 为劳动的产出弹性，那么科技进步对经济的贡献率就可用下式求得：

$$\bar{\eta} = 1 - \frac{1}{a^* + b^*} \qquad (10-4)$$

二、开滦煤矿生产函数模型

开滦煤矿的生产主要以煤为主，所以本书只研究煤的生产状况，而不考虑该企业的航运、秦皇岛港、浦东码头等经营状况。资本品是各种各样的机器设备，包括卡车、建筑物或其他物品，所以本书采用不变成本作为资本投入，数据使用开滦煤矿的资本与劳动力在 1904—1936 年的投入数量。

一般在经济类数据实证研究中，会对数据取对数，使得实证研究更具有针对性。取对数可以把数值缩小，将乘法计算转换为加法计算，方便计算，不改变数据的性质和相关关系，但压缩了变量的尺度，数据更加平稳，也削弱了模型的共线性、异方差性等。对表 10.11 中数据取对数发现，产量与资本量、工人数存在一定的正向相关关系。

表 10.11　　　　1904—1936 年开滦煤矿产量、资本量和劳动量

年份	产量（吨）	不变资本（元）	工人数（名）
1904	876725	1043455.8	11035
1910	1170165	1949012	8819
1915	2884976	2260301.4	19410
1920	4363899	5592523.3	28355
1925	3581714	3681593.1	33390
1930	5541802	9241908.1	41599
1936	4590000	7539666.2	26409

资料来源：产量数据和不变成本数据源于王玉茹. 增长、发展与变迁：中国近代经济发展研究 [M]. 北京：中国物资出版社，2004：300，315；工人数根据刘佛丁，王玉茹. 中国近代的市场发育与经济增长 [M]. 北京：高等教育出版社，1996：264；王玉茹. 增长、发展与变迁：中国近代经济发展研究 [M]. 北京：中国物资出版社，2004：300。笔者整理得到。

经过计算得到回归模型如下：

$$\ln Y_t = 3.81 + 0.16 \times \ln K_t + 0.86 \times \ln L_t \qquad (10-5)$$

$$R^2 = 0.93, \qquad D - W = 2.3, \qquad F = 571.48$$

所有变量都能通过显著性水平为 $\alpha = 5\%$ 的 t 检验，可决系数为 0.93，该模型还通过了异方差和自相关检验，残差序列是平稳序列，不存在虚假回归问题。其中 $a^* = 0.16$ 为资本的产出弹性，$b^* = 0.86$ 为劳动的产出弹性，$a^* + b^* = 1.02$，说明开滦煤矿在此期间规模报酬递增。

技术进步对开滦煤矿经济增长的贡献率为：

$$\bar{\eta} = 1 - \frac{1}{a^* + b^*} = 1 - \frac{1}{0.16 + 0.86} = 0.02$$

可见，技术对开滦煤矿的产量增长贡献率很低，劳动投入对产出的弹性要大于资本对产出的弹性，劳动力的增加对产量增长起了关键作用。

1905 年后，开滦煤矿的劳动投入不断增加，但直至合办前（1912 年）大量固定资产投资的效益仍未充分发挥出来。开滦煤矿的经理人员在他们与两公司董事会的来往信函中一致认为：中国的劳动力既然是如此的便宜，供应又越来越充足，那么只要投入大量的劳动力来增加产量，必将带来更多利润。[①]

三、开滦煤矿经营利润模型

利润定义为收益与成本的差额。企业的目标是追求尽可能多的利润。利润函数可以写为 $R = f(TR, TC)$，其中 R 为利润，TR 为总收益，TC 为总成本。$TR = P \times Q$，P 为单位产品价格，Q 为销售量，如果产销均衡，那么 $Y = Q$。$TC = TFC + TVC$，TFC 是总不变成本，TVC 是总可变成本。所以影响利润的因素包括：价格 P、销量 Q、可变成本 TVC 和不变成本 TFC。1904—1936 年开滦煤矿相关数据如表 10.12 所示。

表 10.12　　　　　　　　1904—1936 年开滦煤矿利润及影响因素

年份	利润（元）	每吨售价（元）	销量（吨）	每吨不变成本（元）	每吨工资成本（元）
1904	2.54	4.94	834281	1.19	1.21
1910	1.88	4.27	1215174	1.67	0.72

① 王玉茹. 增长、发展与变迁：中国近代经济发展研究［M］. 北京：中国物资出版社，2004：308.

续表

年份	利润（元）	每吨售价（元）	销量（吨）	每吨不变成本（元）	每吨工资成本（元）
1915	1.99	3.45	2667743	0.79	0.67
1920	2.54	4.54	3775536	1.28	0.72
1925	2.65	4.63	3227214	1.03	1.39
1930	2.47	5.46	4170600	1.67	1.32
1936	2.3	5.19	3735516	1.64	1.25

资料来源：王玉茹. 增长、发展与变迁：中国近代经济发展研究 [M]. 北京：物资出版社，2004：293，307，310，315。

经过计算得到回归模型如下：

$$R = -11089074.12 + 2214327.31 \times P + 4.57 \times Q - 0.22 \times TFC - 1.44 \times TVC$$
$$\quad (-7.18) \qquad (6.69) \qquad (14.40) \qquad (-1.05) \qquad (-6.55)$$

$$(10-6)$$

不变成本 TFC 没有通过显著性水平为 5% 的 t 检验，剔除该项后重新估计得：

$$R = -10985434.9 + 2173875.71 \times P + 4.43 \times Q - 1.59 \times TVC$$
$$\quad (-7.11) \qquad (6.60) \qquad (15.36) \qquad (-9.95)$$

$$(10-7)$$

其中，$R^2 = 0.91$，$D.W. = 1.83$，$F = 95.83$，$ARCH(1) = 1.05$，$ARCH(2) = 1.83$，$LM(2) = 0.27$，$Q(16) = 2.85$，$T = 33$。

所有变量都能通过显著性水平为 $\alpha = 5\%$ 的 t 检验，可决系数为 0.91，该模型还通过了异方差和自相关检验，残差序列是平稳序列，不存在虚假回归问题。利润应该与价格和销量成正比，与成本成反比。从实证结果可以看出，符合这一规律，因为价格 P、销量 Q 的系数都为正，分别为 2173875.71 和 4.43；可变成本 TVC 的系数为负，为 -1.44。这个模型同时说明，每增加 1 吨煤销量就能带来平均 4.43 元的利润，若能使吨煤售价上浮 1 元则可平均增加利润 21.74 万元，而可变成本每增加 1 元利润则将减少 1.44 元。

将模型标准化后得到：

$$R = 0.456 \times P + 1.622 \times Q - 1.178 \times TVC \qquad (10-8)$$

可见，销量是影响开滦煤矿利润的重要解释变量，它的贡献要比吨煤售价大 3.5 倍，而且可变成本对利润的负向影响也大于价格对利润的正向影响。事实也是如此，开滦煤矿的决策者从长远的经营战略目标出发，即便在可以垄断市场时也不轻易提高价格，甚至在 1903—1911 年间，价格基本上呈下降趋势，说明开滦煤矿宁肯少赚取利润，也要坚持进一步拓展市场的目的。

进一步建立对数变量的利润模型，研究利润对煤销量、吨煤售价及可变成本的弹性，可得估计的模型如下：

$$LOG(R) = -4.71 + 2.46 \times LOG(P) + 2.34 LOG(Q) - 1.22 \times LOG(TVC)$$
$$(-3.41) \quad (7.35) \qquad (11.71) \qquad\qquad (-8.12)$$

$$(10-9)$$

其中，$R^2 = 0.88$，$D.W. = 1.31$，$F = 72.33$，$ARCH(1) = 1.07$，$ARCH(2) = 0.88$，$LM(2) = 3.10$，$Q(16) = 12.59$，$T = 33$。

所有变量都能通过显著性水平为 $\alpha = 5\%$ 的 t 检验，可决系数为 0.88，该模型还通过了异方差和自相关检验，残差序列是平稳序列，不存在虚假回归问题。

价格和销量对利润的弹性都大于 1，并且大于可变成本对利润的负向弹性。说明开滦煤矿利润对吨煤售价的弹性相对较大，通过变动价格获取利润的空间非常大，当吨煤售价增加 1% 时，会使公司利润增加 2.46%。同时，利润对煤销量的弹性也比较大，当煤销量增加 1% 时，会使公司利润增加 2.34%；而当可变成本变化 1% 时，利润会反向变化 1.22%。

从理论逻辑看，提高煤炭价格和扩大销量，同时降低可变成本是提高利润的重要手段。但实际上，开滦煤矿的决策者并没有随意提高价格，虽然当时开滦煤矿没有足够数量的煤供应市场需求，而且开滦煤矿经理估计随着中国工业和铁路运输等事业发展，市场对煤炭需求将迅速扩大。因此，开滦煤矿一方面扩大生产能力、降低成本，另一方面从巩固现有市场逐步扩大其他销售市场的战略目标出发，力图保持煤价的相对稳定，实行薄利多销。1912 年，开滦煤矿通过加大投资，生产能力迅速增长，面对供不应求的市场，开滦煤矿开始提高价格。1912—1927 年，开滦煤的售价逐步提高，利润也相应扩大。然而，为了增加产量，开滦煤矿过度投入了劳动，增加了变动成本，1920—1927 年的工资成本以 10.68% 的速度递增。虽然由于价格提高和销量增加，使得开滦煤矿利润额达到了历史最高水平，但利润率却有所下降。因而，从 1932 年开始，开滦煤矿采取裁减工人、限制打连班、减少劳动的投入等措施，来降低可变成本。

通过对近代开滦煤矿生产和经营活动的定量和定性分析，可以发现近代企业经营特点，特别是劳动密集型企业，很大程度上依赖中国大量廉价劳动力的贡献，而不是依赖技术进步。进一步与前面探讨过的范旭东企业集团对比分析发现，属于资本密集型的化工业更看重技术创新，说明技术进步与产业部门的要素密集程度存在较大关系，即较高层次的技术进步多发生在资本密集型企业（如化工业）。但由于技术改进和创新是一个需要大量资本和人才的不断积累过程，而近代天津劳动力不仅廉价且易获得，自然最早发展起来的部门是劳动密集型产业（如纺织业、矿业等），天津也在很长一段时期里以轻工业为主。

第十一章　大区位与工业化：资源禀赋结构与经济增长

随着工业化拉开序幕，工商业和贸易日益繁荣，天津逐渐成为中国北方的工业摇篮和中心，并确立了经济中心的地位。据统计，天津近代工业的资本、产值和工人数在北方均拥有绝对优势①，其中一个重要原因是天津的经济发展得益于其特有的区位优势与地理禀赋资源②。区位理论是研究一定的经济活动为什么会在一定的地域范围内进行，以及一定的经济设施为什么会建立于一定的地域范围之内。③ 本书认为，作为理论核心的工业区位理论包括6个因子，即自然因子（包括自然条件和自然资源）、运输因子（这是生产过程在流通中的延续）、劳力因子（劳力的数量和质量及其地理分布）、市场因子（市场的位置、规模及其结构）、集聚因子（产业空间布置的集中或分散）、社会因子（即超经济的社会环境及政治、国防、文化等方面的要求）。④ 在经济发展的不同阶段，区位优势的主次

① 李洛之，聂汤谷. 天津的经济地位 [M]. 天津：南开大学出版社，1994：52.

② 地理禀赋是一个包括领土的地理位置（与海洋的距离，离主要文明中心的距离等）、疆域内地表和地下的自然资源，以及气候条件等在内的综合性概念。参见：文贯中. 中国的疆域变化与走出农本社会的冲动：李约瑟之谜的经济地理学解析 [J]. 经济学季刊，2005（1）：522。

③ 区位理论（location theory），也称为区位经济学（location economics），又称为空间经济学（spatial economics），参见：陈振汉，厉以宁. 工业区位理论 [M]. 北京：人民出版社，1982：1。

④ 韦伯提出多种"区位因素"，这些因素应该根据经济规律要求而来，不应包括政治、气候、技术问题，又排除了固定资本、利息、地价、机器设备、劳动力等因素，认为决定工业区位的原则是原料、工厂、消费（市场）三项在地区间运输成本最小；吴承明先生认为韦伯这种区位理论显然不适用中国近代经济。参见：吴承明. 经济史：历史观与方法论 [M]. 上海：上海财经大学出版社，2006：268。1924年，美国普林斯顿大学的弗兰克·费特尔在《经济学季刊》上发表了《市场区域的经济规律》，认为贸易中心同时也是工业集中点；美国学者约翰逊提出的区位因素理论认为，决定国际直接投资的充分条件包括劳动力等生产要素的国家禀赋、市场容量、贸易壁垒、政府政策等，而追求利润最大化的组织就是要寻找最佳的生产区位。邓宁进一步认为，区位成本因素主要包括原料和劳动力成本、运输成本等。以克拉维斯（Kravis）、弗里德曼（Friedman）、凯夫斯（Caves）及部分北欧学者为代表的市场学派理论认为，接近市场就意味着低的运输成本、低的信息搜索成本，较大的市场规模和快速增长的市场潜力。

因素会发生变化。在工业社会初期，区位优势的内涵主要表现为区域内拥有丰富资源、大量廉价劳动力、便捷的交通和较低的信息成本。当经济发展到一定程度，区位优势由工业社会初期的自然资源、劳动力、运输等区位影响因素转换为市场、产业聚集等因素。

第一节　天津资源禀赋结构与发展优势

天津在近代以前就已成为华北交通枢纽与北方重镇，形成了独特的区位优势。[①] 本书认为天津主要有六个区位优势，一是得天独厚的地理位置；二是丰富的自然资源；三是广阔的腹地；四是发达的河海水系和现代交通系统的形成；五是京师门户的优势极大增强了天津的地位作用；六是劳动力市场形成。

一、得天独厚的地理位置

天津位于华北大平原的东部，东临渤海，北依燕山，处在海河流域的下游，素有"九河下梢"之称。天津具备了成为河海衔接华北内外交通枢纽的基础条件，其中三岔口港区、直沽港区作为中国北方传统的内河港口一直是水路通衢，对中国南北经济、文化交流和天津城市的形成起了重要的作用，奠定了近代天津成为华北经济中心的基础。同时，纵观西方工业化国家发展史，就是一部以海洋为中心兴衰、发达、扩张的版图，离海近的地区经济更容易发展，通过海运进行经济往来，商品交换比在陆地上成本更低。天津对外贸易发展迅速，开港初期以间接贸易为主，均运至上海再转运外洋。第一次世界大战之后，河运为主逐渐被海运取代，单一的内贸漕粮货类为主逐渐被多样的外贸件杂货（洋货）取代，主权港沦为殖民性港口，天津成为北方最大的贸易港和经济中心城市，并成为华北、西北等省内外贸易的货物集散地。

二、丰富的自然资源

自汉代开始，天津的盐业资源逐渐被开发，汉武帝在这里设有盐官。

---

① 《畿辅通志》云，天津"地当九河津要，路通七省舟车……江淮赋税由此达，燕赵鱼盐由此给，当河海之要冲，为畿辅之门户"。这虽然是对明清时代天津地位的概括，但亦适合天津形成以前的情况。参见：王玲. 北京地位变迁与天津历史发展：上 [J]. 天津社会科学，1986 (1)：92。

1173 年，金朝设"宝坻盐使司"和"沧州盐使司"，分管海河北、南沿海盐务。① 1285 年，元朝在渤海西岸的长芦盐区设盐场二十二处。明代对天津盐业加强了管理，设"河间长芦都转运盐使司"，长芦盐由此得名，此时天津不仅是产盐地，也是北方销盐的中心②，促进了明代天津的商业贸易日益繁荣，成为北方商品的集散地。清初，长芦盐运使署从沧州移来天津，天津成为长芦盐的基地，漕运和盐业带动了商业和手工业的发展，以粮盐、百货为主的南北之间的河运经济十分兴旺。天津商贸金融更加繁荣。在城北、城东一带出现了河北大街等新商品街，城内也出现了肉市、鱼市等商品市场，"洋行""局栈"应运而生。道光咸丰年间，出现了以经营海运、盐业、粮食发财致富的巨商——"天津八大家"③，中国北方化工业因此在天津产生并不断壮大。中国化工业的先驱范旭东，在天津先后设立了久大精盐和永利制碱公司，天津精细化工也随之兴起。制盐业虽然兴起晚，但发展快，逐渐占据全国首要位置。久大精盐公司于 1914 年设立，集资 5 万元④，后资本发展到 210 万元⑤。初期产精盐年产量为 3 万担，年后增加至 50 万担，1928 年出品共达 60 万担，约占该年全国盐产总量 148 万担的 40.5%，居全国首位。

三、广阔的腹地

腹地是港口城市和对外贸易发展的重要条件，在很大程度上制约着城市和对外贸易的兴衰。腹地一方面为城市建设提供资源供给，另一方面是口岸进出口商品的货源基地和销售市场。本书所指天津腹地是经济区域的概念，这一区域包括大小山脉，蕴藏着质优量大的煤铁矿产资源，高原和丘陵盛产各种农、副、土、特产品，辽阔的大草原是驰名中外的皮毛生产基地，漫长的海岸线渔业资源丰富，又是闻名中外长芦盐的生产场所，辽阔的华北平原是农作物和经济作物的生产基地，三北腹地成为天津出口货源基地与商品销售市场。据 20 世纪初的统计，以直隶、山西全部，河南、

---

①② 来新夏. 天津近代史［M］. 天津：南开大学出版社，1987：3.

③ "韩、高、石、刘、穆、杨、黄、张"，即咸丰以前的"八大家"——天成号韩家、益德裕高家、杨柳青石家、土城刘家、正兴德穆家、长源杨家、振德黄家、益照临张家。这八家的发家，靠盐务的有高、杨、黄、张四家，靠粮业的有石、刘、穆三家，靠海船业的有韩家。这说明当时的天津已成为长芦盐商的基地、漕粮转运的枢纽、海上运输的口岸。

④ 关利信. 近代天津经济概括［J］. 天津历史资料，1980（5）：8. 但宋美云认为是 41110 元，职工 482 名，见：宋美云，张环. 近代天津工业与企业制度［M］. 天津：天津社会科学院出版社，2005：43。

⑤ 天津海关十年报告：1922—1931［J］. 天津历史资料，1980（5）：61.

山东一部分地区即有人口 5000 余万人①；据 20 世纪 30 年代统计，河北、山西、绥远、察哈尔、山东等省有人口 7791 万人。如此辽阔的地区和人口，成为天津工业化进程中的重要资源优势。

四、发达的河海水系和现代交通系统的形成

近代以前，天津已经成为沟通中原地区和华北平原的重要航道，河海交通枢纽的格局基本形成。随着新式经济和对外贸易快速兴起，迫切需要扩大与腹地的经济往来，传统运输工具的局限性逐渐显现，新式交通方式如铁路和公路成为必要的基础设施，天津也因此又一次成为北方现代交通的重要枢纽。为了便于开平煤的外运，1881 年，修通了唐胥铁路；1888 年，又经北塘、大沽延展到了天津。20 世纪初，京汉（1906年）、京奉（1907 年）、正太（1907 年）、京张（1909 年）、津浦（1912 年）等铁路迅速铺设并通车，最终形成了一个以天津为出海口的现代铁路运输网络。

铁路运输发展迅速。铁路交通连接了华北的广大地区，为城乡的人员和物资交流提供了比牛马车快捷得多的运输工具，为天津工业品进入农村市场提供了极大便利。如表 11.1 所示，1912 年天津与内地转出入口贸易铁路货运量达到约 6615.9 万海关两。同时，天津水运的比重下降很多。如表 11.2 所示，1909—1924 年，内地货物通过铁路出入天津运输的比重由 48% 上升到 74%，水路运输则由 48% 下降到 23%。

表 11.1   1912 年天津与内地贸易商路及货款统计

商路	转出口		转入口		转出入口总计	
	数量（海关两）	比率（%）	数量（海关两）	比率（%）	数量（海关两）	比率（%）
铁路	36639189	54.28	29519357	51.53	66158546	53.01
陆路	2774589	4.11	1490419	2.6	4265008	3.43
水陆	28087258	41.61	26276594	45.87	54363852	43.56

资料来源：李洛之，聂汤谷. 天津的经济地位 [M]. 天津：南开大学出版社，1994：40。

---

① 姚洪卓. 近代天津对外贸易：1861—1948 [M]. 天津：天津社会科学院出版社，1993：163.

表 11.2　　　　　　　1909—1924 年内地出入天津运输方式比重　　　　单位：%

类别	1909 年	1912 年	1915 年	1920 年	1924 年
铁路	48	53	56	71	74
水陆	48	44	39	25	23
陆路	4	3	5	4	3
合计	100	100	100	100	100

资料来源：罗澍伟.近代天津城市史［M］.北京：中国社会科学出版社，1993：380。

海洋运输快速发展。随着贸易规模不断扩大和港口码头基础设施的日臻完备，以及蒸汽轮船的大量使用，天津海洋运输日益发达。1899 年，天津港进出口船只 1692 艘，总吨数为 1583758 吨①，比近代初期增长了近 3 倍。1914 年，天津港进出口船舶数量比 1900 年增加了 1.6 倍，吨位增加了 3.62 倍，天津逐渐成为北方区域性商品转运中心。

电信交通的发展大大降低了企业交易成本。天津是中国近代邮政的发源地，1898 年李鸿章创办新式邮政，总办事处设在天津。电报事业的发展同样为近代企业提供了便捷的信息沟通工具。从 19 世纪 80 年代兴起的电报事业到 1895 年前，全国电报网络初步形成，"东北到达吉林、黑龙江俄界，西北到达甘肃、新疆，东南到达闽、粤、台湾，西南到达广西、云南，遍布二十二行省，并及朝鲜外藩，殊方万里，呼吸可通"②。随着津沪电报线全线通报，因其传递信息快捷，商业价值凸显，促进了山西票号业务快速发展，所以获利巨大。

五、京师门户的优势极大增强了天津的地位作用

自 12 世纪以来，元、明、清各朝相继在北京建都，天津成为"当河海之冲，为畿辅之门户"的重镇。鸦片战争后，天津从对内转运枢纽变为对外通商口岸。天津早期工业兴起，很大程度上仍以满足北京所需为主。一是保卫京师的需要。第二次鸦片战争期间，作为天津和北京门户的大沽口炮台被多次攻陷，1900 年被八国联军再次攻陷。因此，19 世纪 60—90 年代洋务运动期间，清政府首先在天津兴办军事工业，如天津机器局、大沽船坞等，以护卫首都安全，此外又先后兴建了铸币厂、电报局等。二是

---

① 雷穆森.天津：插图本史纲［J］.许逸凡、赵地，译.天津历史资料，1964（2）：181.
② 张国辉.洋务运动与中国近代企业［M］.北京：中国社会科学出版社，1979：248.

北京官僚和军阀投资的需要。发展大机器工业、兴建工业企业需要大量资本投资，但市场缺乏原始资本积累的过程，而此时北洋军阀官僚积累了大量的财富，加之握有权力，热衷于投资于近代企业，是此时期天津工业得以迅速发展的重要原因，他们主要与商人合办企业，集中于投资少而收益快的轻工业，一般都是比较大型的企业。

六、劳动力市场形成

19世纪70年代以后，以英国为首的各列强把大量廉价纺织品倾销输入中国，尤其是洋纱逐步挤垮国内土纱，天津周边农村的自然经济纷纷解体，破产的手工业者大量出现，从而为劳动力市场的产生创造了条件，农村破产的农民和手工业者大量流入城市。与此同时，工业雇佣劳动也迅速增长，如官办的天津机器局，雇有工人两千多人。由于战争与赔款，清政府不断增加赋税，加上自然灾害，大量农民破产，外逃寻找出路。1903—1906年，每年从山东、河北、山西、陕西等省来津劳动的季节工约有三四万人。城市流动人口的大量增加，为天津工业化发展提供了丰富的劳动力资源和产业后备工人，天津成为近代中国北方人口增长最快的城市，城市人口由1840年的20万人增加到1936年的125万人，一跃成为全国第二大城市。[①]

第二节　工业区位理论与天津经济增长

天津的位置更加接近原料市场、劳动力市场和需求市场，而且城市自身也早已成为贸易中心和运输中心，使其具备了产业聚集的技术条件和空间条件，而产业集聚正是经济增长的重要动力。工业区位理论认为，经济发展需要六个因素，即自然因子、运输因子、劳力因子、市场因子、集聚因子和社会因子。在天津工业化实践中，这六个因素在不同发展阶段发挥着不同的重要作用。此外，天津邻近北京的门户作用与政治优势，使得列强在天津开办洋行和工厂拥有较低的政策信息搜索成本，一旦在天津设厂，这一优势就会一直存在[②]，因此可以将信息搜索成本作为外部因素。

---

① 罗澍伟. 近代天津城市史 [M]. 北京：中国社会科学出版社，1993：457.
② 当然，这一前提是北京依然保持首都的地位。但到了1927年，南京国民政府成立，北京的政治地位有所下降。但从区位角度看，可以认为天津距离政治中心的距离变得更远了，运输成本和信息成本也增加了。

还有，近代中国劳动力资源丰富且廉价的状态长期存在①，因此也可将其作为外部因素不予考虑。同时，天津传统运输体系与现代交通网络的形成，降低了运输成本，缩短了天津与市场及产地的空间距离，可以将其作为其他因素的基本条件不进行具体探讨。因此，只需重点考察原料、市场、集聚三个因素对投资区位选择和工业化演进的影响。

西方列强正是看到了天津所具备的区位优势和较低的交易成本，把其作为控制北京和掠夺华北、西北资源及向内地输送工业品的重要据点。②具备了资源、市场和聚集三个特征的天津，从被动走上工业化道路逐渐走向主动求索自强。

一、资源优势与产业发展

西方列强的洋行发现，从中国内地低价购买原料、土产，再高价卖到外国去，有利可图，便开启了具有殖民地性质的掠夺性土特产贸易。洋行通过天津出口的土产品包括：杏仁、毡帽、乌枣、红枣、驼绒、鹿茸、药材、山羊绒、绵羊毛、煤等，他们利用买办坐庄收购后进行简单加工后再出口，其中，加工处理主要利用国内廉价劳动力和机器打包。1888 年，英国隆茂洋行建立了棉花包装业的打包厂，德商建立了德隆打包厂，成为天津最早建立的一批工业企业③，这些打包厂的规模虽不大，但都以蒸汽为动力，使用一两台压力打包机，生产效率大大提高。同时，洋行在收购土产品时，利用"三联单"制度，在缴纳子口半税（2.5%）后，可以从产地到天津一概免税，比起国内商人既少纳税又更便捷。1878 年，开平煤矿开工后，煤成为主要输出品。根据《北京条约》，资本主义列强在天津获得了诸多特权，不仅控制了天津海关，还垄断了天津航运业，很大程度上降低了外国资本进入国内市场的区位选择成本，从而吸引了更多洋行来津。1861 年，天津只有 5 家洋行，外国人（非侵略军）13 名。1866 年增至 17 家，外国人 110 人。1879 年有 26 家洋行，外国人 262 人。1901 年增

① 首先，天津周边有广阔的农村，农村经济逐渐解体，大量破产农民和手工业者涌入城市。天津县人口在 1846 年共计 42078 户，是乾隆期间人口的 23 倍多，清末时剧增到 60 万人，并在 1925 年突破了 100 万人。其次，这段时期迁入的人口中有许多是来自周边地区的灾民，包括河北、山东和河南等地，1920 年的华北旱灾，灾民达 3000 万人，仅 11 月、12 月就有 5 万多灾民逃到天津。这些都保证了劳动力的充足供应，劳动力成本趋向最低。
② 王玲. 北京地位变迁与天津历史发展：下 [J]. 天津社会科学，1986（1）：74，75.
③ 天津市档案馆. 近代以来天津城市化进程 [M]. 天津：天津人民出版社，2005：176.

至41家和2749人，1906年增至232家和6304人。① 数量众多的洋行使土
货出口值不断增大，1883年从天津运出的土产货值为332326海关两，到
1904年达14000万海关两②，但这种贸易方式并不平等，中国大量宝贵的
农产品被他们经天津大量掠夺。

　　图11.1中，纵轴是资源成本，横轴为市场需求（也表示资源优势，
即本国资源成本与国外资源成本相比较低），M点是吸引外国资本的拐点，
拐点的存在是资源优势的重要特征，它揭示出资源优势在资源成本与国外
成本相比最低时，这种优势达到了最大值A。随着资源成本的上升，优势
逐渐减弱，或者被称为"区位劣势"。在天津工业化进程中，并未出现这
种劣势情况。随着工业发展及其对腹地资源需求的不断扩大，腹地资源成
本不断上升，这种优势也随之变化，但也从来未达到A的位置。如表11.3
所示，天津近代土货出口数值虽有个别年份略有降低，但总体处于上升趋
势，表明天津在资源方面的比较优势长期存在，也说明外国资本对国内原
料的需求日益增强。虽然天津拥有广阔的腹地市场，但在近代初期，外国
倾销的商品并没有迅速打开市场，例如英国输入天津的商品主要是棉纺织
品，在倾销的过程中被耕和织两业结合的本土手工棉纺织业强烈抵制，造
成洋货商品滞销。这时，英商不得不以低于成本20%—30%的价格销售，
大亏其本。因为广大农民习惯于自给自足的自然经济，小农业和家庭手工
业结合得非常紧密，短时间很难改变这种模式。英国输入天津的棉纱在
1889年仅有66900担，到了1890年才达到102600担。③

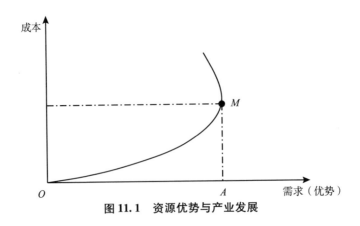

图11.1　资源优势与产业发展

　　① 雷穆森. 天津租界史 [M]. 许逸凡，赵地，译. 天津：天津人民出版社，2009.
　　② 来新夏. 天津近代史 [M]. 天津：南开大学出版社，1987：57.
　　③ 彭泽益. 中国近代手工业史资料：第二卷 [M]. 北京：中华书局，1962：209.

表 11.3	天津近代土货出口值	单位：海关两

年份	出口值
1875	3024532
1880	4240309
1890	4601511
1895	8919538
1900	1024643
1902	5720441
1911	7396129
1913	8140949
1919	27526379
1928	84996104
1931	88701281
1936	117826623

资料来源：姚洪卓. 近代天津的对外贸易研究［M］. 天津：天津古籍出版社，1993：25，64。

二、市场优势与产业发展

《北京条约》赋予了外国商人在天津的航行通商权、摄取关税权和海关行政权、领事谈判权与租界等，这些特权加速了洋行通过天津贩卖鸦片和倾销工业品到内地。自 1877 年后，中国连年出现入超，贸易逆差最高额达到 1890 年的 5080 万海关两。天津拥有河北、山西及内蒙古等广大销售市场，天津口岸在开港初期，主要是进口货物的销售和集散市场，很多洋货经天津销往陕西、河南及山东、东北等地。如表 11.4 所示，1928 年的进口货值达到最高的 11263 万海关两，是 1875 年的近 117 倍。1861 年进出天津港的船只共 222 只，总量为 54322 吨，到 1914 年已达 1806 只，2403033 吨。其中，鸦片占进口洋货的第一位，1861 年进口 1482 担，1863 年为 3749 万担，1866 年为 9162 万担，价值 5798169 海关两，占进口值的 30% 多，纺织品仅占 16.24%。[①] 1880 年后，鸦片进口逐年减少，纺织品数量逐年上升，1873 年占进口额的 65.1%，1892 年占到了 2/3。由于洋货大量倾销，沉重打击了农村的家庭手工业，破产的农村和城市小生

---

① 王怀远. 旧中国时期天津的对外贸易［J］. 北国春秋，1960（1）：70.

产者，为城市工业部门提供了大量廉价劳动力，劳动力由农业部门开始流向工业部门，二元经济结构逐渐形成。

表 11.4	天津近代洋货进口值	单位：海关两

年份	进口值
1875	962781
1880	1190676
1890	1857854
1895	5367536
1900	3768418
1902	18849234
1911	33824371
1913	51354297
1919	66882879
1928	112633629
1931	109352042
1936	72647431

资料来源：姚洪卓. 近代天津的对外贸易研究 [M]. 天津：天津古籍出版社，1993：25，64。

　　如图 11.2 所示，在 OA 区域中，东道国以廉价的资源吸引了大量外国投资者。但到了 A 附近，区位优势发生转变，市场结构升级所带来的市场机会形成对西方国家更高层次的吸引。市场优势以区位市场为基础，不会出现在类似 M 点的拐点，它会长期发生作用，因为市场随着经济增长而产生，并随着经济增强而成长。图中的 T_1 和 T_2 两点分别为市场优势发展中的两点，B_1、B_2 分别是两点处的曲线斜率，$B_2 > B_1$，成本在上升，滞缓了投资增速。因为区位市场不可能无限大，在市场水平发展到一定程度时，其进展速度会放慢。由于市场优势的存在，外资企业迅速增加的同时，也激发了民族企业自强发展。1896—1912 年，外国资本共设立了 38 家企业[①]，外资企业从 1915 年的 381 家增加到 1921 年的 623 家，到 1926 年发展到 900 多家，涉及银行业、贸易商行和工业企业等，外资企业已成为天

---

① 孙德常. 天津近代经济史 [M]. 天津：天津社会科学院出版社，1990：139.

津近代工业化的重要组成部分。① 1902—1913 年共设立 38 家民族企业，其中资本额在万元以上的有 22 家，五万元以上的有 11 家，超过百万元的有 2 家，类别包括织布厂、染织厂、织工厂、棉纺厂等 20 多个。②

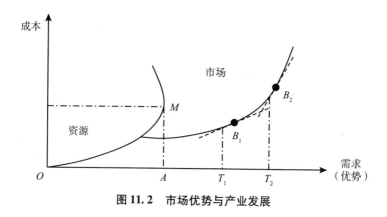

图 11.2　市场优势与产业发展

三、产业集群与经济增长

波特（M. Porter）把生产要素划分为基本要素，即"遗传"自先人的自然资源、地理、气候和人口等，以及高等要素，即"人造"的、后天开发并需要长期投资的高级人才、科教机构、基础设施和制度环境等。传统的比较优势建立在基本要素的基础上，而竞争优势赖以成立的基础是高等要素。一个地区的竞争力归根结底取决于各个区域培植的具有竞争优势的特色产业总和③，即取决于产业集群④。天津的纺织工业特别是棉纺织工业，在五四运动后迅速发展起来。近代天津各产业中，纺织业规模最大，1929 年的产值占天津整个工业的 70% 多，拥有企业 850 家，总资金达

① 来新夏 . 天津近代史 ［M］. 天津：南开大学出版社，1987：169.
② 徐景星 . 天津近代工业的早期概况 ［C］//天津文史资料选辑：第 1 辑 . 天津：天津人民出版社，1978：145.
③ Porter M E. The Competitive Advantage of Nations ［M］. New York：Free Press，1990.
④ 产业集群理论起源于新古典经济学，产业集群又称为企业集群，阿尔弗雷德·马歇尔在《经济学原理》（1920 年，第三版）中对"专门工业集中在特定的地方"的产业区现象进行了讨论。阿尔弗雷德·韦伯在《工业区位论》（1929）一书中较为完整、系统地提出产业区位理论，该理论充分阐述了聚集经济的形成原因与形成规则和生产优势。克鲁格曼在《发展、地理学与经济地理》（1995）一书中补充了产业集群理论，建立了聚集经济新模型。克鲁格曼等在《空间经济：城市、区域和国际贸易》（1999）一书中阐述了产业集群和聚集经济的形成因素，并用经济学方法分析了产业集群现象，波特在《论竞争》（1998）一书中，再次强调了产业集群是一种相关的产业活动在地理上或特定地点的集中现象，认为产业集群是一组在地理上靠近的相互联系的公司和关联的机构，它们同处在一个特定的产业领域，由于具有共性和互补性而联系在一起。

2201 万元。① 1933 年，全市工业企业有 1213 家，纺织企业有 725 家，资金达 1943 万元，工人数为 25857 人，占全市工人的 70% 多。② 这一时期，天津出现了六大纱厂，包括恒源、北洋、裕大、宝成、裕元和华新等，纺织产业的城市集聚效应非常显著，促使天津成为当时全国第二大纺织业城市。另外，面粉行业也呈现出集聚效应。第一次世界大战以前，天津仅有三四家机制面粉厂，到了 1921 年，天津面粉生产能力达到了 17020 包，1925 年有 11 家面粉厂，1930 年有 510 家磨坊③，集聚效应非常显著，使得天津成为全国六大面粉工业城市之一。

通过考察天津企业的分布特征，也会看到集聚的趋势，而且出现了工业区的早期雏形。按 20 世纪二三十年代的工业调查统计时的行政区划，天津市区分为五个区和三个特区，市区外围的郊区称为乡区，乡区又分为五个所。1929 年和 1933 年天津社会局的两次调查结果显示，各类企业分布如表 11.5 所示，尽管四年间企业数目大减，但其区位结构却有着若干相同点。企业绝大多数分布在以旧城区为中心的一、二、三区，1929 年和 1933 年分别占企业总数的 80.8% 和 77.1%。其中，尤以地处市区西南部的二区企业数最多，其次为旧城北部，即三区。两年相比较，不同的是乡区五所企业数目有明显增长趋势。乡区五所地处海河下游，1929 年有 4 家大型纺纱厂位于该区海河两岸，10 余家酿酒厂位于海河东岸大直沽地区。1933 年，该地区增加了 30 多家地毯企业，以及少量纺织、食品、金属加工等企业，呈现出工业向郊区转移的微弱态势。

表 11.5　　　　　1929 年和 1933 年天津民族企业区位分布统计

	项目	一区	二区	三区	四区	五区	特一区	特二区	特三区	乡区五所	其他	合计
1929年	企业数（家）	363	856	550	135	152	51	35	21	20	3	2186
	占比（%）	16.6	39.1	25.1	6.1	6.9	2.3	1.6	0.9	0.9	0.1	100
1933年	企业数（家）	174	554	211	65	68	35	15	22	69	2	1215
	占比（%）	14.3	45.5	17.3	5.3	5.5	2.8	1.2	1.8	5.6	0.1	100

说明：乡区一至四所未设立企业，故表中未列。
资料来源：吴瓯. 天津市社会局统计汇刊（工业类）[M]. 天津市社会局，1931；邓庆澜. 天津市工业统计（第二次）[M]. 天津社会局，1935：3，5。笔者整理得到。

① 南开大学经济研究所. 天津社会调查资料 [R]. 1929.
② 天津市纺织工业局编史组. 旧中国时期的天津纺织工业 [J]. 北国春秋，1960（1）：93.
③ 来新夏. 天津近代史 [M]. 天津：南开大学出版社，1987：179.

1942 年，天津工厂分布数目以第九区占第一位，二区、三区次之，一区、五区又次之，日租界最少，只有 4 家工厂。虽然天津西门外的西广开（二区）、西关外（九区）、侯家后（三区）、金家窑（五区）等地地皮价值低，西门外南北小道子、侯家后、白骨塔等地更廉价，但由于交通不便，运输能力低下的小型工厂多不敢问津。特政区及各租界虽然地价高昂，除少数大工厂外，小型工厂更少设立于此。

如图 11.3 所示，区位优势提升轨迹可以看成：资源型→市场型→产业聚集型。从静态看，一个地区的区位优势应与其先天的地缘属性如地理位置、物产资源相联系，由于比较成本优势的存在，能够吸引大量企业来投资。随着社会经济的发展，该地区的各方面条件逐渐发生变化，资源优势逐渐减弱，而市场的优势逐渐显现，区位优势便由资源型转化为市场型，为市场提供各种工业品。随着区域经济水平、产业结构的进一步提升，行业龙头企业进入，产业集聚效应发挥作用，达到 C 点时，这种效应达到最大，优势为 Y 值，即天津成为区域内的增长极，成为北方的工业与经济中心，但又都以天津的资源优势与市场优势为基础。天津是华北地区对内对外贸易的枢纽，廉价资源通过天津被出口到国外，国外的工业品通过天津进入华北的腹地。当然，天津纺织工业的集聚效应也离不开周边的产棉大省。因此，天津近代工业化的发展路径，也是区位优势不断升级的过程。

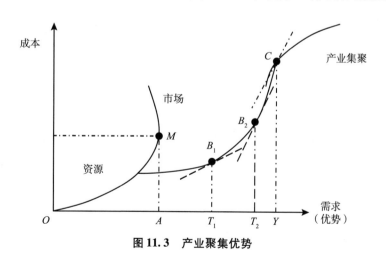

图 11.3 产业聚集优势

四、产业集群的特征与作用

（一）天津近代产业集群发展概况

天津近代产业发展呈现出集聚特征，形成了纺织业、面粉工业和机器铸铁业三大产业集群，其中纺织工业群最大，共 1399 家企业，资本达 2687.4 万元，包括纺纱业、织布业、染整业、针织业和地毯业，其中纺纱业的资本最多，为 2226 万元，占主要部分；地毯企业数最多，为 437 家。面粉产业群有 39 家企业，资本为 510.2 万元。机器铸铁产业群，主要集中在天津三条石地区，共有 239 家，总资本才 10 万元，规模明显偏小，其中机器业有企业 130 家，资本共 9 万元；铸铁业有 109 家，资本共 1 万元。纺织产业群在天津的形成，首要原因是广阔的腹地能够为其提供充足的原材料——棉花；其次，纺织业是劳动密集型产业，需要大量的劳动力，周边省市农村的大量剩余劳动力为其提供了充足供应。面粉产业群的形成，不仅得益于当时国外面粉输入的减少，还得益于天津城市人口的大量增长以及周边广阔产粮区的原材料供应。机器铸铁产业群的形成，很大程度上受到纺织工业飞速发展的带动，即机器业为纺织业提供机器、零配件及维修等服务。在这三个产业集群中，纺织产业群是核心群。总的来说，促进产业集群形成的共同原因有三：一是天津大量军阀、官僚、商人投资于近代工业，提供了充足资金；二是同业商会组织的建立，一定程度上保护了企业利益，提高了投资建厂的吸引力；三是拥有广阔的腹地，与多个国家和地区进行贸易往来，为产业集群提供了巨大的国内市场和国际市场。

（二）天津近代产业集群特征

第一，空间特征。地域集聚性是产业集群的空间特征，即相关企业的"扎堆"现象，例如，三条石地区的机器与铁工业的扎堆发展。另外，产业集群的地方化，即产业集群的根植化，例如，外国洋行、企业等都充分利用天津买办为其服务。①

第二，产业特征。产业的产品和服务应在生产技术上具有垂直分离的特征，并能形成较长的价值链，企业间专业化分工能够高度深化，能形成大量的工序型企业和中间产品的交易市场。例如，天津的纺织产业集群，拥有轧花、棉纺、织布、针织、地毯等产业链部门。

第三，组织特征。产业集群不仅是技术经济维度上的生产系统，也是治理结构维度上的企业网络。这种网络是信息量巨大、市场变化迅速、生产社会化不断扩大的产物。例如，天津早期的直隶工艺总局②、各种职业

---

① 孙德常，周祖常. 天津近代经济史 [M]. 天津：天津社会科学院出版社，1991：53 - 58.

② 来新夏. 天津近代史 [M]. 天津：南开大学出版社，1987：203 - 206.

学校①和各种同业商会，这些组织为天津近代工业发展提供了有力支持。

第四，经济特征。企业及其支撑机构在空间上的集聚，从而形成集聚经济。集聚经济源于各种相关的经济活动的集中而带来的效益。集聚经济主要表现为产业集群内的企业所独享的规模经济、范围经济和外部经济，这些经济效应广泛地存在于天津的纺织业、面粉工业和机器铸铁业等产业集群中。

第五，资本集中。资本集中投资于某些产业，成为产业集聚的一个重要原因。在北洋军阀统治时期，大量军阀投资于天津新式工业，如周学熙、曹锟、袁世凯、杨以德、王占元、李纯、段祺瑞等。1915 年，大量军阀主要集中投资于纺织工业、食品工业和化学工业。以纺织工业为例，天津的六大纱厂中，有四家为北洋军阀官僚集资创办；其他两家，宝成纱厂有陈光远的投资，北洋纱厂的董事兼经理章瑞庭与张作霖有密切的关系。北洋军阀投资的企业共约 40 家，投资额 4600 万元，占天津民族资本 10 万元以上厂家总数的69%，占资本总数的58%。② 可见，资本集中成为天津产业群独有的特征。

第六，中小企业分布特征。首先，中小企业大部分聚集在市中心周围，甚至设在中心商业区。以旧城区为中心的一、二、三区，聚集着企业总数的 70%—80%。这些企业大多为中小企业，规模很小，资本微薄，相当一部分仅为手工作坊，即使使用动力机械，规模也相当有限。因此，多数中小微企业的经济效益极低，众多同类或相关企业在空间分布上的相对集中，便成为这些企业赖以生存的条件，同时也促进了该地区外部经济的发展。靠近劳动力的集中分布区也是影响中小微企业区位集聚的重要因素。尽管企业工人大多数是来自附近县区的新移民，许多人并非打算久居城市，而且企业大多会给工人提供食宿，但是条件有限的中小微企业不可能为工人提供一个城市人所必需的生存条件。同时，由于中小微企业经营很不稳定，常随市场变化而扩大、缩小，甚至停工歇业。不少企业常在忙时起用短工，闲时全部辞退，因此工人的流动率很高。因此，这些企业只有建在工业人口集中的区位，才能获得充足的劳动力。另外，有些企业雇用散工，即在家为企业加工干活。例如，20 世纪 20 年代颇为兴盛的针织业，雇用了大量家居女子从事手工编织和缝纫。因此，这些企业只有设在

---

① 来新夏. 天津近代史 [M]. 天津：南开大学出版社，1987：203 – 206.
② 宋美云，张环. 近代天津工业与企业制度 [M]. 天津：天津社会科学院出版社，2005：53.

人口密集区才能生存。

第七，行业分布特征。在纺织业中，小企业占多数的织布、地毯、针织三个行业，区位结构各有区别。首先，织布厂可分为三类，少数资本较雄厚的企业自行织造，而多数小企业尽管有厂房，自购织机并雇用工人，但往往因无足够的流动资金购置原料，只能靠大织布企业供给原料，织成布后按预定方式交给大织布厂。另外一类小企业则向相关商店赊欠原料，织成布后交商店出售，再用销售收入偿付原料价款。这类企业约占小企业总数的60%以上，而前一类企业则约占40%。① 这三类企业互相依存，形成相对集聚的区位结构。其中尤以天津旧城内以及旧城以北、南运河北岸和旧城西北最为集中，成为织布业的中心。这些企业必须与相关商业紧邻布局才能生存，尤其是第三类小企业，更与同业商店息息相关。天津旧城以北的估衣街是纺织品的销售中心，与织布业集中区紧密相连。其次，地毯企业布局与织布厂多有不同。由于地毯几乎全部供应出口，其经营也几乎全部被洋行垄断，因此地毯企业的生产大多被洋行所左右。企业经常与之打交道的是洋行买办，赊取原料、少量贷款、收取产品等，生产大多按出口洋行的订货单进行。因此，地毯业不像织布、针织等业那样，与国内市场有紧密联系，没有形成围绕商业中心区密集分布的结构，空间聚集密度也低于织布业。据1929年调查，地处商业中心的一区，没有一家地毯企业。1933年调查时仅发现一家在一区，而二、四、五区的分布最多。1933年，甚至有35%以上的企业移到租界以南的市郊。地毯织造全部靠手工，劳动强度大，工作条件恶劣，但洋行订货期限短且严格，常要日夜加班赶制，加之地毯工人工资不高，导致该业工人多来自城市周边地区，乃至郊区的贫苦农民。因此，地毯企业大多分布于下层市民居住区附近，以保证有充足的劳动力来源。

在区位分布结构上颇具特色的还有机器制造业。这一时期的机器制造企业数量变化较大，但区位结构始终具有相同的特征，即围绕旧城附近密集分布，如表11.6所示，以一、二、三区即天津旧城以北地区企业数量最多，约占总数的1/2。该行业多与中小企业占优势的其他行业紧邻布局，同时又形成了界线分明的工业带，其中心位于运河以北的三条石大街。20世纪30年代，三条石大街已有了"铁厂街"之称，集中了工厂80余家。② 1929年，全市62家机器制造企业，设在三条石大街及其附近街巷

---

① 方显廷. 天津织布工业［M］. 南开大学社会经济研究委员会，1930：25.

② 1935年5月2日《大公报》。

的就达 22 家。形成这一工业带的因素有多种，首先是该街东邻主要运输河道——海河，西接市区主要商业街——河北大街，各种进口金属原料经由海河可以便捷地运进三条石，河北大街又可以为各种机器和金属产品提供方便的销售条件。其次，三条石位于市内工业区的北部边缘，西边距面粉、火柴等大企业集中区很近，这些企业成为机器业产品的主要市场，形成了互相依存的发展模式。机器制造业的投资人和经营者多是来自河北省各县的工匠、商人等，尤其以来自冀州各县者居多，他们互相结伙成帮，甚至垄断某一行业，投资经营铸铁业者大多为河北省交河县人。据新中国成立后对 107 名三条石企业主的调查显示，他们中有 41 名是交河县人，11 名是吴桥县人，只有 13 人原籍是天津。① 城市移民按籍贯地缘关系的分布，及其对某一行业的垄断，是影响机器业区位结构的又一重要因素。再者，当时机器制造分若干工序，包括设计制木样、铸造、锻冶（当时称"锤子活"）、机床加工（称"床子活"）以及装配完成（称"案子活"）。在所有机器制造企业中，除德利兴机器厂一家由设计制木样直至装配成机，可以全部在本厂完成外，其他企业都仅能完成某道工序，即有的企业专营铸造，有的则专干锤子活、"床子活"或"案子活"。各企业的分工合作，当时被称为"过行"，成为机器制造行业的一大特色，也是影响企业密集分布的主要因素之一。

表 11.6　　　　　1929 年、1933 年天津机器制造业企业区位分布　　　　单位：家

年份	一区	二区	三区	四区	五区	特一区	特二区	特三区	其他	合计
1929	16	12	30	1	—	1	1	1	—	62
1933	11	9	18		2	1	1	1		43

资料来源：吴瓯. 天津市社会局统计汇刊（工业类）［M］. 天津市社会局，1931；邓庆澜. 天津市工业统计（第二次）［M］. 天津市社会局，1935：7。

（三）产业集群作用

首先，产业集群能够较好地发挥区域内经济的核心作用，推动区域经济整体发展。在天津工业化的影响下，广阔腹地加速了农牧业产品的商品化过程。1912 年的商品值为 6209 万关平两，到 1928 年达 20370 万关平

---

① 贺萧（G. Hershatter）. 天津工人：1900—1949［M］. 许哲娜，任吉东，译. 天津：天津人民出版社，2016：98.

两①，增长 3 倍多。企业经济效益随整个产业规模的扩大而提高，直奉战争前，裕元纱厂资本从 1915 年的 200 万元增加到 1922 年的 565 万元，1919—1922 年纯利达 368 万元②。

其次，产业集群最有助于中小企业的快速成长。产业集群最大的优势是使中小企业获得外部规模经济，集群内的中小企业易获得外部服务，且交易成本低，可集中力量实行专业化分工，从而减少对资金或其他资源的依赖。产业集群可以弥补中小企业规模小、信息来源比较少的弱点，三条石机器业和铸铁业的兴起与壮大足以说明这一点。

再次，产业集群有利于资源的合理配置。区域经济内的集群效应，使各种资源最大化地向优良企业、有竞争力的产品倾斜集聚。腹地的原料和劳动力不断流向天津，同时天津的设备与技术又不断向腹地扩散。进入 20 世纪后，外资银行、华资银行和银号各自采用不同的经营范围和方式，加强了天津与腹地之间的金融往来，使天津成为华北、西北地区的金融中心。③

此外，产业集群有助于推进企业间相互学习。集群内企业合作者之间彼此接近，使企业更容易建立信任关系，相互学习成本低。例如，天津机器染整业的发展，1929 年华伦机器染厂成为天津第一家采用先进染整技术和设备的机器染整厂。从此，凡有资金的染房，均竞相仿效，先后改为机器染整工厂。④

最后，产业集群有助于吸引更多的厂商和买主的加入，从而形成更大规模的集群。例如，天津租界内聚集了很多企业⑤，三条石地区成为机器铸铁产业群；天津机器局培养了大量产业技术工人，郭天利机器厂的建立受益于此。同时，集群能使信息更加集中，更能引起买主的注意，吸引更多买主进入，不仅可以大大提高采购效率，降低风险，也更容易得到运输或咨询服务。20 世纪 20 年代末，天津各种商业公司、洋行、商店共 3 万余家，资本总额 3000 万—4000 万元⑥，行业近 140 个，从事商业人员约

————————

　　① 罗澍伟. 近代天津城市史［M］. 北京：中国社会科学出版社，1993：382.

　　② 王景杭，张泽生. 裕元纱厂的兴衰史略［C］//天津文史资料选辑：第 4 辑. 天津：天津人民出版社，1979：175.

　　③ 罗澍伟. 近代天津城市史［M］. 北京：中国社会科学出版社，1993：410.

　　④ 石宗岩. 天津机器染整工业发展概述［C］//天津文史资料选辑：第 29 辑. 天津：天津人民出版社，1984：116.

　　⑤ 罗澍伟. 近代天津城市史［M］. 北京：中国社会科学出版社，1993：523.

　　⑥ 罗澍伟. 近代天津城市史［M］. 北京：中国社会科学出版社，1993：377.

10 万人。①

五、天津中心地位的形成

中心城市指在经济区域中居于核心地位，在经济、文化、科技等方面对周围城市及地区具有领导作用的城市，往往也是经济区域的中心和依托，是带动区域经济发展的重要力量，从而产生了繁荣区域与停滞区域之间的对立，即"中心"与"外围"的对立统一关系，表现为要素的扩散效应与回流效应。工业中心的形成，势必带来产业规模的扩大、产业部门的增强和产业结构的调整，导致对原材料、资金和技术的新需求，从而能够增强中心城市的聚集作用和对周围地区的扩散作用。

天津中心地位的形成表现为一定的凝聚力和辐射力。一方面，天津工业化促进了腹地农牧产品的商品化程度，加速了商业和贸易繁荣，进而又推进了天津工业化进程，逐步建立起以纺织、食品、盐化工、机械修造等为主的近代产业体系。资源、人口、资本等要素不断向天津城市集聚，外国在天津设立的洋行快速增加，1906 年外国在津洋行多达 232 家，其中一些洋行还在内地许多地方设立了分支机构。② 19 世纪末，天津洋务企业的资本和工人规模大大超过了外资、民资企业。1916—1922 年，天津新建的六大纱厂，资本总额为 1890 万元，纱锭总数为 22.3 万枚，占全国增加资本的 30% 多，占全国增加纱锭的 31%，天津工业上升到仅次于上海的全国第二位。③ 如表 11.7 所示，七七事变前，天津的纺织业企业占到了华北大部的 52.6%，资本占华北四个地区的 70.6%，织布厂占到了华北的41.3%，天津逐渐成为华北最大的工业生产基地。从人口方面看，1840 年为 19.8 万人，1910 年达到 60 万人，1925 年超过了 100 万人，1936 年达到 125.5 万人④，1948 年猛增至 191 万多，天津成为位居全国第二的工商业大城市。在近 110 年的时间里，天津人口增加了近 10 倍，城市的建成面积增加了 5 倍多⑤。

---

①　天津市档案馆. 近代以来天津城市化进程实录 [M]. 天津：天津人民出版社，2005：97.

②　罗澍伟. 近代天津城市史 [M]. 北京：中国社会科学出版社，1993：13.

③　蔡孝箴. 天津经济中心的形成 [J]. 天津社会科学，1982 (2)：4.

④　张利民. 论近代天津城市人口的发展 [C]// 城市史研究：第 4 辑. 天津：天津教育出版社，1991.

⑤　罗澍伟. 近代天津城市史 [M]. 北京：中国社会科学出版社，1993：12.

表 11.7　　　　　　　七七事变前华北三市和山西纺织企业分布情况

地区	天津		石家庄		济南		山西	
	数值	比重（%）	数值	比重（%）	数值	比重（%）	数值	比重（%）
工厂数（家）	10	52.6	1	5.3	3	15.8	5	26.2
资本（万元）	3742	70.6	210	4	530	10	814	15.4

资料来源：李洛之，聂汤谷.天津的经济地位［M］.天津：南开大学出版社，1994：61。

　　另一方面，天津对周边地区的扩散与辐射。一是生活方式的扩散。进口贸易能反映出由天津向腹地的各种消费品的扩散，例如，煤油的进口改变了北方人大量使用油灯的生活习惯，而改用煤油洋灯。由于需求大量增加，1904—1919 年，多家石油公司先后在天津设立分公司，控制了华北地区的煤油等矿物的进口和销售，1900 年进口煤油达 3243640 美加仑，1905年为 15861697 美加仑，增长了近 5 倍，到 1910 年达 20894438 美加仑，最高是 1933 年的 134238143 美加仑[①]，增长了 41 倍多，海菜、玻璃、火柴、洋针等洋货也开始逐步进入天津腹地老百姓的生活之中[②]。可见，北方人的生活习惯已经发生改变。二是天津工业化进程中，资本不断向外扩散，带动了周边城市经济发展。不论轮船航运，还是铁路运输和工业生产，都需要大量的煤炭作为机械的动力燃料，城市居民生活用煤的数量也是非常大的，天津煤炭供应主要来自唐山地区。1882 年开始在唐山投入大量资本开设开平矿务局，进行机械采煤，后来在唐山相继开设了启新洋灰公司、滦州煤矿和华新纺织厂等，唐山城市经济也随之发展起来。1900 年后，连接天津和北方广大地区的多条铁路相继通车，使天津与腹地的交通更加便利，天津的煤炭供应渠道越发广泛，除了满足天津地区的需要外，还能够大量出口，进而促进和带动了天津腹地煤炭业的发展。三是技术设备的不断扩散。天津的港口贸易逐渐影响到华北农村的棉纺织手工业，促使传统的生产方式向更高水平的生产力方向发展。以河北高阳地区农村织布业的发展为例，这一地区原来盛产以土纱为原料的家庭纺织的窄面土布，但随着洋布的输入，土纱、土布纺织业深受打击。1906 年以后，高阳商会从天

---

　　① 茅家琦.中国旧海关史料：1859—1948［M］.北京：京华出版社，2001.
　　② 樊如森.天津港口贸易与腹地外向型经济发展：1860—1937［D］.上海：复旦大学，2004：73—75.

津购买了大批新式织机，培训人才，改良技术，试办工厂，不再利用本地自纺的土纱而是用洋纱来织洋布，高阳逐步向使用机纱、半机械化的铁轮机的新式织布业过渡。如表 11.8 所示，1930 年高阳的平面机、提花机数量分别是 1915 年的 4.6 倍、36 倍，邻近区域内发展最快。

表 11.8　　　　　　　1915—1930 年高阳织布区织机数量比较　　　　　单位：张

年份	高阳		蠡县		安新		清苑	任丘	总计	
	平面	提花	平面	提花	平面	提花	平面	平面	平面	提花
1915	1756	49	2088	4	872	—	661	296	5673	53
1920	4082	202	6523	8	2475	—	3162	5452	21694	210
1925	6863	734	8411	128	2505	—	4379	3677	25835	862
1930	8043	1762	7296	1237	2029	90	4195	1905	23468	3089

资料来源：彭泽益. 中国近代手工业史资料：第 2 辑［M］. 中华书局，1962：623；彭泽益. 中国近代手工业史资料：第 3 辑［M］. 中华书局，1962：197。笔者整理得到。

附　录

1860—1894 年天津近代早期的外资工业企业

附表 A1

年份	国别	企业名称	资本	工人
1860	英国	隆茂洋行打包厂	30 万元	—
1865	英国	大沽息船所	—	—
1867	英国	天津怡和公司天津分公司	—	500 名
1879	英国	兴建洋行打包厂	—	—
1881	英国	高林洋行打包厂	30 万元	—
1886	英国	李弗斯洋行打包厂	—	—
1886	英国	天津印刷公司	—	—
1887	法国	永兴洋行瑞兴蛋厂	40 万元	—
1887	英国	世昌洋行电力打包厂	—	—
1887	德国	德隆打包厂	—	—
1888	英国	天津煤气公司	30900 两银	100 名

续表

年份	国别	企业名称	资本	工人
1890	英国	华胜洋行打包厂	—	—
1890	英国	安利洋行打包厂	—	—
1890	英国	新泰兴洋行打包厂	—	—
1890	德国	兴隆洋行打包厂	—	—
1891	英国	老晋隆洋行卷烟厂	1万两银	50名
1892	英国	祥茂肥皂公司	—	—
1894	英国	天津印字馆（原天津印刷公司）	10万两银	—

说明：兴建洋行打包厂（1879）和李弗斯洋行打包厂（1886），这两家英国洋行附带修船业务。参见：祝慈寿.中国近代工业史 [M].重庆：重庆出版社，1989：215-216。

资料来源：王学海.旧中国时期外商在天津设厂行名录 [J].天津历史资料，1984（19）：51；来新夏.天津近代史 [M].天津：南开大学出版社，1987：122；徐景星.天津近代工业的早期概括 [C]//天津文史资料选辑：第1辑.天津：天津人民出版社，1978：125，134；纪广智.旧中国时期的天津工业概括 [J].北国春秋，1960（2）：20-28；李锁栋.天津市船舶工业发展概要 [J].天津史志，1989（1）：36。

附表 A2　1860—1894年天津工业整体状况

项目	官办等		外资企业		民族资本企业		合计		
	厂数（家）	资本（万元）	厂数（家）	资本（万元）	厂数（家）	资本（万元）	厂数（家）	资本（万元）	比重（%）
机器	3	1668	1	—	2	0.07	6	1668.07	65.74
矿业	1	278	—	—	—	—	1	278	10.96

续表

项目	官办等		外资企业		民族资本企业		合计		
	厂数（家）	资本（万元）	厂数（家）	资本（万元）	厂数（家）	资本（万元）	厂数（家）	资本（万元）	比重（%）
出口加工	—	—	12	553.77	—	—	12	553.77	21.82
印刷	—	—	1	23.63	—	—	2	23.63	0.93
公用事业	—	—	1	4.3	—	—	1	4.3	0.17
化工	—	—	1	—	1	6.26	2	6.26	0.25
食品	—	—	1	1.39	4	2.1	5	3.49	0.13
纺织	—	—	—	—	1	—	1	0	0.00
合计	4	1946	17	583.1	8	8.43	29	2537.53	—
比重	14.29%	76.69%	60.71%	22.98%	28.57%	0.33%			
工人数	13200 名		750 名		900 名		14850 名		
比重	88.89%		5.05%		6.06%		100%		

说明：不包括官办等性质的运输通信类企业。

资料来源：根据本书相关表格数据和与罗澍伟估算结果，笔者整理得到。罗澍伟. 近代天津城市史 [M]. 北京：中国社会科学出版社，1993：259。

附表 A3　1895—1911 年天津外资工业概况

项目	英国		日本		德国		比利时		法国		希腊		厂数合计（家）	资本合计	
	厂数（家）	资本（万元）	厂数（家）	资本（万元）	厂数（家）	资本（万元）	厂数（家）	资本（万元）	厂数（家）	资本（万元）	厂数（家）	资本（万元）		金额（万元）	比重（%）
食品	2	16.2	1	10	1	—	—	—	1	—	3	190.1	8	216.3	8.0

续表

项目	英国 厂数(家)	英国 资本(万元)	日本 厂数(家)	日本 资本(万元)	德国 厂数(家)	德国 资本(万元)	比利时 厂数(家)	比利时 资本(万元)	法国 厂数(家)	法国 资本(万元)	希腊 厂数(家)	希腊 资本(万元)	厂数合计(家)	资本合计 金额(万元)	资本合计 比重(%)
出口加工	5	498.5	3	23	3	30	—	—	1	—	—	—	12	551.5	20.4
机械制造修理	—	—	3	12.5	1	—	—	—	1	—	—	—	5	12.5	0.5
日用品	—	—	1	—	—	—	—	—	—	—	—	—	1	—	—
化工	—	—	1	3.2	—	—	—	—	—	—	—	—	1	3.2	0.1
印刷	—	—	3	7	—	—	—	—	—	—	—	—	3	7	0.3
公用事业	4	78.6	1	200	3	413	1	226.9	2	11.8	—	—	11	930.3	34.5
矿务	1	868.4	—	—	1	107.1	—	—	—	—	—	—	2	975.5	36.1
服装	—	—	1	3	—	—	—	—	—	—	—	—	1	3	0.1
合计	12	593.3	14	255.7	9	443	1	226.9	5	11.8	3	190.1	44	2699.5	100
比重	27.3%	54.1%	31.8%	9.6%	20.5%	20.4%	2.3%	84.2%	11.4%	0.4%	6.8%	7%	100%	100%	—

资料来源：王学海．旧中国外商在天津设厂行录名录 [J]．天津历史资料，1984（19）；天津市档案馆．近代以来天津城市化进程实录 [M]．天津：天津人民出版社，2005：303，306；天津市档案馆．天津商会档案汇编：1903—1911：上 [M]．天津：天津人民出版社，1987：1162－1267。

附表 A4

截至 1911 年天津外资工业概况

项目	英国 厂数（家）	英国 资本（万元）	英国 无资本厂（家）	日本 厂数（家）	日本 资本（万元）	日本 无资本厂（家）	德国 厂数（家）	德国 资本（万元）	德国 无资本厂（家）	比利时 厂数（家）	比利时 资本（万元）	法国 厂数（家）	法国 资本（万元）	法国 无资本厂（家）	希腊 厂数（家）	希腊 资本（万元）	厂数合计（家）	资本合计 金额（万元）	资本合计 比重（%）
食品	3	17.6	—	1	10	—	1	—	—	—	—	1	—	1	3	190.1	9	217.7	6.5
出口加工	12	1012.2	4	3	23	1	5	30	3	—	—	2	40	1	—	—	21	1105.2	33.2
机械制造修理	1	—	1	3	12.5	—	1	—	—	—	—	1	—	—	—	—	7	12.5	0.6
日用品	1	—	1	1	—	1	—	—	—	—	—	—	—	—	—	—	2	0	—
化工	—	—	—	1	3.2	—	—	—	—	—	—	—	—	—	—	—	1	3.2	0.1
印刷	1	9.7	—	3	7	—	1	13.9	—	—	—	—	—	—	—	—	5	70.6	2.1
公用事业	5	82.9	1	1	200	—	3	413	—	1	226.9	2	11.8	1	—	—	12	935	28.1
矿业	1	868.4	—	—	—	—	1	107.1	—	—	—	—	—	—	—	—	2	975.5	29.3
服装	—	—	—	1	3	—	—	—	—	—	—	—	—	—	—	—	1	3	0.1
合计	24	1990.8	7	14	258.7	2	12	564	5	1	226.9	6	51.8	4	3	190.1	60	3322.7	100
比重	41.7%	60%	—	23.3%	7.8%	—	18.3%	16.9%	—	1.7%	6.8%	10.0%	1.6%	—	5.0%	5.7%	100%	100%	—

附表 A5

1912—1927 年天津外资工厂的国别与资本情况

项目	日本	英国	美国	德国	法国	比利时	俄国	希腊	意大利	合计
厂数（家）	15	7	13	2	7	1	5	2	2	54
比重（%）	27.8	13	24.1	3.7	13	1.9	9.3	3.7	3.7	100
资本（万元）	651.7	592	276.3	0.45	62	170	2.1	1	43	1798.6
比重（%）	36	32.8	15.6	0.03	3.5	9.6	0.12	0.06	2.4	100

资料来源：天津海关十年报告：1922—1931 [J]. 天津海关历史资料，1980（5）：62；王学海. 旧中国外商在天津设厂行名录 [J]. 天津历史资料，1984（19）；天津市档案馆. 近代以来天津城市化进程实录 [M]. 天津：天津人民出版社，2005：315。

附表 A6

截至 1927 年天津外资企业概况

项目	英国		日本		美国		俄国		德国		比利时		法国		希腊		意大利		合计		资本合计	
	厂数（家）	资本（万元）	厂数（家）	资本（万元）	厂数（家）	资本（万元）	厂数（家）	资本（万元）	厂数（家）	资本（万元）	厂数（家）	资本（万元）	厂数（家）	资本（万元）	厂数（家）	资本（万元）	厂数（家）	资本（万元）	厂数合计（家）	金额（万元）	比重（%）
食品	6	527.6	4	535	1	—	—	—	2	—	—	—	2	2	5	191.05	1	13	21	1268.7	24.9
纺织	—	—	1	10	4	270	1	0.5	—	—	—	—	—	—	—	—	—	—	6	280.5	5.5
出口加工	15	1076.9	6	73	2	0.3	2	—	5	30	—	—	3	40	—	—	—	—	33	1220.2	24.0
机械制造修理	2	23.1	4	13	3	—	2	1.6	2	0.5	—	—	4	60	—	—	1	30	16	126.6	2.5
日用品	1	—	5	63	1	—	—	—	—	—	1	170	1	—	—	—	—	—	10	64.6	1.3
化工	—	—	1	3.2	2	6	—	—	—	—	—	—	—	—	—	—	—	—	4	179.2	3.5

续表

项目	英国 厂数(家)	英国 资本(万元)	日本 厂数(家)	日本 资本(万元)	美国 厂数(家)	美国 资本(万元)	俄国 厂数(家)	俄国 资本(万元)	德国 厂数(家)	德国 资本(万元)	比利时 厂数(家)	比利时 资本(万元)	法国 厂数(家)	法国 资本(万元)	希腊 厂数(家)	希腊 资本(万元)	意大利 厂数(家)	意大利 资本(万元)	厂数 合计(家)	资本合计 金额(万元)	资本合计 比重(%)
印刷	1	9.7	6	10.2	—	—	—	—	1	13.9	—	—	—	—	—	—	—	—	8	33.8	0.7
建筑	—	—	—	—	—	—	—	—	—	—	—	—	1	—	—	—	—	—	1	0	—
公用事业	5	82.9	1	200	—	—	—	—	3	413.4	1	226.9	2	11.8	—	—	—	—	12	935	18.4
矿务	1	868.4	—	—	—	—	—	—	1	107.1	—	—	—	—	—	—	—	—	2	975.5	19.2
服装	—	—	1	3	—	—	—	—	—	—	—	—	—	—	—	—	—	—	1	3	0.1
合计	31	2588.6	29	910.4	13	276.3	5	2.1	14	564.9	2	396.9	13	113.8	5	191.05	2	43	114	5087.1	100
比重	28.1%	50.9%	25.4%	17.9%	11.4%	5.4%	4.4%	0.04%	11.4%	11.1%	1.8%	7.8%	11.4%	2.2%	4.4%	3.8%	1.8%	0.8%	100%	—	—

附表 A7　1928—1936 年天津新设外资工业概况

国别	食品 厂数(家)	食品 资本(万元)	纺织 厂数(家)	纺织 资本(万元)	出口加工 厂数(家)	出口加工 资本(万元)	机械、铸铁、修理 厂数(家)	机械、铸铁、修理 资本(万元)	日用品 厂数(家)	日用品 资本(万元)	化工 厂数(家)	化工 资本(万元)	印刷 厂数(家)	印刷 资本(万元)	建筑及木材 厂数(家)	建筑及木材 资本(万元)	公用事业 厂数(家)	公用事业 资本(万元)	合计 厂数(家)	合计 资本(万元)	合计 比重(%)
日本	4	31.5	5	1103.6	1	5	5	864.2	1	3.8	15	1165.2	1	0	1	100	1	400	34	3676.3	95.68
美国	1	4	2	1.5	0	0	1	5	0	0	0	0	0	0	1	20	0	0	5	30.5	0.79
英国	0	0	0	0	0	0	1	0	1	5	0	0	0	0	1	40	0	0	3	45	1.17

续表

国别	食品 厂数(家)	食品 资本(万元)	纺织 厂数(家)	纺织 资本(万元)	出口加工 厂数(家)	出口加工 资本(万元)	机械、铸铁、修理 厂数(家)	机械、铸铁、修理 资本(万元)	日用品 厂数(家)	日用品 资本(万元)	化工 厂数(家)	化工 资本(万元)	印刷 厂数(家)	印刷 资本(万元)	建筑及木材 厂数(家)	建筑及木材 资本(万元)	公用事业 厂数(家)	公用事业 资本(万元)	合计 厂数(家)	合计 比重(%)	合计 资本(万元)	合计 比重(%)
俄国	2	4	0	0	3	2.4	0	0	0	0	0	0	1	0	0	0	0	0	6	10.9	6.4	0.14
法国	3	80	—	—	—	—	1	20	—	—	—	—	—	—	1	—	—	—	5	9.1	80	2.08
比利时	—	—	—	—	—	—	—	—	—	—	—	—	—	—	1	—	—	—	1	1.8	—	—
意大利	—	—	—	—	—	—	1	5	—	—	—	—	—	—	—	—	—	—	1	1.8	5	0.13
合计	10	119.5	7	1105.1	4	7.4	9	894.2	2	8.8	15	1165.2	2	0	5	160	1	400	55	100	3843.2	100
比重(%)	18.2	3.2	12.7	28.6	7.3	0.2	16.4	23.3	3.6	0.2	27.3	30.3	3.6	0	9.1	4.2	1.8	10.4				

说明：宋美云、张环在《近代天津工业与企业制度》中，对1928—1930年间外资工业设立情况进行了统计（宋美云、张环．近代天津工业与企业制度［M］．天津：天津社会科学院出版社，2005：71，表3-4。），虽然没有注明数据来源，但和罗澍伟《近代天津城市史》中对截至1937年外资在天津设厂概况的数据完全相同。罗澍伟的数据引自王学海的《旧中国时期在天津设厂名录》，而且仅统计了截至1943年的外资设厂情况，并非截至1937年，并以此进行分析。本书对数据进行了修正与完善。

附表 A8　截至1936年天津外资工业概况

项目	英国 厂数(家)	英国 资本(万元)	日本 厂数(家)	日本 资本(万元)	美国 厂数(家)	美国 资本(万元)	俄国 厂数(家)	俄国 资本(万元)	德国 厂数(家)	德国 资本(万元)	比利时 厂数(家)	比利时 资本(万元)	法国 厂数(家)	法国 资本(万元)	希腊 厂数(家)	希腊 资本(万元)	意大利 厂数(家)	意大利 资本(万元)	厂数合计(家)	资本合计 金额(万元)	资本合计 比重(%)
食品	6	527.6	8	566.5	2	4	2	4	2	—	—	—	5	82	5	191.1	1	13	31	1388.2	15.2
纺织	—	—	6	1113.6	6	271.5	1	0.5	—	—	—	—	—	—	—	—	—	—	13	1385.6	15.2

续表

项目	英国 厂数（家）	英国 资本（万元）	日本 厂数（家）	日本 资本（万元）	美国 厂数（家）	美国 资本（万元）	俄国 厂数（家）	俄国 资本（万元）	德国 厂数（家）	德国 资本（万元）	比利时 厂数（家）	比利时 资本（万元）	法国 厂数（家）	法国 资本（万元）	希腊 厂数（家）	希腊 资本（万元）	意大利 厂数（家）	意大利 资本（万元）	厂数合计（家）	资本合计 金额（万元）	资本合计 比重（%）
出口加工	15	1076.9	7	78	2	0.3	5	2.4	5	30	—	—	3	40	—	—	—	—	37	1227.6	13.4
机械制造修理	3	23.1	9	877.2	4	5	—	—	2	0.5	—	—	5	80	—	—	2	35	25	1020.8	11.2
日用品	2	5	6	66.8	1	—	2	1.6	—	—	—	—	1	—	—	—	—	—	12	73.4	0.8
化工	1	—	16	1168.4	2	6	—	—	—	—	1	170	—	—	—	—	—	—	19	1344.4	14.7
印刷	1	9.7	7	10.2	—	—	1	—	1	13.9	1	—	—	—	—	—	—	—	10	33.8	0.4
建筑	1	40	1	100	1	200	—	—	—	—	1	226.9	2	—	—	—	—	—	6	340	3.7
公用事业	5	82.9	2	600	—	—	—	—	3	413.4	—	—	2	11.8	—	—	—	—	13	1335	14.6
矿业	1	868.4	—	—	—	—	—	—	1	107.1	—	—	—	—	—	—	—	—	2	975.5	10.7
服装	—	—	1	3	—	—	—	—	—	—	—	—	—	—	—	—	—	—	1	3	0.03
合计	34	2633.6	63	4583.7	18	486.8	11	8.5	14	564.9	3	396.9	18	213.8	5	191.1	3	48	169	9127.3	—
比重	20.7%	28.9%	37.3%	50.2%	10.7%	5.3%	6.5%	—	7.7%	6.2%	1.8%	4.3%	10.7%	2.3%	3%	2.1%	1.8%	0.5%	100%	—	—

附表 A9

1897—1911 年天津主要民族资本工业企业

年份	企业名称	资本
1897	北洋织绒厂	25 万两
	化学公司	1 万两
1898	天津北洋硝皮厂ª	76.9 万元
	北华制作烟草公司ᵇ	14 万元
	鸿兴汽水公司	0.8 万元
1902	北洋烟草公司	4.75 万两
	茂泰玻璃厂	30 万两
	天津织绒厂	3.5 万元
1903	曲阳县野北村煤矿ᶜ	8.5 万元
	华孛啤酒公司	10 万元
1905	天津造胰公司★	5 万元
	天津泰丰矿务局	7.14 万元
	公益造胰公司	0.72 万元
	庆记机器磨坊	1.5 万元
1906	牙粉公司★	2000 两
	曲阳开源煤矿ʾ有限公司ᶜ	71.4 万元
	丰永利织绒厂	15.7 万元

续表

年份	企业名称	资本
1906	涌源面粉厂	4.2 万元
	万益织呢厂	70 万元
	华昌火柴厂[b]	10.5 万元
	津特别区电灯厂[b]	—
	天津里奇卷烟公司[b]	8 万元
	宝华织布厂[b]	1.4 万元
	天津华胜烛皂有限公司	10 万元
	福昌机器造纸公司[c]	17 万元
	房山高线运煤公司[c]	71.4 万元
	玻璃厂*	5000 两
1907	永丰榨油厂	1 万元
	荣华肥皂厂[b]	3 万元
	新兴造纸厂	18.2 万元
	松盛大麦酒厂[c]	1 万元
	盛泰益房公司[b]	—
	华荦啤酒有限公司	10 万元
1908	麟记烟卷公司	8 万元

续表

年份	企业名称	资本
1908	华美烟草公司[c]	1万元
	天津铁丝铁钉厂	42万元
	天津利利地产实业公司[b]	70万元
	滦州马家沟煤矿[c]	42.85万元
	兴亚矿务局[c]	12万元
	华胜烛皂厂	10万元
	天津玉盛合造胰公司[c]	0.5万元
	永信玻璃公司	3万元
	福星垦务公司[c]	77.15万元
	北洋火柴厂	10万两
	京师丹凤火柴公司第二工厂[c]	—
1909	华兴织工厂[c]	0.5万元
	善记染织厂	0.5万元
	郭天祥机器厂	改名
1910	合盛成铁工厂	0.5万元
	天津实业工厂	0.5万元
	北洋兴华机器面粉公司[c]	40万元

续表

年份	企业名称	资本
1911	民益织布工厂	1万元
	华昌火柴厂	15万元
	大生铁厂d	1.2万元

说明：★表示该企业为接受官款创办的民族资本企业。

a. 该厂雇工 500—600 名，多时达 1000 余名，后因经营不善于 1912 年停产。参见：王珏. 晚清企业纪事 [M]. 北京：中国文史出版社，1997：187。b. 杜恂诚. 民族资本主义与旧中国政府：1840—1937 [M]. 上海：上海社会科学院出版社，1991：293—461。c. 天津商会档案汇编，等. 天津市档案馆. 近代史资料 [J]. 1903—1911 [M]. 天津：天津人民出版社，1987：1150—1178。d. 沈家五. 北洋时期工商企业统计表，总 58 号：141。元为银圆，1 两库平银 = 1.39 元银圆。1906 年还有 3 家制油厂设立，但资本较小，它们是义胜和油厂、大胜全油厂和公胜油厂，资本分别为 500 元、600 元和 500 元。参见：天津市档案馆，等. 天津商会档案汇编：1912—1928 [M]. 天津：天津人民出版社，1993：2930。

资料来源：徐景星. 天津近代工业的早期概括 [C]//天津文史资料选辑：第 1 辑. 天津：天津人民出版社，1978：124–145；中国人民政治协商会议天津市委员会文史资料研究组. 天津文史资料选辑：第 4 辑 [C]//天津. 天津文史资料选辑，1979：148；笔者整理得到。

附表 A10　截至 1927 年天津工业整体概况

项目	官办			外资			民族			合计		
	厂数（家）	资本（万元）	比重（%）	厂数（家）	资本（万元）	比重（%）	厂数（家）	资本（万元）	比重（%）	厂数（家）	资本（万元）	比重（%）
食品	1	5.7	0.3	21	1268.7	65.8	108	653.84	34.2	130	1928.24	9.9
纺织	13	5.3	0.2	6	280.5	9.1	1362	2813.6	90.8	1381	3099.4	15.9
化工	1	0.3	0.006	4	179.2	13.8	250	1123.5	86.2	252	1303	6.7
机械	5	1230	86.8	17	126.6	8.9	307	60.14	4.2	329	1416.74	7.3
矿业	6	1902.6	35.5	2	975.5	18.2	34	2477.24	46.3	42	5355.34	27.5
出口加工	—	—	—	32	1220.2	100.0	—	—	—	32	1220.2	6.3

续表

项目	官办			外资			民族			合计		
	厂数（家）	资本（万元）	比重（%）	厂数（家）	资本（万元）	比重（%）	厂数（家）	资本（万元）	比重（%）	厂数（家）	资本（万元）	比重（%）
公用事业	—	—	—	12	935	100.0	—	—	—	12	935	4.8
日用品	—	—	—	10	64.6	84.6	56	11.78	15.4	66	76.38	0.4
建筑建材	—	—	100.0	1	—	—	8	1210.2	100.0	9	1210.2	6.2
运输通信	4	1300	—	—	—	—	—	—	—	4	1300	6.7
其他	6	296.7	18.2	9	36.8	2.3	243	1296.87	79.5	258	1630.37	8.4
合计	36	4740.6	24.3	114	5087.1	26.1	2368	9647.17	49.5	2518	19474.87	100.0

附表 A11　近代天津市人口的变化情况

年份	户数（户）	人数（人）
1846[a]	32761	198715
1895[b]	51073	300716
1903	64693	326552
1904	72720	377634
1905	65452	339871
1906	63472	356503
1910[b]	102147	601432

续表

年份	户数（户）	人数（人）
1911[b]	104208	611130
1917	—	718000
1921[c]	—	800000
1924[c]	—	750000
1925	198176	1073000
1927	205203	1111048
1928	170686	869139
1929	178865	884226
1930	179676	864477
1931[d]	282224	1387463
1932[d]	262959	1324633
1933	188867	1110567
1934	221180	1021671
1935	229449	1071072
1936	227228	1081072
1937	237608	1132263
1938	237009	1114029

续表

年份	户数（户）	人数（人）
1939	256923	1232004
1940	261448	1274792
1941	267532	1210150
1942	285482	1426098
1943	299951	1524365
1944	336618	1800039
1945	322583	1759513
1946[e]	326212	1677000
1947	333416	1710910
1948	377483	1860818
1949	378534	1866000

说明：a.《津门保甲图说》。b. 来新夏. 天津的人口变迁 [M]. 天津：天津古籍出版社，2004：51 – 80。c. 阮湘，等. 中国年鉴：第一回 [M]. 上海：商务印书馆，1924：51 – 52，主要都市人口表。d. 李竞能. 中国人口：天津分册 [M]. 北京：中国财政经济出版社，1987：53。e. 高艳林. 天津人口研究：1404—1949 [M]. 天津：天津人口出版社，2002：92；而来新夏认为，1906 年天津城市人口为 74340 户，424553 人，参见：来新夏. 天津的人口变迁 [M]. 天津：天津古籍出版社，2004：60。

资料来源：高艳林. 天津人口研究：1404—1949 [M]. 天津：天津人口出版社，2002：92。

附表 A12　近代天津工业化成绩全国排名第一情况

序号	成绩	名称	内容
1	中国第一家近代化火药厂	天津机器局东局	1866 年洋务派筹办天津机器局，1867 年开始建设东局和西局，其中东局为中国第一家近代化火药厂，成为当时亚洲第一大军工厂
2	畜产品出口量居全国第一	天津畜产品出口第一口岸	1860 年天津开埠后成为畜产品出口港，1870 年前后成为中国最大的畜产品出口口岸，占据全国同类产品出口总量的 60%
3	中国第一所邮政管理局	海关书信馆总办事处	1878 年天津设立海关书信总办事处，开始办理国际邮件业务，标志着中国近代邮政由此发端
4	中国第一条电报线	北塘—大沽—天津军用电报线	1879 年，在天津建成中国第一条军用电报线，北塘炮台、大沽炮台、天津之间的电报通畅
5	中国第一家电报局	（津沪）电报总局	1880 年 9 月，在天津成立电报总局，开放营业，是中国民用电报通信之始。1881 年，津沪电报正式向公众开放营业
6	中国第一套邮票	"海关大龙"邮票	1878 年，天津海关书信馆总办事处发行了一套以蟠龙为图案的邮票，称"海关大龙"，是中国历史上发行的第一套邮票。1883 年又发行了一套"海关小龙"
7	中国第一次试制潜水艇	水底机船	1880 年，天津机器局西局试制成功我国第一艘潜水艇——水底机船
8	中国第一家实行机械采煤的近代化煤矿	开平煤矿	1881 年，轮船招商局总办唐廷枢奉命创办的天津开平矿务局投产，成为中国第一家实行机械采煤的近代化煤矿
9	中国第一家发放股息的企业	开平矿务局	开平矿务局总部设在天津，每年按股票面值 10%—12% 发放股息
10	中国第一条自建标准轨距铁路	唐胥铁路	1881 年，开平矿务局出资修建自唐山至胥各庄的铁路，是我国自建的第一条矿山铁路，第一条采用标准轨距的铁路，第一条我国自办铁路

续表

序号	成绩	名称	内容
11	中国第一家股份机械化农场	沽塘耕植畜牧公司	1881 年，唐廷枢奉命集资 13 万两白银在塘沽新河购地 4 千顷，从国外购进农业机械，建成中国第一家机械化农场
12	中国第一台自制蒸汽机车	"中国火箭号" 机车	1882 年，开平矿务局职工利用一台轻型卷扬机上的锅炉，改制成我国第一台蒸汽机车，该车又制造出 "中国火箭号" 机车，也称 "龙号" 机车
13	中国第一条自建长途电话线	天津—保定电话线	1884 年，直隶总督李鸿章架设了自总督行馆到津海关、北塘、大沽、保定等处的电话线，成为近代中国最早架设的长途电话线
14	中国第一个铁路管理机构	开平铁路公司	1886 年，清廷批准在天津组建开平铁路公司，并收购唐胥线，是中国第一个铁路管理机构，也是中国铁路独立经营的开端
15	全国最大火柴厂	丹华火柴公司	1886 年设立天津自来火公司，后更名为天津华昌火柴公司，1917 年与平丹风火柴厂合并，成立天津丹华火柴厂，成为全国最大火柴厂
16	中国第一座机器铸币厂	北洋铸币厂	1887 年，直隶总督李鸿章从英国购进制造钱币的机器，在天津机器局东局内设立 "宝津局"，1890 年建成投产，改名为北洋铸钱局，又名天津机器局局铸造银圆之先河，开创了中国机械化铸造银圆之先河
17	中国第一份企业招股章程	开平铁路公司招股章程	1887 年，为修筑唐山至天津的铁路，开平铁路局于 4 月 12 日公布招股章程，一份招股章程，开创了向中外投资商招股之先河
18	中国第一个荣获国际金奖的地毯品牌	天津地毯	1893 年，天津地毯在美国易斯万国博览会上获一等奖，又在巴拿马国际赛会上获得金质奖章，至今仍享有国际盛誉

续表

序号	成绩	名称	内容
19	中国第一座铁路大桥	滦河大桥	1894年，滦河大桥建成，全长670.6米，是当时中国最长的铁路大桥
20	中国第一条远程陆运邮路	津迪万里邮程	1895年，信差携邮袋沿津榆铁路（天津—山海关）乘火车运送，成为中国第一条铁道邮路。1914—1918年，天津邮政管理局开发了一条一万余华里的陆运邮路，由天津经北京、张家口，北至库伦（今乌兰巴托），西至新疆迪化（今乌鲁木齐），成为中国第一条万里陆运邮路
21	中国第一条复线铁路	津芦复线铁路	1897年，天津铁路公司把津芦铁路延伸到北京，又由丰台延伸到芦（卢）沟桥，名津芦铁路，并修成双向复线，是我国第一条复线铁路
22	中国第一座拥有"两干线三车站"的铁路枢纽的城市	天津东站、西站、北站和津浦、京山干线	1880—1911年建成中国第一条铁路干线——京奉铁路（由北京经天津至沈阳），1909年中国第一条南北铁路干线——津浦铁路开工典礼就在天津举行，1912年全线通车。1888年建成天津火车站，1892年迁址于老龙头，又称东站。1903年建天津北站，1908—1911年建成天津西站。由此，天津成为中国第一座拥有铁路"两干线三车站"的城市，确立了全国干线铁路交通枢纽的地位
23	中国第一家大规模生产火柴的厂家	北洋销皮公司	1898年，天津买办吴懋鼎独资开办了北洋销皮公司，是我国最早的近代化制革厂
24	销售量占全国第一的水泥企业	启新洋灰公司	1900年，天津实业家周学熙奉命振兴唐山细棉土厂，1906年更名为启新洋灰公司，1919年启新水泥占国内市场的92%
25	中国第一座国家造币厂	户部造币总厂	1903年在天津设立国家造币厂——"铸造银钱总局"，1905年更名为"户部造币总厂"，1906年北洋铸币厂并入户部造币总厂，1908年户部更名为度支部，户部造币总厂随之更名为度支部造币总厂
26	中国第一座自建自动电话局	天津电话东局	1904年成立天津电话局，是中国自办长途电话开端。1927年10月引进安装德国西门子电机厂自动交换机1000门，成为我国自建的第一座自动电话局

续表

序号	成绩	名称	内容
27	中国第一家畅销国内外的制帽著名品牌	天津盛锡福	1911年，刘锡三在天津创办盛聚福帽庄，后更名为盛锡福帽庄，以"三帽"为商标。后名畅销国内外，成为中国帽业首届一指的著名品牌。1929年获马尼拉嘉华年会金奖
28	中国第一条开办联运业务铁路	京奉铁路	1912年，京奉铁路局设在天津，也称"天津铁路"，与京汉铁路铁路线各货联运业务，成为中国铁路联运之始
29	中国第一家精盐制造厂	久大精盐公司	1914年，中国海洋化学工业的先驱、著名实业家范旭东在天津塘沽创办了中国第一家专门从事精盐生产的企业——久大精盐公司。1919年我国产量高达62500吨，成为我国最早、最大、最好的精盐生产基地
30	中国第一家制碱企业	永利制碱厂	1917年范旭东筹办永利制碱厂，1920年成立永利制碱公司，1926年6月制造出中国第一批纯碱
31	中国第一个达到世界领先水平的化学工艺	侯氏制碱法	1926年8月，由侯德榜发明"侯氏制碱法"。自制的"红三角"牌纯碱获美国费城万国博览会金奖，位于世界领先水平，打破了英国对制碱技术的垄断
32	中国第一家为工业融资设立的银行	中国实业银行	1919年，周学熙创组建"中国实业银行"，并由政府拨350万银圆，个人集资，总投资设在天津，盐业、总投资10万元在天津总行设立有奖储蓄部，这是中国银行史上的第一次有奖储蓄，大获成功
33	中国第一家设立有奖储蓄的银行		
34	中国第一次航空邮试运	京津空邮试航	1920年5月7日，民国政府批准邮政总局在北京与天津之间举行"京津空邮试航"我国航空邮政务开端
35	中国第一家民营化工研究机构	黄海化学工业研究社	1922年，范旭东创办了黄海化学工业研究社，"黄海社"与"永利碱""久大精盐"并称为"永久黄"

续表

序号	成绩	名称	内容
36	中国第一家中外合资玻璃企业	耀华玻璃公司	1921年，周学熙发起创办的耀华玻璃公司在天津成立，由中方出股本、比利时方出专利权，成为我国第一家中外合资玻璃企业
37	中国第一家皮革制球工厂	利生体育用品厂	1921年，天津南开中学教师孙玉琦创办了我国第一家皮革制球工厂——利生体育用品厂，在中国体育用品制造业中发展成为规模最大的生产厂家。至今仍为著名品牌
38	中国第一个销基漆先进工艺	永明漆	1929年，陈调甫等人创办天津永明油漆厂，制成酚醛清漆"永明漆"类产品，其性能超过外国同类产品，"永明漆"为名牌产品，使天津油漆工业长期处于全国领先地位
39	中国第一家酸碱盐研四位一体的基础化工工业基地	范旭东企业集团	1930年，范旭东创办了永利硫酸铵厂生产化肥，使"久大""永利""黄海社"范旭东企业集团成为我国第一家酸碱盐研四位一体的基础化工工业基地
40	中国第一台飞机发动机	北洋工学院试制成功	1934年，北洋工学院试制一星型五缸汽油飞机发动机，是我国自行研制成功的第一台飞机发动机
41	中国第一个国产毛线著名品牌	"抵羊牌"毛线	1934年，宋棐卿兄弟筹资开办的东亚毛呢纺织公司投产，其"抵羊牌"毛线遍销全国各地，至今仍为著名品牌
42	中国第一批国产自动电话机	"中天牌"电话机	1934年，天津中天电机厂制造出中国第一批自动电话机和交换机，"中天牌"自动电话机成为第一批国产名牌，打破了我国全部依靠进口的局面
43	中国最大的人工海港	塘沽新港	1939年，日本拓建塘沽新港，使其成为当时中国最大的人工海港，后命名为天津新港。新中国成立后历多次扩建，至今保持着全国最大的人工海港这一领先地位
44	中国第一批国产汽车	天津"飞鹰牌"三轮汽车	1946年6月，天津汽车制配厂制造出"飞鹰牌"三轮汽车，是我国第一批国产汽车

说明：在中国近代史上，天津创造了众多第一，本表仅包含与工业化相关内容。

参 考 文 献

［1］艾德加·M.胡佛，弗兰克·杰莱塔尼．区域经济学导论［M］.
上海：上海远东出版社，1992.

［2］卞僧慧．天津史志研究文集［M］.天津：天津古籍出版社，
2011.

［3］蔡谦，郑友揆．中国各通商口岸对各国进出口贸易统计［M］.
上海：商务印书馆，1936.

［4］蔡孝箴．天津经济中心的形成［J］.天津社会科学，1982（2）：
2 - 7，70.

［5］曹贯一．中国农业经济史［M］.北京：中国社会科学出版社，
1985.

［6］曹克．技术引领下的近代工业、经济和社会变革［J］.南京财经
大学学报，2005（1）：12 - 16，28.

［7］曹牧．近代天津工业化供水与水夫水铺的转型［J］.历史教学
（下半月刊），2015（9）：48 - 53.

［8］曹苏．天津近代工业遗产［D］.天津：天津大学，2009.

［9］陈迪新．天津近代工业的黄金时期工业概况及原因浅析［J］.科
技信息，2012（30）：118 - 119.

［10］陈家勤，等．当代国际贸易新理论［M］.北京：经济科学出版
社，200.

［11］陈静．近代工业在天津的兴起和工业城市地位的形成［J］.天
津经济，2013（7）：48 - 50.

［12］陈克．一九三七年以前天津工业人口之推算［J］.天津史志，
1986（1）.

［13］陈卫民．天津的人口变迁［M］.天津：天津古籍出版社，
2004.

[14] 陈元清. 近代天津对外贸易发展及其结构的演进分析：1861—1936 [J]. 经济师，2014（10）：27 - 29，32.

[15] 陈元清，苏睿先. 天津开埠后近代华北乡村手工业生产的调整：1861—1936 [J]. 兰州学刊，2015（5）：105 - 113.

[16] 陈真. 中国近代工业史资料：第四辑 [M]. 北京：生活·读书·新知三联书店，1961.

[17] 陈争平. 近代中国铁路建设对北方市场的影响 [J]. 浙江学刊，2010（3）：13 - 19.

[18] 陈争平. 1895—1936 年中国进出口贸易值的修正及贸易平衡分析 [J]. 中国经济史研究，1994（1）：105 - 120.

[19] 陈争平. 试析 1895—1930 年中国进出口商品结构的变化 [J]. 中国经济史研究，1997（3）：42 - 53.

[20] 陈争平. 1861—1913 天津口岸与华北市场：天津—华北外贸流通机制试析 [D]. 北京：清华大学，1986.

[21] 陈争平. 天津与南通：近代中国港城发展的两类典型 [J]. 经济地理，1990（4）：78 - 83.

[22] 陈宗胜. 发展经济学：从贫困走向富裕 [M]. 上海：复旦大学出版社，2001.

[23] 成淑君. 近代天津城市发展对周边地区经济作物种植的影响：1860—1937 年：以天津郊县为考察范围 [J]. 河北大学学报（哲学社会科学版），2005（2）：45 - 48.

[24] 成淑君. 近代天津银行业的兴起 [J]. 天津经济，2004（11）：77 - 78.

[25] 褚葆一. 工业化与中国国际贸易 [M]. 上海：商务印书馆，1943.

[26] 崔树菊，金岩石. 天津东亚毛纺公司史 [J]. 天津历史资料，1984（20）.

[27] 戴建平. 白银与近代中国经济：1890—1935 年 [M]. 上海：复旦大学出版社，2005.

[28] 邓庆澜. 天津市工业统计（第二次）[M]. 天津：天津市社会局，1935.

[29] 邓庆澜. 天津特别市社会局民国十八年工作报告书 [M]. 天津：天津市社会局，1935.

［30］丁世洵．解放前天津棉纱批发商业史略［J］．南开学报，1981（4）．

［31］董权甫，刘申之．曹锟家族与天津恒源纺织有限公司［C］//文史资料选辑：第44辑．北京：中国文史出版社，1964：76-101．

［32］董少臣．天津市五金行业的历史回顾［C］//天津文史资料选辑：第32辑．天津：天津人民出版社，1985：135-154．

［33］董智勇，陈元清．近代天津对外贸易与工业经济增长的实证研究［J］．特区经济，2010（1）：59-61．

［34］董智勇．从近代天津与腹地的经济互动看京津冀经济协同发展［J］．商业时代，2010（3）：132-134．

［35］董智勇．技术进步与工业结构调整关系研究：以近代天津为例［J］．特区经济，2010（3）：50-51．

［36］董智勇．近代津门几时开［J］．中国国情国力，2006（9）：31-33．

［37］董智勇．近代天津城乡收入差距、人口迁移与生活水平［J］．山西财经大学学报，2010，32（S1）：36-37．

［38］董智勇．经济发展与人口迁移的互动：以天津近代工业化为例［J］．社会科学论坛，2010（7）：178-181．

［39］董智勇．天津近代技术进步的特点及其与工业发展关系探讨［J］．商业时代，2010（24）：142-143．

［40］董智勇．天津近代外国直接投资的周期波动分析［J］．商场现代化，2009（13）：165-166．

［41］董智勇．银企关系的历史变迁：以近代天津工业化进程为视角［J］．特区经济，2010（6）：56-58．

［42］董智勇，张国安．天津近代工业化对人口迁移影响的实证分析［J］．商业时代，2010（8）：134-135．

［43］窦学魁．天津最早的近代印刷厂［J］．广东印刷，2000（2）：57-58．

［44］杜时建．天津市主要统计资料手册［M］．天津市政府统计处，1947．

［45］杜文思．平津之工业调查［M］．公记印书局，1934．

［46］杜希英．交通变革与天津城市近代化［J］．中国城市经济，2011（8）：274-275．

［47］樊良树．近代天津的崛起［J］．华北电力大学学报（社会科学版），2013（2）：15-19.

［48］樊如森．近代天津与北方经济发展［J］．郑州大学学报（哲学社会科学版），2007（2）：5-7.

［49］樊如森．天津港口贸易与腹地外向型经济发展：1860—1937［D］．上海：复旦大学，2005.

［50］樊卫国．激活与生长：上海现代经济兴起之若干分析：1870—1941［M］．上海：上海人民出版社，2002.

［51］方显廷，毕相辉．由宝坻手织工业观察工业制度之演变［J］．政治经济学报，1936，4（2）.

［52］方显廷．天津地毯工业［R］．南开大学社会经济研究委员会，1930.

［53］方显廷．天津棉花运销概况［M］．天津：南开大学经济研究所，1934.

［54］方显廷．天津针织工业［R］．南开大学社会经济研究委员会，1931.

［55］方显廷．天津针织业组织［J］．清华学报，1931（1）.

［56］方显廷．天津之粮食及磨坊业［M］．天津：南开大学经济学院，1932.

［57］方显廷．天津织布工业［R］．南开大学社会经济研究委员会，1930.

［58］方显廷．吾人对于工业化应有之认识［M］//中国经济研究：下．上海：商务印书馆，1938：599.

［59］方显廷．乡村工业与中国经济建设［J］．南大半月刊，1934（13）-（14）.

［60］方显廷．中国经济研究：下［M］．上海：商务印书馆，1938.

［61］方显廷．中国之工业化与乡村工业［N］．大公报，1936-05-20（11）.

［62］方显廷．中国之棉纺织业［M］．上海：国立编译馆，1934.

［63］方显廷．中国之乡村工业［J］．经济统计季刊，1933，2（3）.

［64］费维恺．中国早期工业化：盛宣怀（1844—1916）和官督商办企业［M］．虞和平，译．北京：中国社会科学出版社，1988.

［65］傅韬，周祖常．天津工业三十五年［M］．天津：天津社会科学

编辑部，1985.

　　［66］高尔夫，等. 解放前夕奄奄一息的天津工商业［C］//天津文史资料选辑：第 5 辑. 天津：天津人民出版社，1979：158 – 176.

　　［67］高洪深. 区域经济学［M］. 北京：中国人民大学出版社，2002.

　　［68］高铁梅. 计量经济分析方法与建模：EViews［M］. 北京：清华大学出版社，2006.

　　［69］高艳林. 天津人口研究：1404—1949［M］. 天津：天津人民出版社，2002.

　　［70］高展，刘永辉. 试论近代天津企业营销模式的演进及特点［J］. 现代财经（天津财经大学学报），2009，29（4）：93 – 97.

　　［71］高展. 试论开埠后天津工商业的近代化演进［J］. 历史教学（下半月刊），2010（4）：54 – 58.

　　［72］高展. 试析近代中国企业面对市场竞争的对策：以天津为例［J］. 江西社会科学，2011，31（1）：148 – 152.

　　［73］葛剑雄. 中国人口史：第 4 卷［M］. 上海：复旦大学出版社，2000.

　　［74］工商部全国工人生活及工业生产调查统计报告书：四："工厂概况统计表"［R］. 1930.

　　［75］龚关. 腹地、军阀官僚私人投资与近代天津的经济发展［J］. 史学月刊，2011（6）：46 – 55.

　　［76］龚骏. 中国都市工业化程度之统计分析［M］. 上海：商务印书馆，1934.

　　［77］关立信. 近代天津经济概况［J］. 天津历史资料，1980（5）：5.

　　［78］关文斌. 文明初曙：近代天津盐商与社会［M］. 张荣明，译. 天津：天津人民出版社，1999.

　　［79］郭从杰. 近代天津华商纱厂经营衰败原因再探：以裕元公司为中心［J］. 安徽史学，2018（3）：79 – 87.

　　［80］郭从杰. 近代天津面粉业的经营制约与发展：以寿丰面粉公司为中心：1915—1937［J］. 阜阳师范大学学报（社会科学版），2020（6）：118 – 127.

　　［81］郭登浩，周俊旗. 天津史研究论文选辑［M］. 天津：天津古籍出版社，2017.

［82］郭登浩，周俊旗，万新平．天津史研究论文选辑［M］．天津：天津古籍出版社，2016.

［83］郭锦超．近代天津和华北地区经济互动的系统研究：1880年代—1930年代［D］．天津：南开大学，2004.

［84］郭锦超，杨秋平．浅析近代天津经济中心地位的形成［J］．辽宁工学院学报（社会科学版），2006（2）：14－16，80.

［85］郭士浩．从启新洋灰公司兼并湖北水泥厂看旧中国水泥工业中的资本集中问题［J］．南开大学学报，1963，4（1）．

［86］郭士浩，孙兆录．从启新洋灰公司看旧中国水泥业中的垄断活动［J］．经济研究，1960（9）：52－65.

［87］韩俊兴．解放前天津的外侨人口［J］．天津史志，1987（2）．

［88］韩淑芳．化工先导范旭东［M］．北京：中国文史出版社，1987.

［89］郝庆元，林纯业．天津官银号的金融活动［J］．天津史志，1985（3）．

［90］郝庆元．周学熙与天津早期工商业的发展［J］．天津社会科学，1983（2）：69－72，63.

［91］何廉，方显廷．中国工业化之程度及其影响［M］．南京：工商部工商访问局，1930.

［92］何世鼎．中国近代民族工业企业的科技进步：与近代外国工业企业的比较研究［M］．天津：天津古籍出版社，2011.

［93］侯厚培．中国近代经济发展史［M］．上海：上海大东书局，1929.

［94］华泽彭．能源经济学［M］．北京：石油大学出版社，1991.

［95］黄克力．《明实录》中的天津史料［M］．天津：天津人民出版社，2011.

［96］纪广智．旧中国时期的天津工业概况［J］．北国春秋，1960（2）：20－28.

［97］季宏．天津近代城市工业格局演变历程与工业遗产保护现状［J］．福州大学学报（自然科学版），2014，42（3）：439－444.

［98］季宏．天津近代自主型工业遗产研究［M］．北京：中国建筑工业出版社，2021.

［99］季宏．天津近代自主型工业遗产研究［M］．北京：中国建筑工

业出版社，2021.

　　[100] 季宏，徐苏斌，青木信夫. 天津近代工业发展概略及工业遗存分类 [J]. 北京规划建设，2011（1）：26 – 31.

　　[101] 姜铎. 调查散记：旧中国民族资本史料集锦 [J]. 近代史研究，1983（2）：297 – 311.

　　[102] 蒋昭侠. 产业结构问题研究 [M]. 北京：中国经济出版社，2005.

　　[103] 解放前的天津工业概况 [J]. 天津社会科学，1984（2）：14 – 18.

　　[104] 井村薰雄. 中国之纺织业及其出品 [M]. 上海：商务印书馆，1928.

　　[105] 居之芬，等. 日本对华北经济的掠夺和统制：华北沦陷区的统计资料选编 [M]. 北京：北京出版社，1995.

　　[106] 孔敏. 南开经济指数资料汇编 [M]. 北京：中国社会科学出版社，1988.

　　[107] 来新夏. 天津近代史 [M]. 天津：南开大学出版社，1987.

　　[108] 来新夏. 天津历史与文化 [M]. 天津：天津大学出版社，2013.

　　[109] 雷麦. 外人在华投资 [M]. 上海：商务印书馆，1937.

　　[110] 李丹，熊亚平. 近代天津海轮航运业的发展（1860—1937）[J]. 兰台世界，2017（3）：100 – 103.

　　[111] 李鸿章全集：二 [M]. 上海：上海人民出版社，1986.

　　[112] 李华彬. 天津港史：古、近代部分 [M]. 北京：人民交通出版社，1986.

　　[113] 李慧. 近代天津社会局研究（1928—1937）[D]. 天津：天津师范大学，2020.

　　[114] 李竞能. 中国人口：天津分册 [M]. 北京：中国财政经济出版社，1987.

　　[115] 李静山，等. 宋棐卿与天津东亚企业公司 [C]//天津文史资料选辑：第29辑. 天津：天津人民出版社，1984：86 – 114.

　　[116] 李洛之，聂汤谷. 天津的经济地位 [M]. 天津：南开大学出版社，1994.

　　[117] 李平之，陈松亭. 天津最早的线毯工厂 [C]//天津文史资料

选辑：第 32 辑．天津：天津人民出版社，1985：172 – 184.

［118］李文治．中国近代农业史资料：第 1 辑［M］．北京：生活·读书·新知三联书店，1957.

［119］李一翔．中国工业化进程中的银企关系研究［D］．天津：南开大学，1995.

［120］李有荣．中国现代企业集团［M］．北京：中国商业出版社，1994.

［121］李运华，卢景新．试论天津近代民族工业发展的黄金时代［J］．南开史学，1987（1）：24 – 40.

［122］李正中，索玉华．近代天津知名工商业［M］．天津：天津人民出版社，2004.

［123］梁方仲．中国历代户口、田地、田赋统计［M］．上海：上海人民出版社，1980.

［124］梁瑞敏．近代天津洋行的毛皮原料贸易［J］．河北经贸大学学报，2011，32（4）：76 – 79.

［125］廖一中．晚清“新政”与天津工业近代化［J］．天津社会科学，1988（2）：65 – 70.

［126］林纯业．清代前期天津商品经济的发展［J］．天津社会科学，1987（4）：83 – 86.

［127］林力．近代天津海关制度变迁及其经济学分析［J］．现代财经（天津财经大学学报），2009，29（3）：92 – 96.

［128］林颂河．塘沽工人调查［R］．永利制碱公司编辑部，1929.

［129］林原文子．清末天津工商业者的觉醒及夺回国内洋布市场的斗争［C］//许慈惠，译．天津文史资料选辑：第 41 辑．天津：天津人民出版社，1987.

［130］刘大钧．战时工业问题［M］．1938.

［131］刘大钧．中国工业调查报告［R］．军事委员会资源委员会参考资料第 20 号，1937.

［132］刘凤华．近代天津面粉业发展述略［J］．河北广播电视大学学报，2020，25（6）：8 – 13.

［133］刘佛丁，王玉茹．中国近代的市场发育与经济增长［M］．北京：高等教育出版社，1996.

［134］刘佛丁．中国近代经济发展史［M］．北京：高等教育出版社，

1999.

［135］刘海岩. "北洋新政"时期的天津工业［J］. 天津经济, 2004 (6)：75 - 76.

［136］刘海岩. 租界、社会变革与近代天津城市空间的演变［J］. 天津师范大学学报（社会科学版), 2006 (3)：36 - 41.

［137］刘鸿万, 国民经济研究所. 工业化与中国人口问题［M］. 上海：商务印书馆, 1943.

［138］刘基汉, 周金铭. 天津市面粉业调查报告［R］. 天津市社会局, 1932.

［139］刘继欣. 近代天津金融业在国际贸易中的地位和作用［J］. 天津金融月刊, 1989 (2)：42 - 45.

［140］刘民山. 试论廿世纪初叶天津民族工业发展的原因［J］. 天津师大学报, 1983 (5)：49 - 53.

［141］刘民山. 天津的近代早期民族工业［J］. 天津社会科学, 1983 (5)：36 - 42.

［142］刘文智. 近代天津兴盛的对外贸易［J］. 天津经济, 2004 (7)：77 - 78.

［143］刘志强, 张利民. 天津史研究论文选辑：上下册［M］. 天津：天津古籍出版社, 2010.

［144］逯正宇. 天津近代纺织行业遗产研究［D］. 天津：天津大学, 2014.

［145］吕露园. 北洋纱厂与朱梦苏［C］//天津文史资料选辑：第6辑. 天津：天津人民出版社, 1979：128 - 142.

［146］罗澎伟. 天津史话［M］. 北京：社会科学文献出版社, 2011.

［147］罗澍伟. 近代天津城市史［M］. 北京：中国社会科学出版社, 1993.

［148］罗澍伟. 近代天津城市史散论［J］. 近代史研究, 1991 (4)：111 - 134.

［149］马克思恩格斯全集：第25卷［M］. 北京：人民出版社, 1974.

［150］马克思恩格斯选集：第1卷［M］. 北京：人民出版社, 1973.

［151］马士. 中华帝国对外关系史：第1卷［M］. 上海：商务印书馆, 1963.

[152] 孟玲洲. 城乡关系变动与乡村工业变迁：以近代天津与高阳织布业的发展为例 [J]. 华南农业大学学报（社会科学版），2013，12（3）：151 - 156.

[153] 南开大学经济研究所经济史研究室. 旧中国开滦煤矿的工资制度 [M]. 天津：天津人民出版社，1983.

[154] 南开大学经济研究所. 南开学校社会视察报告 [R]. 1926.

[155] 南开大学经济研究所. 启新洋灰公司史料 [M]. 天津：南开大学出版社，1963.

[156] 宁立人. 天津振华造纸厂的变迁 [C]//天津文史资料选辑：第6辑. 天津：天津人民出版社，1979：152 - 165.

[157] 牛创平，牛冀青. 近代中外条约选析 [M]. 北京：中国法制出版社，1998.

[158] 诺思. 经济史中的结构与变迁 [M]. 上海：上海三联书店，上海人民出版社，1999.

[159] 庞玉洁. 天津开埠初期的洋行与买办 [J]. 天津师大学报（社会科学版），1998（2）：48 - 52.

[160] 彭慕兰. 大分流：欧洲、中国及现代世界经济的发展 [M]. 史健云，译. 南京：江苏人民出版社，2003.

[161] 彭南生. 20世纪上半叶中国乡村手工业的调查研究 [J]. 华中师范大学学报（人文社会科学版），2006（2）：50 - 59.

[162] 彭泽益. 近代中国工业资本主义经济中的工场手工业 [J]. 近代史研究，1984（1）：125 - 137.

[163] 彭泽益. 中国近代手工业史资料：第二卷 [M]. 北京：中华书局，1962.

[164] 青岛市工商行政管理局史料组. 中国民族火柴工业 [M]. 北京：中华书局，1963.

[165] 荣晓峰. 近代天津银两制度研究：1860~1933 [D]. 太原：山西大学，2021.

[166] 阮湘，等. 中国年鉴：第一回 [M]. 上海：商务印书馆，1924.

[167] 芮允之. 天津地毯工业的兴起与发展 [C]//天津文史资料选辑：第1辑. 天津：天津人民出版社，1978：64 - 79.

[168] 上海社会科学院经济研究所，等. 上海对外贸易：上 [M]. 上海：上海社会科学院出版社，1989.

［169］上海社会科学院经济研究所．刘鸿生企业史料［M］．上海：上海人民出版社，1981．

［170］上海社会科学院经济研究所轻工业发展战略研究中心．中国近代造纸工业史［M］．上海：上海社会科学院出版社，1989．

［171］上海市粮食局，等．中国近代面粉工业史［M］．北京：中华书局，1987．

［172］沈大年．天津金融简史［M］．天津：南开大学出版社，1988．

［173］沈树基．天津造胰工业状况［M］．河北省立工业学院图书馆，1935．

［174］盛斌．周学熙资本集团的垄断倾向［J］．历史研究，1986（4）：81 - 95．

［175］石宗岩．天津机器染整工业发展概述［C］//天津文史资料选辑：第29辑．天津：天津人民出版社，1984：115 - 124．

［176］实业部中国经济年鉴编纂委员会．中国经济年鉴：1935［M］．1935．

［177］实业部中国经济年鉴编纂委员会．中国经济年鉴：1936［M］．1936．

［178］宋美云．北洋军阀统治时期天津近代工业的发展［C］//天津文史资料选辑：第41辑．天津：天津人民出版社，1987：54．

［179］宋美云．北洋时期官僚私人投资与天津近代工业［J］．历史研究，1989（2）：38 - 52．

［180］宋美云．近代天津商会［M］．天津：天津社会科学院出版社出版，2001．

［181］宋美云．试论近代天津企业规模化发展路径［J］．历史档案，2004（4）：101 - 109．

［182］宋美云．天津的洋务企业与社会环境［J］．史学月刊，1995（4）：87 - 93．

［183］宋美云．天津近代工业化对城市化进程的影响［J］．天津经济，2006（8）：39 - 41．

［184］宋美云，张环．近代天津工业与企业制度［M］．天津：天津社会科学院出版社，2005．

［185］宋蕴璞．天津志略［M］．铅印本，1931．

［186］速水佑次郎．发展经济学：从贫困到富裕［M］．李周，译．

北京：社会科学文献出版社，2001.

　　［187］孙大干．天津经济史话［M］．天津：天津社会科学院出版社，
1989.

　　［188］孙德常．天津近代经济史略［J］．天津师大学报，1987（5）：
92 - 97.

　　［189］孙德常．天津近代经济史略：续二［J］．天津师大学报（社会
科学版），1988（4）：92 - 96.

　　［190］孙德常．天津近代经济史略：续一［J］．天津师大学报（社会
科学版），1988（1）：75 - 79，74.

　　［191］孙德常，周祖常．天津近代经济史［M］．天津：天津社会科
学院出版社，1990.

　　［192］孙如冰．解放前天津的面粉工业［C］//天津文史资料选辑：
第42辑．天津：天津人民出版社，1988：193.

　　［193］孙毓棠，汪敬虞．中国近代工业史资料：第2辑［M］．北京：
中华书局，1957.

　　［194］孙占元．论天津机器局［J］．社会科学战线，1989（2）：
198 - 204.

　　［195］孙智钵．大力发展天津的地毯工业［J］．天津社会科学，1981
（1）：6.

　　［196］谭熙鸿．全国主要都市工业调查初步报告提要［M］．南京：
经济部全国经济调查委员会，1948.

　　［197］唐巧天．中国近代外贸埠际转运史上的上海与天津：1866—
1919［J］．史林，2006（1）：19 - 27，123.

　　［198］唐少君．周学熙与滦州煤矿公司［J］．历史教学，1989（1）：
10 - 14.

　　［199］塘沽联合办事处．塘沽之化学工业［M］．1932.

　　［200］陶诚．30年代前后的中国农村调查［J］．中国社会经济史研
究，1990（3）：92 - 98.

　　［201］天津近代经济掠影［J］．现代财经（天津财经大学学报），
2010，30（12）：98.

　　［202］天津社会局．天津之工商业：上卷［M］．1931.

　　［203］天津社会科学院历史研究所．天津简史［M］．天津：天津人
民出版社，1987.

［204］天津市档案馆．近代以来天津城市化进程实录［M］．天津：天津人民出版社，2005.

［205］天津市档案馆，天津工业大学．天津近代纺织工业档案选编［M］．天津：天津人民出版社，2017.

［206］天津市档案馆，天津社会科学院历史研究所，天津市工商业联合会．天津商会档案汇编：1903—1911［M］．天津：天津人民出版社，1989.

［207］天津市档案馆，天津社会科学院历史研究所，天津市工商业联合会．天津商会档案汇编：1912—1928［M］．天津：天津人民出版社，1993.

［208］天津市档案馆，天津社会科学院历史研究所，天津市工商业联合会．天津商会档案汇编：1928—1937［M］．天津：天津人民出版社，1996.

［209］天津市档案馆，天津社会科学院历史研究所，天津市工商业联合会．天津商会档案汇编：1937—1945［M］．天津：天津人民出版社，1997.

［210］天津市档案馆，天津社会科学院历史研究所，天津市工商业联合会．天津商会档案汇编：1946—1950［M］．天津：天津人民出版社，1998.

［211］天津市地方志编委会．天津通志·旧志点校卷［M］．天津：南开大学出版社，1999.

［212］天津市纺织工业局编史组．旧中国时期的天津纺织工业［J］．北国春秋，1960（1）：93.

［213］天津市纺织工业局史志编修组．纺织工业概况［J］．天津史志，1988（1）.

［214］天津市机械工业局史志编修组．机械工业［J］．天津史志，1988（1）.

［215］天津市社会局．天津特别市社会局一周年工作总报告［R］．1929.

［216］天津市政府．天津市政统计及市况辑要［M］．1946.

［217］天津市政府统计委员会．天津市统计年鉴［M］．1935.

［218］天津市政协文史资料研究委员会．天津的洋行与买办［M］．天津：天津人民出版社，1987.

［219］天津特别市工厂联合会调查组．天津特别市机器染厂调查报告［R］．天津特别市机器漂染工厂同业会，1943.

［220］天津县实业局．天津县实业调查报告［M］．铅印本，1925.

［221］天津直隶商品陈列所．第一次实业调查记［M］．铅印本，1917.

［222］佟飞．天津开埠初期的洋行和买办［N］．天津日报，1964 - 04 - 22.

［223］桶口弘．日本对华投资［M］．上海：商务印书馆，1959.

［224］万新平，濮文起．天津史话［M］．上海：上海人民出版社，1986.

［225］汪馥荪．战时华北工业资本就业与生产［J］．社会科学杂志，1947，9（2）.

［226］汪敬虞．近代中国资本主义的总体考察和个案辨析［M］．北京：中国社会科学出版社，2004.

［227］汪敬虞．外国在华金融活动中的银行与银行团：1895—1927［J］．历史研究，1995（3）：111 - 132.

［228］汪敬虞．中国近代工业史资料［M］．北京：科学出版社，1957.

［229］汪寿松．李鸿章与天津近代工业企业的创办［J］．天津经济，2004（4）：77 - 78.

［230］W. 阿瑟·刘易斯．经济增长理论［M］．梁小民，译．上海：上海人民出版社，1994.

［231］W. W. 罗斯托．这一切是怎样开始的：现代经济的起源［M］．上海：商务印书馆，1997.

［232］王达．天津之工业［J］．实业部月刊，1936，1（1）.

［233］王景杭，张泽生．裕元纱厂的兴衰史略［C］//天津文史资料选辑：第4辑．天津：天津人民出版社，1979：172 - 179.

［234］王丽．近代华北灾民涌入天津与城市边缘区的扩展［J］．天津师范大学学报（社会科学版），2018（2）：26 - 31.

［235］王玲．北京地位变迁与天津历史发展：下［J］．天津社会科学，1986（1）.

［236］王培．晚清企业纪事［M］．北京：中国文史出版社，1997.

［237］王然．移民与近代天津经济［J］．天津市工会管理干部学院学

报，2007（3）：46 – 47.

［238］王铁崖．中外旧约章汇编：第 1 卷［M］．北京：生活·读书·新知三联书店，1957.

［239］王学海．旧中国时期外商在天津设厂行名录［J］．天津历史资料，1984（19）：51.

［240］王玉茹，刘佛丁，张东刚．制度变迁与中国近代工业化［M］．西安：陕西人民出版社，2000.

［241］王玉茹，燕红忠．世界市场价格变动与近代中国产业结构模式研究［M］．北京：人民出版社，2007.

［242］王玉茹．增长、发展与变迁：中国近代经济发展研究［M］．北京：中国物资出版社，2004.

［243］王子建，王镇中．七省华商纱厂调查报告［M］．上海：商务印书馆，1935.

［244］文贯中．中国的疆域变化与走出农本社会的冲动：李约瑟之谜的经济地理学解析［J］．经济学（季刊），2005（1）：519 – 540.

［245］巫宝三．中国粮食对外贸易其地位趋势及变迁之原因［M］．南京：参谋本部国防设计委员会，1934.

［246］吴承明．帝国主义对旧中国的投资［M］．北京：人民出版社，1955.

［247］吴承明．经济史：历史观与方法论［M］．上海：上海财经大学出版社，2006.

［248］吴承明．中国的现代化：市场与社会［M］．北京：生活·读书·新知三联书店，2001.

［249］吴承明．中国资本主义与国内市场［M］．北京：中国社会科学出版社，1985.

［250］吴弘明，译．天津海关十年报告书：1912—1921［J］．天津社会科学院历史研究所，天津历史资料，1981（13）.

［251］吴瓯．面粉业调查报告［M］．天津：天津市社会局，1932.

［252］吴瓯．天津纺纱业调查报告［M］．天津：天津市社会局，1931.

［253］吴瓯．天津市社会局统计专刊［M］．天津：天津市社会局，1931.

［254］吴知．从一般工业制度的演进观察高阳的织布工业［J］．政治

经济学报，1934，3（1）.

［255］伍梦龄，等．中国化学工业调查［M］．广州：国立中山大学化学系化学工业研究所，1932.

［256］肖晓虹．天津近代邮政的产生及其发展研究：1878—1928［D］．武汉：华中师范大学，2009.

［257］辛元欧．中国近代船舶工业史［M］．上海：上海古籍出版社，1999.

［258］刑必信，等．第二次中国劳动年鉴［M］．北京：北平社会调查所，1932.

［259］熊亚平，安宝．近代天津城市兴起与区域经济发展：以天津城市与周边集市（镇）经济关系为例：1860～1937［J］．天津社会科学，2011（2）：139－142.

［260］徐景星．天津近代工业的早期概况［C］//天津文史资料选辑：第1辑．天津：天津人民出版社，1978：124－161.

［261］徐新吾，黄汉民．上海近代工业史［M］．上海：上海社会科学院出版社，1998.

［262］许涤新，吴承明．中国资本主义发展史：第一、二、三卷［M］．北京：人民出版社，1990.

［263］许逸凡，译．天津海关十年报告书：1902—1911［J］．天津历史资料，1981（13）.

［264］严中平，等．中国近代经济史统计资料选辑［M］．北京：科学出版社，1955.

［265］严中平．中国棉纺织史稿［M］．北京：科学出版社，1955.

［266］秧子．天津近代火柴工业的史料研究［J］．火柴工业，2003（1）：21－26.

［267］杨敬敏．中国近代棉纺织进口替代工业研究：1867—1936［M］．济南：齐鲁书社，2020.

［268］杨俊科，等．大兴纱厂史稿［M］．北京：中国展望出版社，1990.

［269］杨生祥．略论近代天津商埠的形成与发展［J］．天津党校学刊，1995（1）：62－65，45.

［270］杨天受，李静山．天津东亚公司与宋棐卿［C］//工商史料：第2辑．北京：文史资料出版社，1980.

［271］杨学新，王晶. 近代城乡互动发展范式研究："天津—高阳"为例［J］. 兰州学刊，2015（12）：20 – 28.

［272］杨艳，于明言，王蔚. 近代天津金融业繁荣发展的启示［J］. 天津经济，2019（7）：20 – 25.

［273］杨豫，舒小昀. 新经济史学派对工业革命的研究［J］. 世界历史，1994（4）：117 – 121.

［274］姚洪卓，等译. 天津海关十年报告书：1922—1931［J］. 天津历史资料，1980（5）.

［275］姚洪卓. 近代天津对外贸易：1861—1948［M］. 天津：天津社会科学院出版社，1993.

［276］姚洪卓. 近代天津对外贸易的历史作用［J］. 国际经贸研究（天津外贸学院学报），1994（2）：57 – 60.

［277］姚洪卓. 近代天津对外贸易的性质［J］. 国际经贸研究，1995（1）：62 – 64.

［278］姚洪卓. 走向世界的天津与近代天津对外贸易［J］. 天津社会科学，1994（6）：90 – 93.

［279］姚嘉桐. 天津电力工业发展简史［C］//天津文史资料选辑：第 34 辑. 天津：天津人民出版社，1986：28 – 40.

［280］由俊生. 城市化进程下环城圈集镇的发展变迁：以近代天津地区为例：1860—1935［J］. 河北广播电视大学学报，2021，26（6）：1 – 6.

［281］由俊生. 环城圈区县经济作物的种植发展述略：1860—1937：以近代天津地区为例［J］. 河北能源职业技术学院学报，2020，20（3）：26 – 29.

［282］约翰·希克斯. 经济史理论［M］. 厉以平，译. 上海：商务印书馆，1999.

［283］张东刚. 总需求的变动趋势与近代中国经济发展［M］. 北京：高等教育出版社，1997.

［284］张国辉. 洋务运动与中国近代企业［M］. 北京：中国社会科学出版社，1979.

［285］张海鹏，王廷元. 明清徽商资料选编［M］. 合肥：黄山书社，1985.

［286］张继明. 天津地毯［J］. 天津史志，1986（2）.

［287］张静，邢战国. 中国近代洋务企业失败的历史教训分析［J］.

辽宁教育行政学院学报，2004（9）：38 – 39.

[288] 张利民. 华北城市经济近代化研究 [M]. 天津：天津社会科学院出版社，2004.

[289] 张利民. 解读天津六百年 [M]. 天津：天津社会科学院出版社，2003.

[290] 张利民. 近代环渤海地区经济与社会研究 [M]. 天津：天津社会科学院出版社，2006.

[291] 张利民. 论近代天津城市人口的发展 [C]//城市史研究：第4辑. 天津：天津教育出版社，1991.

[292] 张利民，任吉东. 近代天津城市史研究综述 [J]. 史林，2011（2）：173 – 178，191.

[293] 张曙霄. 中国对外贸易结构论 [M]. 北京：中国经济出版社，2003.

[294] 张松剑. 近代天津火柴工业发展探析：1886—1937 [D]. 保定：河北大学，2015.

[295] 张秀芹，洪再生. 近代天津城市空间形态的演变 [J]. 城市规划学刊，2009（6）：93 – 98.

[296] 张钰锉. 天津造纸行业史略 [C]//天津工商史料丛刊：第1辑. 天津：天津新华印刷四厂，中国民主建国会天津市委员会，天津市工商业联合会，文史资料委员会，1983：54 – 64.

[297] 章有义. 中国近代农业史资料：第2辑 [M]. 北京：生活·读书·新知三联书店，1957.

[298] 赵津，关文斌. 范旭东企业集团历史资料汇编 [M]. 天津：天津人民出版社，2006.

[299] 赵津，李健英. 从模仿到创新：范旭东企业集团技术发展模式分析 [J]. 中国经济史研究，2007（3）：12 – 17.

[300] 赵娟霞. 近代天津早期的军事工业技术引进 [J]. 经济研究导刊，2012（10）：155 – 156.

[301] 赵伊. 天津近代造币业 [J]. 中国金融，2004（22）：64 – 65.

[302] 郑有葵. 中国的对外贸易与工业发展 [M]. 上海：上海社会科学院出版社，1984.

[303] 中国近代兵器工业编审委员会. 中国近代兵器工业——清末至民国的兵器工业 [M]. 北京：国防工业出版社，1998.

[304] 中国近代史资料丛刊：洋务运动：六 [M]. 上海：上海人民出版社，1961.

[305] 中国民主建国会天津市委员会和天津市工商业联合会. 天津工商史料丛刊 [M]. 中国民主建国会天津市委员会，1983.

[306] 中国人民大学. 中国近代经济史：上册 [M]. 北京：人民出版社，1976.

[307] 中国人民银行上海市分行金融研究所. 金城银行史料 [M]. 上海：上海人民出版社，1983.

[308] 中国人民政治协商会议天津市委员会文史资料委员会. 近代天津十大买办 [M]. 天津：天津人民出版社，2002.

[309] 中国人民政治协商会议天津市委员会文史资料委员会. 近代天津十大实业家 [M]. 天津：天津人民出版社出版，1999.

[310] 中国人民政治协商会议天津市委员会文史资料委员会. 天津文史资料选辑 [M]. 天津：天津人民出版社.

[311] 周乃康，李威仪，叶茂荣. 天津机器制革业及华北制革厂 [C]//天津文史资料选辑：第 31 辑. 天津：天津人民出版社，1985：188 - 196.

[312] 朱斯煌. 民国经济史 [M]. 上海：银行学会，1948.

[313] 朱英明. 产业集聚论 [M]. 北京：经济科学出版社，2003.

[314] 祝淳夫. 北洋军阀对天津近代工业的投资 [C]//天津文史资料选辑：第 4 辑. 天津：天津人民出版社，1979：146 - 162.

[315] 祝慈寿. 中国近代工业史 [M]. 重庆：重庆出版社，1989.

[316] 资本论：第一卷 [M]. 北京：人民出版社，1975.

[317] 邹浩. 近代天津民族面粉工业发展探析：1916—1949 [D]. 保定：河北大学，2015.

[318] 左海军. 近代天津银号研究（1900—1937）[D]. 武汉：华中师范大学，2014.

[319] Brandt L. Reflections on China's Late 19th and Early 20th Century Economy [J]. China Quarterly，1997，150：282 - 307.

[320] Day J H. "book-review" Kongjian yu shehui：Jindai Tianjin chengshi de yanbian（Space and society：The transformation of modern Tianjin）[J]. China Review International，2008，15（4）.

[321] Hershatter G. The Worker of Tianjin 1900 - 1949 [M]. Stanford

University, 1986.

[322] Hou C. Foreign Investment and Economic Development in China: 1840—1937 [M]. Cambridge: Harvard University Press, 1965.

[323] Perkins D H. China's Modern Economy in Historical Perspective [M]. Stanford University Press, 1975.

[324] Wu S, Fan R. The impact of the opening of Tianjin on economic changes in its hinterland [J]. Frontiers of History in China, 2006, 1 (2).

后　记

回顾近代天津工业化进程，是一部生动的地方实践史，也是实践成果丰富经济理论素材的创新史。本书既不是传统历史的研究，也有别于一般工业史著述；既想体现不同时期背景下的历史源流，又要对结构变迁现象进行经济理论上的解释，力求为经济增长提供一个新的视角和思考，对于推进经济高质量发展具有重要意义。

我自幼好读书，但较为杂乱。儿时就读于村里的小学，喜好看连环画和插图书。初中去了十几里外的区中读书，开始迷恋武侠小说，"为中华之崛起而读书"将我拉回正轨。高中有幸在图书馆勤工俭学，接触到了诸多世界名著。大学时光多半在图书馆度过，痴迷于历史与传统文化，一口气读完了《史记》和《资治通鉴》。这种阅读与功课无关，有时也不求甚解，但始终相信开卷有益。当读完《平凡的世界》后，感觉自己生活在一个平凡而又伟大的时代，在中国改革开放的大背景下，路遥的笔让我看到了社会变革对人民、对时代的巨大影响，改革之路虽然曲折，但每一步都铸就了历史的丰碑。我憧憬着美好未来，也开始迷恋历史，写下了"轻轻地呼唤你，慢慢地靠近，温柔的夜，消融了我的心"。因为我深信，历史中所阐述的道理，拥有彻底征服人的逻辑力量，这便是本书的由来之一。

天津，我曾经求学和工作的地方，距离我的家乡唐山只需半小时高铁，两个城市在近代的时候关系已经非常密切，或许我与天津的机缘也早已注定。初中时，父亲带我和母亲到天津游玩，第一站去了水上公园和周恩来邓颖超纪念馆。大学时，班里组织秋游，首选是天津蓟县盘山；大四勤工俭学做生意，寝室兄弟一起到天津塘沽洋货市场进货。毕业后，我时常去天津看望工作的父亲，后来读研时需要在天津换乘火车到呼和浩特求学。对天津的感觉越发亲切，逐渐被天津卫的历史文化所吸引，因而最终选择在南开大学攻读经济史博士。从读书到留下来工作的时光里，我对天津的认识从陌生到熟悉，从熟悉到热爱，这便是本书的由来之二。

对于天津近代史的研究成果，百花齐放，从各种不同的角度和视野看天津。经济增长是一个永远重要的话题，如何认清一个国家真实的工业化进程，既要努力借助于经济结构变迁的"理论眼镜"，也需借助于代表性城市的具体实践。为什么明清时期经济繁荣发达的天津卫没有抢先发生工业化？这一百思不解的问题在中国具有普遍性，学界的讨论也异常热烈，进而引发了我深入研究的兴趣，希望能研磨出看清经济增长规律的"透视眼镜"，这便是本书的由来之三。

再读书稿，深觉惭愧。作为一项跨学科的多角度和综合性的研究性成果，本书限于研究时间的阶段性和研究空间的地域性，对很多问题可能尚未涉及抑或涉及未深，在思路整理、结构安排、文字表达、数据校对等方面都有着太多遗憾。本书诸多不足请专家和读者多予批评指正，今后我将努力完善研究，形成新的认识与观点。

最后，我特别要感谢我的老师王玉茹教授，学长燕红忠教授，感谢国家社科基金后期资助，感谢经济科学出版社的大力支持，感谢周国强编辑的辛勤付出。在此，我谨向他们表示诚挚的谢意！

董智勇

2025 年 2 月

图书在版编目（CIP）数据

结构变迁与经济增长：天津近代工业化的历史逻辑
与路径选择：1860—1949 / 董智勇著 . -- 北京：经济
科学出版社，2025. 5. -- ISBN 978 - 7 - 5218 - 6876 - 0

Ⅰ. F429. 21

中国国家版本馆 CIP 数据核字第 20259K0S94 号

责任编辑：周国强
责任校对：郑淑艳
责任印制：张佳裕

结构变迁与经济增长：天津近代工业化的
历史逻辑与路径选择（1860—1949）
JIEGOU BIANQIAN YU JINGJI ZENGZHANG：TIANJIN JINDAI
GONGYEHUA DE LISHI LUOJI YU LUJING XUANZE（1860—1949）
董智勇　著
经济科学出版社出版、发行　新华书店经销
社址：北京市海淀区阜成路甲 28 号　邮编：100142
总编部电话：010 - 88191217　发行部电话：010 - 88191522
网址：www. esp. com. cn
电子邮箱：esp@ esp. com. cn
天猫网店：经济科学出版社旗舰店
网址：http：//jjkxcbs. tmall. com
固安华明印业有限公司印装
710 × 1000　16 开　21. 75 印张　380000 字
2025 年 5 月第 1 版　2025 年 5 月第 1 次印刷
ISBN 978 - 7 - 5218 - 6876 - 0　定价：118. 00 元
（图书出现印装问题，本社负责调换。电话：010 - 88191545）
（版权所有　侵权必究　打击盗版　举报热线：010 - 88191661
QQ：2242791300　营销中心电话：010 - 88191537
电子邮箱：dbts@ esp. com. cn）